Copyright © Heike Scheurich und Arnulf Breitfellner

Alle Rechte der Verbreitung, auch durch Funk, Fernsehen, fotomechanische Tonträger jeder Art sowie durch Speicherung in Datenverarbeitungsanlagen und auszugsweisen Nachdruck, sind vorbehalten.

1. Auflage 2.000

ISBN 3-9501289-0-5

PRINTED IN AUSTRIA

KOSMISCHES WISSEN

zum Erkennen und Gestalten einer verheißungsvollen Zukunft

Herausgegeben von
Heike Scheurich und Arnulf Breitfellner

SIRIS Verlag

*Nur im ERWACHTEN WISSEN
kann die WAHRHEIT gelebt werden.*

*Wahres Leben bedeutet, ohne Angst zu sein,
in Liebe und Harmonie
mit allem, was ist, zu schwingen.*

*Blicke in das Auge des Sturms deiner Ängste,
und er wird sich legen. Und sanft ummänteln
und alles auflösen, was dich beschwert.*

          Randola

Wir wissen, daß es bei der Lektüre dieses Buches und dem Erkennen von Zusammenhängen, insbesondere von eigenen vermeintlichen Fehlhaltungen, zu verschiedenen Reaktionen kommen kann, die jedoch sehr schnell zu über-winden sind. Dieser Hinweis soll nicht erschrecken, sondern hiermit möchten wir nur vermeiden, daß das Buch aufgrund einer kurzfristig auftretenden unangenehmen Reaktion ungelesen zur Seite gelegt und gemieden wird.

Die Reaktionen können zum Beispiel sein:

  Tränenausbrüche, wenn die Seele berührt wir,
  leichte Übelkeit oder Magendruck,
  Beklemmung im Brustbereich,
  leichter Kopfdruck
  ein Gefühl der Aggression gegen sich selbst oder andere,
  ein Zweifeln an sich selbst oder ein Schamgefühl.

Es besteht kein Grund - weder zur Scham noch zur Aggression. Aufgrund der äußerst geschickten Manipulation, die seit Äonen die Menschheit beherrscht hat, war es bisher fast unmöglich, zu Erkenntnissen zu kommen und "richtig" zu fühlen.

Doch durch die Konfrontation mit Gefühlen, die wir jetzt zulassen, statt sie zu bewerten, haben wir die Chance, mit ihnen und mit uns selbst wieder in einer befreienden - liebevollen - Weise umzugehen.

Daher bitte nicht "weglaufen", wenn das Erkennen verdrängter Gefühle oder die Selbst-Erkenntnis kurzfristig zu Schmerz führen, sondern alles laut aussprechen, was einem zu schaffen macht !

Hält man durch, kommt eine unvorstellbare Freude und Erleichterung auf. Eine große Hilfe ist die Aussprache oder Diskussion des Gelesenen mit einer Person, mit der man sprechen, der man sich anvertrauen kann.

Ein Tag wird kommen,
reiner als die anderen.
Ausbrechen wird der Friede auf Erden,
wie eine Sonne aus Kristall.
Friede, das bedeutet Liebe unter den Menschen.

"Da uns allein daran liegt, die kosmische Ordnung wiederherzustellen, und es einerseits von großer Bedeutung ist, dieses kosmische Wissen vielen Erdlingen zu übermitteln, wir aber andrerseits auch die äonenlange Manipulation aufzeigen - aufdecken - müssen, zu Beginn ein Hinweis:
Die Wesenheiten, die sich zur Manipulation, zur Machtausübung und zur Unterdrückung entschlossen hatten, möchten wir, wenn sie dieses Buch lesen, daran erinnern, auch an ihre eigene Freiheit und ihre Möglichkeiten in der Zukunft zu denken.

Auch wir können - im Tun für All-Gott - im Sinne der Möglichkeiten für alle - neue Wege beschreiten, um der Manipulation entgegenzuwirken.
Denn auch wir Wesenheiten haben gelernt.
Wir drohen nicht, wir erpressen nicht - wir rufen einfach ab.
Die Zeit der Manipulation und Machtausübung ist abgelaufen.
Darum sind wir bemüht, die Zerstörung eures Planeten - des "kosmischen Kristalls" - eurer Mutter Erde - und all ihrer Bewohner unbedingt zu verhindern.
Es ist die Zeit des Umdenkens - wie unten so oben......"
Randola

Der INHALT

Statt einer Einführung ein paar Fragen	1
Wozu brauchen wir Kosmisches Wissen ?	4
Die Verheißung	19
Visionen	21
Der Grund	26
Die Macht des kosmischen Wissens der Wesenheiten - für dich	29
Die Ur-Schöpfung - Gott - Liebe - Reflexion seiner Selbst - Das kosmische Gitternetz - Die Erschaffung der Wesenheiten - Antworten auf 5 Fragen zur Schöpfung: - Wer - Wo - Was - Aus Was - Warum ?	33
Wer ist Gott ? - Wer oder was ist unser "Ich bin" - unser Selbst ?	35
Die Entstehung der Seele	48
Die Kraft der Gedanken und Gefühle - Wie wir als Erdlinge denken, fühlen und erfahren - Wesenheit - Seele - Aura - Abläufe im Körper - Der Erfahrungsschatz: Gefühle - "Seele" - "Gefühlsspeicher" - "Gedankenspeicher"	81
"Die Kraft des Gebets wissenschaftlich bewiesen"	126
Die Veränderung des großen kosmischen 'Planes' durch Manipulation	138

Jesus Christus - Die Kraft der Liebe, die uns er-löst	187
Was macht uns krank ?	190
Prof. Dr. Calligaris - Emma Kunz - Wilhelm Reich - Eingeweihte in die Schöpfung -	219
Das Geheimnis der Pyramide	226
Die kosmische Zahl 7 - Die 7 Ebenen zurück zu Gott	233
Die Folgen der Manipulation - Der jetzige Entwicklungs-Stand der Erdlinge - Illusion und Wirklichkeit - Die Ent-Artung - Begrenztes Bewußtsein - Das eingefrorene Gesellschaftliche Denken	238
Der jetzige Stand im Kosmos - Rote Sonne - Schwarze Löcher - Kosmisches Gitternetz	245
Die Gefahr der Vernichtung der Materie ... oder der Zerstörung des Bewußtseins ?	271
Die Entscheidung:: Liebe oder Angst ?	272
Wege, um die Vernichtung zu verhindern: - Die Rück-Entwicklung - Die Er-Lösung - - Das Geheimnis der "Bundeslade"	274
Visualisieren - Beispiele zur Anregung	283
Das "Bild des Ursprungs und allen Seins"	286
Wenn Liebe wieder der Beweg-Grund ist	289

Was beinhaltet dieses Buch an NEUEM WISSEN ?

Wer und was der Mensch ist,

von wem, aus welchem Grund und wie
seine Wesenheit erschaffen wurde,

wer Gott ist, und was das Selbst,
das ICH BIN jeder Wesenheit ist,

woher Gedanken kommen und wie der Mensch denkt,

was Gefühle bedeuten,

wodurch die Gefühle Angst und Schuld entstanden sind bzw.
von wem sie erschaffen wurden

wohin die Energien der unterschiedlichen Gefühle gehen
und was sie bewirken,

wie der Mensch seine Lebensumstände selbst erschafft,

welche entscheidende Bedeutung seine Aura hat,

warum der Mensch wie auch viele Wesenheiten nicht mehr wissen,
wer sie wirklich sind und welche Macht ihnen innewohnt,

wodurch der Mensch, aber auch die Wesenheit,
manipulierbar wurde,

in welchem Zustand sich die Menschen, die Wesenheiten
und der gesamte Kosmos befinden,

welche Möglichkeiten es in der Zukunft noch gibt
und was getan werden kann bzw. muß, um wieder
alle Möglichkeiten des Erschaffens zu haben

Statt einer Einführung - ein paar Fragen

WARUM   bist du hier auf dem Planeten Erde ?

WARUM   lebst du überhaupt ?

WARUM   weißt du so wenig über dich selbst,
über deinen Schöpfer und den Sinn deines Seins ?

WER   ermöglicht dir zu denken, dich zu erinnern,
zu fühlen, zu planen, dich fortzubewegen,
zu sprechen, zu singen, zu lachen, zu weinen,
kreativ zu sein, etwas zu erschaffen ?

WOZU   hast du all diese Fähigkeiten ?

WER   steuert nicht nur deinen Körper,
sondern auch dein Leben ?

WER   entscheidet darüber, ob du Liebe, Glück, Freude
und Gesundheit erlebst oder Hass, Lieblosigkeit,
Unglück, Leid und Krankheit ?

WARUM   müssen wir um unser "Überleben" kämpfen ?
Was passiert, wenn wir es nicht tun ?

WARUM   gibt es so viel Angst, Leid, Armut, Ungerechtigkeit,
Streit, Krieg, Gewalt, Katastrophen bzw. Böses ?

WER   entscheidet darüber, wann du stirbst - schon als Kind
oder erst als Greis - oder irgendwann dazwischen ?

WOHIN   gehst du als - unsterbliche - Seele,
wenn dein Körper stirbt ?

WER   entscheidet darüber, wohin du gehst
und was dort mit dir geschieht ?

WARUM   hinterfragst du dein Sein nicht mehr, sondern
suchst Belehrung, Wissen und Rat bei anderen ?

WARUM   findest du niemanden, der dir all diese Fragen
erschöpfend beantworten kann ?

Zitat aus "Flüstern der Seele" von R. TAGORE

"Der Mensch hat das Daseinsverlangen, das er in sich trägt, auf zweierlei Weise gedeutet.
Die einen halten es für eine Laune der schöpferischen MACHT, die andere für die freudige Selbstoffenbarung der schöpferischen LIEBE.

Und je nachdem der Mensch sein Dasein als Offenbarung der Macht oder der Liebe ansieht, setzt er sich sein Lebensziel.

Der Wert, den unser Sein durch die Macht erhält, sieht ganz anders aus als der, den es durch die Liebe erhält.
Auf dem Felde der Macht führt uns unser Selbstgefühl in ganz entgegengesetzte Richtung als auf dem Felde der Liebe.

Macht läßt sich messen. Ihr Umfang, ihr Gewicht, ihr Moment der Kraft, alles läßt sich unter die Gerichtsbarkeit der Mathematik bringen. Daher ist das Bestreben derer, die die Macht als Höchstes schätzen, an Umfang zuzunehmen.

Bei ihrem Streben nach Erfolg opfern sie den Reichtum anderer, die Rechte anderer, das Leben anderer; denn Opfer ist das eigentliche Wesen des Machtkultus'.

Der unterscheidende Zug des Materialismus ist die Meßbarkeit seiner äußeren Gestalt, die gleichbedeutend ist mit der *Endlichkeit seiner Grenzen*. Wenn man seine eigenen Grenzen erweitern will, muß man notwendigerweise die anderer schmälern.

Doch die Frage ist:
Durch welches Prinzip gelangt mein Wesen zu seinem vollsten Wert, durch das Prinzip der *Macht* oder durch das Prinzip der *Liebe*?
Wenn wir die Macht als unsere eigentliche Wahrheit ansehen, so müssen wir auch den *Kampf als unvermeidlich und ewig* anerkennen.

Der Mensch ist sich tief bewußt, daß im Grunde seines Wesens ein Zwiespalt ist; er sehnt sich, ihn zu überbrücken, und irgend etwas sagt ihm, daß es die LIEBE ist, die ihn zur endgültigen Aussöhnung führen kann.

Wir sind keine bloßen Gegebenheiten in dieser Welt; wir sind Persönlichkeiten. Und daher können wir uns nicht damit begnügen, auf dem Strom der Ereignisse dahinzutreiben.

Wir haben das zentrale Ideal der Liebe, durch das wir unserem Dasein Harmonie geben sollen; wir haben in unserem Leben eine Wahrheit zu offenbaren, daß wir Kinder des Ewigen sind.

Unser Wille gelangt zu seiner Vollendung, wenn er eins mit der Liebe ist, *denn nur Liebe ist wahre Freiheit.*
Diese Freiheit liegt nicht in der Verneinung des Zwanges. Sie nimmt freiwillig Knechtschaft auf sich, weil die Knechtschaft sie nicht fesselt, sondern nur ihre volle Tiefe und Wahrheit erkennen läßt.

Die Liebe ist kein bloßer Impuls, sie ist Wahrheit.
Da die Wahrheit ihre überzeugendste Bestätigung durch die Liebe findet, muß diese sich durch alles offenbaren, was uns zu berauben droht.
Liebe ist Reichtum der Seele, und daher offenbart sie sich durch höchsten Mut und Tapferkeit.
Und weil sie aus sich selbst schöpft, bettelt sie nicht um das Lob der Menschen, und keine Verfolgung von außen kann sie erreichen.

Die Welt der Dinge, in der wir leben, verliert ihr Gleichgewicht, wenn sie ihren Zusammenhang mit der Welt der Liebe verliert. Dann müssen wir mit unserer Seele zahlen für das, was an sich ganz wertlos ist."

Wozu brauchen wir KOSMISCHES WISSEN ?

Liebe, Frieden auf der Welt, in Harmonie mit seiner Umwelt leben, frei von Angst, Sorgen und Zweifel, eine heile Natur - das wünscht sich im Grunde genommen jeder Mensch.
Viele beten darum, meditieren, vollführen Rituale, suchen in ihrer Außenwelt danach oder hoffen, in ferner Zukunft diese Freude, dieses Glück erleben zu können.
Doch der einzige Weg, dies zu erreichen, ist zu erkennen, daß alles IN UNS SELBST seit unserer Erschaffung ruht und nur darauf wartet, zum Ausdruck gebracht zu werden.
Da man uns weisgemacht hat, daß Wunschdenken egoistisch ist, und wir daran geglaubt haben, verkümmerte unsere Seele, denn wir haben durch unser Gefühl der Angst, als egoistisch angesehen zu werden und Falsches zu tun, unserer Seele nicht gestattet, die gewünschten Erfahrungen zu machen.
Die Angst davor, daß unser Denken, Fühlen und Tun von anderen verurteilt wird und wir womöglich dafür bestraft werden könnten, ließ uns nicht auf unsere "innere Stimme" hören.
Statt unser tiefes Gefühl entscheiden zu lassen, welche Erfahrung für uns selbst richtig ist, ließen wir zu, daß gesellschaftliche Normen und das kollektive Bewußtsein der Masse die Schranke bildeten, die uns von den Erfahrungen trennte, zu denen unsere Seele uns drängt. Doch jede Erfahrung, die wir machen, gleich ob wir sie als gut oder schlecht bezeichnen, trägt zum Reichtum des Lebens bei.
Jeder Gedanke, jede Entdeckung, jede Illusion, die wir als unsere Wirklichkeit erschaffen und erfahren, erweitert nicht nur unser Verständnis, sondern das Bewußtsein der gesamten Menschheit und dadurch den Geist All-Gottes.
Egoistisch ist also in Wirklichkeit die Beschränktheit unseres Denkens und Fühlens, denn durch die Schranken, die wir zugelassen haben, gerieten wir in eine Gefühlsarmut und -kälte. Wir ließen den wundervollen Fluß des Lebens zu einem trüben Rinnsal werden.

Wenn wir als Bewohner der Erde, *als inkarnierte Wesenheiten*, in dieser Form weiter leben wollen, ist es für uns von größter Wichtigkeit zu erkennen, wer wir in Wirklichkeit sind, warum wir auf diese Ebene kamen und was wir hier mit unserer Schöpferkraft bewirkt haben.

Eine Zwischenbemerkung bzw. eine Bitte gleich vorweg: Verdreh bitte beim Lesen nicht die Augen, wenn sehr viel von GOTT und von LIEBE die Rede ist. Wie wichtig bzw. für deine Existenz unerläßlich es ist, diese Erklärungen voll zu begreifen, erkennst du spätestens dann, wenn du dieses Buch, *das überhaupt nichts mit Religion im üblichen Sinn zu tun hat*, bis zum Ende gelesen hast - doch nur, wenn du nicht von vorneherein wertest und beurteilst.

Werten und Beurteilen begrenzt deine Aufnahmefähigkeit, deine Fähigkeiten zum Erkennen und deine Möglichkeiten, deinen ganz persönlichen - entscheidenden - Nutzen aus diesem Buch zu ziehen. Um den Ernst der Situation, in die alle Wesenheiten verwickelt sind, voll und ganz zu begreifen, sind Vorurteilsfreiheit und Geduld wichtig, ebenso wie Zeit und Ruhe, doch der Lohn ist, endlich in deinem Leben zu Erkenntnissen zu kommen, die für JEDE einzelne Wesenheit bestimmt sind - und die in der Gegenwart für die Zukunft entscheidend sein werden für alle Wesenheiten - unten wie oben.

Ein Grund dafür, daß sich so viele an den Begriffen Liebe und Gott "stoßen", ist, daß sie vergessen haben, was diese Begriffe wirklich bedeuten, so daß ein "mulmiges" Gefühl entsteht, das sie schnellstens verdrängen möchten. Dieses Gefühl verursacht unsere Seele, in der die ganze Wahrheit über unser Sein gespeichert ist.

Wenn wir nicht darauf achten, wohin uns unsere Seele führen will, fühlen wir uns "nicht wohl in unserer Haut". Doch statt "in uns zu gehen" und zu ergründen, was uns Ungemacht bereitet, gehen wir schnell "zur Tagesordnung" über, beschäftigen uns mit alltäglichen Dingen, die uns - durch die *Gewohnheit* - eine gewisse "Sicherheit", einen scheinbaren Halt geben, und suchen Ablenkung, Zerstreuung und Anerkennung *im Außen*. Doch immer wieder spüren wir, daß wir im Außen nicht das finden, was uns zu unserem "inneren Frieden" führen kann - da unsere Seele uns immer mehr drängt, aus unserer "Gewohnheit", die jede Kreativität abtötet, herauszukommen.

Darum unsere Bitte an dich: Lies dieses Buch mit Freude, denn es bietet dir die Möglichkeit wiederzuentdecken, wer du in Wirklichkeit bist. Bilde dir kein Urteil im voraus, sondern horche in dich hinein und achte beim Lesen auf deine Gefühle. Behindere und begrenze dich nicht durch Urteilen und Bewerten, sondern laß das Wissen, das in deiner Seele schlummert, von dem, was du lesen wirst, angerührt werden. Laß, wie beim Stimmgabeleffekt, das kosmische Wissen dein eigenes Seelenwissen zum Klingen bringen und seinen Klang die Symphonie des Lebens bereichern. Da jedes Gefühl zum Reichtum des Lebens beiträgt, ja das Leben ausmacht, laß jedes Gefühl zu und bewerte es nicht. Nur so kannst du dich von der Begrenzung befreien, die durch die menschlichen Einstellungen besteht.

Bei uns selbst liegt immer die Entscheidung, inwieweit wir zu einer bestimmten Wahrheit werden wollen. Denn jede Wahrheit, die wir akzeptieren, wird zur erlebten Wirklichkeit in unserem Leben.
Jeder kann nur so weit Wissen erhalten, wie er es sich selbst erlaubt zu wissen. Ist unser Wissen gegründet auf Angst, auf Vorurteilen und Urteilen, auf Trennung und Überlebenskampf, kann sich unser Leben auch nur dorthin entwickeln. Tief in seiner Seele weiß jedoch jeder, daß er mehr ist als "Fleisch und Blut", und jeder sucht den Weg zur göttlichen Allwissenheit, die die ganze Schöpfung in Gang setzte.
Um uns selbst zu verstehen und all unsere Möglichkeiten wieder nutzen zu können, gibt es keinen Weg an "Gott" und "Liebe" vorbei, denn wir sind es in unserem Kern selbst. Göttlichkeit bedeutet Schöpferkraft - ausgedrückt in unendlichen Möglichkeiten.
Wir können es gar nicht vermeiden, in jedem Augenblick Schöpfer zu sein, denn mit jedem Gedanken, der ein Gefühl in uns bewirkt, sind wir Schöpfer unserer eigenen Wirklichkeit. *Aus diesem Grunde wurden wir erschaffen.*
Darum sollten wir endlich wieder mit unserer Schöpferkraft das erschaffen, was wir wirklich wollen, statt zu erschaffen, was wir nicht wollen, denn das haben wir schon in tausenden von Leben erfahren. Doch dazu müssen wir wissen, WIE unsere Schöpferkraft wirkt, durch was wir unsere Lebensumstände erschaffen.
All-Gott gab JEDEM von uns die Macht, einzig aus sich selbst, aus dem Gedanken, zu kreieren - und die Wirkkraft des FREIEN WILLENS, durch den wir nicht nur die FREIHEIT haben, alles zu erschaffen, was wir erschaffen wollen, sondern auch die MACHT, es zu tun - durch

unsere Fähigkeit und Kraft, die wir LIEBE nennen. Allein die Kraft der Liebe - *die Kraft, die Bewegung gleich Schöpfung bewirkt* - führt uns in die Freiheit zurück, die wir uns durch den Drang, andere zu übertreffen und zu beherrschen, sowie durch die Angst und die Erniedrigung durch andere haben nehmen lassen.

Jahrtausendelang wurde der Menschheit vorgegaukelt, daß gegen Ende des 2. Jahrtausends ein "Erlöser" erscheinen würde, um die Menschheit zu erretten. Doch es gibt keine andere Erlösung für den Menschen, *als sich selbst zu erlösen*, indem er sich seiner eigenen Göttlichkeit wieder bewußt wird. Dieses Bewußtsein wird ihn die wahre Größe seiner Schöpferkraft erkennen lassen und ihn dazu bringen, sein Leben so zu gestalten, daß es seinen wahren Sinn zurückerhält. Es wird ihn auch endlich von dem Glauben befreien, auf dieser Ebene nur mühselig ums Überleben kämpfen zu müssen. Das Wissen um seine Göttlichkeit, seine unbegrenzte Schöpferkraft, wird ihn von jeglicher ANGST befreien, vor allem von der Angst vor "dem Untergang der Welt" und der Vernichtung der Menschheit, die für die jetzige Zeit prophezeit wurde. Die prophezeite "Endzeit" hätte bedeutet, daß wieder einmal - wie so oft in den Evolutionsstrecken der Menschheit - alles Materielle auf der Welt zerstört wird und nur einige wenige "Auserwählte" durch die Evakuierung mittels Raumschiffen auf andere Planeten gerettet werden. Diese Prophezeiungen waren eine der großen Manipulationen unserer Zeitepoche.

Die großen Manipulatoren - oben wie unten - haben immer gewußt, wie Manifestationen - Materialisationen - zustande kommen, das, was wir als Wirklichkeit, als unser Leben, bezeichnen.
Sie haben immer gewußt, daß alles, woran der Mensch glaubt, Wirklichkeit wird. *Sie haben immer gewußt, daß sich durch die ANGST vor der Zerstörung - als kollektive Einstellung der Menschen - die Zerstörung tatsächlich manifestiert.*
Über alle Zeitalter hinweg ist es ihnen gelungen, die Menschen in ihrer Angst so weit zu bringen, daß ihre Kulturen und ihre materiell erschaffenen Dinge immer wieder zerstört und auch die kontinentalen Formen von Mutter Erde verändert wurden. So haben sie die Menschen immer wieder in ihr Unglück rennen lassen.

Sie versteckten ihre Motivation geschickt hinter der Entwicklung von Technologien, die dann durch "Fehleinschätzungen" die großen Katastrophen auslösten.
Dies geschah einzig und allein zu dem Zweck, die Menschen nicht erkennen zu lassen, daß jeder Einzelne, jedes denkende Individuum, eine von All-Gott "verliehene" unvorstellbare Schöpferkraft besitzt. (Da JEDE Wesenheit, also auch JEDER Erdling, ein GOTT von ALL-GOTT ist, verwenden wir in diesem Buch den Begriff ALL-GOTT für die TOTALITÄT des GEDANKENS, IN und VON dem alles erschaffen wurde, für ALLES-WAS-IST - für den GOTT, der die Liebe und die schöpferische MACHT ist, die in JEDER Wesenheit wirkt.)

Wenn wir den Begriff "Endzeit" verwenden wollen, dann nur in dem Sinn, daß die jetzige Zeit das Ende der Manipulation bedeutet, unter der die Menschheit und unzählige nicht inkarnierte Wesenheiten über Äonen gelitten haben. Das, was man als Zeitalter der Manipulatoren, der Suggestoren und Tyrannen bezeichnen muß, als Zeitalter, in dem der Mensch sich beherrschen, verführen und in die Stagnation des Denkens, in die Begrenztheit treiben ließ, geht zu Ende.
In diesem Sinn hat tatsächlich im letzten Jahr des 2. Jahrtausends eine "Erlösung" stattgefunden, da die Wesenheit, die als größter Manipulator aller Zeiten und aller Ebenen bezeichnet werden muß, in der Form "unschädlich" gemacht wurde, daß sie selbst keinen Einfluß mehr auf das Geschehen im Kosmos und auf der Erde nehmen kann. Damit wurde der Weg bereitet für einen NEU-BEGINN, der gleichzeitig die Rückkehr, die Rück-Entwicklung, aller Wesenheiten - zurück in die Liebe All-Gottes - bedeutet. Diese Rück-Entwicklung ist kein langer mühseliger Weg irgendwohin. Es ist auch keine von Zeit abhängige Entwicklung. Es ist ein Bewußt-Werden, ein Erkennen, das in JEDEM Augenblick stattfinden kann.

Bisher wurde das EINS-SEIN mit All-Gott und die Verbindung, die zwischen Ihm und jeder Wesenheit besteht, immer nur aus philosophischer bzw. spiritueller oder mystischer Sicht gedeutet. Doch noch nie war der Mensch in der Lage, sich bei diesen Deutungen bildhaft vorzustellen, wo All-Gott in ihm seinen Sitz hat.
In den nächsten Kapiteln wirst du genau erfahren, WO All-Gott in

dir ist, und du wirst erkennen, daß du ohne Ihn in dir nicht existent wärest, daß du ohne Seine Gedanken-Kraft in dir nicht denken und nichts erschaffen könntest.
Jesus Christus sagte, *"Aus mir selbst kann ich nichts tun. Der Vater in mir, das ICH BIN, tut die Werke."*
Doch wer oder was ist "der Vater" - "das Ich Bin", das die Werke tut? Jesus lehrte aber auch, "Alle können tun, was ich getan habe, denn der Vater und ihr seid eins. Das himmlische Königreich ist in euch."
Wenn Jesus wußte, Wer der Vater ist, der mit ihm - genauso wie mit jedem von uns - eins ist, dann müßte auch jeder von uns in der Lage sein, Gott in sich zu finden.

Unsere Wesenheit, unser Ich Bin, ist ein herrliches, unvorstellbar mächtiges Geschöpf, das mitgewirkt hat an der gesamten Schöpfung. Sehen wir unser Leben als Erdling aus der Sicht unserer Wesenheit - als Gottes-Geschöpf und Mitschöpfer Gottes -, die alles kann und den Zugang zu allem Wissen hat, kann uns nichts mehr von all dem erschüttern, was uns in unserem Erdendasein zu schaffen macht.
All-Gott hat die Wesenheiten, all seine "Kinder", als Mit-Schöpfer erschaffen, damit sich das Leben immer weiter entwickelt.
Doch wo bleibt die Weiterentwicklung, wenn sich der Erdling - seine Göttlichkeit und Schöpferkraft nicht mehr erkennend - nur noch im Kreis dreht und Leben für Leben die gleichen Erfahrungen macht, die Erfahrungen der Angst, des Urteilens, des Überlebens, steckengeblieben im Sumpf des gesellschaftlichen Bewußtseins - so stumpfsinnig, daß er nichts Neues mehr erschafft und erfährt, da ihn keine neuen unbegrenzten Gedanken mehr erreichen können?
Wir sollten nicht fragen, "Warum läßt Gott das Böse zu?", sondern, "Warum läßt der Mensch das Böse zu?" Denn Gott kennt kein "Böse", keine Dualität, da er nicht richtet, bewertet und urteilt, sondern nur IST - und gewähren läßt. Eine Bewertung, ein Urteilen nimmt nur der Mensch vor. Das Leben ist Geist, und Geist ist LIEBE. Doch wer geist-los gleich lieb-los vor sich hinvegetiert, lebt nicht, sondern unterbricht als Quasi-Toter durch seine niedrige Schwingung den unendlichen Fluß des Lebens.
Der Sumpf, in dem die Menschheit zu ersticken droht, ist die Stagnation im Denken, die Begrenzung der Schöpferkraft durch das

gesellschaftliche Denken, das Kollektiv-Bewußtsein, zu dem die Menschheit seit Äonen der Zeit durch Manipulation verführt wurde und sich verführen ließ.
Stehendes Wasser wird zum Sumpf, zum Morast. Um dieses stehende Wasser wieder zum Fließen zu bringen, werden den Menschen JETZT Wissen und Erkenntnisse zugänglich gemacht, die bis jetzt ein Geheimnis waren, einzig und allein aus dem Grund, da die Zeit der Manipulation, der Unfreiheit und Erniedrigung in nicht allzu langer Zeit endgültig vorbei sein wird. Denn JETZT ist die Zeit, aus den Geheimnissen des Lebens die Offenbarung werden zu lassen - damit jede Wesenheit den Weg erkennen kann, der sie zurückführt - in die Liebe, ins Licht und in die Freiheit.

Wir erheben in diesem Buch nicht den Anspruch, DIE Wahrheit zu vermitteln, da es sie nicht gibt, sondern wir werden kosmisches Wissen weitergeben, das aufzeigt, welche unbegrenzten Möglichkeiten JEDER mit seiner Schöpferkraft besitzt. Auf der Suche nach DER Wahrheit werden wir nie jemanden *außerhalb* von uns selbst finden, der sie uns vermitteln kann, denn unsere eigene Wahrheit liegt in uns, in dem, was wir empfinden, was wir fühlen. *Jeder einzelne hier auf dieser Erde drückt seine Wahrheit so aus, wie er sie durch seine Erfahrung und sein Verständnis wahrnehmen und empfinden kann.*
Das, was wir als "Fakten" bezeichnen, mit denen wir zu "beweisen" versuchen, was wirklich und wahr ist, sind die Manifestationen des kollektiven Bewußtseins. Sie entstanden aus der Ansammlung der Gefühle, die die Menschheit in ihrem derzeitigen Verständnis als Verwirklichung kollektiver Gedanken gebildet hat.
In Wirklichkeit gibt es nichts Unwahres, denn jeder Gedanke ist eine Wirklichkeit, da er Teil des "Geistes Gottes", der größten Wirklichkeit ist. Diese größte Wirklichkeit, der "Geist Gottes", ist das Empfinden, das Gefühl, denn aufgrund der Schwingungsfrequenzen unserer Gefühle schaffen wir unsere eigene Wirklichkeit, das, was wir als unser Leben hier auf der Erde bezeichnen.
Alles, was je gedacht wurde oder gedacht wird, ist wirklich - und wahr -, denn allem wird allein durch den Gedanken, der ins Bewußtsein aufgenommen und gefühlt wird, Geltung zuteil, gleich ob er sich jetzt oder später in der Materie realisiert.

Dadurch, daß man die Masse der Erdlinge so manipuliert hat, daß sie wie ein Einzelwesen beherrscht werden kann, sind sehr viele Erdlinge nicht mehr in der Lage, Freude zu empfinden und sich selbst - unbegrenzt - zum Ausdruck zu bringen, da sie nichts mehr von den unendlichen Möglichkeiten ihrer Schöpferkraft wissen.
Statt EINS zu sein mit dem immerwährenden Leben, mit allem was ist, haben sie sich in die Illusion verstricken lassen, machtlos zu sein gegenüber den Regeln der Gesellschaft, der "öffentlichen Meinung" oder dem "Kollektiv-Bewußtsein", den Gesetzgebern, den Geldhaien und den Religionen. Sie bemerken zwar, daß vieles "nicht in Ordnung ist", daß es nicht "stimmt", doch sie wissen nicht, wie sie selbst aus diesem Kerker herauskommen können. Und so machen sie alles mit, obwohl sie täglich an ihrem Frust und Streß fast ersticken.
Jeder, der in der heutigen Zeit, in der heutigen Gesellschaft, etwas "Unmögliches" möglich macht, wird als Außenseiter betrachtet und als "Spinner", "Phantast" oder "unmöglicher" Mensch bezeichnet. Doch in Wirklichkeit wird in der heutigen Gesellschaft auch das "Gerade-noch-Mögliche" unmöglich gemacht.

Einer der verheerendsten Glaubensinhalte, die man den Erdlingen manipulativ aufgezwungen hat, ist, daß Gedanken und Gefühle des Einzelnen keinen Einfluß auf ihn selbst, auf andere oder auf die Umwelt haben. Der Ausspruch "Die Gedanken sind frei" wurde von vielen mißverstanden und in dem Sinne gedeutet, daß man "in seinem stillen Kämmerlein" denken darf, was man will.
Wir haben zwar tatsächlich die Freiheit zu denken, was wir wollen, doch die Folgen bzw. Auswirkungen unseres Denkens, vor allem aber unserer Gefühle, treffen nicht nur uns selbst, sondern alles, was uns umgibt. Denn jedes Gedankenbild, das wir formen, bewirkt ein Gefühl in uns. Die Schwingungsfrequenzen unserer Gedanken und Gefühle werden von uns - über unsere Aura - in das Kosmische Geistfeld abgestrahlt und bewirken bzw. beeinflussen unser Umfeld.
Durch die - reine - Abstrahlung aller "positiven" Gefühle wie Liebe, Freude und Glück speisen wir das Kosmische Gitternetz, wir füllen es mit der Kraft der Liebe und des Lichtes auf.
Alle "aggressiven" Gefühle wie Haß, Wut, Zorn, Macht- und Besitz-Gier, Gewalttätigkeit usw. speisen hingegen eine "Rote Sonne".

Wenn man den Zeitfaktor nicht miteinbezieht, sind jedoch die "depressiven" Gefühle wie Angst, Leid, Erniedrigung, Verzweiflung, Ohnmacht aber auch Ignoranz und Resignation am zerstörerischsten - nicht nur im Hinblick auf unsere eigene Existenz, sondern auch hinsichtlich ihrer Wirkung im Kosmos -, und durch sie sind jetzt im Kosmos Energie-Prozesse zutagegetreten, die unseren Wissenschaftlern nur noch den Ausruf "Oh, mein Gott !" entlocken.

Wir sind hier auf die Erde, in die Dichte der Materie, gekommen, um all die wunderbaren Formen der Natur, die wir als Wesenheiten selbst geschaffen haben, mit all unseren physischen Sinnen zu empfinden, zu erfahren. Dafür wurde ursprünglich der physische Körper als Gefäß unserer Wesenheit von uns geschaffen. Doch was machen wir heute? Wir sagen allenfalls noch: "Ach, wie schön ...", und ohne tiefes Ausschöpfen aller Gefühle, die wir empfinden könnten, hasten wir weiter, den Kopf vollgepfropft mit Gedanken an unsere Termine, an unsere Zahlungsverpflichtungen, was wir uns alles noch kaufen möchten, um uns mit "Status-Symbolen" zu umgeben usw.. Also Druck, Streß, Gehetztsein, Reizüberflutung und Sinnlosigkeit - statt jeden unserer Sinne zu sensibilisieren und uns an allem zu erfreuen, was uns umgibt.
Freude zu erfahren, ist der ursprüngliche Sinn der Schöpfung. Betrachten wir die Geschöpfe der Natur, erkennen wir, daß in allen natürlichen Dingen der Schöpfung die Schöpferkraft vollkommen wirkt - ohne Urteilen, ohne Wertung.
Die Sonne scheint auf jeden, gleich wer oder was er ist. Der Regen nimmt keine Rücksicht auf die "hohe Stellung" oder den Reichtum einer Person. Die Blumen verströmen ihre Liebe und Schönheit, ohne zu fragen, ob derjenige, der sie empfindet, "gut" oder "schlecht" ist. Alle natürlichen Geschöpfe sind "sich selbst genug" und bringen zum Ausdruck, was All-Gott ist - und was er in seiner unermeßlichen Liebe an uns, seine Mit-Schöpfer, weitergab.
In der Dichte der Materie zu leben, bedeutet nicht, sich mühsam durchkämpfen, sich quälen zu müssen in diesem "Jammertal" (wie es von vielen angesehen wird), sondern es ist die höchste Form der Evolution, da es *alle* Möglichkeiten der Wahrnehmung, der Gefühle und des Schöpfertums bietet, zu dem Zweck, die Gesamtheit der Entfaltungsmöglichkeiten des Seins zu verstehen. Es ist eine wunder-

volle Reise bis an die Peripherie des Reiches Gottes, um alles verstehen zu können, und DIE Möglichkeit, alles zum Ausdruck zu bringen, was wir wirklich sind - und n i c h t das äußerste Ende von Gottes Reich, in das wir als "Sünder" verdammt wurden!
Einzig und allein durch unsere eigenen Einstellungen und unsere Urteile, die unsere Erfahrungen im Leben festlegen, begrenzen wir uns selbst. Daher wird, wenn wir unsere Eigenverantwortung nicht erkennen und unsere Schwingungsfrequenz nicht erhöhen, unsere Zukunft nicht verheißungsvoll sein, sondern ungewiß und chaotisch.

Wir haben selbst gewählt, in der Dichte der Materie und in der Dualität, der Ebene der Gegensätze, zu leben, um sie zu erfahren und zu verstehen. Niemand hat uns dazu gezwungen! Was wir erleben, schaffen wir selbst, und niemand anderer ist "schuld" an dem, was wir erfahren. Es ist unsere eigene Schöpfung - in eigener Verantwortung uns selbst gegenüber. Doch wir haben vergessen, daß die Gegensätze in Wirklichkeit eine Einheit sind. Wenn wir ein höheres Bewußtsein und ein umfassenderes Verständnis erlangen wollen, müssen wir sie *IN UNS* vereinen, versöhnen, und all unsere Erfahrungen als das ansehen, was sie wirklich sind: als wunderbare Möglichkeiten des Lernens und Bewußtwerdens mit dem Ziel, uns selbst - *die Istheit All-Gottes in uns* - vollkommen zu verstehen.
Wenn wir nur eine Seite als gut ansehen und die andere als schlecht oder böse bewerten und verurteilen, ziehen wir immer wieder das in unsere Erfahrung, was wir in uns selbst noch nicht anerkennen wollen. *"Gut und Bös"* ist beides in uns, weil wir als Wesenheit selbst die Wahl getroffen haben, daß beides in uns sein soll, damit wir beides erfahren und verstehen können. Suchen oder sehen wir in uns selbst nur das Gute und übertragen das Böse auf einen anderen (der uns in Wirklichkeit als Spiegelbild "dient"), entfremden wir uns sowohl von uns selbst als auch vom anderen, wir schaffen eine tiefe Kluft.
Sowohl Licht als auch Schatten sind in uns. Wollen wir nur das Licht, weil wir es für besser halten, verfolgt uns der Schatten so lange, bis wir uns mit ihm ausgesöhnt, ihn anerkannt haben.
Erkennen und akzeptieren wir beide Seiten der Dualität *in uns,* ist der Lohn nicht nur der "innere Friede" und ein umfassenderes Verständnis, nach denen unsere Seele sucht und drängt, sondern wir

setzen eine unvorstellbare Energie in uns frei - die Enrgie der LIEBE. Durch diese Bewußtwerdung, durch die Freisetzung der Energie der Liebe in uns erhöht sich unsere Schwingungsfrequenz. Sie führt und trägt uns immer höher, immer weiter - in das Licht des Wissens, das wir suchen, in die Liebe zu uns selbst.
Uns selbst lieben (was nichts mit Egoismus zu tun hat) können wir nur, wenn wir uns als *Ganzheit* anerkennen, in der beide Seiten der Polarität, der Dualität, vereinigt und versöhnt sind.
- Versöhnen bedeutet, den "Sohn" (uns selbst) wieder im "Vater", in All-Gott, zu erkennen und den Vater, den Schöpfer von Allem-was-ist, im Sohn - in uns selbst - zu lieben. -
Begrenzen wir unsere Wahrnehmung durch Urteilen, verhindern wir die Aufnahme von unbegrenzten Gedanken, von etwas Neuem, und zwingen uns selbst, immer wieder den gleichen "Mist" zu erleben. Denn die begrenzte Wahrnehmung bewirkt begrenzte Erfahrungen und macht es unmöglich, Neues - neue Abenteuer - zu erleben.
Wir müssen den inneren und den äußeren Kosmos wieder in die Harmonie bringen. Die Schnittstelle sind wir Erdlinge.
Das bedeutet: Du selbst bist wichtig - nicht dein Körper, nicht dein Partner, nicht dein Haus, nicht dein Job, nicht dein Bankkonto, nicht dein Auto - *NUR DU SELBST*, denn du bist All-Gott in individueller Form. Ohne Seine gleich deine Schöpferkraft wärest du nichts, und auch alles, was um dich herum existiert, wäre nichts.

Wie können wir uns also selbst erlösen ? - Nur durch Wissen - durch *kosmisches* Wissen. Über Äonen hinweg wurde uns das Wissen, das es uns ermöglicht hätte, uns selbst zu erlösen, vorbehalten, und selbst die *einfache* - die größte - Wahrheit, die Jesus Christus uns lehrte, wurde so verfälscht, daß kaum jemand sie verstanden hat.
Doch jetzt stehen wir an der Schwelle eines neues Zeitalters, eines neuen kosmischen Zyklus'. Das neue Zeitalter des reinen Geistes wird das Zeitalter ALL-GOTTES sein, *das Zeitalter der LIEBE, der FREUDE und der FREIHEIT des Seins.*
Der Mensch wird erkennen, daß alle Wesenheiten GLEICH sind.
Er wird erkennen, daß er seine Göttlichkeit einfach vergessen hat, genau so, wie er vergessen hat, was die Liebe zum Selbst bedeutet.
Er wird die Stagnation, die durch die Begrenzung des Bewußtseins

eingetreten ist, überwinden und erkennen, daß das Leben auf der irdischen Ebene nur eine Illusion ist, ein Traum.
Aus diesem Traum erwachend, wird er lernen, wieder nur auf die Stimme in seinem Inneren zu hören, auf seine Intuition, seine Gefühle, und die Erfahrungen machen, die er zu machen gewählt hat, als *individueller Ausdruck All-Gottes*, denn das ist der Grund für seine Existenz - und der Schatz, den er nach Hause tragen kann.
Er wird erkennen, daß der Sinn und Zweck seines Lebens der ist, auf der "Bühne" des Lebens all die Gedanken und Gefühle zum Ausdruck zu bringen, mit denen er sich im Innern seines Wesens beschäftigt.
Für jeden Einzelnen ist der Sinn des Lebens, Teil von ihm zu sein, sein Schöpfer zu sein, es durch die Erfahrung, durch die Weisheit der Gefühle zu erleuchten, es einfach zu leben.
Doch wenn man sich unaufhörlich danach richtet, das zu tun oder zu lassen, was andere einem raten oder befehlen, und das wird uns von "Kindesbeinen an" beigebracht, wenn man voll Neid oder Bewunderung auf andere blickt und sein möchte wie sie, danach gierend, Anerkennung, Akzeptanz und Liebe von ihnen zu empfangen - und dafür den Preis seines Selbst zahlt, weil man sich nicht selbst liebt, akzeptiert und für wert hält, geliebt zu werden - dann bringt man nicht das zum Ausdruck, wofür einem das Sein geschenkt wurde - All-Gott in individueller Form.

Um unser Sein tiefgehend zu verstehen, ist es unumgänglich zu wissen, von wem und wie wir sowie alles, was ist, erschaffen wurden, aus was alles besteht, wie die Abläufe im Kosmos sowie in uns - als Mikro-Kosmos - sind und mit welchen Formen der Energie wir umgehen, nicht nur in unserer Umwelt, sondern vor allem IN uns.
Insbesondere im Hinblick auf das, was wir als Energie bezeichnen, handeln wir, solange wir die Konsequenzen unseres Tuns nicht überschauen können, verantwortungslos, oder wir halten uns für machtlos, hilflos unbekannten, nicht unter Kontrolle zu bringenden Kräften ausgeliefert. Brechen Katastrophen über uns herein, oder erleben wir sie in uns, können wir die tatsächliche Ursache nicht mehr erkennen.
Dies ist einer der Gründe, warum in den letzten Jahrzehnten immer mehr Wesenheiten aus anderen Ebenen den Kontakt mit Erdlingen aufnahmen, sei es durch "Channeling" oder auf anderen Wegen.

Aufgrund ihres umfassenderen Wissens und Verstehens, mit ihrem "Weitblick" sowohl in Bezug auf "Vergangenheit, Gegenwart und Zukunft" als auch, "räumlich" gesehen, im Hinblick auf das Geschehen im Kosmos, in den verschiedenen Bewußtseinsebenen, und hinsichtlich der energetischen Prozesse im gesamten Kosmos, können uns die Wesenheiten, die uns in Liebe helfen wollen, ein Wissen vermitteln, das uns bisher "versagt" war oder vorenthalten wurde.
Da die Wesenheiten 'höherer' Bewußtseinsebenen nicht mehr in die Begrenzungen verstrickt sind, die uns Erdlinge gefangen halten, sondern ihnen aufgrund ihrer höheren Schwingungsfrequenz ein umfassenderes Erkennen möglich ist, sind sie in der Lage, die Zusammenhänge im ganzen Kosmos aus einem größeren Blickwinkel, einer erweiterten Perspektive zu sehen.
Zu bedenken, jedoch nicht zu verurteilen, ist, daß wir natürlich auch von "uns nicht wohlgesinnten" Wesenheiten - mit einem begrenzteren Verständnis - kontaktiert werden.

"Wohl wahr, am Ende ist alles Liebe, und dennoch, seht hin, seht diese Scheinwelten, die euch in Versuchung führen.
Auch hier gibt es Gefilde des Lernens und Aufsteigens, der Güte und des verlorenen Herzens.
Wißt, die Gleichzeitigkeit bedingt das Gleiche auf allen Ebenen.
Bedenkt, alles sind Parallelwelten. Nicht alle Auskünfte sind authentisch. Es wird dabei gelesen im Speicher des Erdenbewohners, der diesen überirdischen Kontakt herstellt, und seiner Möglichkeiten. Der Draht steht und fällt mit der Reinheit von Sender und Empfänger.
Dort, wo die irrigen Wege begangen werden auf eurer Erde, dort liegen immer die Wahrheit und das Übel im Einen. Das heißt, es ist oft Licht, es scheint das Licht zu sein, und doch könnte sein trügerischer Glanz euch zur Verherrlichung leiten, das da nicht ist die Wahrheit. In der Wahrheit liegt immer nur die Freude der Erkenntnis, und wenn ihr auch wandert durch ein finsteres Tal, seht, ja seht, am Ende der Erkenntnis liegt das Licht der Wahrheit, das euch heimführt." (Randola)

Was für jeden Einzelnen als seine Wahrheit annehmbar ist, kann jeder nur selbst entscheiden, in sich selbst, durch sein Gefühl.

Doch zu bedenken ist, daß sich der Erdling hinsichtlich seiner Gefühle - nicht zuletzt aufgrund der Manipulation - in einer Gefühlsverwirrung befindet, die ein Erkennen erschwert. Ein nutzbringendes Kriterium ist folgendes: Dienen die Durchgaben einem umfassenderen Verständnis, sind es Worte und Schwingungen zur inneren Heilung - nicht begrenzend, nicht einschränkend, sondern befreiend -, und berühren sie uns in unserem tiefsten Kern, so können wir sie in Dankbarkeit annehmen.

Wir stellen in diesem Buch ein umfassendes "kosmisches" Wissen vor, das uns aus verschiedenen "Quellen zufloß" - mit dem Auftrag, es weiterzugeben. Wir selbst sehen uns weder als "Gesellschafts-Kritiker" noch als Überbringer mit "Sendungsbewußtsein" und auch nicht als "Weltverbesserer", sondern nur als Vermittler.
Die Textstellen, die mit *"Randola"* unterschrieben sind, haben wir nicht in unsere "Umgangssprache" umgesetzt, da wir die Schwingung, mit der sie übertragen wurden, nicht verändern wollten. So hat jeder Leser und jede Leserin die Möglichkeit, diese Schwingung selbst zu empfangen und zu fühlen.
Die physikalischen Abläufe und geometrischen Formen unseres Seins, die wir in diesem Buch beschreiben (müssen), haben nichts mit der "Physik" zu tun, die ihr womöglich schon in der Schule ablehntet.
Da wir die Abneigung, die viele für diesen Bereich empfinden, kennen, werden wir die Erklärungen so kurz und so einfach wie möglich abgeben. Doch wir wissen auch, daß es nicht anders geht, wenn wir zu einem umfassenderen Verständnis des Lebens, unseres Seins, und unseres SELBST kommen wollen.
Was wir in diesem Buch vermitteln, ist "Hintergrundwissen" als Basis, auf der jeder seine eigene Wahrheit in sich finden kann.
Es beinhaltet Erklärungen sowohl der spirituell-geistigen als auch der materiell-physikalischen Gegebenheiten, da nur durch die Einbeziehung beider Ebenen, in denen wir als Erdling (= Wesenheit in einem physischen Gefäß) leben, ein unbegrenztes Verständnis, ein Erkennen der Zusammenhänge, möglich ist.

Auf die Frage, warum von außerirdischen Wesenheiten, aber auch von auf der Erde inkarnierten Wesenheiten, die um die kosmischen

Geschehnisse und Zusammenhänge wissen, sehr große Anstrengungen gemacht werden, den Planeten Erde zu retten, gibt es eine einleuchtende Antwort: TERRA - unser Planet Erde - ist der schönste Planet, der Smaragd des Kosmos. Er entstand später als viele andere Planeten, erst nachdem die Wesenheiten ihre Experimente bei der Gestaltung anderer Planeten gemacht hatten. Als sie TERRA gestalteten, gaben sie in Liebe und mit größter Freude all ihr Wissen und Können in die Gestaltung dieser Wesenheit. Sie trugen alles zusammen an Pflanzen und Tieren, um etwas Einzigartiges zu schaffen. Sie schufen alle Möglichkeiten der Erfahrung, in der Vielfältigkeit der Schöpfung - ein vollkommenes Endprodukt.

Auf anderen Planeten gab es andere Entwicklungen, doch keine, die vergleichbar wären mit denen auf TERRA - zu jener Zeit.

Da der Begriff "Mensch" nicht die Eigenschwingung von Mutter Erde besitzt, ist dieser Ausdruck nicht zutreffend. Denn die hier inkarnierte Wesenheit besitzt einen Körper, der aus den Stoffen von Mutter Erde - TERRA - besteht, so daß die Bezeichnungen "Erdling" oder "Terraner" zutreffender sind.

Nehmen wir als Beispiel einen Bergsteiger. Was fühlt er, wenn er durch unvorstellbare Anstrengung und Mühe, womöglich unter Lebensgefahr, einen hohen Berg erklommen hat und endlich auf dem Gipfel angelangt ist ? Er fühlt sich All-Gott am nächsten, er fühlt sich in Liebe verbunden mit allem, was um ihn ist, während er.unter sich seine Heimat, seine Mutter Erde, sieht und spürt.

Es ist von größter Wichtigkeit für den Fortbestand der Erdenbewohner, daß jeder den Einklang mit Mutter Erde wiederherstellt.

Als JESUS CHRISTUS die Worte sprach, "Niemand kommt zum Vater denn durch *mich*", meinte er mit dem Wort *"mich"* nicht sich als Person, als JESUS, wie viele es gedeutet und verstanden haben, sondern damit wollte er uns zu verstehen, zu erkennen geben, daß wir SELBST der WEG und die WAHRHEIT sind, durch die wir zu unserem Vater zurückkommen. Doch auch das bedeutet nicht, daß wir irgendwann einmal nach unendlichen Mühen zurückgelangen werden, sondern das Zurückkommen ist ein Akt des Bewußtwerdens, des Erkennens, des Fühlens - in diesem Augenblick, in dem wir uns dazu entscheiden, es zu fühlen und bewußt zu sein.

DIE VERHEISSUNG
der Schwingung mit dem Namen Randola

JETZT ist die Zeit,
aus GEHEIMNISSEN die OFFENBARUNG werden zu lassen.
Jetzt erst kann vollkommen werden,
was zerfallen war in die Stücke, die zerbrochen wurden
vor unendlich langer Zeit.
Jetzt erst kann geschehen das Heil, das verkündet wurde,
um die Menschheit zu erlösen, um einzulösen dieses Wort,
diesen Gedanken, dieses Versprechen des Schöpfers,
der Kraft, die euch in Wahrheit einhauchte den Odem der Liebe.

Es gibt keine Trennungen, alles kann nur gemeinsam existieren,
denn die Liebe ist alles, in ihr liegt alles. Es gibt nur das EINS.
Doch nur im erwachten Wissen kann die Wahrheit gelebt werden.
Die LIEBE GOTTES ist unantastbar.
Die Größe der Liebe selbst besteht im Sein ohne Fragen,
ohne Antworten. SIE IST.
Es gibt nicht richtig und falsch. Es gibt nur Liebe.
Aber eure Erde ist noch nicht getaucht in die Vollkommenheit
des Lichts, und so treiben die Mächte ihr Spiel.
Das ist das Gegenspiel, das kosmische,
das wir beenden wollen zum Heil aller.
Doch in der Liebe geborgen kann nichts geschehen,
was nicht gelegen ist in seiner Bestimmung in allen Welten.
Alles kann nur durch die Dunkelheit zum Licht gelangen.
Nichts unterscheidet sich außer den Manifestationen,
den Erscheinungen, die ihr wahrnehmen könnt.
Alles hat seine Ordnung. Es gibt kein Chaos. Es gibt nicht unrichtig.
Alle tragen dazu bei durch ihre eigene Entwicklung
und das Maß, in dem sie frei sind.

Frei sein bedeutet, daß nichts euch hält,
daß nichts euch behindert, daß es keine Grenzen gibt,
daß ihr in euch schwebt, losgelöst von allen Fesseln.
Frei bedeutet, im Nichts schwimmen, da, wo nur noch Sein ist.

*Das ist wesentlich, denn alle könnt ihr jederzeit frei sein,
wenn ihr es wünscht. Frei bedingt sich nicht durch Bedingung.
Ihr setzt Bedingungen und Voraussetzungen.
- ES GIBT KEINE. -
Alles, was geschieht, liegt in der Harmonie
des Universalen Geschehens.*

*WISSE, DU BIST! Das ist alles.
Kein Wort kann je die Wahrheit ersetzen.
Die Wahrheit ist ein Gesamtes, und jeder von Euch ist ein Gesamtes,
und jeder von Euch ist Teil dieses Gesamten - ist es selbst.
Man kann etwas nicht er-tragen. Man kann es nur SEIN.
Das ist das Geheimnis, um das ihr kämpft.
Immer sind wir alle eins, und immer ist alles gleichzeitig.*

*Im Licht, dort gehen - verborgen für das irdische Licht
eurer Augen - die Wahrheiten, die sich treffen und
wieder hineingehen und verschmelzen in das große Ganze.
Eure Seele ist die Essenz des Lebens, dieser Funke,
der euch bereitet Ungemach in eurem irdischen Kleid,
und zugleich ist er die Herrlichkeit, die euch taucht
in den Glanz des Lichts, des Funkens, der euch erschuf.
Es ist eine Zeit, in der wir eigentlich rückwärts gehen.
Denn rück-wärts bedeutet: zurück zum Ursprung.
Was bedeutet Entwicklung ?
Aus dem, was ganz war, leuchtet in die Tiefe, in die Weite
die Erfahrung vom Leben und begibt sich auf den Heimweg,
gesammelt und gefestigt und wissend in ihrem Sein
- dorthin, wo Vollkommenheit war und ist.
Nicht das, was im Entwickeln begriffen ist, bedeutet Ausdehnung,
sondern das, was sich wieder zurückbegibt.*

*Ihr seid hier, um das wiederzufinden,
was euch seit Anbeginn innewohnt.
Darum machtet ihr euch auf die Reise, um zu erschaffen
und zu erfahren, was ihr erschafft - in und mit der Kraft,
die euch den Lebensfunken gab."*

VISIONEN

Wir sind alle gleichberechtigt. Denn alle sind wir All-Gottes Kinder, alle ausgestattet mit den gleichen Gaben und Fähigkeiten.
Um den Weg zurück zu uns selbst zu finden, stehen uns allen die gleichen Möglichkeiten zur Verfügung. Bewundern wir andere, weil wir glauben, sie wären bevorzugt worden, da sie besondere Fähigkeiten besitzen (z.b. um "Medium", "Guru", "Meister", "Wunder-Heiler" oder "Hellseher" zu sein), dann entspricht dies nicht den Tatsachen. In unserer Seele besitzen wir ein unvorstellbares Wissen, und unsere Schöpferkraft ermöglicht uns, alle Fähigkeiten zum Ausdruck zu bringen. Doch wir versperren uns den Zugang zu unserer Seele und die Freisetzung unseres Wissens und unserer Fähigkeiten durch das Gefühl des Neides oder der Minderwertigkeit. "Ich kann nicht" gibt es nicht. Wir können alles, denn wir alle haben in gleicher Weise von All-Gott alles erhalten, was Er besitzt.
"Visionen" hat jeder Erdling, denn jeder hat eine Seele, in der alles Wissen gespeichert ist. Auch ist es jedem möglich, sich dem "Kosmischen Geistfeld" zu öffnen, das alles Wissen vom Anbeginn allen Seins an enthält - einschließlich des Schöpfungs-Gedankens sowie des Ursprungs und der Bestimmung aller Geschöpfe, worin auch der Sinn und Zweck des Erdenlebens enthalten ist. Doch da die meisten Erdlinge Angst haben, ausgelacht oder verspottet zu werden, sprechen die wenigsten über das, was sie gesehen haben, zumal, wenn sie ihre Visionen mit ihrem Verstand nicht einordnen können.
Die Erdlinge, die uns ihr Wissen zur Verfügung stellten, hatten die absolute Überzeugung von der Richtigkeit und Realität des zuerst durch Visionen ('Reisen' durch die gesamte Schöpfungsgeschichte) übermittelten Wissens und erhielten im nachhinein die "materielle" Bestätigung. Sie waren stark genug, daran festzuhalten, auch wenn alles zunächst dagegen zu sprechen schien. Ebenso erging es den Propheten des Altertums und in unserem Zeitalter "Sehern", "Medien" und "Mittlern" wie auch allen "berufenen" Erfindern und Forschern. Es gibt nichts "Un-Reales". Die Zeit, in der nur das als real anerkannt wurde, was mit den 5 physischen Sinnen unseres Körpers wahrgenommen werden kann, ist - endgültig - vorbei. Das Bewußtsein sehr

vieler Erdlinge hat sich in der letzten Zeit so enorm verändert, nicht zuletzt durch die Hilfe, die uns aus anderen Seinsebenen zukommt, daß man schon fast von Bewußtseinssprüngen sprechen kann.
Viele Erdlinge erkennen immer mehr, daß die geistigen Fähigkeiten aktiviert werden müssen, um mit den Prozessen Schritt halten zu können, die jetzt und in naher Zukunft stattfinden.
Wir stehen an der Schwelle eines neuen kosmischen Zyklus', dem Zeitalter spiritueller Hochkultur. Wer diese Schwelle überschreiten will, muß seine Einstellungen, seine Glaubenssätze, überprüfen und seinen Schwingungszustand ändern, d.h. sein Bewußtsein erweitern.
Um diese Veränderungen zu erleichtern, wurde gegen Ende des 2. Jahrtausends aus anderen kosmischen Dimensionen kosmische Energie in einer gewaltigen Größenordnung in den Erdkubus eingestrahlt, um eine dringend erforderliche Anhebung der Schwingungsfrequenz der Erde und eine leichte polare Ausrichtung zu bewirken.
Da das Schwingungsfeld der Erde in ganz engem Zusammenhang steht mit dem Bewußtsein bzw. mit dem Gedankengut und den Empfindungen gleich Gefühlen der Erdlinge, wurde durch diese Energie-Einstrahlung nicht nur bewirkt, daß der Erde in ihrem notwendigen Reinigungsprozeß geholfen wurde, sondern immense Hilfe wurde auch den Erdlingen zuteil, um sie in ihrem spirituellen Reifungsprozeß zu fördern.

Daß alle Gedanken, die eine Wesenheit, gleich ob ohne physischen Körper im All existierend oder zum Beispiel als Erdling zur Zeit auf der Erde lebend, je gedacht hat, im "Kosmischen Geistfeld", dem "Bewußtseinsstrom", aufgezeichnet sind, ebenso wie Lebensabläufe und Situationen, die bereits als Gedankenformen existieren und in der Zukunft auf der materiellen Ebene realisiert werden können, ist Realität. Edgar CAYCE, zum Beispiel, der in unserem Jahrhundert lebte und als "schlafender Prophet" weltweit bekannt wurde, besaß mediale Fähigkeiten, die ihm den Anschluß an das ewige göttliche Gedächtnis, das "Kosmische Geistfeld", ermöglichten.
Sich selbst in Tiefschlaf versetzend, war er in der Lage, die Grenzen von Raum und Zeit zu überschreiten und das, was wir in unserem irdischen Sein als "Vergangenheit, Gegenwart und Zukunft" bezeichnen, zu "sehen". Auf diese Weise gab er Aufschluß über den

Ursprung und die Bestimmung der Wesenheiten der Erdlinge von Anbeginn der Schöpfung an und prophezeite Geschehnisse, von denen sich viele inzwischen bewahrheitet haben, die er für die jüngste Vergangenheit vorausgesagt hatte. Vieles davon muß früher oder später eintreffen, da er alles, was er in Trance gesehen hat, absolut klar - ohne Einmischung seines Tagesbewußtseins, also ohne "menschliche" Wertung - gesehen hat.

Doch mediale Fähigkeiten besitzt jeder Mensch. Jeder, der es ernsthaft will, hat Zugang zur Ebene des kosmischen Wissens, um sich dieses anzueignen, denn der "göttliche Bewußtseinsstrom", das "Kosmische Geistfeld", umgibt und verbindet alles.

Da jede Wesenheit, jedes Geschöpf die Gedanken seines Seins in das Kosmische Geistfeld einstrahlt, existiert in ihm das Wissen um alles.
Überschreiten wir die Grenzen des uns aufgeprägten einschränkenden gesellschaftlichen Denkens und zweifeln nicht, sondern WISSEN, daß wir diesen Zugang besitzen, sind wir in der Lage, uns mit unserem Denken, unserem Geist, in die höchsten Ebenen der Unendlichkeit zu schwingen und alle Ereignisse der "Vergangenheit, Gegenwart und Zukunft", die nur für das Erdendasein getrennt existieren, zu sehen.

Die Aussage unserer Wissenschaftler, daß vieles nicht existieren könne, da es "wissenschaftlich nicht zu beweisen" sei - womit seine Existenz vom wissenschaftlichen Nachweis abhängen würde -, entbehrt jeglicher Logik. Der einfachste Beweis für die Unlogik dieser Behauptung der Wissenschaft ist dadurch erbracht, daß wir Erdlinge über die Kraft der Gedanken und des Gefühls verfügen, obwohl von ihr bisher nicht zu beweisen war, was für eine Kraft dies ist, wie Denkprozesse ablaufen, wo unsere Gedanken bzw. Erinnerungen gespeichert sind und auf welchem Wege wir nach unseren gedankenbildlichen Vorstellungen unser Leben gestalten. Da es der heutigen Wissenschaft bisher mit den ihr zur Verfügung stehenden Mitteln gleich Technologien nur möglich war, forschend und experimentierend in die grobstofflich-materiellen Bereiche vorzudringen und aufgrund von Wirkungen Denkmodelle zu entwickeln, mit denen man versucht, diese Wirkungen zu erklären, blieb die Dimension des "Feinstofflichen", in der allein die URSACHE dieser Wirkungen gefunden werden kann, weitgehend unerforscht und unerklärbar.

Das Gleiche gilt für alle Bereiche unseres Seins. Beschränken wir uns nur auf die Anerkennung dessen, was wir mit unseren physischen Sinnen - also im materiellen Bereich - wahrnehmen können, betrachten wir nur einen Teilaspekt der Realität, denn wir vergessen, den Hauptaspekt zu hinterfragen, das heißt herauszufinden, durch welche - übersinnliche - Kraft das sinnenmäßig Wahrnehmbare entstanden ist und bewirkt wird. Diejenigen, die die ursächlich wirkende Kraft als "okkult" oder "irreal" gleich "nicht existent" bezeichnen, weil sie sie noch nicht erfahren haben, begrenzen sich selbst und sind "realitätsfremd".

Alles, was der Erdling - sowie jede im rein geistigen Sein existierende Wesenheit - denkt, ist real. Daher nochmals: Es gibt nichts Irreales. Dies anzuerkennen und die unsichtbare Welt in unser tägliches Leben miteinzubeziehen, ist der wichtigste Schritt hinein in eine "verheissungsvolle Zukunft", in der alle Begrenzungen des Geistes im Laufe der Zeit überwunden sein werden.

All das, was viele Mystiker, Philosophen und geistige Lehrer der verschiedenen Menschheitsepochen bzw. die Avatare, Adepten oder Eingeweihte der Neuzeit an Wissen und Erkenntnissen publik gemacht haben, war "intuitives" Wissen und Erkennen, geschöpft oder empfangen aus dem "Kosmischen Geistfeld" dem unendlichen Bewußtseinsstrom, in dem alles existiert - jeder Gedanke und jede Form, gleich ob aus der Vergangenheit, Gegenwart oder Zukunft -, oder durch "channeling" übermitteltes Wissen von Wesenheiten aus anderen Seinsebenen.

Die Erdlinge, bei denen diese ewigen Wahrheiten ein Erkennen auslösten, empfingen den "Reiz" in ihrer SEELE, in der ebenso alles Wissen gespeichert ist, das die Wesenheit seit ihrer Erschaffung je erlebt und erfahren hat. Da dieses Wissen bei uns Erdlingen jedoch nur durch Reize = Schwingungsfrequenzen von Gedankenformen freigesetzt bzw. aktiviert werden kann, steht es nicht von Anfang an jederzeit zur Verfügung. Bei der Masse der Erdlinge unserer Zeit ist die Seele frequenzmäßig so stark vom "Gefühlsspeicher" ummantelt und verschlossen, daß tiefgehendes Wissen und Erkenntnisse sie noch nicht erreichen können. Diese Erdlinge brauchen zunächst eine gedankenbildlich bzw. logisch nachvollziehbare Grundlage, um den Sinn und Zweck ihres Seins zu begreifen und zu erkennen.

Dieses Buch beinhaltet die Grundlage allen Seins und läßt den Sinn und Zweck allen Lebens, sowohl in der Materie als auch im Geistigen, erkennen. Es beinhaltet unter anderem das Wissen und die Erkenntnisse geistig sehr hochentwickelter Erdlinge, denen dieses Wissen vor sehr langer Zeit auf geistigem Wege übermittelt wurde.

Die Überlieferungen jener Zeit wurden in Schriftstücken niedergeschrieben, die Inhalt der "Bundeslade" waren, die über Jahrtausende hinweg bis heute ihr Geheimnis den Erdlingen, bis auf einigen wenigen "Eingeweihten", nicht offenbart hat.

Erst im Jahre 1114 n. Chr. wurde der Teil der "Bundeslade", der die Überlieferungen enthielt, von den "Templern" in Besitz genommen und entschlüsselt. (Hinsichtlich Namen und Daten möchten wir bemerken, daß sie nicht wichtig sind, sondern daß es hier um ein gemeinsames kosmisches Wissen geht, ohne das der Kosmos nicht bestehen kann.) Der "Heilige Gral", der "Schatz der Templer", ist dieses Wissen über die Grundlage allen Seins, das sich die Templer zur Erfüllung ihrer Aufgabe weisungsgemäß aneigneten.

Doch erst in der Jetztzeit, in der wir heute leben, sind die Erdlinge in ihrer geistigen Evolution wieder so weit gereift, daß ihnen das Wissen zur Verfügung gestellt werden kann.

Die Überlieferungen der Templer wurden vor ein paar Jahrzehnten Erdlingen unserer Zeit zur Verfügung gestellt, damit sie sich das gesamte Wissen aneignen und es dann bekanntmachen. Von einer Gruppe von Wissenschaftlern und Forschern wurde jahrzehntelang das, was auf wissenschaftlicher Basis überprüfbar ist, theoretisch und experimentell überprüft und mit den bis heute in allen Bereichen unseres Lebens gefundenen Erkenntnissen verbunden.

Doch aufgrund der Manipulation, die in all unseren Lebensbereichen betrieben wurde und noch wird, sind auch viele Erkenntnisse aus den Überlieferungen so "verdreht" veröffentlicht worden, daß sie in das Gefüge der Manipulation paßten.

Dieses Buch beinhaltet eine Richtigstellung nur in der Form, daß wir alle Erkenntnisse so weitergeben, wie sie uns als ewige kosmische Wahrheiten übermittelt worden sind. Wir wollen jedoch keine Gegenüberstellung vornehmen zu dem, was als "verdreht" zum Zwecke der Manipulation veröffentlicht wurde, da sonst die Gefahr besteht, daß sich weiterhin "falsche" Bilder einprägen.

Der GRUND

Der Hauptgrund, warum das Wissen und die Erkenntnisse gerade jetzt offengelegt werden, ist, daß sich die Erdlinge in der Zeit des "NEUBEGINNS" befinden - und nicht in der "Endzeit", wie diese Zeit von Manipulatoren bezeichnet wird. Inhalt der meisten Prophezeiungen für diese Zeit war, daß der größte Teil der Erdlinge für immer vernichtet wird und nur Auserwählte gerettet werden. Diese Schrekkensbotschaften waren ein weiterer Versuch, die Erdlinge in der ANGST, ihrem größten Feind, zu halten, damit sie manipulierbar bleiben und ihre wahre Identität nicht erkennen.
Da jeder seine eigene Wahrheit nur in sich selbst finden kann, sind wir lediglich der Überbringer von Wissen, das als Reiz in dir die Freisetzung des in deiner Seele gespeicherten Wissens bewirken kann. Denn jeder trägt die gleiche mächtige "ICH BIN-Gegenwart" in sich - die allmächtige Gottes-Kraft, mit der alles vollbracht werden kann. Jeder kann alles, was er benötigt, durch die Kraft seiner Gedanken und Gefühle direkt aus dem Kraftvorrat des Weltalls erzeugen.
Doch ohne das Zusammenwirken der diesseitigen und der jenseitigen Ebenen ist der Weg, der die Erdlinge in das Neue Zeitalter führen wird, nicht begehbar. Sobald wir jedoch bereit sind, uns zu öffnen und auch die Wesenheiten ohne physischen Körper als unsere Brüder und Schwestern anzusehen, werden wir die Kommunikation mit ihnen sehr leicht erlernen und erfahren. Durch diese Bereitschaft und das Tun wird sich das Bewußtsein der Erdlinge erhöhen, was automatisch die Schwingungsfrequenz der Erde und des Erdlings erhöht.
Das Sein im physischen Körper beinhaltet ein Leben nach dem *Gesetz der Resonanz*. Als Erdling müssen wir erkennen, daß wir - im Besitz der "Gedanken-Kraft" - selbst Schöpfer sind und unsere Lebenssituationen selbst erschaffen. Einfach ausgedrückt, bedeutet das Gesetz der Resonanz, *"Was Du säest, wirst Du auch ernten."* Oder, wie es der Volksmund ausdrückt, *"Wie Du in den Wald hineinrufst, so schallt es zurück."*
Das Gesetz der Resonanz ist kein willkürlich festgelegtes Gesetz, sondern ein physikalischer Ablauf. (Resonare (lat.) bedeutet mitschwingen, zurückklingen, wiedererklingen, widerhallen.)

Für unser physisches Sein bedeutet das Gesetz der Resonanz: Jeder Gedanke, jede Idee, jede Phantasievorstellung erzeugt in uns ein Gefühl, das von unserer Seele bzw. vom Gefühlsspeicher aufgezeichnet wird.
Dieses Gefühl stellt die Voraussetzung her für unsere Lebensbedingungen. Es zieht über unsere Aura die "Umstände" an, die, wenn wir sie erleben gleich erfahren, das Gefühl, das in der Seele bzw. im Gefühlsspeicher aufgezeichnet ist, aufs neue hervorrufen.

Bisher war die ANGST der Urheber gleich Schöpfer all dessen, was wir nicht erleben wollten - weil wir nicht wußten, durch was wir unsere Lebensumstände erschaffen.
Nur wenn wir verstehen, wie und warum wir erschaffen wurden, haben wir die Möglichkeit, künftige Lebenssituationen so zu erschaffen, wie wir es tief in uns ersehnen, d.h. zu deren Erfahrung uns unsere Seele aufruft. Sobald nicht mehr Angst die Triebkraft der "menschlichen" Schöpfungen ist, sondern wieder die Liebe und Freude, werden wir das zum Ausdruck bringen und verwirklichen, wozu wir erschaffen wurden, was wir jedoch aufgrund der Angst, die uns beherrscht hat und in der wir durch die Manipulation gehalten wurden, zu verwirklichen unterlassen haben.
Alle Wesenheiten, also auch wir Erdlinge, besitzen als Mit-Schöpfer All-Gottes allwissende Intelligenz und die Freiheit, sie zu verwenden, wie immer wir es wünschen.
Jeder Erdling bzw. jede Wesenheit kann daher in erster Linie nur etwas für sich selbst tun und hat dies allein sich selbst gegenüber zu verantworten, denn jeder Erdling, jede Wesenheit, ist genau das, was er (bzw. sie) zu sein gewählt hat.
Der Weg aus dem Chaos in und um uns muß von jedem Einzelnen selbst gegangen werden - durch das Erkennen und Umsetzen des Erkannten. Aus diesem Grund besitzen wir einen physischen Körper, eine Seele und eine Psyche, das heißt einen "Gefühls- und Gedankenspeicher", wodurch wir erst in der Lage sind, etwas zu empfinden und Gegensätzliches (Duales) zu erkennen.
Würden wir alles, was uns widerfährt, annehmen, ohne es zu bewerten (in Gegensätzliches einzuteilen) bzw. es mit dem, was andere erleben, bewertend zu vergleichen, erlebten wir das "Paradies auf Erden".

Wir würden in Liebe zu unserem Schöpfer, zu uns selbst und zu allen Geschöpfen leben, ohne Probleme und Konflikte, ohne Kummer und Sorgen. *Angst*, gleich wovor, einschließlich der Zukunft, wäre uns genauso fremd wie all das, was uns leiden läßt.
Doch nichts in unserem Sein wird für unsere Sinne zur wahrnehmbaren Realität, wenn wir es nicht gedacht und gefühlt haben.
Jedes Wort, das wir sprechen, erschafft unsere zukünftigen Lebenssituationen, da wir durch unsere Worte (Töne = Schwingungen) ein Gefühl zum Ausdruck bringen, das wiederum vom Gedanken bewirkt wurde. Jede Einstellung uns selbst, All-Gott und dem Leben gegenüber werden wir erfahren, denn wir rufen all das, woran wir "glauben", mit unserem Gefühl ins Dasein. Jeder Gedanke, der uns zur Schaffung eines Gedankenbildes anregt, kommt aus dem Gedankenpotential des "Kosmischen Geistfeldes". Genauso wird alles, was wir Erdenbewohner denken und fühlen, im "Kosmischen Geistfeld" zur wirkenden Form.
Da das "Kosmische Geistfeld", das auch als "Buch des Lebens" oder "Kosmisches Bewußtsein" bzw. "Bewußtseinsstrom" bezeichnet wird, die Schwingungsfrequenzen des gesamten Seins, also alle Gedanken, die je gedacht, und alle Gefühle, die je empfunden wurden, beinhaltet, existiert in ihm das Wissen um alles.

Dieses Buch beinhaltet das kosmische Wissen über die UR-Schöpfung und läßt uns erkennen, daß alles Sein durch den Gedanken und das Gefühl All-Gottes erschaffen wurde und wir immer und ewig leben werden.
Wer All-Gott ist und warum Er die Wesenheiten geschaffen hat, wirst du im folgenden selbst erkennen können.
Antworten auf die Fragen, wie, warum und von wem wir Erdlinge sowie alles, was auf dem Planeten Erde als lebendige Wesen existiert, erschaffen wurden, erhältst du so, daß du es leicht nachvollziehen kannst.
Doch zuvor noch ein paar Worte zur "Macht des Wissens der kosmischen Wesenheiten - für Dich".

Die Macht des kosmischen Wissens der Wesenheiten - für DICH

"Euer Wissen ist euer größter Schatz, denn um Wissen, um Weisheit zu erlangen, wurdet ihr erschaffen. Euer Wissen kann euch nie genommen werden, denn es ist immer und ewig in euch.
Ihr seid die Liebe und das Wissen selbst, auch wenn ihr beschließt, es nicht zu sehen.
Seht hin, und erkennt, daß ihr alles Wissen habt, dann öffnen sich wieder alle Wege, alle Möglichkeiten des Erschaffens und Erfahrens."
(Randola)

Um aus seiner Stagnation, aus seinem begrenzten Denken und Schaffen, aus seinem Sumpf von Dogmen und festgefahrenen Verhaltensmustern herauszukommen, braucht der Erdling WISSEN - Wissen, das er einmal besaß - Wissen, das er jedoch einerseits komplett vergessen hat, das ihm aber andrerseits seit Äonen vorenthalten bzw. 'verdreht' gelehrt wurde.

Wissen entsteht durch Gedankenschwingungen, die in unserer Seele ein Gefühl erzeugen. Auf der materiellen Ebene bewirkt dieses Gefühl in unserer Aura eine Schwingungsfrequenz, durch die das angezogen wird, was wir innen gefühlt haben, um es im Außen als Manifestation bzw. Materialisation in unsere "Erfahrung" zu bringen.

Da aufgrund der Manipulation äonenlang immer das Gleiche in die Erfahrung gebracht wurde, nicht nur von auf der Erde oder anderen Planeten inkarnierten, sondern auch von rein geistigen Wesenheiten, ist die Entwicklung zu umfassenderem Verständnis und höherer Weisheit bei vielen fast zum Stillstand gekommen.

Um überhaupt noch Chancen der Weiterentwicklung zu erhalten, um vor allem aber auch den chaotischen Zustand, der im Kosmos aufgrund der Umwandlung der Energie der Liebe in zerstörerische Energieformen entstanden ist, in die Ordnung zurückzubringen, erhielten wir die Hilfe von Wesenheiten, die noch in der Lage sind, das kosmische Wissen - die ewig gültige Wahrheit - weiterzugeben.

Da das Wissen in unseren Seelen "zugeschüttet" ist und sich im Gefäß der Seele, also in unserem Körper - in jeder einzelnen Zelle - ein erstarrtes, von Angst geprägtes, begrenztes Bewußtsein festgesetzt hat, haben wir auch das Gefühl verloren, mit dem wir entscheiden können, was für uns selbst wahr und richtig ist.

Aus dieser Unsicherheit wertet und beurteilt die Masse der Menschen alles von vorneherein - meistens auch noch "negativ".

Um aus diesem "Teufelskreis" herauszukommen, um wieder alle Möglichkeiten zu haben, unsere ursprünglich unbegrenzte Schöpferkraft und überragende Intelligenz wiederzuerkennen und so einzusetzen, daß wir uns selbst "erlösen" können, brauchen wir kosmisches Wissen.

Nur durch WISSEN wird jeder in der Lage sein, die ANGST abzulegen, die viele schon beherrscht hat, bevor sich ihre Wesenheit entschied, ihre Erfahrungen in der Materie zu machen.

Wer also nicht länger Sklave der Wünsche anderer sein will, wer vollkommen frei sein Leben gestalten und sich selbst zum Ausdruck bringen will, so, wie es All-Gott jeder Wesenheit freigestellt hat, kann dies nur durch WISSEN erreichen. Das Tor zur "inneren Freiheit" bedeutet Wissen. Es öffnet sich, sobald wir bereit sind zu einem umfassenderen Verständnis, indem wir unsere Perspektive ändern und uns nicht mehr allein mit unserem Körper identifizieren und mit der Materie, die uns umgibt, sondern unser Hiersein auf dem Planeten Erde aus der Sicht unserer Wesenheit betrachten.

Unsere Wesenheit, unsere Seele, hat das Erdendasein nicht nur als eine weitere, sondern als DIE GRÖSSTE Möglichkeit gewählt, um ALLE Gefühle zu erleben, mit dem Ziel, höchste Weisheit zu erlangen.

Denn nur die Wesenheiten, die auf der materiellen Ebene - in einem irdischen Gefäß - alle nur erdenkbaren Erfahrungen gemacht, d.h. ALLE GEFÜHLE - OHNE WERTUNG - ERFAHREN haben, sind in der Lage, die Gesamtheit All-Gottes in sich selbst in höchster Form zum Ausdruck zu bringen und sich selbst vollkommen zu verstehen.

Aus der Unsicherheit, der Unwissenheit der Erdlinge Kapital zu schlagen, ist seit Äonen ein lukratives Geschäft, das sich viele zunutze machen. Den Unwissenden treibt es jedoch immer weiter in seine Unsicherheit und Verwirrtheit. Daß sich zum Beispiel "Voraussagen" von Kartenlegern, Wahrsagern usw. bewahrheiten, liegt nicht an deren "hohem Können", sondern schlicht und einfach daran, daß der Erdling selbst durch seine Gedanken und Gefühle das "Vorausgesehene" in

seine Erfahrung zieht, wenn er davon überzeugt ist, wenn er es für wahr hält.
Was für uns WAHR ist, können wir nur allein bestimmen, durch unsere GEFÜHLE, durch unsere Einstellungen, und durch diese Einstellungen bestimmen wir, welche Erfahrungen wir im Leben machen. Vertrauen wir immer der Weisheit unserer Gefühle, statt gegen sie anzukämpfen und zu glauben, was man uns glauben machen will, werden wir durch unsere Seele zu den Erfahrungen geführt, derentwegen wir in dieser Inkarnation hierher gekommen sind.

Da wir vergessen haben, daß wir die Schöpfer aller Dinge und die Gestalter unseres Lebens sind, vertrauen wir nicht uns selbst - unseren Gefühlen und unserer Wahrheit -, sondern dem, was uns Kartenleger, Wahrsager, Weisheitslehrer, Religionsführer, Politiker usw., vor allem aber die großen Manipulatoren und Suggestoren glauben machen. Und so glauben wir, daß wir nur durch Gebete, Anrufungen, Mantras, Rituale oder Meditation sowie die Annahme von Dogmen und die Befolgung von Vorschriften irgendwann einmal dahingelangen, Gott näher zu kommen und erleuchtet zu werden.
Doch jeder lebt nach seiner eigenen Überzeugung, nach seinem "Glauben". Durch die Überzeugung, daß wir nur durch solche Praktiken das erreichen können, was wir zu werden versuchen, entfernen wir uns immer weiter von dem, was wir in Wirklichkeit schon immer waren, immer sind und immer sein werden.

"Jede Wesenheit, jeder Planetarier, jeder Erdling, ist ein Mikro-Kosmos im Makro-Kosmos, in dem alles gleichzeitig abläuft.
Alle Abläufe, alle Zusammenhänge, alles, was ihr wahrnehmt, sind ein Spiegel eurer Wahrheit, eurer selbst.
Nicht der Beweis zeigt die Wahrheit, sondern nur eure Seele; sie allein kann euch die Tiefe des scheinbaren Geheimnisses zeigen, das es nie gab.
Im Grunde ist alles sehr einfach, doch ihr habt aufgrund der "Finsternis", in die ihr euch begeben habt, diesen Weg der Erfahrung und der Rückfindung zum 'schweren' Weg erklärt. Und ihr habt die einfachen kosmischen Wahrheiten so 'verkompliziert', daß ihr sie nicht mehr versteht.

Auch eure Erde wurde mit den Strukturen geistiger Entwicklung gebaut. Selbst eure Natur habt ihr selbst erschaffen im Gang der Seele. Das ist für euch nicht vorstellbar.
Und doch: Ihr selbst habt diese Erde geschaffen, die Natur - die Blumen, die Tiere sowie euren Körper als Gefäß eurer Seele - um der Erfahrung willen. Fühlt euch hinein in die Schönheit einer Rose, eines wundervollen Sonnenuntergangs, in die stille Pracht der Sterne, in alles, was euch in der Natur umgibt, und versteht ihre Seele, ihr Sein, ihre Essenz, dann versteht ihr erst, was Leben wirklich ist.

Stufen sind geschaffen, um zu helfen, um zu lernen.
Euer Planet ist weder höher noch niederer, nur anders.
So verteilen wir, was zu lernen, zu erfahren ist, allumfassend.
Und dies ist der Planet des Niedergangs und der Hochflüge. -
Ja, das könnt ihr wörtlich verstehen. Denn so ist auch eure Oberfläche. Rauh, rissig und doch auch sanft und liebevoll.

Freut euch, denn auf eurer Erde ist eure höchste Verwirklichung möglich, alle Stufen, alle Facetten, vom Niedrigsten bis zum Höchsten, könnt ihr erleben in eurer Dualität, die in Wirklichkeit eins ist.
Seht, immer ist der Ausgleich da.
Immer wird die Seele geliebt für all das, was sie ist, und sie ist immer, das merkt euch, immer eingeschlossen in die Herrlichkeit des Seins, des ewigen Lebens.
Auch andere Planeten besitzen solche Entwicklungsstufen. Doch wir wollen von eurem Planeten sprechen.
Es ist einer von vielen in der Reihe, und ihr seid gleichwertig.
Das begreift, um zu fühlen, wer ihr seid.
Nicht wurde geschaffen das Ach und Wehe zur Demütigung, nur zur Demut eurer Essenz.
Diese Materie ist so angelegt, daß ihr am besten verstehen könnt, wenn eben diese Materie-Ebene euch berührt, euch einen Ruck gibt, um euch dann im Schoße der Liebe wiederzufinden.
Ein solches Geleit geben wir euch zum heutigen Tage an euer Herze, auf das ihr sagen möget die frohe Botschaft.

(Randola)

Die Ur-Schöpfung - Gott - Liebe - Reflexion seiner Selbst

Das kosmisches Gitternetz
Die Erschaffung der Wesenheiten

5 Fragen zur Schöpfung:
WER - WO - WAS - AUS WAS - WARUM ?

Die Frage, **WER alles Sein erschaffen hat**, ist seit Menschengedenken das Hauptproblem jeder Philosophie. Gleich welche Theorie der Erdling aufstellt, am Ende scheitert er immer an derselben Frage, die er am Anfang gestellt hat. Denn von allein kann im stillen, ruhenden Nichts nicht einmal der Ur-Knall oder das, was wir als "Zufall" bezeichnen, etwas bewirken oder erschaffen, da beide durch etwas verursacht werden müssen. Gleich ob wir es als "Allmacht", "Ur-Knall" oder als "All-Gott" bezeichnen, es kann immer nur eine Antwort geben:

All-Gott, der immer war und immer ist,
"ER" erschuf das Sein der Wesenheiten, der Schöpfer aller Dinge.

Doch durch diese Antwort wissen wir immer noch nicht, wer oder was All-Gott ist, was Sein bedeutet und wer oder was die Wesenheiten, die Schöpfer aller Dinge, sind.
Versuchen wir zunächst, uns an ein paar Beispielen klar zu machen, daß es bisher keine Theorie gibt, durch die diese Frage so zu beantworten ist, daß wir sie verstandes- und gefühlsmäßig akzeptieren können.
Eine Theorie enthält die Aussage: "Das Universum und alles, was es enthält, also die sogenannte 'tote' sowie die 'lebendige' Materie, ist ohne Plan als 'Zufall' entstanden." Wenn wir uns fragen, was "Zufall" ist, werden wir feststellen, daß der Zufall keine Kraft oder Energie freizusetzen vermag, die etwas bewirkt oder etwas in Bewegung setzen kann. Die Mystiker sagen: "Alles ist im Fluß - in einer ewigen Bewegung." Die Physiker behaupten: "Alles, gleich ob die sogenannte 'tote' oder 'lebendige' Materie, existiert nur aufgrund der Rotation der

Elementarteilchen." Obwohl die Mystiker eine große kosmische Wahrheit erkannt haben, fehlt bei ihrer Aussage - genauso wie bei der Behauptung der Physiker etwas sehr wichtiges: daß jede Art von Bewegung nur durch Druck bzw. Sog in Bewegung versetzt werden kann. Druck ist aber kein Teilchen, sondern eine Kraft, eine Art von "Energie", die nur wirkt, ohne etwas zu sein, was greifbar ist.
Betrachten wir eine andere Theorie, die sagt, daß alles, was ist, durch einen "Ur-Knall" und alles Sein bis hin zu den Wesenheiten des Lebendigen dann rein zufällig entstanden wäre, müssen wir uns auch hier die Frage stellen: "Wer oder was hat den Ur-Knall bewirkt oder ausgelöst?", denn von nichts kommt nichts, und ohne Energie oder Kraft kann nun einmal im Nichts, aus dem Alles ist, nichts entstehen, in Bewegung gesetzt oder erschaffen werden.
Eine genauso wenig "beweisbare" Theorie ist diejenige, die führende Wissenschaftler spaßeshalber entwickelten und in der sie erklärten, die "Menschen" dieser Erde seien alle die Bytes (eine Einheit, die aus 9 Bits gleich Zeichen besteht) eines Computers von einer unvorstellbaren Größe, der selbst denken kann und alles schon gedacht hat. Das Einzige, was ihm fehlt, ist die Bestätigung dafür, daß es so ist, wie er es sich vorgestellt hat.
Eines Tages beschließt der Computer, sich so zu programmieren, daß alle Bytes für eine Zeit hinaus in die Unendlichkeit gehen, um die Erfahrungen zu sammeln, die dem Computer fehlen und die sein allumfassendes Wissen bestätigen. Gleichzeitig programmiert er die Bytes dahingehend, daß sie, wenn sie diese Erkenntnisse und Erfahrungen gesammelt haben, zurückkommen und als Programm dem Computer so zur Verfügung stehen, daß er nicht nur alles weiß, sondern auch alle Erkenntnisse selbst erfahren hat. - Man sieht, daß mit Phantasie jede Theorie aufstellbar ist.

Wenn wir sagen, daß das im folgenden Niedergeschriebene keine neue Theorie ist, sondern - allgemeingültiges - kosmisches Wissen beinhaltet, das uns zugänglich gemacht wurde, damit wir es weitergeben, kann nur jeder selbst für sich die Wahl treffen, es als seine eigene Wahrheit anzunehmen - oder nicht. Für sich entscheiden kann dies nur jeder selbst - durch das eigene Gefühl - das die eigene Wahrheit bestimmt.

Das größte Geheimnis, das jetzt offenbart wird - uns Erdlingen wie auch allen noch nicht oder nicht mehr wissenden Wesenheiten -, ist die Anwort auf die Fragen:

WER ist GOTT ? - WER oder WAS ist unser "ICH BIN" - unser "SELBST" ?

Die UR-ENERGIE, die wir Erdlinge "Gott" nennen - und die von JESUS "Vater" genannt wurde -, ist das, was alle und alles im Kosmos verbindet, die durch *jeden Gedanken*, den eine Wesenheit, gleich ob mit oder ohne physischen Körper, denkt und dann fühlt, *zum Ausdruck gebracht wird*.
Denn *ER* ist das WISSEN gleich FÜHLEN - die LIEBE, das GEFÜHL, der GEDANKE. - *ER IST ALLES, und ALLES ist EINS.*
(Daß es nur so sein kann, wirst du selbst erkennen, wenn du die Schöpfungsgeschichte liest, die im folgenden, auf physikalischen und spirituellen Gegebenheiten beruhend, geschildert wird.)
Das Leben, das durch uns strömt, ist Gott, ebenso wie unsere Intelligenz, unsere Schöpferkraft und unsere Lebenskraft. Wir selbst sind - wie jedes Geschöpf - Gott. *Denn es gibt nichts anderes.*
Doch wir Erdlinge - wie auch viele Wesenheiten ohne physischen Körper - haben seit langer Zeit vergessen, daß wir selbst Gott sind. Daher wählten wir immer wieder - Leben um Leben - Inkarnationen, die uns immer weiter von diesem Wissen um unsere Göttlichkeit entfernten, in denen wir die Erfahrung von Unfreiheit, Manipulation, Haß, Zwietracht, Not und Elend machten.
Wir selbst haben diese unglückseligen Erfahrungen gewählt - und immer wieder und wieder gemacht -, weil wir vergessen haben, daß wir alle die Schöpferkraft besitzen, mit der die Universen, die Sterne und Planeten sowie die herrlichen Formen der Natur geschaffen wurden - und mit der wir unsere eigene Welt erschaffen, die Welt, in der wir durch unsere Gefühle unsere eigenen Erfahrungen machen und damit ALL-GOTT zum Ausdruck bringen.

ER ist nicht getrennt von uns - irgendwo als eine unbekannte Größe oder Macht existent, sondern wir - alle Wesenheiten, die die Kraft

der Gedanken besitzen, doch auch alle Geschöpfe, die nicht selbst denken können - sind ER.
ER IST das SEIN, unser ICH BIN - unser SELBST. ER ist nie aus sich herausgetreten oder hat etwas aus sich - getrennt von Ihm - hinausgegeben, sondern ALLES ist in Ihm - und ER ist ALLES.
In dem Gefühl der grenzenlosen Liebe, mit der ER UNS IN SICH geschaffen hat, als ER sich selbst betrachtete und über sich nachdachte, existiert alles Geschaffene - ohne Zeit und Raum - immer und ewig sich erweiternd - IN Gott-Vater. Denn die Schöpfung begann durch die

BEWEGENDE Kraft der LIEBE All-Gottes zu sich selbst.

Seinen Geschöpfen, die die Kraft der Gedanken besitzen, gab ER in dieser grenzenlosen Liebe den FREIEN WILLEN, all das zu erschaffen, was immer sie erschaffen wollen.

"Die LIEBE ist die Ur-Essenz des Seins, seiend, bevor die Schöpfung begann.
Sie ist die stärkste Kraft, die existiert, die durch nichts zerstört oder überwunden werden kann, die alles in Bewegung hält.
*Gott-Vater - All-Gott - die Ur-Energie - betrachtete **in Seiner Liebe zu sich selbst** - sich selbst - und erschuf aus dem Gedanken dieser Reflexion alles, was ihr als Schöpfung bezeichnet." (Randola)*

Daher ist unser wahres SELBST immer GOTT, auch wenn man uns über Äonen glauben machte, daß es nicht so ist.
Das Bild, das sich die Erdlinge - gleich welcher Glaubensgemeinschaft angehörend - von Gott machen, in dem sie sich *getrennt* von Ihm sehen, ist das Machwerk der großen MANIPULATOREN, die die Erdlinge bis jetzt beherrscht haben.
Die Ur-Angst des Erdlings resultiert aus der Annahme, getrennt von Gott zu sein und von Ihm für seine Taten gerichtet zu werden.
Aus dieser Ur-Angst, die von den Manipulatoren geschürt wurde, resultieren alle Ängste.
Aus der Angst, weniger wert zu sein, weniger Liebe zu erhalten, weniger zu können oder zu wissen als ein anderer, entsteht der Neid.

Dies ist der Irrglaube, der das Leid entstehen ließ und den Menschen immer weiter dazu verleitete zu glauben, daß er getrennt von All-Gott ist.
"Der Erdling hat sich zu der Annahme verleiten lassen, daß das Leben - die Wirklichkeit - außerhalb von ihm existiert." (Randola)

Doch ohne die INNERE Wahr-Nehmung in Form von Gefühlen existiert für uns nichts außerhalb von uns.

Darum hat jede Wesenheit, jedes Kind, jede Frau, jeder Mann seine/ihre eigene Wahrheit, denn Wahrheit - Wirklichkeit - ist alles, was der Erdling - wie auch jede Wesenheit ohne physischen Körper - in sich als wahr und wirklich fühlend - erkennt. Es gibt kein richtig oder unrichtig, kein unwahr und kein falsch.
Weil der Erdling seinen wahren SELBST-WERT vergessen hat - als er vergaß, welche Macht ihm innewohnt, da er selbst Gott ist und alles erschaffen kann -, wurde er MANIPULIERBAR.
(Im Kapitel über "Die Veränderung des großen göttlichen 'Planes' durch Manipulation" wirst du dies selbst erkennen.)
Er verlor seine Freiheit, seinen freien Willen, der ihm bei seiner Erschaffung als Wesenheit von All-Gott gegeben wurde, damit er sich frei als Schöpfer entwickeln kann.
In der grenzenlosen, bedingungslosen Liebe Gottes, **die niemals und nichts richtet oder verurteilt**, sind wir jedoch immer noch - immer und ewig - geborgen und getragen in und von *IHM*.
In unendlicher Geduld läßt *ER* uns alle Erfahrungen machen, ohne uns je zu verurteilen oder zu richten, gleich wie boshaft, haßerfüllt, besitzgierig oder schändlich wir sind.
Und erst wenn wir gelernt haben, nicht zu verurteilen oder zu richten, *weder uns selbst noch andere*, werden wir wieder das sein, wozu wir erschaffen wurden.

"All-Gott, der Allmächtige, der immer war und immer ist von Anbeginn bis in alle Ewigkeit, ist der unendliche Raum des GEFÜHLS und des GEDANKENS.
Doch ER wäre immer Gefühl und Gedanke <u>ohne Form</u> *geblieben, wenn ER nicht über sich selbst nachgedacht und sich durch dieses*

Denken vergrößert - erweitert hätte. Bei jedem Nachsinnen über einen Gedanken wird dieser Gedanke erweitert und in eine andere Form gebracht.
Der Wunsch, das Verlangen - der "Beweg-Grund" - von All-Gott, sich zu erweitern, war und ist die LIEBE.

*Denn L*IEBE *ist die K*RAFT*, die B*EWEGUNG *bewirkt*
*- der B*EWEG*-G*RUND *von Allem-was-ist.*

Die Liebe zu SICH SELBST *bewegte Ihn dazu, sich selbst zu betrachten und in sich einen I*NHALT *zu erschaffen: seine "Kinder" - die Wesenheiten, die wir sind.*
*Die L*IEBE*, die All-Gott empfand, ist die K*RAFT DER B*EWEGUNG, durch die alles erschaffen wird." (Ein Schwingung im Namen von Randola)*

"WAS erschuf ALL-GOTT im Kosmos ?"

Damit das B*EWEGENDE* G*EFÜHL* der L*IEBE* und der G*EDANKE*, der All-Gott ist, nicht formlos blieben, sondern Formen jeder erdenklichen Art entstehen können, schuf All-Gott *IN* sich "Wesenheiten", seine Kinder, als Mit-Schöpfer, als individuelle Ausdrucksform seiner selbst. Damit die Wesenheiten all das erschaffen können, was wir als Schöpfung bezeichnen, entstand gleichzeitig bei der Erschaffung der Wesenheiten das, was seit Tausenden von Jahren die Eingeweihten und Weisen als "Kosmisches Gewebe" beschreiben: das "Kosmische Gitternetz des Seins", das vom Mikro- bis in den Makro-Kosmos existiert und in dem alles S*EIN* bewirkt wird.

Um die Zusammenhänge verständlich zu machen, möchten wir zuerst anhand von ein paar einfachen Grafiken erklären, wie das Kosmische Gitternetz aufgebaut ist und wirkt.
Der ganze unendliche Kosmos ist ein geometrisches Gebilde, das bis in den Mikro-Bereich hinein seine - bewegliche - Form behält. Nur in dieser Form können andere Formen entstehen.

Überlegen wir einmal kurz gemeinsam, welche Grund-Formen es gibt, werden wir feststellen, daß alle existierenden Formen zurückzuführen sind auf den WÜRFEL, die PYRAMIDE und die KUGEL.
Da in einer Kugelform keine anderen Formen entstehen können, bleiben als einzige Formen, in denen und durch die alle Möglichkeiten der Formgestaltung enthalten sind, der Würfel und die Pyramide übrig. Stellen wir uns gedanklich also einmal vor, daß der ganze unendliche Kosmos in große Würfel aufgeteilt ist.

Grafik

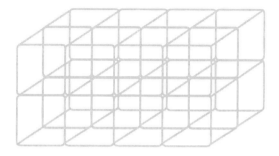

Den Inhalt dieser Würfel teilen wir so in Würfel auf, daß jeder große Würfel als Inhalt 8 kleinere Würfel besitzt.

Grafik

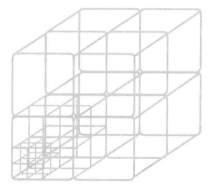

Nunmehr teilen wir jeden der 8 Würfel gedanklich, da es grafisch sehr schwer zu vollziehen ist, wieder so auf, daß jeder Würfel wiederum 8 Würfel beinhaltet, und wiederholen diesen Vorgang immer wieder, bis wir im Mikro-Bereich an einen Punkt gelangen, an dem ein Aufteilen nicht mehr möglich ist.

Stellen wir uns als nächstes einen Würfel vor, in dem jede Ecke mit der ihr diagonal gegenüberliegenden Ecke durch eine gerade Linie verbunden ist, erkennen wir in diesem Würfel 6 gleich große Pyramiden, die alle in der Mitte mit ihren Spitzen zusammenlaufen.

Grafik

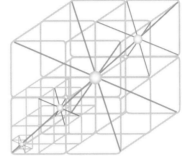

An der rechten Grafik haben wir je 6 Pyramiden jeweils in nur einem nächstkleineren Würfel dargestellt, da sie, wenn wir alle eingezeichnet hätten, nur sehr schwer erkennbar wären. Verfolgen wir den Lauf der Diagonalen aus dem kugelförmigen Mittelpunkt des großen Würfels, so sehen wir, daß die große Diagonale, durch die die 6 großen Pyramiden entstanden sind, gleichzeitig auch immer eine Diagonale der 6 Pyramiden der kleineren Würfel ist. Teilen wir jetzt gedanklich einen der kleinen Würfel wieder in 8 kleine Würfel auf usw. bis in den Mikro-Bereich, werden wir erkennen, daß die Diagonale bis in den Mikro-Bereich reicht. Das gleiche gilt, wenn wir den Würfel vergrößern bzw. Würfel gleicher Größenordnung aneinander setzen.
Die Diagonalen, die von einer Mitte ausgehen, sind immer Bestandteil der kleineren Würfel bis in den Mikro-Bereich.

So, wie durch die Grafiken und Erklärungen dargestellt, ist der ganze Kosmos, dessen Unendlichkeit wir uns nicht vorstellen können, als geometrisches Gebilde aufgebaut. Es ist das "Kosmische bzw. Globale Gitternetz", von dem seit Menschengedenken die alten Weisen berichten und das als Ordnung im "Chi", auch als "Prana", "Ur-Stoff" u.v.m. bezeichnet, also im "NICHTS", das ALLES gleich All-Gott ist, besteht. Das "Kosmische Gitternetz" ist die "gedachte" geometrische Form, die sich in einem beweglichen - fließenden Zustand befindet und in der vom Makro- bis in den Mikro-Bereich alle möglichen gleich denkbaren dynamischen Formen, die Gedanken-Bilder allen Seins, entstehen.

Die KRAFT, die dieses "Kosmische Gitternetz" aufrechterhält, ist die LIEBE, die All-Gott zu SICH SELBST empfand und in der ER die Wesenheiten - seine Kinder - erschuf.

Die Liebe All-Gottes ist somit der "kosmische Kit", der jedoch so fließend und beweglich ist, daß er alle Formen in ihrer Form hält.

In den nächsten Grafiken haben wir die Zwischenräume, die vom Mikro- bis in den Makrobereich sowohl jeden Würfel als auch jede Doppelpyramide umgeben und zusammenhalten, hervorgehoben. Denn diese Zwischenräume sind gefüllt mit der KRAFT der LIEBE All-Gottes, die ihn dazu bewegte, in sich Wesenheiten als seine Mit-Schöpfer zu erschaffen, damit sie SICH SELBST - und dadurch All-Gott zum Ausdruck bringen können, um SICH SELBST zu erkennen und zu verstehen.

Die zweite "Komponente" dieses "kosmischen Kits" ist das LICHT, das entstand, als sich All-Gott zur Gedanken-Form erweiterte.

Die dritte "Komponente" ist der KLANG, der Schall, der durch jede Bewegung erzeugt wird und der durch seinen Druck wiederum die Bewegung - die Schwingung gleich Information - weiterträgt.

Liebe, Licht und Klang sind - in ihrer Dreifaltigkeit - eine unzertrennbare Einheit.

Diese Essenz, die alles umgibt und zusammenhält, ermöglicht gleichzeitig den Fluß von INFORMATIONEN aller Art und beinhaltet alle Möglichkeiten der Bewegung sowohl von rein geistigen, gedachten Formen als auch von Materie.

Grafik

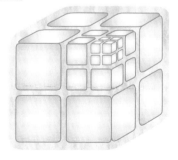
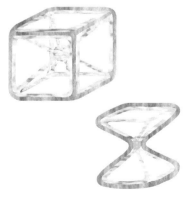

Fassen wir kurz zusammen: Das Kosmische Gitternetz ist ein geometrisches Gebilde in der Struktur von würfelförmigen Kraft-Feldern, das die Unendlichkeit vom Makro- bis zum Mikro-Kosmos durchzieht. Die Kraft, die diese Felder aufbaut, ist LIEBE und LICHT. Nur in dieser Ordnung ist alles Sein möglich.
In dem Moment, wo ein Gedanke, aus dem alle Wesenheiten des Seins erschaffen wurden, seinen Druck in das Kosmische Gitternetz der Unendlichkeit, das gefüllt ist mit dem "Ur-Stoff" der Materie, einstrahlt, hat der "Ur-Stoff" nur eine einzige Möglichkeit zu wirken. Dieser im folgenden geschilderte gesetzmäßige Ablauf läßt gleichzeitig erkennen, warum das Kosmische Gitternetz als "dual" bezeichnet wird und warum alles Sein in der geistigen Welt und in der stofflichen Materie nur dual - nur gegensätzlich - sein kann und dennoch EINS ist. Er läßt auch erkennen, daß der "Ur-Stoff", aus dem alles entstand und entsteht, All-Gott selbst ist.

"WO und AUS WAS entstand alles Sein ?"

"Die Ur-Form allen Seins - die DOPPEL-PYRAMIDE -, die All-Gott im Geist -IN SICH- erschuf, ist die Wesenheit, das BEWUSSTE ICH-BIN."
(Randola)

All-Gott erschuf mit der Kraft Seiner Gedanken "Seine Kinder" als REINE Wesenheiten, manifestiert in der Bewegung, die durch die Liebe All-Gottes bewirkt wurde, bewirkt wird und immer bewirkt werden wird, so, wie es in der folgenden Grafik in einfacher Form dargestellt ist.

Grafik

Mit der Kraft Seiner Gedanken, die die Bildhaften Vorstellungen formen und als Druck (= Liebe All-Gottes) abgestrahlt werden, bewirkte All-Gott im Kosmischen Gitternetz in der Unendlichkeit des Gedankens, der All-Gott ist, jede einzelne - einzigartige - individuelle Wesenheit in der Form der Doppelpyramide, also der 2 Pyramiden, die sich gegenseitig wie ein perpetuum mobile bewirken, als unzertrennbare EINHEIT.

In dieser unzertrennbaren Einheit ist ER immer 1 Pyramide und jede Wesenheit als 2. Pyramide "Gottes Ebenbild".

Dadurch ist alles in All-Gott; und All-Gott ist in allem.

Durch die Ordnung des Seins, in der die Wesenheit in der In-dividualität *(IN-DIVI-DUAL = IN GOTT DUAL)* existiert, bewirkt sie die Kraft, die als Gedanke All-Gottes alles Sein erschafft.

Alle Wesenheiten wurden im selben Augenblick "geboren", in dem Augenblick, als *All-Gott sich selbst reflektierte (Reflexion = Spiegelbild !)* und sich dadurch selbst zu strahlendem LICHT erweiterte.

Dieses *Licht All-Gottes*, das in JEDER Wesenheit wohnt, ist der Schöpfer von allem, was ist, was jemals war und was jemals sein wird.

Der Beweg-Grund, das Verlangen All-Gottes, sich aus seiner unendlichen *formlosen* Existenz in *eine erweiterte Form seiner selbst* zu entwickeln, war - und ist - seine LIEBE zu sich selbst.

Aus dieser *Bewegung der Liebe* wurden wir alle als Wesenheiten geschaffen. Die Wesenheiten aller Geistwesen und aller sich in der Materie verkörpernden Wesenheiten gleich Planetarier, also auch wir Erdlinge, sind, abgesehen vom Kosmischen Gitternetz, das von All-Gott im gleichen "Augenblick" geschaffen wurde, damit die Wesenheiten alle Möglichkeiten der Erschaffung haben, die einzige Schöpfung, die direkt von All-Gott stammt - das einzige vollständige "Ebenbild" gleich "Spiegelbild" All-Gottes.

"Dadurch wurde jede Wesenheit ein Gott von All-Gott und der göttlichen Intelligenz, des Geistes Gottes, teilhaftig - als ein vollkommen unbegrenztes Lichtwesen mit unbegrenzter Schöpferkraft."

(Randola)

Dieses göttliche Licht - unser ursprünglicher und immer bestehender "Licht-Körper" in der Form der 2 Pyramiden, die sich gegenseitig bewirken - geboren aus der Liebe All-Gottes -, ist der "Geist unseres Seins", der "Geist All-Gottes" in IN-DIVI-DUELLER Form.
Jeder Gedanke, gleich ob durch All-Gott oder seine "Kinder" gedacht, bewirkt, daß 2 Pyramiden (= 1 Doppelpyramide) den Gedanken "verkörpern".

"Zwischen den zwei Pyramiden entsteht das persönliche Bewußt-Sein des Gedankens, denn diese beiden Teile werden sich erst durch ihre Wirkung aufeinander bewußt. Durch diese Wirkung aufeinander entsteht das Bewußtsein, das Wissen, das Gefühl "ICH BIN".
(Randola)

Die Bewegung, die durch Druck gleich Liebe erzeugt wird, ist das, was wir als "Geist" bezeichnen. Das heißt, die zwei Ur-Teilchen der Wesenheit, die sich gegenseitig bewirken (= 1 Doppel-Pyramide), erzeugen durch die Ordnung im Kosmischen Gitternetz durch ihren Druck gleich Liebe die Bewegung, die die Ur-Form des Gedankens im Licht des Geistes erschafft.

Die "gefühlte Form", das im Licht des Geistes geformte und gefühlte Bild, ist also die "Ur-Sache", die erste und wichtigste Realität.
Ohne die Form, die die Wesenheit mit ihrer Gedanken- und Gefühlskraft schafft, kann keine Form entstehen und real existieren.

In der äonenlangen Menschheitsgeschichte haben immer wieder geistig hochentwickelte - wissende - Erdenbewohner bzw. Wesenheiten versucht, die Erdlinge über ihren göttlichen Ursprung, über die Erschaffung ihrer Wesenheiten und über den Sinn ihres Daseins sowie die jedem innewohnende göttliche Kraft aufzuklären.
Obwohl das zuvor Geschriebene mit der grafischen Darstellung der EINHEIT, die jede Wesenheit mit All-Gott bildet, erstmalig in dieser Form bekanntgegeben wird, könnten wir doch sehr viele Zitate anführen, die den Wahrheitsgehalt dieser Erklärung bestätigen, auch wenn jeder, der diese ewige Wahrheit lehrte, es mit seinen eigenen Worten anders ausgedrückt hat.

"Die UR-Essenz, die alleinige Absicht des kontemplativen Gedankens, ist LIEBE. All-Gott ist die Gedanken-Masse, die Essenz, die Substanz, aus der ihr schöpfen könnt.
Die Liebe ist entstanden aus der Schöpfung, und gleichzeitig ist sie die Schöpfung selbst - immerwährend und immer fortschreitend.
Sie ist das Begehren nach dem Höchsten.
Die Kraft, die Energie, die euch lenkt und leitet, ist Liebe und Licht.
Liebe und Licht sind in jeder Wesenheit in ihrem "Herzen", in ihrer Seele verankert, sie sind Teil jeder Wesenheit von Anbeginn an.
Liebe ist der Ursprung allen Seins, immer und ewig, in jedem Augenblick. Sie ist das Lied, die Melodie, der Takt, der Ton, der euch durch das Dunkel führt, das eure Sinne benebelt.

Wenn ihr euch nur auf eure irdischen Wünsche und Gedanken beschränkt, könnt ihr die Schwingung der Harmonie nicht fühlen, und so glaubt ihr, daß die Harmonie in euch von außen abhängig ist. Doch sie ist es nicht.
Denn wir alle sind Gott, die Liebe, die wir suchen, selbst.
Nur Raum geben müßt ihr diesem Gefühl eurer eigenen Unend-lichkeit in euch, dann wird die Liebe auch bewußt immer mehr euer Begleiter sein.
Wenn ihr betet und bittet, sprecht ihr zu euch selbst, denn All-Gott ist die Essenz allen Lebens, des ganzen Alls.
Durch das Vergessen eurer eigenen Göttlichkeit dürstet ihr nach Liebe und sucht sie außerhalb von euch, doch eure Seele, euer Kern, kennt die Wahrheit und weist euch still den Weg.
Das Fühlen eurer Seele ist es, das euch die Wahrheit enthüllt.
Zu leben in der Gewißheit dessen, was in euch ist, bedeutet, jede Bewegung, alles, was ihr tut, im Bewußtsein - in der Schwingung - im Gefühl der Liebe zu tun; das bringt euch in euch selbst zurück, in euer Selbst, eure Seele, die alles ist, was ist.
Dann fühlt ihr, daß ihr in euch selbst behütet seid."

(Randola)

Fassen wir kurz zusammen: Jede Wesenheit - also auch DEINE - bildet als unzertrennbare EINHEIT mit ALL-GOTT eine Doppelpyramide gleich 2 Pyramiden, die sich gegenseitig bewirken.

Durch ihre Wirkung aufeinander entsteht das "persönliche" - individuelle - Bewußtsein zwischen den beiden Pyramiden, das heißt gleichzeitig zwischen All-Gott und jeder Wesenheit.
Dieses Bewußtsein - das "ICH BIN" - gleich Wissen, das das Persönlichkeits-Selbst hat, ist das Gefühl der LIEBE, da der Beweg-Grund All-Gottes, sich zu dieser Form zu erweitern, seine LIEBE zu sich selbst war - und ist.
Aus der Liebe zu sich selbst erweiterte All-Gott sich zu dieser Form, damit die Wesenheiten - ausgestattet mit der gesamten Schöpfer-Kraft All-Gottes und einem Freien Willen - den Gedanken, der All-Gott ist, fortpflanzen und all das erschaffen können, was sie erschaf-fen wollen, damit sich das Leben immer und ewig weiterentwickelt.
Dadurch ist alles, was All-Gott ist, unbegrenzt in seinen Kindern, den Wesenheiten. Gleichzeitig ist alles, was jede Wesenheit erschafft, in All-Gott. - Es gibt keine Trennung.

Der FREIE WILLE ist das Geschenk der Liebe Gottes an jede Wesenheit, denn dadurch hat sie die unbegrenzte Möglichkeit, alles zu erschaffen. Durch ihre schöpferische Macht, durch ihre von nichts abhängige unbegrenzte Göttlichkeit gleich Schöpferkraft, kann jede Wesenheit jeden Gedanken aus dem Kosmischen Geistfeld empfangen, ihn erfassen, über ihn nachdenken und ihn fühlen.
Indem sie die Schwingungsfrequenzen des Gedankens als GEFÜHL erfährt, erhält die Wesenheit das Bewußtsein - das Verständnis des Erschaffenen IN SICH.

Nur das Gefühl des Eins-Seins in der Zweiheit führt zum Verstehen und zur Verwirklichung, denn nur durch die Wirkung der 1. Pyramide (All-Gott) auf die 2. Pyramide (Wesenheit) und umgekehrt entsteht das NEUE - durch das Bewußt-Sein zwischen ihnen.
Dies ist die Bedeutung von *Vater - Sohn - Heiliger Geist*.
Der "Heilige Geist" ist das, was zwischen "Vater und Sohn" in der Mitte der beiden Pyramiden entsteht, wodurch die Schöpfung, das Er-Schaffen, ermöglicht wird.
Alles, was ist, was je erschaffen wurde, entstand durch die bewegende Kraft der Liebe All-Gottes zu sich selbst im Innern seines Seins.
Die Wahrnehmung All-Gottes - sowie von allem, was ist -, das SEIN

in All-Gott, ist für jede Wesenheit das tiefe Gefühl, das sie INNEN erfährt - und das mit Worten nicht beschreibbar ist.

"Wir sind die Wahrheit, die wir suchen, selbst.
Wir sind die Schöpferkraft und die immerwährende, immer fortschreitende Schöpfung selbst.
Die Ur-Kraft der Liebe, die Kraft, die alles in Bewegung setzte und in Gang hält, die Kraft der Schöpfung von Allem-was-ist, die Kraft der Liebes-Bewegung, die wir als Leben, als Lernen, als Entwicklung bezeichnen, ist dieser Kern der Schöpfung, der alles bewirkte, sich aus sich selbst bewirkte, das, was wir selbst sind.
Der Wunsch, das Verlangen, der Drang zu erschaffen, zu erlernen, zu erkunden und zu erforschen - um zu wissen, um zu verstehen -, hat uns aus unserem Kern herausgelöst, und doch sind wir gleichzeitig immer geborgen in diesem Kern, in All-Gott.
FÜHLT, daß ihr eine wunderbare Wesenheit seid, FÜHLT und WISST, daß All-Gott in euch ist, WISST, daß ihr Gott seid !
Ihr seid die göttliche Intelligenz und schöpferische Kraft selbst."
(Randola)

Die Frage

"WARUM hat All-Gott die Schöpfung bewirkt ?"

ist im Grunde genommen schon beantwortet. Es war die LIEBE All-Gottes zu sich selbst, die Ihn dazu bewegte, in sich schöpferische Wesenheiten zu erschaffen.
Mit der Gabe des Freien Willens gab Er ihnen gleichzeitig alle Möglichkeiten der Erschaffung nach ihrer - freien - Wahl.
Die Willensfreiheit, die jede Wesenheit von All-Gott erhalten hat, ist die *höchste Form der Liebe*, denn sie erlaubt jeder Wesenheit, *jedem von uns*, alles zu erschaffen, ohne von All-Gott gerichtet oder verurteilt zu werden.
Durch die LIEBE ALL-GOTTES IN UNS sind wir *ABSOLUT FREI*.

"Lehne jede Lehre ab, die dies nicht zum Inhalt hat oder dem widerspricht ! Laß dir nie mehr etwas anderes einreden !

Laß dir keine Angst mehr machen ! Denn Angst führt zur Erniedrigung All-Gottes - und deiner selbst !!
Und sie führt zu den Lebensumständen, die du nicht mehr erleben willst, da du sie schon unzählige Male erlebt hast !
Streife alles ab, was dich unfrei macht, was dich beschwert !
Laß es einfach los !
Nur durch Freiheit kannst du wieder EINS sein mit All-Gott, mit der unbegrenzten Liebe, mit der Freude und der Ewigkeit des Seins.
Doch diese Freiheit hängt nicht vom Außen ab - du findest sie allein in dir.
Lebe JETZT, denn das ist der einzige Augenblick, der zählt, der einzige Augenblick, der gelebt werden kann.
Und wisse, daß das Jetzt, das du lebst, unbegrenzt ist !
Wisse, daß du ewig bist, daß du niemals versagt hast, daß du nie etwas Falsches getan hast, denn All-Gott liebt und trägt dich immer und ewig - ohne dich zu richten." (Randola)

Die ENTSTEHUNG der SEELE

Als der GEDANKE, der All-Gott ist, in sich alle Wesenheiten erschaffen hatte, hätte das Gefühl seiner LIEBE, das er bei der Erschaffung empfunden hat, keinen Bestand gehabt, wenn nicht im "gleichen Moment" die "Seele" als Gefäß der Wesenheit geschaffen worden wäre. Durch die schöpferische Kraft der Wesenheiten entstanden in dem von All-Gott geschaffenen Kosmischen Gitternetz die Seelen der Wesenheiten, um den Strom der LIEBE, der von All-Gott jeder Wesenheit zufloß - und immer zufließt -, in sich aufzunehmen.
Um eine Gedankenschwingung aus dem Kosmischen Geistfeld zu empfangen und festzuhalten, um über den Gedanken nachsinnen und ihn fühlen zu können, bedarf es der Seele, die wie eine "Datenbank" jedes Gefühl aufzeichnet, so daß wir uns daran "erinnern" können.

"Erst die Seele ermöglicht allen Wesenheiten, Schöpfer zu sein, da zur Erschaffung von neuen Gedankenbildern und Formen ein

Gedanke, der der Wesenheit zufließt, klar und beständig von ihr festgehalten werden muß.
Durch das Nachsinnen über diesen Gedanken entsteht in der Seele ein Gefühl. Nur durch dieses Gefühl ist es möglich, den Gedanken in eine als Ideal gedachte Form zu bringen und in die schöpferischen Formen auszuweiten, die wir Wirklichkeit oder Leben nennen.
Ohne die Seele geschähe keine Ausweitung, keine Erweiterung All-Gottes in die geschaffene Form, da der Gedanke flüchtig ist.
Um ihn zu betrachten und zur Schöpfung hin zu erweitern, muß er in der Seele g e f ü h l t werden." (Randola)

Um zu verstehen, wie die Seele entstanden ist, welche Struktur sie hat und wie sie als Gefühlsspeicher wirkt, so daß in ihr alles zuerst Gedachte und dann Gefühlte als "Erinnerung" aufgezeichnet ist, kommen wir nicht umhin, uns den physikalischen Abläufen zuzuwenden, durch die die Formen bzw. Teilchen des Seins entstanden sind.
Der Ablauf allen Seins, gleich in welchem Bereich wir ihn uns vorstellen, läuft in 2 Pyramiden ab, die sich gegenseitig bewirken. Im Bereich der Ur-Energie beginnt in diesen 2 Pyramiden die Ursache allen Seins.
Wir Erdlinge - sowie alle anderen biologischen Systeme, aber auch alle Formen der Materie - bestehen und existieren in unseren kleinsten Einheiten nur aus und durch 2 Teilchen:

1. Das "Kosmische Energie-Teilchen"
   die allumfassende "Lebens-Energie", die die Quantenphysiker heute als "Nullpunkt-Energie des Vakuums", "Freie Energie" oder "Tachyonen-Energie" bezeichnen.

2. Das Materie-Teilchen "Myon-Neutrino",
   das, dynamisch strukturiert - sich selbst bewirkend, aus prästellarer Masse entstanden ist.

Die "Kosmische Lebens-Energie" ist ein Teilchen, das nach unseren Begriffen am Anfang aller Zeiten und Dinge als erstes Teilchen im Raum des Kosmos entstand. "Am Anfang" war das Kosmische Gitternetz gefüllt mit einem unstrukturierten Medium, das sich in hoher

Geschwindigkeit durch den Raum bewegte. Zu irgend einem Zeitpunkt stießen Haufen dieses Mediums mit hoher Geschwindigkeit auf einander und füllten die einzelnen würfelförmigen Kraftfelder.
Aufgrund des gesetzmäßigen Bewegungsablaufs, der in einem Würfel existiert - durch den erst *neue* Formen entstehen können -, entstanden in *jedem* Würfel 6 pyramidenförmige Einheiten sowie eine kugelförmige Einheit in der Mitte der würfelförmigen Struktur.
Zum Erkennen der gesetzmäßigen Bewegungsabläufe in einem Würfel sowie in einer Pyramide, wodurch in deren Zusammensetzung weitere Formen entstehen können, zwei Beispiele, die du selbst nachvollziehen und überprüfen kannst.
Stellen wir uns einen Raum vor, der würfelförmig und nach allen Seiten geschlossen ist.

Grafik

Legt man genau in die Mitte dieses Raumes beispielsweise eine Apfelsine (= lebendige Materie), so strahlt diese Apfelsine ununterbrochen ihre Information (= Quarks) und Energie-Teilchen ab.
Diese treffen auf die Wände und werden in alle zwölf vorhandenen Kanten abgeleitet, wo sie versuchen eine Auswegmöglichkeit zu finden. Das geht jedoch nur bis zu dem Punkt, an dem die senkrechte Kante zweier Wände und die zwei waagerechten Kanten der Decke bzw. des Bodens zusammentreffen. An diesem Punkt ist nun das Aufkommen so groß, daß die Information = Energiestrahl genau aus dem Mittelpunkt der Ecke wieder in den Raum zurückfließt, und zwar jeweils von einem Eckpunkt in den ihm gegenüberliegenden Eckpunkt. Der Energiestrahl trifft nunmehr von allen Ecken genau diagonal den Mittelpunkt des Raumes, d.h. bei unserem Beispiel die Apfelsine. Der verdichtete und vervielfältigte Strahl von Energiequanten bewirkt bei der Apfelsine den Zustand, den wir als "Fäulnis" bezeichnen, da er nach einer gewissen Zeit so stark wird, daß sich die Molekularbindungen lösen (Ionisationsvorgang).

Grafik

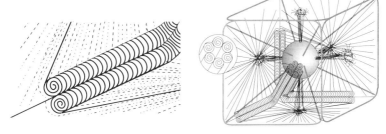

Daß dieser Vorgang so abläuft, davon kannst du dich gleich selbst überzeugen, indem du dir in einem Raum deiner Wohnung oder an deinem Arbeitsplatz einmal die senkrechten und waagerechten Kanten des Raumes ansiehst. Am besten erkennst du es, wenn der Raum weiß gestrichen oder hell tapeziert ist und er 2-3 Jahre nicht tapeziert bzw. gestrichen wurde.
Die Kanten sind durch den gesetzmäßigen Bewegungsablauf der Energiequanten und Quarks, die aus dem Umfeld an die Wände gestrahlt wurden und in den Kanten jeweils 2 rotierende Wellen bilden - wobei die Kanten freibleiben -, noch genauso hell wie an dem Tag, an dem der Anstrich vorgenommen wurde. Am deutlichsten vergleichen kannst du es, wenn du ein Bild von der Wand nimmst, das seit dem letzten Anstrich dort hängt. Durch die Amplitude, also die Höhe, bzw. den Durchmesser der sich gegenseitig bewirkenden rotierenden Wellen werden die Kanten vor Schmutzablagerungen geschützt, so daß sie so bleiben wie am Tag des Anstrichs.

In der geometrischen Form der kubischen Pyramide - der Form des kosmischen Raumes, durch die alles Sein bewirkt wird - sind die gesetzmäßigen Bewegungsabläufe so, daß genau das Entgegengesetzte dessen bewirkt wird, was wir beim recht- oder viereckigen Raum erkennen konnten.

Grafik

Als Beispiel haben wir genau in der Höhe des unteren Drittels der Pyramide, die, vom Rauminhalt her gesehen, den Mittelpunkt darstellt, eine Apfelsine eingezeichnet.
Die Quarks und Energie-Teilchen, die von der Apfelsine abgestrahlt und zur Seite geleitet werden, stauen sich, gleich wie in dem recht- bzw. viereckigen Raum, in den vorhandenen Kanten.
Der Unterschied zwischen dem recht- oder viereckigen Raum und dem Pyramidenraum ist der, daß die waagerechten und senkrechten Kanten sich nur 4 mal an einem Punkt treffen, an dem 3 Kanten zusammenlaufen. Da sich aber die 4 senkrechten Kanten an einem Punkt in der Spitze treffen, kommt es in dieser Spitze zu einem so hohen Aufkommen an Teilchen, daß eine Rotation entsteht und die Teilchen nicht mehr in den Raum zurückgeschleudert werden, sondern sich spiralförmig durch die Spitze drücken.

Grafik

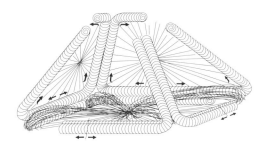

Ist dieser Vorgang einmal eingeleitet, bewirken die Teilchen, die durch die Spitze gedrungen sind und in die darüber liegende Pyramide des Kosmischen Gitternetzes einstrahlen, aufgrund der spiralförmigen Bewegung einen Sog. Durch diesen Ablauf gibt die Apfelsine nur noch Energie ab, erhält aber keine Anregungsenergie mehr zurück. Aufgrund dieses gesetzmäßigen Bewegungsablaufs tritt durch das Abstrahlen von Energiequanten aus der Spitze der Pyramide, ohne daß Energiequanten wieder in die Apfelsine einstrahlen, eine Kristallisation ihrer Molekularstrukturen ein, was wir als *"Vertrocknen"* oder *"Mumifizieren"* bezeichnen.

Gehen wir nun wieder zurück zum Zeitpunkt der Entstehung der Kosmischen Energie-Teilchen, d.h. zunächst zu den in jedem Würfel entstandenen 6 pyramidenförmigen Einheiten mit einer kugelförmigen Einheit in der Mitte.

Da die Teilchen in diesem Mittelpunkt nach allen Richtungen rotieren, besitzt er, wenn wir die Begriffe der heutigen Physik benutzen und dieses Gebilde im Mikro-Bereich, d.h. im Atombereich, betrachten, keinerlei Energie bzw. selbst kein nennenswertes "Magnetfeld" oder "elektromagnetisches Feld". Nach der Entstehung dieser Struktur strahlte erneut Bewegung ein und spaltete diese Einheiten in der Form auf, wie es an der folgenden Grafik erkennbar ist.

Grafik

Aufspaltung in 6 einzelne
pyramidenförmige Einheiten

Da durch die gesetzmäßigen Bewegungsabläufe an der Spitze der Pyramiden-Teilchen aufgrund der Dynamik ihrer Bewegung eine spiralförmige Abstrahlung erfolgt, verbanden sich die einzelnen pyramidenförmigen Einheiten nach dem Auseinanderreißen so miteinander, daß die Struktur einer Doppelpyramide, also von 2 sich gegenseitig bewirkenden Pyramiden entstand.

Grafik

Kosmisches
Energie-Teilchen

Dieses Kosmische Energie-Teilchen, das sich in sich dynamisch in einer sehr hohen Geschwindigkeit selbst bewirkt, ist die Energie, die in unserer heutigen Zeit als "Nullpunkt-Energie des Raumes" bzw. als "Tachyonen-Energie" bezeichnet wird. Es ist unsere "Lebens-Energie", durch die Materie erst existieren kann.

Als eine große Menge der Kosmischen Energie-Teilchen in die restliche Bewegungs-Energie einstrahlte - die beim Auseinanderreißen der würfelförmigen Einheiten aus der kugelförmigen Verdichtung freigeworden war und die eine langsamere Bewegung aufwies -, entstanden auf dem gleichen Wege, wie zuvor bei der Entstehung der Kosmischen Energie-Teilchen beschrieben, die sog. "prästellaren Masse-Teilchen". Nach diesem Vorgang existierten im Raum in großen Anhäufungen also 2 Teilchen gleicher Größe, die sich jedoch durch die Eigengeschwindigkeit (= Schwingungsfrequenz), durch die sie sich aufrechterhalten, unterschieden:

1. Kosmische Energie-Teilchen (sehr schnelle Bewegung) und
2. prästellare Masse-Teilchen (sehr langsame Bewegung).

Im weiteren Verlauf prallten Anhäufungen dieser beiden Teilchen-Arten aufeinander - ein Vorgang, den man als "Urknall" bezeichnen kann. In größeren würfelförmigen Einheiten entstanden nun aus den prästellaren Masse-Teilchen nach dem gleichen Ablauf die Teilchen, aus denen sich alle Formen aufbauen - die sog. "Myon-Neutrinos" (die wir im folgenden einfachheitshalber nurmehr als "Neutrinos" bezeichnen werden). In den Neutrinos, die die gleiche Struktur (= 1 Doppelpyramide) besitzen wie die Kosmischen Energie-Teilchen, nur daß sie einige tausendfach größer und wesentlich langsamer als diese sind, werden die prästellaren Masse-Teilchen, die Bestandteile der Neutrinos, durch die Kosmischen Energie-Teilchen in ihrem gesetzmäßigen Bewegungsablauf gehalten.
Nach diesem Ablauf existierten im Raum also:

1. Kosmische Energie-Teilchen (sehr klein und sehr schnell),
2. Myon-Neutrinos (einige tausendfach größer als die Kosmischen Energie-Teilchen, jedoch wesentlich langsamer in ihrer Eigenbewegung)

sowie das Ur-Medium BEWEGUNG = LIEBE + LICHT + KLANG.

Diese "Ur-Masse" bildet den Grundstoff, aus dem im Raum des Kosmos alles entstand - und entsteht. Die Kosmischen Energie-Teil-

chen, die sich in sehr hoher Geschwindigkeit bewegen, vermischten sich mit den Neutrinos und bewegten (bzw. bewegen) diese durch den Raum.
Durch die Einstrahlung von Kosmischen Energie-Teilchen in sehr verschieden große Würfel entstanden, physikalisch betrachtet, die Ur-Formen der Gebilde, die wir heute als Sterne, Planeten und Sonnen bezeichnen.
Am Anfang der Entstehung von Sternen, Planeten und Sonnen bestehen diese kugelförmigen Verdichtungen in der Mitte von großen Würfeln nur aus Kosmischen Energie-Teilchen und Neutrinos.
Die Einheiten, in denen mehr Kosmische Energie-Teilchen als Neutrinos existieren, bezeichnen wir heute als Sonnen.
Innerhalb der kugelförmigen Verdichtungen kleinerer Würfel entstanden auf dem gleichen Wege die Strukturen, die wir heute als Atome und Elemente bezeichnen.
Durch die Rotation der kugelförmigen Verdichtung, des Mittelpunktes, nach außen transportiert, bildete sich z.B. bei unserer Erde mit der Zeit um diese Verdichtung eine Rinde aus den vielfältigen Elementen, die bei diesem Vorgang durch Bindung entstanden sind.
Letztendlich bestehen also alle Atome gleich Elemente in ihren kleinsten Einheiten aus Neutrinos.
Von der modernen Wissenschaft werden diese kleinsten Einheiten, aus denen sich alle Atome aufbauen, "Quarks" genannt. Nach dem Stand der Forschung existieren 6 Quarks, und zwar 3 Quarks und 3 Anti-Quarks. Betrachtet man eine würfelförmige Einheit, erkennt man, daß in dieser würfelförmigen Einheit 6 pyramidenförmige Einheiten existieren, von denen jeweils 2 dadurch, daß sie sich gegenseitig bewirken, eine Einheit bilden.

Wird eine der Doppel-Pyramiden, die als Einheit 1 Teilchen darstellen, durch Energiebeeinflussung getrennt, ohne daß die Einheiten sich wieder zusammenschließen können, zerfließen die pyramidenförmigen Einheiten in ihre Ur-Substanz, bestehend aus prästellaren Masse-Teilchen und Kosmischen Energie-Teilchen.
Verfolgt man diesen Gedankengang weiter, so ist eine Interpretation einer Kernspaltung und deren Wirkung leicht nachzuvollziehen, vor allem, wenn man Atome betrachtet, die eine große Anzahl von ge-

schlossenen würfelförmigen Einheiten aufweisen (z.B. besteht Uranium aus 92 Doppelpyramiden = 30 würfelförmigen Einheiten + 2 Doppelpyramiden). Werden diese durch den Einsatz einer hohen Energie auseinandergerissen, so wird auch jeweils die kugelförmige Verdichtung in der Mitte der Einheit, die aus nicht gebundenen Quarks bzw. Neutrinos besteht, frei. Diese bewirken dann die Vorgänge, die wir als "Radioaktivität" bezeichnen.

Der Unterschied zwischen einem neutralen Neutrino, das sich im Kosmos bewegt und nicht Bestandteil eines Atoms ist, und einem Quark, also einem Neutrino in einem Atom, ist der, daß sich das Quark im Atom in den Bewegungsrhythmus (gleich Geschwindigkeit) des Atoms eingeschwungen hat. Da jedes Atom eine andere Geschwindigkeit aufweist, klassifiziert sich das Atom durch seine jeweilige Eigengeschwindigkeit (= Schwingungsfrequenz).
Zum Zeitpunkt des bis jetzt Geschilderten existierten somit:

1. Kosmische Energie-Teilchen (Lebens-Energie)
2. (Myon-) Neutrinos (Quarks)
3. Atome (mehrere tausendfach größer als Neutrinos)

Die folgende Ablichtung läßt uns erkennen, daß die Elementareinheiten (= Quarks) von Atomen, die mittels eines Raster-Tunnel-Mikroskops im Atomforschungszentrum CERN "abgetastet" und dann, stark vergrößert, fotografiert wurden, "kubisch pyramiden-förmige" Strukturen besitzen.

Ablichtung

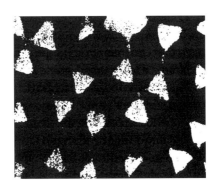

Um uns als Erdlinge - durch die Formung von Gedankenbildern - bewegen zu können (bzw. um Atome zu "lebendiger" Materie umzuformen), benötigen wir eine Kraft gleich 4. Art von Teilchen, die dies bewirkt. Dieses Teilchen, das mitverantwortlich ist für die Existenz und den Bestand aller biologischen Systeme (Erdlinge, Tiere, Bäume und Pflanzen), ist das "Elektron-Neutrino", das erst entstand, als sich die Sonnen gebildet hatten.

Neutrale Neutrinos, die aus dem Kosmos in die Sonnen fließen, werden durch die Kosmischen Energie-Teilchen der Sonnen in eine so hohe Geschwindigkeit eingeschwungen, daß ihre Eigengeschwindigkeit gleich der der Kosmischen Energie-Teilchen wird.

Mit Lichtgeschwindigkeit aus den Sonnen fließend, stoßen diese Elektron-Neutrinos ununterbrochen mit den Neutrinos, die unser ganzes Universum bzw. den Kosmos füllen und sich mit Unterlichtgeschwindigkeit durch den Raum bewegen, zusammen.

Bei diesem Aufeinanderprallen wird jeweils ein bestimmter Teil der Materie der Neutrinos (= prästellare Masse-Teilchen) sowie ein Teil der Elektron-Neutrinos kurzfristig abgespalten. Beide abgespalteten Teile gehen danach jeweils wieder in ihre Einheit zurück .

Diese *kurzfristigen* Abspaltungs-Vorgänge erzeugen durch kleine Blitze das Phänomen, das wir als "TAGESLICHT" bezeichnen.

Fließen die Elektron-Neutrinos in Atome bzw. Molekularstrukturen ein, dann sind diese "Singulett"-Vorgänge (= kurzfristige Abspaltungen) für unsere physischen Augen nicht mehr sichtbar, sondern wir können sie nur noch als "WÄRME" wahrnehmen.

Ein Verbrennungsvorgang geschieht auf die gleiche Weise, nur daß nicht einzelne Elektron-Neutrinos, sondern "Energiequanten" = eine größere Anzahl von Elektron-Neutrinos diesen Vorgang bewirken.

Die Elektron-Neutrinos sind also die Teilchen, durch die in allen biologischen Systemen einschließlich des Erdlings - zusammen mit den Kosmischen Energie-Teilchen - das sog. "Lebendige" bewirkt wird. Unser Körper, bestehend aus Atomen, die zu Molekülen verbunden sind, aus denen sich wiederum die Zellen der Organe aufbauen, schwimmt *in einem Meer von Elektron-Neutrinos*, die von der modernen Wissenschaft als "Bio-Photonen" bezeichnet werden.

Dieses Energie-Potential ist verantwortlich dafür, daß die sog. "tote"

Materie in unserem Körper zur "lebendigen" Materie wird. Die "Ionisations-Energien" (= bestimmte Mengen von Elektron-Neutrinos), die z.B. für die Umwandlung von Molekularstrukturen benötigt werden, sind Energiequanten, die aus diesem Meer von Elektron-Neutrinos innerhalb des Körpers gebildet werden.

Jede Art von Bewegung gleich Zustandsveränderung bedeutet immer *Veränderung der Frequenz und Amplitude* und kann nur durch "Energie" gleich Druck = Schall, der durch die Bewegung entsteht, sowie "Kosmische Energie-Teilchen" oder "Elektron-Neutrinos" bewirkt werden. Aufgrund der hohen Geschwindigkeit der rotierenden Wellen in den Elektron-Neutrinos können sie nicht in Elemente aufgenommen und integriert werden, sondern sie bewirken die Vorgänge, die man als "Ionisation" und "Singulett-Zustand" bezeichnet.

Doch auch "Elektrizität" sowie jede Art von "Energie", die wir mit unseren physischen Sinnen wahrnehmen und messen können, wird mittels Elektron-Neutrinos bewirkt.

"Elektro-Smog" entsteht, wenn sich während des Transportes von Elektron-Neutrinos, z.B. in einer Leitung, bestimmte Mengen so miteinander verbunden haben, daß sie als sog. "Energiequanten" in den Raum fließen.

Auf dieser Grundlage läßt sich "Elektrizität" wie auch "Elektromagnetismus" gedankenbildlich leicht nachvollziehen und beschreiben.

Wie man heute mathematisch berechnen kann, ist unser Universum ein "Neutrino-Universum". Denn zu 97 % besteht unser Universum aus Neutrinos und nur zu 3 % aus fester Materie, die jedoch auch aus Neutrinos besteht, nur daß diese in den Atomen "verdichtet" sind.

Das bedeutet, daß wir Erdlinge sowie alle anderen biologischen Systeme, die aus Atomen und Molekülen bestehen, Bestandteil bzw. eine VERDICHTUNG dieses Neutrino-Feldes sind, in dem sich alles gegenseitig bewirkt.

Wie von der Wissenschaft inzwischen bestätigt, bewegen sich die Neutrinos fast mit Lichtgeschwindigkeit durch den Kosmos und fliessen in alles, was aus Materie besteht, ein. Ein Pfennig-großes Stück "Materie", bestehend aus Atomen, nimmt pro Sekunde ca. 90 Milliarden Neutrinos auf. Da Atome in ihrer kleinsten Einheit aus einer

feststehenden Menge von Neutrinos = "Quarks" bestehen, fließen die einströmenden Neutrinos jedoch nicht durch das Atom hindurch, sondern sie schwingen sich in die Geschwindigkeit des jeweiligen Atoms ein und drücken eine gleiche Menge an "Quarks" heraus.
Ein Quark ist also ein Neutrino mit einer anderen Eigen-Geschwindigkeit (Schwingungsfrequenz), mit einer anderen Identität, mit einer anderen Information.
Da wir Erdlinge eine Verdichtung in diesem Neutrino-Feld sind, erneuern sich jede Sekunde die Atome unseres Körpers.
Da die einfließenden Neutrinos bzw. die aus den Atomen ausfließenden Quarks den Körper wieder verlassen, bewirken wir mit den aus unserem Körper fließenden Quarks unser Umfeld, denn diese Quarks fließen in alles ein, was uns umgibt. Durch diese Erkenntnis lassen sich alle Phänomene erklären, die man heute noch als "paranormal" bezeichnet, weil diese Grundlage bisher nicht bekannt war.

Für unser physisches Sein wichtig zu erkennen ist folgendes:
Die gesetzmäßigen Bewegungsabläufe der Neutrinos (Quarks) in den Atomen können nur durch Energie aufrechterhalten werden. Diese Energie ist die sogenannte "Nullpunkt-Energie" gleich "Tachyonen-Energie", die wir "Kosmische Energie-Teilchen" nennen.
Wenn nicht genügend Kosmische Energie-Teilchen in ein Atom fliessen, um die gesetzmäßigen Bewegungsabläufe aufrechtzuerhalten, verändert sich die Geschwindigkeit = Schwingungsfrequenz des Atoms. Dies geschieht immer dann, wenn sich Energie-tragende Atome oder "falsche" Mengen von Energiequanten = Elektron-Neutrinos fest an Moleküle binden. Dadurch tritt folgendes Geschehen ein:
Kosmische Energie-Teilchen, die einzeln - also nicht in einem gerichteten Zustand als Strahl - versuchen, in diese Molekularstruktur einzufließen, um die gesetzmäßigen Bewegungsabläufe in den Atomen aufrechtzuerhalten, werden durch diesen Elektron-Neutrino- bzw. "Energie-Stau" abgedrängt, da die Elektron-Neutrinos die gleiche Geschwindigkeit haben wie die Kosmischen Energie-Teilchen.
Dadurch verändert sich die Eigengeschwindigkeit innerhalb der Atome bzw. des Moleküls so, daß sich entweder Molekularverbindungen auflösen oder falsche Molekularbindungen entstehen. *Dies ist einer der Haupt-Gründe für die Entstehung von Krankheiten.*

Da unsere gesamte Elektrizität aus Verbindungen von Elektron-Neutrinos besteht, wird verständlich, daß die hohe Energiedichte, die wir in unserer Gesellschaft zur Zeit mit den vielen elektrischen und elektronischen Geräten, Hochspannungsleitungen, *vor allem mit Sendemasten für Handys* usw. in unserer Umwelt erzeugen (= "Elektro-Smog"), verantwortlich ist für die vielen Krankheitsbilder, unter denen wir in der heutigen Zeit in immer größer werdendem Ausmaß leiden.

Der Zustand, den wir als Krankheit bezeichnen, kann immer nur dann eintreten, wenn durch eine hohe Energiedichte, verursacht durch Staus von Elektron-Neutrinos als Quant, die Schwingungsfrequenzen der Atome so weitgehend verändert werden, daß diese nicht mehr in der Form schwingen, wie sie schwingen müßten, um sich zu klassifizieren und zu Molekülen verbinden zu können.
Diese Schwingungsfrequenzveränderungen im Atom führen also dazu, daß es nicht mehr zu ordnungsgemäßen Molekularverbindungen kommt bzw. daß Molekularverbindungen aufgelöst werden.
Dies ist jedoch nicht die *Ursache* der Entstehung von Krankheit, sondern nur die Entstehung. Die Ursache der Entstehung von Energiestaus finden wir im Konflikt- und Problem-Denken, das psychisch isoliert abläuft, wie wir es im folgenden noch näher erklären.

Das heißt zusammengefaßt: Unser gesamtes Sein besteht nur aus 2 Teilchen. Das 3. Teilchen, das das "Lebendige" in uns mitbewirkt, das Elektron-Neutrino, ist ein Neutrino, das durch die Kosmischen Energie-Teilchen in der Sonne in eine höhere Eigengeschwindigkeit (Schwingungsfrequenz) gebracht wurde.
Licht, das diese Elektron-Neutrinos bewirken, ist ununterbrochen um uns. Da die Elektron-Neutrinos ein Bestandteil des Kosmischen Feldes sind, in dem wir als Verdichtung existieren, ist unser ganzer Körper gefüllt mit Elektron-Neutrinos, die uns genauso durch-laufen wie die Neutrinos und Kosmischen Energie-Teilchen.

Gehen wir nun wieder zurück zu dem "Moment", in dem All-Gott alle Wesenheiten, also auch uns, als "Lichtwesen" erschaffen hat.

Als sich All-Gott IN SICH in der Form erweiterte, daß Er alle Wesenheiten jeweils in der Struktur einer Doppel-Pyramide erschuf, waren diese Doppel-Pyramiden gefüllt mit Kosmischen Energie-Teilchen. Durch die Bewußt-Werdung der Wesenheiten, durch das Erkennen "ICH BIN" (aufgrund der Wirkung der beiden Pyramiden aufeinander), erweiterte sich ihre Form, denn, wie schon gesagt, erweitert und verändert sich jeder Gedanke, über den nachgedacht wird.

Damit dieses "Bild" jeder Wesenheit, bewirkt durch die Kraft der Liebe, die die Kosmischen Energie-Teilchen in Bewegung versetzte, Bestand hatte, strahlte jeder "Lichtfunke" gleich Wesenheit jeweils in einen Würfel ein.
Nach dem physikalischen Gesetz des Kosmos banden sich diese Würfel so lange diagonal aneinander, bis die "Seele" jeder Wesenheit in ihrer vollständigen Größe entstanden war, wobei jedes dieser "Seelen-Teilchen" (gleich 1 Doppelpyramide jedes Würfels) von der Wesenheit bewirkt wird.
Jedes Teilchen und jeder Würfel der Seele sowie ihre gesamte Struktur sind umgeben und zusammengehalten von der "Aura", der feinstofflichen "göttlichen" Ummantelung.

Grafik

Weil eine vollständige grafische Darstellung zu undeutlich werden würde, haben wir nur 6 Ecken eines Würfels mit einem Seelen-Würfel verbunden. In Wirklichkeit ist jeder Würfel der Seele jeweils an seinen 8 Ecken mit einem Würfel verbunden.

Da All-Gott die Wesenheit in sich erschuf, ist diese Einheit, wie jedes lebendige Wesen, das durch den Gedanken erschaffen wird, umgeben und zusammengehalten von der "Essenz All-Gottes" - genannt "AURA".

"Ohne diese Aura könnte kein Wesen existieren, da die Kosmischen Energie-Teilchen nicht ausreichen, den Körper mit der Wesenheit zu verbinden und beide zusammenzuhalten. Hätte zum Beispiel ein Baum diese Aura nicht, würde er nicht weiter existieren können, wenn auch nur ein kleiner Ast abbrechen würde." (Randola)

Nur die AURA, die Essenz All-Gottes, ermöglicht es, daß ein Körper, gleich ob menschlich, tierisch oder pflanzlich, durch einen Eingriff, z.B. eine Operation, wiederhergestellt werden kann.
Wie im folgenden noch ausführlicher erklärt, ist die AURA jedoch auch die Verbindung zu allem Wissen, das im Kosmischen Geistfeld bzw. Bewußtseinsstrom existiert. Sie wirkt wie ein "Magnet", der Gedankenschwingungen aus dem Kosmischen Geistfeld anzieht.

Das Material, mit dem ein Gedankenbild "gebaut" wird, sind also die Kosmischen Energie-Teilchen. Aus diesen Kosmischen Energie-Teilchen (Tachyonen) baut sich das Gedankenbild so auf, wie die Wesenheit es IN SICH wahrnimmt.
Dies geschieht in der Form, daß sich so lange Kosmische Energie-Teilchen jeweils an den Ecken miteinander verbinden, bis das Gedankenbild, in seiner realen Größe, INNEN sichtbar, existiert.
Da diese Bindung flüchtig ist, fließen die Kosmischen Energie-Teilchen des Gedankenbildes in ein Neutrino ein.
Die Kraft, die die Kosmischen Energie-Teilchen in Bewegung versetzte - um das Bild "im Geist" zu formen -, durch die wiederum die Neutrinos in ihrem gesetzmäßigen Bewegungsablauf gehalten werden, wirkt in der Form, daß die Wellenbewegung der prästellaren Masse-Teilchen im Neutrino so verändert wird, daß in ihm "holografisch" das Bild entsteht.
("Holografisch" bedeutet, an dieser Stelle zunächst sehr einfach erklärt, daß in jedem Teil eines Ganzen das Ganze "stark verkleinert" enthalten ist.)

Aus den "Bauteilen", die wir zuvor beschrieben haben, entstand die SEELE der Wesenheiten auf die Weise, wie auch von uns Erdlingen Gedanken-Formen gebildet werden.
Denn das, was uns auch als Erdling Schöpfer sein läßt, sind nicht die physischen "Kräfte" oder Fähigkeiten unseres Körpers bzw. unseres Gehirns, sondern es ist unsere Wesenheit - der von Anbeginn bis in alle Ewigkeit existierende "Lichtfunke" in uns, der alle schöpferische Macht in sich trägt, unser "ICH BIN", unser Gott-Selbst, integriert in unsere Seele.
Unsere Wesenheit benutzt, wenn wir auf Erden inkarniert sind, unser Gehirn als "Computer" und "Steuerorgan" sowie unsere Seele und unseren Gefühlsspeicher als "Datenbank von Gefühlen".

Im Grunde genommen gibt es zwischen nicht inkarnierten und inkarnierten Wesenheiten generell keine so gravierenden Unterschiede, wie wir es uns vorstellen. Denn entscheidend ist immer, gleich ob mit oder ohne physichen Körper, die Schwingungsfrequenz, in der jeder schwingt. Diese Schwingungsfrequenz ist abhängig von der Bewußtheit jedes einzelnen "Individuums".
Die höchste Schwingungsfrequenz erreichen wir durch unbegrenztes Wissen (gleich Gefühl), durch unbegrenztes Verstehen, durch unbegrenztes Sein - durch bedingungslose Liebe.
Auch bei den Wesenheiten ohne physischen Körper gibt es unendlich viele, die ihren Geist einem größeren Wissen, einem umfassenderen Verstehen, nicht geöffnet bzw. dieses größere Wissen verloren haben.

Was uns von nicht inkarnierten Wesenheiten unterscheidet, ist zum Beispiel, daß wir aufgrund unseres physischen Körpers einerseits zwar "unbeweglicher" und "verletzlicher" sind, doch andrerseits ist es uns mittels unserer physischen Sinne möglich, wesentlich mehr Gefühle zu empfinden und dadurch ein umfassenderes, tiefgehenderes Verständnis zu erlangen - *wenn wir es unserer Seele erlauben.*
Was uns - im Gegensatz zu Wesenheiten - zu schaffen macht, ist, daß wir uns des Wortes und der Schrift bedienen müssen, um mit anderen zu kommunizieren. Einer der großen Vorteile, den Wesenheiten haben, ist der, durch Gedankenbilder kommunizieren zu können, was nicht zu so vielen Mißverständnissen führt, wie es durch unser Kommu-

nikationsmittel Sprache geschieht. Doch die Fähigkeit, durch Gedankenbilder bzw. Gedankenschwingungen zu kommunizieren, haben wir in früheren Zeiten, in früheren Inkarnationen, schon besessen (z.b. zur Zeit Lemurias), so daß wir es wiedererlernen können - wenn es uns gelingt, das *"Ich kann (bzw. weiß) nicht"* abzulegen.
Als Nachteil ansehen könnten wir auch, wenn wir es wollen, daß die Gedankenformen, die wir bilden und die durch unsere Gefühle Wirklichkeit werden, in der Materie nicht immer sofort "in Erscheinung" treten, so daß wir uns nicht als Schöpfer dessen sehen und anerkennen, was wir erleben. Da die meisten von uns bisher auch nicht wissen konnten, WIE wir unsere Lebensumstände erschaffen, waren wir nicht in der Lage, bewußt so weitgehend darauf Einfluß zu nehmen, daß wir die Erfahrungen machen, derentwegen wir inkarniert sind.

Was sowohl rein geistige Wesenheiten als auch unsere Wesenheiten (in einem materiellen Gefäß steckend, das wir Körper nennen) gemeinsam erlebt gleich erfahren haben, ist die "Erschaffung aller Dinge". Denn wir, alle Wesenheiten, waren bzw. sind die Schöpfer all dessen, was wir als Universen, Sonnen, Sterne und Planeten, Geschöpfe der Natur und vieles mehr bezeichnen.

"Alles, was euch umgibt, nennt ihr Materie. Da All-Gott ALLES ist - und es nichts anderes gibt -, ist Er auch die Materie, denn Er ist die Essenz, die Substanz, aus der wir alle schöpfen - erschaffen - können.
Durch eure 'Heiligen Schriften' und deren Auslegungen hat man euch glauben gemacht, daß 'Gott' der Schöpfer der Universen und aller Dinge ist. Doch All-Gott hat 'nur' alle Wesenheiten erschaffen - und das Kosmische Gitternetz.
Das Kosmische Gitternetz, dieses wundervolle Gebilde aus Liebe und Licht, ist das, was es euch und uns möglich macht, alles in die Form zu bringen, in all die Formen, die wir uns als Ideal-Form ausmalen und in unserer Seele fühlen.
Ihr und wir sind die Schöpfer und Formgestalter aller Dinge.
Unsere Göttlichkeit ist unsere Schöpferkraft - und durch sie und unseren Freien Willen, den All-Gott uns allen in seiner Liebe gab, haben wir alles erschaffen können.

In Milliarden von Jahren - nach eurer Zeitrechnung - erschufen wir alle nur erdenkbaren Formen, denn All-Gott hat uns in Seiner Liebe immer gewähren lassen.
Viele von uns - und von euch - waren am Anfang, bis wir aus unseren Erfahrungen lernten, wie kleine Kinder. So, wie eure Kinder mit Bällen spielen, so spielten wir mit Energie. Wir warfen vollkommen unbekümmert Energiebündel einfach ins All - so erschufen wir nach und nach die Sterne und die Sonnen.
Jesus hat euch gesagt, 'Wenn ihr nicht werdet wie die Kinder, werdet ihr das Himmelreich nicht sehen.'
Werdet wieder wie die Kinder ! Erschafft, was immer ihr erschaffen wollt, in aller Reinheit und im Wissen, EINS mit All-Gott zu sein, in Liebe und Freude !" (Eine Schwingung in Namen von Randola)

Die Entwicklung eines Gedankens bis hin zur dichten Materie geschieht, indem sich der Gedanke (Hyperlichtgeschwindigkeit) zunächst zur Schwingungsfrequenz des Lichtes (Lichtgeschwindigkeit: 300.000 km/s) verlangsamt. Aufgrund der weiteren Verlangsamung der Schwingungsfrequenz des Lichtes bis hin zur Schwingungsfrequenz der Materie sind wir in der Lage, das Gedankenbild mit unseren physischen Sinnen wahrzunehmen.
Auf der materiellen Ebene hat alles - gleich ob "tote" oder "lebendige" Materie einschließlich der Erde - die gleiche Grund-Schwingungsfrequenz, die sich, normalerweise 7,83 Hz betragend, jedoch in der letzten Zeit erhöht hat.
Nur aufgrund dieser Grundschwingungsfrequenz unseres physischen Körpers sind wir in der Lage, Materie, die die gleiche Schwingung hat, mittels unserer physischen Sinne wahrzunehmen, denn unsere Wesenheit, die reine "Lichtenergie" ist und in einer sehr viel höheren Frequenz schwingt, könnte ohne das "Gefäß" = physischer Körper durch Materie hindurchgehen. Aus diesem Grund ist es uns andrerseits mit unseren physischen Sinnen normalerweise nicht möglich, Wesenheiten, die keinen physischen Körper, sondern einen "Lichtkörper" besitzen, wahrzunehmen, obwohl sie uns - oft in Scharen - umgeben.
Doch gerade, um in der Materie Erfahrungen sammeln zu können, schufen wir uns als Wesenheiten einen physischen Körper, ein Gefäß für unsere Wesenheit bzw. Seele.

Die physisch materielle Ebene ist tatsächlich eine Illusion, da sie nur eine Verdichtung unserer Gedanken, also eine langsamere Bewegung gleich Schwingung darstellt und sich von höher schwingenden Ebenen nur durch die Manifestationen unserer Gedanken bzw. Gefühle - die Erscheinungen, die wir wahrnehmen können - unterscheidet.

Der Unterschied zwischen sogenannter Materie und Energie ist also allein der, daß die Bewegung der Energie-Teilchen, verglichen mit den Materie-Teilchen, viel schneller ist. Ein Vergleich der Geschwindigkeiten der Bewegung ergibt folgendes:

Liebe / Gedanke	- Hyperlichtgeschwindigkeit
Kosmische Energie-Teilchen und Elektron-Neutrinos	- Überlichtgeschwindigkeit
Licht (wie wir es kennen)	- Lichtgeschwindigkeit
Myon-Neutrinos	- Unterlichtgeschwindigkeit

Aufgrund der physikalischen Beschaffenheit unserer materiellen Welt ist alles, gleich ob Klang, Geruch, Geschmack oder Gegenstand, für unsere physischen Sinne immer nur als Wellen-Abstrahlung wahrnehmbar. Die Quarks eines Atoms z.B. würden, wenn wir das Atom in seinen Abmessungen auf die eines Fußballfeldes vergrößerten, so viel Platz einnehmen wie die Spitze einer Stecknadel, der Rest wäre "leerer" Raum, nur gefüllt mit Schwingungen. Was wir von einem Atom "sehen" und "fühlen" können, ist immer nur die einen Raum ausfüllende Wellenabstrahlung von unvorstellbar kleinen Teilchen.

Da alles nur durch die "Dunkelheit zum Licht" gelangen kann, benötigen wir diese Manifestationen, um Erfahrungen zu machen und um ein höheres Verständnis von Allem-was-ist zu erlangen.
Daher steht der Erdling nicht am niedrigsten, sondern am höchsten Punkt der Evolution, da er die "Dunkelheit" gewählt hat, um sich selbst und damit All-Gott vollkommen zu verstehen - durch seine Erfahrungen in Form von Gefühlen auf der materiellen Ebene.
Es ist die schwerste Weise, zur "Erleuchtung" (= Wissen von etwas)

zu kommen, denn durch den Eintritt der Wesenheit bzw. der Seele in die Dichte der Materie nimmt sie das Wagnis auf sich, von ihrem in der Seele gespeicherten Wissen zunächst - oder für sehr lange Zeit - bewußtseinsmäßig getrennt zu sein.

Alles Wissen - gleich Erinnerung -, das der Erdling besitzt, ist in der Frequenz und Amplitude aller prästellaren Masse-Teilchen, aus denen die Neutrinos seiner Seele bestehen, gespeichert.
Diese Speicherung begann in dem Moment, als sich die Wesenheit des Erdlings zur Geistform gleich Gedankenform ausgebildet und in eine Seele integriert hatte.
Da alle Wesenheiten "im Anfang" erschaffen wurden - und ewig existieren -, besitzen wir Erdlinge all das Wissen, das unsere Wesenheit seit ihrer Erschaffung über Äonen hinweg - in tausenden von "Leben" - erfahren hat, in unserer Seele. Was wir als "Lernen" bezeichnen, ist vielfach keine Aufnahme von "neuem" Wissen mehr, sondern es wird Wissen, das in unserer Seele bzw. im Gefühlsspeicher gespeichert ist, wach- oder abgerufen. Warum wir uns nicht an alles, was in unserer Seele gespeichert ist, erinnern können, liegt an unserer Begrenztheit, die wir selbst herbeigeführt haben, indem wir urteilen und werten.

Jeder Gedanke beinhaltet die Form der Dinge, die gedacht werden, als BILD. Der Gedanke kann in uns als Bild immer nur durch Schwingungsfrequenzen entstehen, die wir Erdlinge bewußt oder unbewußt über unsere fünf bzw. sechs Sinne empfangen und in unserer Seele oder im Gefühlsspeicher *fühlen*.
Die Gabe, die Schwingungsfrequenz eines Gedankens, der uns aus dem Bewußtseinsstrom, dem Fluß aller Gedanken, dem Kosmischen Geistfeld zufließt, aufzunehmen und zu erweitern, besitzt als biologisches System auf der Erde nur der Erdling. Die anderen biologischen Systeme - Tiere, Pflanzen und Bäume - besitzen, bis auf einige Ausnahmen, nicht die Kraft, Gedankenbilder zu erschaffen, sondern sie können nur Gedankenbilder speichern.
Der Ort, an dem ein Gedankenbild aufgebaut wird, ist beim Erdling das Gehirn, das heißt, genauer gesagt, der "Hauptprojektionsraum" von Gedankenbildern ist der untere Teil der Hypophyse.

Um diese Abläufe verstehbar zu machen, kommen wir nicht umhin, etwas tiefer in die einzelnen Bereiche einzudringen.

Zunächst etwas Grundsätzliches über Klang gleich Schall:
Alles, was sich bewegt, erzeugt eine Schallwelle im Hyper-Schall-Bereich, die kugelförmig abgestrahlt wird und die die Information des Teiles, das sie abstrahlt, auf alle anderen Teile, die dieses Teil umgeben, überträgt. Der Klang, der Schall bzw. die Schallwelle ist die Druck-Welle, die die Bewegung = Schwingung = Information weitergibt.
Im *Ein-Klang* mit allem Geschaffenen zu sein, bedeutet, *Liebe* zu empfinden und zum Ausdruck zu bringen, in der Schwingung der Liebe zu sein. Denn Liebe ist die ursprüngliche Kraft, die Bewegung gleich Schwingung in vollkommener Harmonie bewirkt = Ein-Klang. Die leise "Stimme" in unserem Innern ist die Stimme All-Gottes, die uns in Form von Gefühlen zum Schwingen und Klingen bringt.
Doch da wir verlernt haben, auf sie zu hören, weil wir uns nur noch mit der Materie, mit unserem physischen Körper, identifizieren, urteilen wir, das heißt wir teilen unser Ur-Teilchen (All-Gott und unsere Wesenheit). Wir klammern All-Gott als "Schöpfungs-Partner" aus und setzen an seine Stelle Materielles - und werden dadurch "kopflastig". Mit unserem begrenzten Verstandesdenken bewerten wir alle Gedanken und Gefühle als gut oder schlecht, statt sie als *ISTHEIT* ohne Dualität bzw. Polarität wahrzunehmen - so, wie sie sind.

Die Sphärenklänge, die z.B. von Personen (bzw. deren Wesenheiten), die Nahtoderfahrungen machten, wahrgenommen wurden, sind die Schallwellen, die durch alles, was noch durch die Liebe in Schwingung gebracht wird, erzeugt werden.
Liebe, Licht und Klang bilden, wie schon gesagt, eine Einheit.
So klassifizieren und unterscheiden sich die verschiedenen Bewußtseins-Ebenen durch ihre unterschiedlichen Schwingungen - durch den "Gehalt" an Liebe und Licht, woraus ihr Klang resultiert.
Aufgrund ihrer eigenen Schwingung - gebildet durch ihren Gefühlsgleich Wissensstand - werden Wesenheiten, wenn sie ihr Gefäß der materiellen Ebene verlassen, also irdisch gesehen "sterben", von der Ebene angezogen, die ihrer Schwingung entspricht.

Was Zugvögel ihre Flugstrecken und ihr Ziel erkennen läßt, sind Schwingungsfrequenzen mit einer bestimmten Schallwellenabstrahlung. Das Gleiche gilt für Delphine, Wale, Fledermäuse, Elefanten u.v.m..

Delphine besitzen ein ausgeprägtes "Echo-Lot-System", das dem "Sonar-System" in U-Booten ähnelt, jedoch noch besser ist. Dadurch sind sie z.B. in der Lage, im Sand des Meeresbodens versteckte "Beute" aufzuspüren, Gefahren rechtzeitig zu erkennen und an Hindernissen in schwierigstem Gewässer vorbeizuschwimmen.

Das Geheimnis der "Sprache" der Delphine und Wale hat auf viele Erdlinge seit jeher eine große Faszination ausgeübt, ebenso wie die magische Kraft, die von Delphinen und Walen ausgeht, jedoch weiß bis heute niemand etwas Genaues über ihre wahre Bedeutung.

Ebenso können sich die Erdlinge, die bei vielen vor allem psychisch Erkrankten Heilungen durch den "Umgang" mit Delphinen feststellen, nicht erklären, wodurch diese Heilerfolge bewirkt werden.

Die Wahrheit, so unglaublich sie klingen mag, ist etwas für uns sehr Bedeutendes: Ohne die Kraft - die *LIEBE* - der Delphine und Wale würde unsere Erde, und dadurch auch ihre Bewohner, nicht mehr ihre Grundschwingungsfrequenz besitzen. Denn durch ihre Liebes-Schwingung halten Delphine und Wale nicht nur die Meeresschwingung im Gleichgewicht, sondern sie gleichen, wie viele andere Tiere, Bäume und Pflanzen, auch die niedrigen - zerstörerischen - Frequenzen aus, die die Menschen inzwischen in ungeheurem Ausmaß "produzieren". Dies erklärt die unglaublich weiten Strecken, die vor allem Wale, aber auch Delphine unter großen Strapazen zurücklegen.

Einen Frequenz-Ausgleich bewirken z.B. auch Büffelherden, was vielen Indianern, die mit der Natur in höchstem Maß verbunden waren, seit jeher bekannt war.

Elefanten geben, wie Forscher der heutigen Zeit entdeckt haben, Töne ab, die ihre Artgenossen noch in einer Entfernung von 100 km hören. Auf diese Weise verständigen sie sich nicht nur, wenn eine Gruppe von Elefanten eine Wasserstelle gefunden hat, sondern auch bei drohender Gefahr.

In dem deutschen Magazin P.M. wurde kürzlich in einem Artikel mit dem Titel "Die Planeten schwingen im Takt des Wetters" über Messungen berichtet, die japanische Geophysiker im Bereich der

"Erd-Schwingung" durchgeführt haben. Man vermutet danach, daß alle Planeten unseres Sonnensystems "brummen, summen, pfeifen oder sonstwie ins kosmische Konzert einstimmen", und mutmaßt, daß die "treibende Kraft und der Dirigent die Wetterabläufe in der Atmosphäre sind, die großen Druck auf die Planeten ausüben und sie in Vibrationen versetzen."

Diese paar Beispiele sollen erkennen lassen, wie bedeutend für unser Sein der Klang (Schall) ist, ebenso wie die Liebe - als Kraft der Bewegung - und das Licht.
Denn ALLES, was sich bewegt, schwingt und rotiert, erzeugt, gleich wie groß oder klein es ist, Schallwellen im Bereich des Hyperschalls. Der Informationsträger der sog. unbelebten und belebten Materie ist somit die Schallwelle. Doch was ist Schall - und welche Funktionsweise haben Schallwellen ? Sehen wir uns zunächst einmal an, was die Wissenschaftler über Schall herausgefunden haben.
"Schall stellt sich als Druck-Welle der verschiedensten Art dar, die sich in elastischen Medien (Gas, Flüssigkeit und fester Körper) ausbreitet, wodurch der Schall gekennzeichnet ist. Das Zustandekommen einer Schallwelle ist an eine Kraftwirkung gebunden, deren Energieform der Druck ist. Der entstehende Energiebetrag wird als Schallquant oder PHONON bezeichnet und ist berechenbar mit dem Wert der PLANCKschen Konstante. Beispiel: Für ein Phonon einer Ultraschallwelle von 100 MHz ergibt sich danach eine Energie von rund 5×10^{-7} eV. Die Werte des Hörschalls liegen zwischen 16 Hz und 20 Hz. Schallquanten (Phononen) verhalten sich formal wie Teilchen. Die Schallgeschwindigkeit ist immer abhängig vom Medium, in dem sich die Schallwelle ausbreitet. Sie beträgt in

Luft	331 m/sec.
Wasser	1.480 m/sec.
Aluminium	5.040 m/sec.

An diesen drei Werten kann man erkennen: Je dichter die Molekularstruktur eines Mediums, desto größer die Schallgeschwindigkeit. Druck- = Zustands-Veränderungen in Gasen verlaufen, wenn keine Wärme aufgenommen oder nach außen abgegeben wird, gleichmäßig."

Jede Bewegung ist immer eine Rotation, eine Kreisbewegung. Auch eine Bewegung von A nach B ist nicht geradeaus, sondern, in die Unendlichkeit fortgesetzt, eine Kreisbewegung. *Bewegung kann*, wie schon beschrieben, *nur durch Druck bzw. Sog erzeugt werden*. Gleichzeitig heißt das: *Bewegung erzeugt Druck = Schall*.
Das primär Wirkende - Bewegung verursachende - ist der Druck = Schall, der veränderte Schwingungsfrequenzen bewirkt.
"Schwingungsfrequenz" bedeutet: die Geschwindigkeit der Bewegung z.B. der prästellaren Masse-Teilchen in den Neutrinos oder der Neutrinos in den Atomen. (Frequenz = Länge einer Welle, Amplitude = Höhe der Welle, die als Druck etwas bewirkt, gleich wie bei einer Wasserwelle der Wellenberg.)
In der gesamten Natur gibt es nur Gegensätzliches wie (+) plus und (-) minus, groß und klein, dick und dünn usw., da es das Eine ohne das Andere nicht geben würde.
Das Einzige, was, bevor die Schöpfung begann, ohne Gegensätzliches war, ist All-Gott. Er bewirkte in sich das Gegensätzliche (die 2 sich gegenseitig bewirkenden Pyramiden), durch die wiederum das NEUE bewirkt wird - die Schöpfung durch die Wesenheiten, um durch deren Erfahrungen sich selbst zu erkennen und zu verstehen.

Die "Energie", die die Ursache des Seins ist, schafft Neues also durch das Gegensätzliche ihrer "Ladung" (+) plus und (-) minus.
Die Art, in der sie wirkt, ist wiederum das Gegensätzliche - der Druck (das Bewegende) und die Stille (das Ruhende), das, was die Schöpfung bewirkt hat. Treffen beide aufeinander, entsteht das Neue durch das "Energie-Quant", das das Bewegende als Schall abstrahlt, wodurch das Ruhende in Bewegung versetzt wird, denn das Bewegende kann nur durch Druck erzeugt werden. Es ist der ewige Kreislauf der Schöpfung.
Im atomaren Bereich erzeugen die Quarks innerhalb der Atome durch ihre Bewegung "Energie-Quanten" (= Phononen), die als Druck der "Schallwelle" (im Hyperschallbereich - gemessen in "Phon" bzw. als "Phon-Stärke") abgestrahlt werden und das sog. "elektromagnetische Feld" erzeugen, woraus wiederum die "elektromagnetische Wellenabstrahlung" resultiert. Die Energie-Art der elektromagnetischen Welle ist das Energie-Quant "Photon" (= "Elektron-Neutrino"), das jeweils

nach der Masse seines Quantums (= Menge) die Rotation, Translation und Ionisation bewirkt. Die "Sprache" der Elemente ist also das Photon, während die "Information", die durch die Sprache und mit der Sprache übermittelt wird, das "Phonon" = Schall ist.

Um das im nachfolgenden Beschriebene zu verstehen, kommen wir nicht umhin, uns etwas eingehender mit elektromagnetischen Feldern und elektromagnetischen Wellen zu beschäftigen - da sie in unserem Sein eine wesentlich größere Rolle spielen, als man bisher vermutet hat, und zwar nicht nur im "materiellen" Bereich, sondern vor allem im Bereich unseres Denkens und Fühlens, da die uns umgebende Auraschicht "elektromagnetische" Eigenschaften besitzt.
Sehen wir uns zuerst an, was von der Wissenschaft hinsichtlich elektromagnetischer Wellen erklärt wird:
"Elektromagnetische Wellen sind im einfachen Fall transversale Wellen, bei denen (sich wechselseitig induzierende) elektrische und magnetische Felder senkrecht aufeinander und senkrecht zur Ausbreitungsrichtung stehen. Wellenlänge bzw. Frequenz ist mit der Energie korreliert, die Amplitude mit der Intensität. Gamma-, Röntgen- und Wärmestrahlung, Licht-, Mikro- und Radiowellen werden physikalisch auf elektromagnetische Wellen als sich im Raum mit Lichtgeschwindigkeit ausbreitende elektromagnetische Felder zurückgeführt. Elektromagnetische Wellen zeigen ganz allgemein alle Erscheinungen, die aus der Optik für das Licht bekannt sind (z.B. Beugung, Brechung, Reflexion, Polarisation und Interferenz).
Der Physiker Hertz schuf mit der Erzeugung der nach ihm benannten elektromagnetischen Wellen größerer Länge die Grundlage für die Entwicklung der Funktechnik. (1 Hz = 1 Schwingung eines elektromagnetischen Feldes pro Sekunde). Er wies außerdem die Wesensgleichheit von elektromagnetischen Wellen mit Lichtwellen nach sowie den Fotoeffekt, d.h. das Herauslösen von Elektronen aus Festkörpern durch kurzwelliges Licht (Anm.: = Ionisation durch Elektron-Neutrinos). Daraufhin wurden elektromagnetische Wellen technisch zur drahtlosen Telegraphie verwandt.
'Elektro-Smog' = Belastung des Lebensraumes mit technisch erzeugten elektromagnetischen Wellen, deren physiologische Auswirkungen noch weitgehend unbekannt sind, z.B. bei Computerbildschirmen,

Mobil- und Autotelefonen. Kernwaffenexplosionen in mehr als 400 km Höhe bewirken starke Gammastrahlen, die in Wechselwirkung mit Luftmolekülen, die in Elektronen und Ionen getrennt werden (= Ionisation), zu einem kurzzeitigen elektromagnetischen Puls (EMP) mit Feldstärken führen, die noch in 1000 km Entfernung zerstörerische Felder in elektronischen Anlagen erzeugen."

Ablichtung

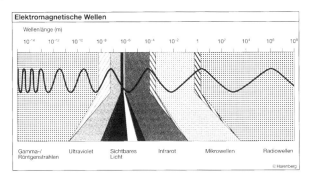

JEDES Teil, das sich bewegt, strahlt durch diese Eigenbewegung also kugelförmig Wellenmuster ab, die sein Umfeld = Medium bewegungsmäßig bewirken. Die Art und Stärke dieser Wellen ergeben sich jeweils aus seiner Größe, seiner Energiedichte, seiner Bewegungsart und der Geschwindigkeit, mit der diese Bewegung abläuft. Die Wellen aller Teilchen, aus denen z.B. ein Atom besteht, existieren nicht einzeln, sondern bilden alle zusammen eine sogenannte Interferenz-Welle, die man als charakteristische Eigenschwingung eines Atoms bezeichnet. Verbinden sich 2 Atome zu einem Molekül, so bilden diese beiden Einzel-Atomschwingungen unter Miteinbeziehung der zugeführten Energie eine neue Interferenz-Welle.

Schwingt ein System, gleich ob Atom, Molekül, Organelle oder Zelle, eigenständig, ohne daß diesem System Energie zugeführt oder entnommen wird, so besitzt dieses System ein "stabiles Feldmuster". Bricht dieses stabile Feldmuster eines Systems zusammen, weil es durch irgend einen Prozeß Energie abgegeben hat und damit seine Stabilität verliert, ist es nicht mehr in der Lage, seine Aufgabe zu erfüllen, und stört den harmonischen Ablauf des größeren Systems, in dem es enthalten ist. Schwingen alle Teile, aus denen z.B. unser Körper besteht, angefangen vom subatomaren Teilchen über die Atome und Moleküle bis hin zu den Organen bzw. System-Regelkreisen des Körpers, in vollkommener Harmonie miteinander, schwingen wir in einem Wellenfeld, das man als "harmonisches Interferenz-Wellenmuster" bezeichnet.

Grafik

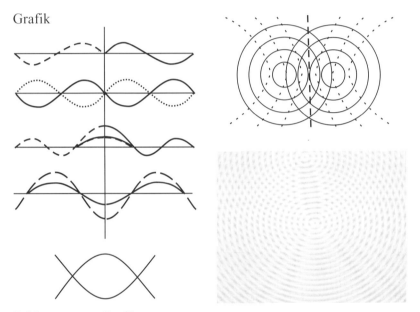

Erklärung zur Grafik
"Für harmonische Wellen gilt das Prinzip von der ungestörten Überlagerung von Wellen, deren Erscheinungen man Interferenz nennt. Soll die Interferenz für unser Auge sichtbar sein, muß die Phasendifferenz, die Phasenbeziehung der Wellen untereinander, an den Orten der Überlagerung konstant sein. Ist das der Fall, nennt man die Wellen kohärent." (POPP)
Treffen jedoch der Wellenkamm oder das Wellental der einen Welle mit dem Wellenkamm oder dem Wellental der anderen zusammen, dann addieren sie sich und erzeugen eine verstärkte Welle von doppelter Höhe.
Unter diesem Aspekt befinden wir Erdlinge uns in dem Zustand, den wir mit dem Begriff 'Gesundheit' umschreiben, also nur dann, wenn

alle Teile, aus denen wir aufgebaut sind, in einem harmonischen Interferenz-Muster - im Bauch der Welle - schwingen, während 'Krankheit' bedeutet, daß ein disharmonisches Wellen-Muster besteht.

Grafik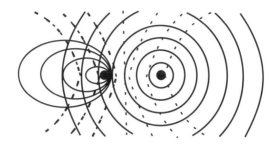

Das bedeutet aber auch, daß wir Erdlinge in unserer Gesamtheit als Schwingungspotential oder "elektromagnetisches Wellenpaket" eingebunden sind in ein kosmisches Geschehen und unser gesamtes Umfeld, unser Medium = Kosmisches Geistfeld, beeinflussen und von diesem beeinflußt werden.

....

Eine Zwischenbemerkung
Es ist uns bewußt, daß sich viele Leser, die an geistig-spirituellem Wissen interessiert sind, bezüglich der physikalischen Erklärungen fragen werden, "Was hat das alles mit meinem Leben, mit dem, was ich erfahren will, zu tun?". Doch die gleiche Frage stellen sich mit Sicherheit viele der an physikalisch-materiellen Erklärungen Interessierten, wenn wir die geistig-spirituellen Bereiche behandeln.
Ohne eine Verbindung von beiden Ebenen oder Bereichen ist es heute jedoch nicht so einfach, ein umfassenderes Verständnis zu erlangen. Da die Erdlinge in eine ungeheure Begrenztheit hineingeraten sind und durch ihre Denkprozesse Wirklichkeiten erzeugt haben, die aufgrund dieser Begrenztheit für "einzig wahr" gehalten werden, machen unzählige Erdllinge immer wieder die gleichen Erfahrungen, ohne erkennen zu können, daß es auch noch weit überragendere Dinge zu erleben und zu erfahren gibt.
Um aus diesem Teufelskreis herauszukommen, müssen wir erkennen, daß im Grunde genommen alles EINS ist, jedoch erst in unendlich

vielen Facetten erkennbar wird, daß die geistigen Aspekte auch physikalisch erklärbar sind und die physikalischen Gegebenheiten in engem Zusammenhang mit den geistigen stehen. Was z.B. in einer einzigen der Milliarden Zellen, aus denen wir bestehen, abläuft, ist übertragbar auf Abläufe in unserer Umwelt und sogar auf Abläufe im Kosmos - so unwahrscheinlich dies klingen mag.

Leider ist in der Wissenschaft aufgrund der Zersplitterung in unzählige Fachbereiche mit ihren eigenen komplizierten Fachsprachen (und nicht zuletzt aufgrund ihres Image-Denkens) keine echte Kommunikation, kein Austausch von Forschungsergebnissen mehr möglich gewesen und daher auch kein Erkennen der gesamten Zusammenhänge. Außerdem wurde in der Wissenschaft bis jetzt das Bewußtsein immer verleugnet.

Jetzt stellen Wissenschaftler z.B. auf einmal fest, daß "Gravitation" etwas mit "Bewußtsein" zu tun haben muß. Genauso werden auf einmal energetische Prozesse im Kosmos erkennbar - meßbar, deren Zusammenhänge zu erkennen die Wissenschaftler vor große Probleme stellt und sie nur noch "Oh, mein Gott" (bzw. "Oh, my God") ausrufen läßt. (Dies ist, wie alle Äußerungen in diesem Buch, nicht als Kritik anzusehen, sondern nur als Aufzeigen von Begrenzungen. Wir wissen sehr wohl, daß wir sehr viele Ergebnisse und Erkenntnisse den Wissenschaftlern zu verdanken haben.)

Viele Erdlinge haben sich auf das Wissen der Wissenschaft verlassen, ohne zu erkennen, daß sie ein umfassendes Wissen nur *in sich selbst finden* können - mit Hilfe des Spiegels, den die Außenwelt darstellt. *Nur wenn wir diesen Spiegel als Eigenschöpfung anerkennen und uns bereitmachen, aus anderen Perspektiven hineinzusehen, können wir die Voraussetzungen für neue Erfahrungen schaffen.*

Wir sind ursprünglich in diese Ebene der dichten Materie gekommen, um das umfassendste Verständnis von All-Gott und damit von uns selbst zu erlangen. Wir haben all die wunderbaren Geschöpfe der Natur für uns erschaffen, um aus der Natur zu lernen.

Doch wie sollen wir von der Natur lernen, wenn wir uns nicht aus der Verstrickung der begrenzten Einstellungen einschließlich des Zwangs des "Geldverdienen-Müssens" lösen können ?

Wir, die Herausgeber dieses Buches, erhielten den Auftrag, beides - das Geistig-Spirituelle und das Physikalisch-Materielle - zu verbinden,

damit ein umfassenderes Verstehen möglich ist - und ein Erkennen NEUER Wege, die Erschaffung neuer Lebens-Formen, da ohne dieses NEUE für viele ein Neubeginn sehr schwer sein wird.
Nur neue Perspektiven eröffnen neue Wege zu unbegrenzterem Denken, unbegrenzterem Fühlen, unbegrenzterem Sein.

Jeder von uns hat sich bisher seine Begrenzungen selbst geschaffen. Gleich ob wir Freude oder Leid, Gesundheit oder Krankheit, Reichtum oder Armut erfahren - wir selbst tragen die Verantwortung für alles, was wir erschaffen. Doch was hindert uns daran, All-Gott in allem-was-ist zu sehen ??? Unsere begrenzte Sichtweise, unsere begrenzte Vorstellungskraft, unsere Erfahrungen, die in uns die Gefühle Angst und Schuld statt Liebe verursachen.
Erst wenn wir die alten Erfahrungen, die zu all den Fehlschlägen in unseren - unzähligen - Leben führten, als das ansehen, was sie wirklich waren - als von unserer Wesenheit bzw. Seele gewünschte, also von uns selbst gewählte Erfahrungen, gemacht mit dem Ziel, Wissen und Weisheit zu erlangen -, werden wir sie in uns integriert haben.
Dann werden wir sie nicht mehr be- und verurteilen, sondern anerkennen - und erkennen, daß ALLES in uns ist, das Gute wie das Böse, das Schöne wie das Häßliche, das Überragendste wie das Erniedrigendste - doch ohne *WERTUNG*. Warum ? Um der höchstmöglichen Erfahrung willen.
Würde All-Gott eine Wertung vornehmen, hätten wir nicht die Möglichkeit, uns selbst und damit All-Gott durch unsere Schöpferkraft in unendlichen Formen zum Ausdruck zu bringen.
Die größten Möglichkeiten bestehen hier, auf der Erde, in der DUALITÄT, in der wir leben. Nur in der Dualität ist die höchste Verwirklichung möglich - alle Stufen, alle Facetten, vom Niedrigsten bis zum Höchsten -, jedoch nur, wenn wir erkennen, daß beide Seiten der Dualität *IN UNS* sind.
Diese beiden Seiten einer EINHEIT in uns zur Versöhnung zu bringen, ist der Grund, warum unsere Wesenheit auf dieser Ebene der Dualität inkarniert ist - weil sie hier leben will. Erkennen wir die ISTheit aller Gefühle, ohne sie zu bewerten, bringt uns dies zu höchster Weisheit, zum Ziel und zur Vollendung unseres Weges.

Gefühle sind der höchste Schatz aller Handlungen, und Kreativität ist die höchste Form des Gebets, denn durch kreatives Tun, wozu vor allem zählt, neue Erfahrungen zu machen, sind wir göttlich.

Nach diesem kleinen Einschub nur noch eines: Seien wir also tolerant, *zu uns und zu anderen*, und nehmen wir auch das an, was uns vordergründig nicht so sehr interessiert. Es wird noch genügend "Stoff" zur Sprache kommen, der jeden aufrütteln wird.

....

Gehen wir zurück zu den Beeinflussungen im Kosmischen Geistfeld. Um zu verstehen, wie diese Beeinflussung *im Bereich der Materie* geschieht (um später verstehen zu können, wie diese Beeinflussung auch *im geistigen Bereich* abläuft), müssen wir uns vergegenwärtigen, daß, wie schon erklärt, in ein Pfennig-großes Stück "Materie" pro Sekunde ca. 90 Milliarden Neutrinos fließen.

Beim Einfließen in ein Atom drücken sie die Quarks des Atoms hinaus und übernehmen deren Position in der Wellenbewegung sowie die Frequenz, durch die sich das Atom klassifiziert.

Die Quarks, die aus einem Atom herausgedrückt werden, behalten die Schwingungsfrequenz des Atoms, jedoch können sie in eine andere Schwingung versetzt werden, wenn sie - gleich wie neutrale Neutrinos - z.B. in ein Atom einstrahlen, das eine stärkere Schwingung besitzt.

Verdeutlichen wir uns dies kurz an einem Beispiel, das jeder leicht nachvollziehen kann.

Nehmen wir klares Wasser, so besteht dies aus dem Wasserstoff-Molekül (H_2) und dem Sauerstoff-Atom (O). Das Sauerstoff-Atom (O) besteht aus 8 Doppelpyramiden, der Wasserstoff aus 1 Doppelpyramide. Beide zusammen ergeben den Stoff, den wir als Wasser (H_2O) bezeichnen. Das Wasser (H_2O) besteht also aus der Verbindung von 2 x (H) und 1 x (O).

Setzen wir nun diesem Wasser ein anderes Element zu, zum Beispiel Chlor (Cl), und vermischen diese Moleküle miteinander, so werden wir zwar noch erkennen, daß es Wasser ist, aber das Wasser selbst werden wir je nach der Menge Chlor, die wir zugegeben haben, nicht mehr als Wasser schmecken oder riechen.

Der Geschmack und der Geruch des Wassers haben sich dahingehend verändert, daß wir nur noch den Geschmack und den Geruch des Chlors erkennen.

Das Atom Chlor (Cl) steht im Periodensystem der Elemente an der 17. Stelle. Es besitzt 17 Doppelpyramiden, d.h. 5 Würfel, gefüllt mit je 3 Doppelpyramiden, und 2 einzelnen Doppelpyramiden. Es hat somit, von der Masse her, je 16 Elementar-Teilchen mehr als das Wasserstoff-Atom (H) und je 9 mehr als das Sauerstoff-Atom (O). Es ist also aufgrund der Energie, die diese Einheiten zusammenhält, gegenüber dem (H) und (O) von seiner Abstrahlung her stärker.

An diesem Beispiel können wir erkennen, daß die Frequenz und Amplitude der Quarks des Moleküls Chlor (Cl) die Schwingungsfrequenz der Quarks des Wasserstoffs (H) und des Sauerstoffs (O) so verändert haben, daß sie jetzt die Frequenz und Amplitude des Moleküls Chlor (Cl) abstrahlen.

Bei der Ausstrahlung aus einer Form, die sie durchlaufen haben, werden die Quarks in das Umfeld, also in das Kosmische Geistfeld, eingestrahlt. Nach dem Ausstrahlen übertragen sie automatisch durch den Druck = Schall, den sie durch ihre Bewegung - ihre Schwingungsfrequenz - bewirken, die Frequenzen, die sie aufgenommen haben. Das bedeutet, daß sie alle Informationen, die in der Form der Atomstruktur vorhanden waren, zu der auch die Information der Art der Form sowie der Farbe gehört, in ihr Umfeld, auf die Neutrinos des Kosmischen Geistfeldes, übertragen.

Da diese Ausdehnung kugelförmig bewirkt wird, strahlt die Information = Schwingungsfrequenz auf diese Weise in das gesamte Kosmische Geistfeld ein. (Dadurch existiert das Wissen um alles, was ist.) Die Information, die jedes Teil, gleich ob aus sog. toter oder lebendiger Materie, ununterbrochen abstrahlt, wird gebildet durch die FORM, die FARBE, den STOFF und die ELEMENTE selbst. Gleichzeitig erhält jedes Teil ununterbrochen Informationen von anderen Teilen, die sie bewirken und wieder veranlassen zu wirken, also Antwort zu geben (= Resonanz).

Ein Beispiel für diese "Resonanz" ist der sogenannte "Stimmgabel-Effekt": Bringt man eine von zwei Stimmgabeln, die auf die gleiche Frequenz (440 Hz) gestimmt sind, zum Schwingen, dann schwingt die zweite Stimmgabel automatisch mit. Dies kann man am einfachsten dadurch überprüfen, daß man die Stimmgabel, die man manuell zum Schwingen gebracht hat, festhält, wodurch ein Weiterschwingen verhindert wird. Man hört dann ganz deutlich den Ton der zweiten - vorher nicht manuell beeinflußten - Stimmgabel.

Verändert sich der Druck im physischen Bereich der sogenannten lebendigen Materie, gleich ob Pflanze, Tier oder Erdling, wird das, was wir als "lebendig" bezeichnen, in den Zustand versetzt, den wir mit dem Begriff "Krankheit" umschreiben.
Bewirkt wird dies zum Beispiel durch Umwelteinflüsse, d.h. durch starke Abstrahlungen von Molekularstrukturen, die wir als "toxisch" gleich "giftig" bezeichnen, durch hohes Vibrationsaufkommen, z.B. starker Lärm, sehr laute Musik oder sonstige starke Vibrationen, die als Druck auftreffen, sowie durch starke psychische Belastungen wie schwere Konfliktsituationen, mit denen wir konfrontiert werden und die wir allein, in psychischer Isolation, tragen. Also Konfliktsituationen, für die wir auch den Begriff "Dys-Streß" verwenden.
Überschreitet der Druck eine Grenze, die jeweils individuell verschieden ist, entsteht innerhalb der Pyramiden der Würfel des Körpers eine so starke Druckveränderung, daß physisch das eintritt, was wir als "Tod" bezeichnen.

Die Zustände, die wir mit den Begriffen "Gesundheit" und "Krankheit" umschreiben, gleich ob im physischen oder psychischen Bereich, werden bewirkt durch den Druck, den wir - z.B. durch die Abstrahlung der Atome und Moleküle - aus unserem Umfeld erhalten. Das Gleiche gilt für unsere Umwelt.
Sprechen wir z.B. vom Sterben der Bäume durch Umweltgifte und sagen, die Auspuffgase der Kraftfahrzeuge sowie die Abgase der Industrie sind am Sterben der Bäume schuld, so können wir das glauben, aber eine Vorstellung, wie dies im einzelnen abläuft und wie die Moleküle der Abgase die Moleküle, aus denen die Bäume bestehen, zerstören, konnten wir uns bis jetzt als Laie nicht machen.
Wenn bestimmte Moleküle (z.B. Abgase), die sonst nicht in dieser großen Menge in der Natur vorhanden sind, ununterbrochen ihren Druck = Schall abstrahlen, versetzt dieser Druck die Molekularstrukturen der Bäume in eine nicht natürliche Schwingung.

Dadurch werden die Molekularstrukturen der Bäume mit der Zeit so verändert, daß sie nicht mehr existenzfähig sind. Erschwerend für den betroffenen Baumbestand ist, daß der Baum selbst nach einer gewissen Zeit komplett in diesem Zustand schwingt und nunmehr den gleichen Druck abstrahlt wie die Moleküle der Abgase. Doch auch durch die Vibration, die die Kraftfahrzeuge durch ihre Motoren sowie durch die Fahrgeräusche und ihr Gewicht als Druck = Schall erzeugen, werden die Moleküle der Wesenheit Erde sowie der Atmosphäre in eine Schwingungsfrequenz versetzt, die die Ordnung der Natur stört.

Daß ein Ton einer bestimmten Frequenz ein Glas zum Zerspringen bringen kann, ist sicherlich jedem bekannt. Doch auf die gleiche Weise, natürlich mit einer stärkeren Schallwelle, kann man das Zusammenstürzen selbst riesiger Betonklötze bewirken.

Andrerseits ist es auch möglich, mit Schallwellen bestimmter Frequenzen Menschen denkunfähig zu machen oder sie so zu manipulieren, daß sie bestimmte Handlungen ausführen, bzw. sie zu töten. Nehmen wir als weiteres Beispiel, das jeder kennt, die Energieentladung in der Atmosphäre, die wir als "Blitz" bezeichnen, dessen Druck- gleich Schallwelle das erzeugt, was wir als "Donner" wahrnehmen. Oder nehmen wir ein Flugzeug, das die sog. "Schallmauer" durchbricht. Diese Beispiele, die jeder kennt, könnte man bis ins Unendliche fortsetzen.

Gehen wir stattdessen nun wieder zurück zum Bereich des Denkens und Fühlens.

Die KRAFT der GEDANKEN und GEFÜHLE

Wie und wo der Prozeß abläuft, den wir als "Denken" bezeichnen, oder der Prozeß, der als "Erinnern" bezeichnet wird, wo unser Wissen gespeichert ist (man vermutete bisher, im Gehirn, doch war bis jetzt der entsprechende Gehirnteil und das Wissen in ihm nicht auffindbar), was die Begriffe "Bewußtsein" und "Unterbewußtsein" oder gar

"Geist", "Seele" oder "Psyche" wirklich bedeuten sowie unzählige andere Fragen konnten bis heute nicht umfassend beantwortet werden. Durch das Wissen und die Erkenntnisse, die uns zugänglich gemacht wurden, finden nicht nur all diese Fragen eine Antwort, sondern auch alle Phänomene unseres Seins, die bisher nicht erklärbar waren, sind in einer Weise erklärbar, die jeder gedankenbildlich und gefühlsmäßig nachvollziehen kann.

Um die Entstehung von BILDHAFTEN VORSTELLUNGEN und GEFÜHLEN, die durch diese bewirkt werden, verstehen zu können, müssen wir uns zunächst, da das gesamte Geschehen sehr komplex ist und nur wie ein Puzzle zusammengesetzt werden kann, mit ein paar grundlegenden Gedanken über die Arbeitsweise unseres Gehirns beschäftigen.
Die Funktionsweise unseres Gehirns konnte bis heute von der herkömmlichen Forschung nicht vollends geklärt werden. Dies liegt einerseits sicherlich an der Tatsache, daß man aus ethischen, moralischen und religiösen Gründen erst am Anfang dieses Jahrhunderts begann, sich mit der wissenschaftlichen Erforschung des Gehirns zu beschäftigen. Andrerseits glaubt man in der medizinischen Forschung heute noch, seine Funktionsweise auf biochemischem Weg erklären zu können, und sucht deshalb nach einem biochemischen Prozeß im Gehirn, der für die Speicherung von Gedankenbildern zuständig ist. Einige wenige Neurologen, wie zum Beispiel K.H. PRIBRAM von der Stanford University, haben jedoch den Weg der Biochemie verlassen und beschäftigen sich mit der physikalischen Betrachtungsweise des Gehirns. Dazu haben sie revolutionierende Theorien aufgestellt, die jedoch eine erstaunlich logische und schlüssige Erklärung für die "Gedankenspeicherung" bieten.
PRIBRAM entwickelte ein Modell, nach dem das Gehirn wie ein "Hologramm" arbeitet. Das Prinzip eines Hologramms hat der Biologe L. WATSON beschrieben: "Wirft man einen Stein in einen Teich, dann erzeugt er in einer Aufeinanderfolge gleichmäßige Wellen, die sich in konzentrischen Kreisen nach außen bewegen. (Diese Wellenbewegung ist der für uns sichtbare Teil. In Wirklichkeit breiten sich diese Wellen jedoch auch kugelförmig aus, nur können wir dies nicht sehen.) Wirft man zwei identische Steine an verschiedenen Stellen in

den Teich, dann erhält man zwei Gruppen ähnlicher Wellen, die sich aufeinander zu bewegen. Wo die Wellen aufeinander treffen, interferieren sie miteinander (das heißt, sie überlagern sich). Trifft der Wellenkamm der einen mit dem Wellenkamm der anderen zusammen, dann addieren sie sich und erzeugen eine verstärkte Welle von doppelter Höhe. Treffen aber ein Wellenkamm und ein Wellental aufeinander, dann heben sie sich gegenseitig auf und erzeugen einen isolierten Flecken ruhigen Wassers. Tatsächlich ergeben sich alle möglichen Kombinationen dieser beiden Zustände. Das Ergebnis ist ein komplexes Muster - Wellenkräuseln -, das, wie zuvor schon durch POPP erklärt, als Interferenzmuster bezeichnet wird.

Lichtwellen verhalten sich genauso. Die uns verfügbare reinste Art von Licht wird von einem Laser erzeugt. Er sendet einen Strahl aus, dessen sämtliche Wellen die gleiche Frequenz haben, ähnlich denen, die von einem ideal geformten Stein in einem idealen Teich erzeugt würden. Überlagern sich zwei Laserstrahlen, dann erzeugen sie ein Interferenz-Muster - mit hellen und dunklen Stellen -, das man auf einer fotografischen Platte aufzeichnen kann. Wird dann einer der Strahlen, statt direkt vom Laser zu kommen, zunächst von einem Objekt reflektiert, z.B. vom Gesicht eines Erdlings, so ergibt sich dadurch ein sehr komplexes Muster, das aber immer noch aufgezeichnet werden kann.
Diese Aufzeichnung ist das "Hologramm des Gesichts". Die scheinbar sinnlosen Punkte und Striche auf der Platte, dem Hologramm, ähneln nicht dem "abgebildeten" Objekt, doch kann das Bild durch einen Strahl kohärenten Lichts, wie er von einem Laser erzeugt wird, rekonstruiert werden. Das Ergebnis ist ein in gewisser Distanz von der Platte in den Raum projiziertes dreidimensionales Bild.
Wird das Hologramm zerbrochen, wird dennoch jeder beliebige seiner Teile das *ganze Bild* rekonstruieren. *Jeder noch so winzige Bruchteil beinhaltet immer noch das ganze Bild.*
Versucht man jedoch, von einem sehr kleinen Bruchteil ein Bild zu erhalten, so ist es umso unschärfer, je kleiner das Bruchstück ist."

Überträgt man dieses von WATSON allgemein beschriebene Prinzip auf unser Gehirn, so ergibt sich folgendes: Jede Hirn-Nervenzelle ist aus unendlich vielen Molekularstrukturen aufgebaut, die wiederum aus noch mehr Atomen bestehen. Die Atome enthalten unzählige Neutrinos bzw. Quarks. Diese Quarks der Hirn-Molekularstrukturen können durch ankommende Schallwellen in der Weise beeinflußt werden, daß sie ihren Bewegungsablauf im Atom entsprechend der Frequenzen der angekommenen Schallwellen verändern.

Man kann sich jetzt vorstellen, daß die prästellaren Masse-Teilchen der Quarks aller Moleküle unseres Gehirns (also Milliarden und Abermilliarden), wenn sie gleichzeitig in Wellen einer bestimmten Geschwindigkeit und Höhe versetzt werden, die Funktion des oben beschriebenen Hologramms haben und die "Fotoplatte" für ein Gedankenbild präpariert ist.

Eine schwächere bildhafte Vorstellung formt sich jedoch auch dann, wenn nur ein Bruchteil der vorhandenen Quarks auf die ankommenden Wellen reagiert, weil alle anderen zum Beispiel durch eine Problematik eine so hohe Eigengeschwindigkeit und dadurch eine gewisse Starrheit besitzen, daß sie von einer schwächeren ankommenden Welle nicht beeinflußt werden können.

Überlegt man sich, daß es unzählige Möglichkeiten der Verlangsamung oder Beschleunigung, der Höhe und Dichte der Wellen der Teilchen gibt, so erkennt man, daß unser Gehirn eine Verarbeitungs-Kapazität besitzt, die für uns nicht mehr vorstellbar ist.

Die auf diese Weise "geprägte Photoplatte eines Gedankenbildes" benötigt jedoch auch einen Projektionsraum, in dem das fertige "Bild" entstehen kann. Der Zentral-Projektionsraum ist die Hypophyse, die wie ein Trichter geformt ist. Je nach Frequenz bzw. nach Inhalt des Gedankenbildes erfolgt eine Verarbeitung in den jeweiligen Hirn-Arealen, die zum einen bestimmten Lebensbereichen bzw. -problematiken zuzuordnen sind und zum anderen die ihnen untergeordneten Zellverbände bzw. Organe steuern.

Sehen wir uns zunächst nur kurz (da eine umfassende Darstellung dieses Bereiches in diesem Buch zu weit führen würde) diese zuletzt genannte Funktion der Hirn-Areale als Steuerzentrale für die regulativen Abläufe im physischen Körper an.

Jedes Organ, jeder Zellverband steht, um seine Regelkreise aufrechtzuerhalten, mit bestimmten Hirn-Arealen (bestimmte genau abgegrenzte Gebiete im Gehirn) in Verbindung und tauscht über die Nervenbahnen Informationen aus. Zum Beispiel:

AUTONOMES SYSTEM	Regulation der Zufuhr des Nahrungssubstrates und dessen Verarbeitung, körpereigene Abwehr usw.
MOTORISCHES SYSTEM	Regulation der Bewegungsabläufe

Dieser Informationsaustausch, diese Signal-Übermittlung zwischen Hirn-Areal und dem Organ bzw. Zellverband, der von diesem Hirn-Areal gesteuert wird, kann nicht auf biochemischem Weg erfolgen, da dieser zu langsam wäre, sondern nur mit Schallgeschwindigkeit, also durch die Schallwelle. Da unser Körper als "lebendiges biologisches System" aus Atomen und Molekülen besteht, kann nur die Wellenabstrahlung der Atome und Moleküle diesen Informations-Austausch bewirken. Nach den bisher bekannten physikalischen Gesetzen kommen zwei Wellen-Arten für die Signal-Übermittlung infrage: die elektromagnetische Welle und die Schallwelle. Ein genereller Unterschied zwischen Schallwellen und elektromagnetischen Wellen ist folgender:
Schallwellen sind Längswellen, die, wenn sie z.B. durch einen Spalt gehen, keine Veränderung erfahren, also nicht polarisierbar sind. Außerdem hängt ihre Ausbreitungsgeschwindigkeit nicht von ihrer Frequenz, sondern vom Medium ab, in dem sie sich befinden.
Elektromagnetische Wellen sind hingegen Querwellen, die sich beim Passieren eines Spaltes einer "Polarisation" unterziehen, d.h. daß nur Anteile der Querwelle hindurchgelassen werden, deren Schwingungsrichtung einer durch die Öffnung bestimmten Ebene entspricht. Diese Selektion nennt man in der Fachsprache "lineare Polarisation".
Zum leichteren Verstehen ein Beispiel: Legt man eine elastische Feder durch einen senkrechten Spalt, so kann man sie, ohne daß irgend ein Hindernis entsteht, auf- und abschwingen lassen. Versucht man dagegen, diese Feder von links nach rechts oder umgekehrt zum Schwingen zu bringen, so bleibt sie auf der anderen Seite des Spaltes in Ruhe, d.h. die räumliche Lage des Spaltes selektiert, welche Schwingungsebene übertragen werden kann und welche nicht.
Bei diesen zwei Wellenarten ist die Schallwelle die Primärwelle,

denn durch ihren Druck bewirkt sie, daß sich innerhalb der Atome bzw. Moleküle die Schwingungsfrequenz so verändert, daß automatisch eine Veränderung der Polarität des elektromagnetischen Feldes und der elektromagnetischen Wellenabstrahlung eintritt.

Innerhalb einer Körperzelle sind das elektromagnetische Feld und die daraus resultierenden elektromagnetischen Wellen, die durch die Molekularstrukturen entstehen, als Informations-Träger anzusehen, da sie ein elektromagnetisches Interferenz-Feld (= stabiles Feldmuster) aufbauen und dadurch als Regulatoren der internen Zellfunktionsabläufe wirken.

Die Zellmembran verhindert durch ihr eigenes elektromagnetisches Feld, durch das sich die Zelle als Struktur erst klassifiziert, daß die elektromagnetischen Wellen, die innerhalb der Zelle entstehen und nur dort wirken dürfen, als Informationsträger nach außen wirken.

Die Übermittler von Informationen zwischen Gehirn und Zellen sind also Schallwellen (Ausbreitungs-Geschwindigkeit > 1000 m/sec.).

Die Informationswege zwischen dem Steuerorgan Gehirn, das in 32 Hirn-Areale unterteilt ist, und den diesen Hirn-Arealen untergeordneten Zellverbänden bzw. Organbereichen sind die Nervenbahnen, deren Faserenden jedoch nicht bis in die Zellen gehen, sondern, wie die Kapillaren der Blutbahnen, im Grundsystem enden, d.h. in der sog. "extrazellulären Gewebeflüssigkeit", die jede einzelne Zelle umgibt und mit "Baustoffen" und Informationen "versorgt".

Im Grundsystem ist z.B. der richtige Mineralstoffgehalt deshalb so wichtig, weil bei einem Zuwenig der Schall erheblich langsamer transportiert wird (Folge: Energieschwäche, Müdigkeit, Lustlosigkeit), wogegen ein Zuviel eine Überenergetisierung = Stau bedeutet.

Da auch eine Schallwelle im Hyperschall-Bereich schwächer wird und ausläuft, sind die Nervenbahnen mit sogenannten Spezialzellen ausgestattet, die von den Neurologen als "Neuronen" bezeichnet werden. Diese Neuronen besitzen gegenüber den anderen Körperzellen, die zwischen 30 und 300 Mitochondrien besitzen, etwa 5-10.000 dieser "Energiewerke". Aufgrund dieser enorm hohen Energiedichte können in ihnen die auslaufenden Schallwellen wieder aufgearbeitet und verstärkt werden (Resonanzeffekt).

Gehen wir kurz in den Hör-Bereich, um uns die Übertragung von Informationen mittels Schallwellen besser verdeutlichen zu können.

Hören wir z.B. ein Wort, so ist zwar das dafür zuständige Sinnesorgan das Gehör, doch nehmen wir jedes Geräusch mit unserem ganzen Körper wahr, da immer alle Molekularstrukturen unseres physischen Körpers durch Geräusche in Schwingung versetzt werden.

Die Gehör-Knöchelchen (sehr dichte Molekularstruktur) leiten den vom Trommelfell (= leicht in Vibration zu versetzende Molekularstruktur) aufgenommenen Schall des gesprochenen Wortes bzw. jedes Geräusches mit einer sehr hohen Geschwindigkeit weiter. Da die Schallwellen jedoch in dieser Geschwindigkeit weder von den Nerven differenziert aufgenommen noch vom Gehirn verarbeitet werden können, muß die hohe Geschwindigkeit auf ein verarbeitungsfähiges Maß reduziert werden. Das Gehörwasser, das durch die von den Gehör-Knöchelchen übertragenen Schallwellen in Schwingung versetzt wird, besitzt eine wesentlich geringere Molekularstruktur-Dichte, wodurch die Schallgeschwindigkeit deutlich herabgesetzt wird. Die ankommenden Schallwellen verschiedener Frequenzen werden im Gehörwasser als Interferenz-Wellenfeld so verteilt, daß sie von den sog. Fasern und Häärchen aufgenommen und mit der richtigen Geschwindigkeit übertragen werden können, und zwar auf die Nerven, die für die Größe der ankommenden Schallwellen zuständig sind.

Die zuvor in ihrer Eigenschwingung schwingenden Moleküle der Nerven schwingen sich kurzfristig in die Frequenz der angekommenen Schallwellen ein und beeinflussen nunmehr auf die gleiche Art und Weise die nächsten Moleküle - bis zur Hypophyse (= Sender und Empfänger).

Ist das Wort als "Wissen" gespeichert, so entsteht durch das Wiederanklingen der Schwingungsfrequenz die bildhafte Vorstellung dessen, was das Wort aussagt - jedoch erst dann, wenn durch den im folgenden geschilderten Ablauf die zuständige "Datenbank", in der das Wissen gespeichert ist, "abgefragt" wurde.

Ein weiteres Beispiel:
Wir sehen zum erstenmal eine Rose, riechen den Duft, tasten bzw. fühlen den Stengel, die Blätter und das Samtweiche der Blüte und hören den Namen - "Rose". Die Rezeptoren unserer Augen werden von den Phononen der abgestrahlten Frequenz und Amplitude der Form und der Farbe getroffen und übernehmen die abgestrahlte

Schwingungsfrequenz. Gleichzeitig nehmen wir über die Rezeptoren der Nase den Duft der Rose wahr.

Haben *nach dem im folgenden beschriebenen Kreislauf* die Schallwellen die Hypophyse wieder erreicht, entsteht in ihr das Bild der Rose. Von der Hypophyse wird dieses Bild an das zuständige Hirn-Areal weitergeleitet und in der Form verarbeitet, daß die visuell und gefühlsmäßig wahrgenommenen Schwingungsfrequenzen mit dem Namen "Rose" gekoppelt werden.

Auf diese Weise wird das Wissen über die Rose gespeichert und kann, wenn wir wieder eine Rose sehen, riechen oder den Namen Rose hören, durch eine bildhafte Vorstellung von uns erkannt werden. Haben wir noch nie eine Rose gesehen, gefühlt und den Namen dazu gehört, werden wir nicht in der Lage sein zu erkennen, was eine Rose ist. Der gleiche Vorgang erfolgt beim Riechen, Schmecken und Tasten. Das heißt, alle 5 physischen Sinne funktionieren nach diesem Prinzip.

Ist das "Bild", das ein Erdling "gelernt" hat, ein KONFLIKT, so reichen, je größer die Veränderung der Schwingungsfrequenzen ist, also je stärker die Wellen-Abstrahlung der den Konflikt verursachenden Reize ist, immer kleinere Reize - wie Worte etc.- aus, um das "Problem-Bild" immer wieder entstehen zu lassen, das heißt, die Teilchen wieder in die "geprägten" Bewegungsabläufe zu versetzen.

Die Molekularstrukturen des als Projektionsraum dienenden Hirn-Areales, in dem dieser Problembereich verarbeitet wird, sind also ununterbrochen damit beschäftigt, das Problem-Bild zu projizieren. Aus diesem Grund kann das Hirn-Areal kaum noch andere Bilder formen. Man kann zum Beispiel einer Sache nicht mehr richtig folgen, die nicht irgendwie mit diesem Problem in Zusammenhang steht, da das Hirn-Areal überlastet ist.

Auf der anderen Seite bewirkt dieser Vorgang, daß das entsprechende Hirn-Areal nicht mehr in der Lage ist, die Abläufe in dem ihm untergeordneten Organbereich ordnungsgemäß zu steuern, da die ihm zur Verfügung stehende Energiemenge für dieses Problem-Denken in zu hohem Maße verbraucht wird. Der untergeordnete Organbereich wird also unterversorgt. Dies ist eine der Hauptursachen der Entstehung von Krankheiten.

Zur Veranschaulichung der folgenden Erklärungen möchten wir zunächst in einem kurzen Überblick die Abläufe des DENKENS und FÜHLENS erkennbar machen.

Ablauf des Empfangens und "Verarbeitens" von Gedanken

1) Kosmische Information = Gedankenfrequenz
   wird von der Aura angezogen.

2) Von der Aura wird die einfließende Information gebündelt und in die Hypophyse eingestrahlt.

3) Von der Hypophyse strahlt sie in die Zirbeldrüse,

4) von der Zirbeldrüse zur Thymusdrüse und von dort

5) in die Seele bzw. den Gefühls- und Gedankenspeicher

   Vergleich mit dort gespeichertem Wissen
   = Gefühl = Schwingungsfrequenz

   Sortierung je nach Schwingungsfrequenz
   Seele: "Datenbank" von Gefühlen
   hoher Schwingungsfrequenzen
   Gefühlsspeicher: "Datenbank" von Gefühlen
   niedriger Schwingungsfrequenzen
   Gedankenspeicher: "Datenbank" der Gedankenfrequenzen

6) Die Information strahlt über die Struktur der Seele zum inneren Teil der Aura und

7) zurück zur Hypophyse: Entstehung der "Bildhaften Vorstellung"

8) Weitere Verarbeitung des Bildes im zuständigen Hirn-Areal oder

9) Abstrahlung über das "3. Auge".

Wie schon erklärt, sind alle NATÜRLICHEN Formen umgeben von der "Essenz All-Gottes", die wir als "Aura" bezeichnen und die aus mehreren Schichten besteht.

Bisher wurde von den Wissenschaftlern, die in diesem Bereich am weitesten vorgedrungen sind, vermutet, daß die Neutrinos bzw. Quarks, die wir ununterbrochen abstrahlen, die "Aura" bilden.

Dies ist nur zum Teil so. Da bisher nicht bekannt war, daß alle "lebendigen" Geschöpfe von *der Aura* umgeben sind, die wir die "Essenz All-Gottes" nennen, nahm man an, daß durch die Ausstrahlung der Quarks das bewirkt wird, was einerseits meß- und fotografierbar ist, das aber auch mit etwas Übung mit bloßem Auge gesehen sowie gefühlt werden kann.

Die Abstrahlung von Teilchen ist ein ganz normaler Vorgang bei allem, was aus Materie besteht, da ununterbrochen Kosmische Energie-Teilchen, Myon-Neutrinos bzw. Quarks und Elektron-Neutrinos in alles Materielle, also auch in den physischen Körper aller biologischen Systeme, einstrahlen und wieder abgestrahlt werden.

Doch die "Aura", die "Essenz All-Gottes" - die geheimnisvolle Substanz (*"die allein All-Gott vorbehalten ist"*), umgibt nur alle Lebewesen, nicht jedoch die von Planetariern materiell hergestellten Gegenstände. Letztere besitzen nur die "Auraschicht", die von abgestrahlten Teilchen bewirkt wird.

Sehen wir uns zunächst einmal kurz an, was über die "Aura" bisher herausgefunden wurde.

Das, was allgemein als "Aura" bezeichnet wird, kann mit etwas Übung von jedem Erdling mit bloßem Auge gesehen werden. Manche sind sogar in der Lage, die Abstrahlung der Aura farblich zu sehen, da sie ein schärferes Sehvermögen besitzen und ihr Umfeld schärfer wahrnehmen, als es normalerweise der Fall ist. Daß ein Teil der Aura sichtbar ist, davon kannst du dich selbst leicht überzeugen:

Setze oder stelle dich z.B. in einem Abstand von 3 - 4 m vor eine Person oder eine Pflanze und fixiere nicht das "Objekt" so, daß du es punktförmig wahrnimmst, sondern schaue einfach ganz locker durch das Objekt hindurch. Schon nach ca. 2-3 Minuten wirst du um das Objekt herum eine wolkenförmige weißlich-graue Abstrahlung erkennen.

Das Gerät, mit dem man die Aura messen kann, wurde vor über 30 Jahren von einem Sowjetrussen in Alma Ata entwickelt.
KIRLIAN, ein Elektriker bzw. auch Elektroniker, der für die Erhaltung und Experimentierfähigkeit von Geräten an einem Institut verantwortlich war, machte durch Zufall in einem Hochspannungsfeld von etwas mehr als 20.000 Volt folgende Entdeckung.
Nach seiner persönlichen Aussage fiel ein Blatt einer Zimmerpflanze in ein Hochspannungsfeld, das er überprüfte. Dieses Blatt zeigte eine zum damaligen Zeitpunkt noch nicht erklärbare eigenartige Erscheinung. Es strahlte an seinen Kanten, für das Auge sichtbar, Energieentladungen ab, die wie kleine Blitze aussahen. Als er das Hochspannungsfeld abschaltete und sich das Blatt ansah, konnte er keinerlei Veränderungen feststellen. Nachdem er diesen Vorgang mehrmals mit dem gleichen Blatt sowie mit allen möglichen Gegenständen wiederholt hatte und immer wieder die gleiche Erscheinung auftrat, fing er an, sich über dieses Phänomen Gedanken zu machen.
Im Verlauf seiner Experimente schloß er den einen Pol eines Hochspannungsfeldes an eine Metallplatte an und deckte diese mit einer Isolierplatte ab. Den zweiten Pol klemmte er an das Blatt einer Pflanze und legte dieses Blatt auf die Abdeckung der Hochspannung. Beim Einschalten der Hochspannung wurde das gleiche Phänomen sichtbar, so, wie er es zufällig vorher wahrgenommen hatte.
Wiederum auf einem Zufall beruhend, entdeckte er, daß bei einem Menschen der gleiche Vorgang abläuft wie bei einem Blatt. In der linken Hand den Minus-Pol haltend, ohne zu erkennen, daß das Gerät eingeschaltet war, wollte er mit der rechten flachen Hand etwas von der Platte abwischen und erfuhr am eigenen Leibe, daß das Einbringen der Hand in die Hochspannung, wenn man den Schreck nicht miteinbezieht, vollständig ungefährlich war und auch keinerlei Schmerzen verursachte. In seinen weiteren Versuchen kam er dahinter, daß die Aura in dem Moment absolut sichtbar wurde, wo der Raum nicht hell erleuchtet war. Im weiteren Verlauf begann er, mit Fotoplatten zu arbeiten, und entwickelte, ohne definitiv wissenschaftlich nachweisen zu können, was da abläuft, ein Gerät, mit dem die Abstrahlung der Hände fotografisch festgehalten werden konnte.
Von vielen Wissenschaftlern in der Sowjetunion wurde diese Entdeckung als Spielerei abgetan, nachdem sie in Fachzeitschriften erklärend

geschildert und an mehreren Universitäten demonstriert worden war. KIRLIAN und eine Gruppe von Wissenschaftlern in Alma Ata sowie an anderen Universitäten ließen sich jedoch nicht entmutigen und begannen, weiter in dieser Richtung zu forschen.
Da die Entdeckung nicht geschützt war und KIRLIAN den Bau beschrieben und in Fachzeitschriften veröffentlicht hatte, wurde das Gerät von Wissenschaftlern der westlichen Welt nachgebaut und so weitgehend entwickelt, daß es heute von vielen sog. alternativen Behandlern als Diagnose-Gerät mit guten Erfolgen eingesetzt wird.

Den folgenden Bericht erhielten wir von einer Forschergruppe, die in diesem Bereich weiterführende Untersuchungen vorgenommen hat.
"Zusammen mit anderen Forschern haben wir viele Jahre lang in diesem Bereich experimentell geforscht. Gleich wie KIRLIAN überprüften wir am Anfang die biologischen Systeme der Pflanzen, und zwar sowohl mit abgeschnittenen Pflanzenblättern als auch mit solchen, die noch am biologischen System der Pflanze angeschlossen waren. Die Pflanzen reagierten nicht nur auf jede Beeinflussung "positiv" oder "negativ", sondern wir entdeckten auch, daß sie allein durch die Stimmung des Menschen, der sich mit ihnen abgab, absolut beeinflußbar waren. Wie in anderen Bereichen, z.B. bei der Arbeit mit Biofeedback-Geräten, an die wir Pflanzen anschlossen, schon sehr oft festgestellt, erkannten wir auch hier, *daß wir Menschen und unsere Technologien auf Pflanzen einen enormen Einfluß haben.*

Im Laufe der Zeit entwickelten wir ein Doppelgerät, bei dem beide Hände und beide Füße eines Menschen gleichzeitig abgelichtet werden konnten. Wir stellten fest, daß, wenn wir die Hände und Füße einer Person im Abstand von ca. 3 Minuten hintereinander fotografierten, die abgelichtete Aura immer ein anderes Bild aufwies.
Daß auf jedem Bild, das wir aufnahmen, eine leichte Veränderung der Aurastrahlung an verschiedenen Punkten erkennbar war, bewies uns, daß im biologischen System des Menschen ununterbrochen Veränderungen ablaufen, die an den Abstrahlungen erkennbar sind.
Dabei muß besonders betont werden, daß speziell die Stimmungslage, also der psychische Zustand des Probanden, diese Wirkung verursacht.

Wir bewiesen diese Annahme durch folgende Experimentreihe. Ein Proband, angeschlossen an ein Bio-Feedback-Gerät, wurde von uns in Hypnose versetzt. Nachdem er sich in einer absoluten Ruhetönung, also in einem Alpha-Zustand, befand, machten wir von den Händen und Füßen mit 15-minütiger Unterbrechung 3mal eine Ablichtung. Der Proband war so weit wie überhaupt möglich vorher untersucht worden. Nach den Kriterien der heute gültigen Medizin war der Mann absolut gesund.

Nachdem wir im Abstand von jeweils 15 Minuten, ohne die Ruhetönung zu unterbrechen, 3 Ablichtungen gemacht hatten, stellten wir fest, daß auf den Ablichtungen kaum eine Veränderung zu erkennen war. Nach 10maligem Wiederholen dieses Experimentes an 10 verschiedenen Probanden etwa gleichen Alters konnten wir einen Mittelwert festlegen und begannen nunmehr, das Verfahren bei Patienten in unseren Praxen einzusetzen. Bei vielen Patienten konnten wir, nachdem wir einen diagnostischen Blick dafür entwickelt hatten, Krankheiten anamnestisch schon erkennen, wenn der Patient noch keinerlei spezifisches Krankheitsbild aufwies.

Dies zeigte uns, daß die Aura-Fotografie für den Arzt ein Hilfsmittel sein kann, auf deren Grundlage er schon vor Ausbruch einer spezifischen Krankheit diese diagnostizieren kann."

Inzwischen wurde das Verfahren der Aura-Fotografie immer weiter entwickelt. So ist man inzwischen z.B. in der Lage, den gesamten Körper eines Menschen mit seiner Aura zu fotografieren. Auch bezüglich der Auswertung der unterschiedlichen Farben in Verbindung mit Charaktereigenschaften und emotionalen Zuständen wurden viele Erkenntnisse, basierend auf erkannten Wirkungen, gefunden.

Rufen wir uns noch einmal kurz das von uns zuvor über die Aura Geschriebene in Erinnerung:

Da All-Gott die Wesenheit in sich erschuf, ist diese Einheit, wie jedes lebendige Wesen, das durch den Gedanken erschaffen wird, umgeben und zusammengehalten von der "Essenz All-Gottes", der *"Aura"*. *Ohne diese Aura könnte kein Wesen existieren, da die kosmischen Energie-Teilchen nicht ausreichen, den Körper mit der Wesenheit zu verbinden und beide zusammenzuhalten.*

Hätte zum Beispiel ein Baum diese Aura nicht, würde er nicht weiter existieren können, wenn auch nur ein kleiner Ast abbrechen würde.
Nur die AURA, die Essenz All-Gottes, ermöglicht es, daß ein Körper, gleich ob menschlich, tierisch oder pflanzlich, durch einen Eingriff, z.B. eine Operation, wiederhergestellt werden kann.
Die Aura ist jedoch auch die Verbindung zu allem Wissen, das im Kosmischen Geistfeld bzw. im Bewußtseinsstrom existiert. Sie wirkt wie ein "Magnet", der Gedankenschwingungen aus dem Kosmischen Geistfeld anzieht.

Unserem Körper am nächsten ist die Aura-Schicht, die aufgrund ihrer elektromagnetischen Eigenschaften wie ein Magnet wirkt und Gedanken aus dem Kosmischen Geistfeld anzieht, und zwar solche Gedanken, die den Schwingungsfrequenzen entsprechen, die durch unsere momentane Denkweise, unsere Gedankenprozesse, und unsere Gefühle, das heißt unseren emotionalen Zustand aufgebaut werden.
Die - nach unseren räumlichen Vorstellungen - weiter außen liegende Aura-Schicht ist eine reine ungeteilte Lichtsphäre - der "Geist unseres Seins" -, die in den Bewußtseinsstrom, den "Geist All-Gottes", hineinreicht, aus dem und in den alle Gedanken fließen und der daher das Wissen um alles beinhaltet.
Entgegen der allgemeinen Überzeugung erschafft unser Gehirn keine Gedanken; sondern es erlaubt, daß die Schwingungsfrequenzen von Gedanken bzw. von Informationen *je nach unserer Einstellung* aus dem Kosmischen Geistfeld, dem Bewußtseinsstrom, in uns einfließen. Dazu zählen auch Informationen, die als Schwingungsfrequenzen von Gegenständlichem unserer materiellen Welt abgestrahlt werden.
Von der Aura wird die einfließende Information gleich Gedankenfrequenz gebündelt und in die Hypophyse eingestrahlt. Die Hypophyse ist eine trichterförmige "Schaltvorrichtung", die als Empfänger, Zentralprojektionsraum und Sender wirkt.
Von der Hypophyse fließt die Information zur Zirbeldrüse an der Basis des unteren Großhirns oberhalb der Wirbelsäure. Die Zirbeldrüse, auch als "Epiphyse" bzw. als "sechstes Siegel" bezeichnet, ist das Steuerorgan der "Energie" schlechthin.
Alle "energetischen Prozesse" - sowohl im "feinstofflichen" Bereich (= Kosmische Energie-Teilchen), im "informativen" Bereich (= Pho-

nonen = Schallwellen) als auch im "atomaren bzw. molekularen" Bereich (= Elektron-Neutrinos = Ionisations-Energien) - werden zentral von der Zirbeldrüse gesteuert.

Von einigen Philosophen wurde sogar vermutet, daß die Zirbeldrüse die menschliche Seele beherbergt bzw. ist.

Biochemisch betrachtet sind die "endokrinen Drüsen" Hypophyse, Zirbeldrüse und Thymusdrüse die Steuerorgane, durch die alle anderen Körperdrüsen gesteuert werden, so daß durch einen geregelten Fluß der Hormone der einzelnen Drüsen die Funktionen des Körpers in Harmonie gehalten werden.

In der Zirbeldrüse wird die Gedankenfrequenz energetisch verstärkt und fließt zur Thymusdrüse sowie von dort in die Seele bzw. in den Gefühls- oder Gedankenspeicher.

Grafik

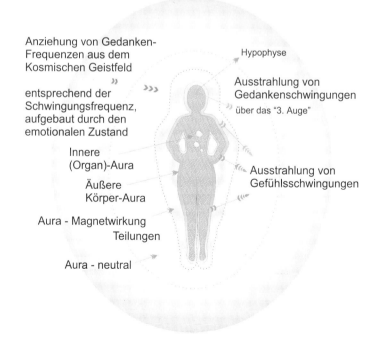

Alle Gefühle entstehen zunächst, wie jeder, der auf seine Gefühle achtet, bestätigen kann, im Bereich der Thymusdrüse bzw. der sogenannten "Herz-Chakra" ("Chakras" oder "Chakren" sind "Energie-Zentralen") - im Bereich des Brustbeins, ehe sie im ganzen Körper erfahren werden. An dieser Stelle, unter dem Brustbein, nahe unserem Herzen, liegt die Einheit, die wir als "Mittelpunkt" der "Seelen-Struktur" bezeichnen.

Dieser "Mittelpunkt der Seele", von dem aus in diagonalen Verbindungen die gesamte Seelen-Struktur aufgebaut ist, beherbergt, wenn wir in der Dichte der Materie, also in einem materiellen Gefäß leben, das "Ur-Teilchen" gleich den "Lichtfunken", die schöpferische All-Macht All-Gottes, unsere Wesenheit (die erste Doppelpyramide).

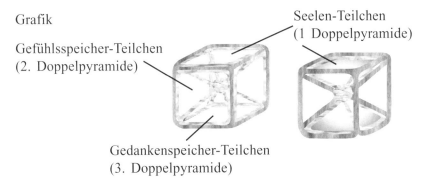

Grafik

Seelen-Teilchen
(1 Doppelpyramide)

Gefühlsspeicher-Teilchen
(2. Doppelpyramide)

Gedankenspeicher-Teilchen
(3. Doppelpyramide)

Die den gesamten Körper von den Haarspitzen bis zu den Zehenspitzen durchziehende Seelen-Struktur (= diagonal verbundene würfelförmige Einheiten mit je 3 Doppelpyramiden = Seelen-Teilchen, Gefühlsspeicher-Teilchen und Gedankenspeicher-Teilchen als Inhalt) ist umgeben von der "inneren Aura" - der "göttlichen Ummantelung". Diese innere Aura ummantelt sowohl jedes Teilchen der Seelen-Struktur als auch die Seelen-Struktur im Gesamten.

Doch auch jede atomare bzw. molekulare Struktur des physischen Körpers, das heißt, im einzelnen betrachtet, jede Zelle, jeder Zellverband, jedes Organ und jedes Körperteil, ist umgeben und als jeweilige Einheit zusammengehalten von der inneren Aura.

In den *Freiräumen* der Seelen-Struktur baut sich der physische Körper des Erdlings, bestehend aus den Atomen der Elemente, auf, wodurch die Wesenheit zu einer vom Erdling erkennbaren Form wird.

Das Gleiche gilt für jedes andere lebendige biologische System, also für Tier, Baum und Pflanze.
Während die würfelförmigen Einheiten der Seelen-Struktur diagonal miteinander verbunden sind, haben die Würfel des physischen Systems sowohl eine diagonale als auch eine senkrechte und waagerechte Verbindung miteinander.

Grafik

Struktur des
physischen Körpers

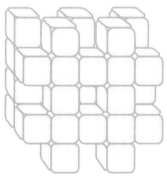

So, wie wir unseren physischen Körper als VERDICHTUNG im Kosmischen Geistfeld, bestehend aus Kosmischen Energie-Teilchen, Myon-Neutrinos und Elektron-Neutrinos, betrachten können, wobei diese Verdichtung von allen Bestandteilen des Kosmischen Geistfeldes durchströmt wird, so können wir auch unser Wesenheits-Seelen-System mit unserer gesamten Aura - mit dem inneren Aura-System und den äußeren Aura-Schichten - als eine Einheit sehen, die mit dem "Bewußtseinsstrom All-Gottes" verbunden ist, von ihm durch-strömt wird und mit ihm in ständigem Austausch steht. Das bedeutet:
Die gesamte Aura - inner- und außerhalb unseres Körpers einschließlich der äußersten Schicht - ist unser "erweitertes Gott-Selbst".

Die innere Aura ummantelt nicht nur alles in uns - vom kleinsten bis zum größten Teil - und hält jedes System als Einheit zusammen, sondern sie ist auch das "LEIT-SYSTEM", über das alle Gefühlsfrequenzen, die wir zunächst im "Mittelpunkt der Seele" wahrnehmen, mittels Schallwellen (im Hyperschallbereich) weitergeleitet werden, so daß jedes Gefühl im ganzen Körper empfunden werden kann - und wird. Somit ist unser ganzer Körper ein "Resonanzkasten", der auf sein gesamtes Umfeld schwingungsmäßig reagiert.

Wie sich alles in unserem Sein nur durch Schwingungsfrequenzen (= Geschwindigkeit der Bewegung) unterscheidet, so unterscheidet sich natürlich auch jede Art von Gefühlen allein aufgrund ihrer Schwingungsfrequenzen.
In unserer Seelen-Struktur, bestehend aus Seelen-Teilchen, Gefühlsspeicher-Teilchen und Gedankenspeicher-Teilchen, ist jedes dieser Teilchen eine "Datenbank" für die jeweiligen Frequenzen.
Wird eine Gedankenfrequenz = Information, wie zuvor beschrieben, bis in die Seelen-Struktur geleitet, dann findet in ihr eine Sortierung je nach Art der angekommenen Schwingungsfrequenz statt - sowie ein Vergleich mit dem im jeweiligen Bereich gespeicherten Wissen durch einen Resonanz-Effekt.

Die Seelen-Teilchen sind die "Datenbank" von Gefühlen hoher Schwingungsfrequenzen wie Liebe, Freude, Glück, Vertrauen, Güte, Sanftmut, Geduld, Selbstachtung, Verständnis, Toleranz, Herzlichkeit, Zärtlichkeit usw..
Im Gefühlsspeicher, der "Datenbank" von Gefühlen niedriger Schwingungsfrequenzen, werden einmal die Frequenzen der "aggressiven Gefühle" wie Haß, Zorn, Wut, Macht- und Besitzgier, Gewalt, Quälsucht usw. gespeichert, aber auch zum anderen die "depressiven Gefühle" wie Angst, Leid, Schmerz, Erniedrigung, Verzweiflung, Ohnmacht, Ignoranz, Resignation usw..
Der Gedankenspeicher ist die "Datenbank" der Gedankenfrequenzen, die kein Gefühl auslösen, d.h. "angelerntes abstraktes Wissen", "Auswendig-Gelerntes" (z.B. Zitate "großer Meister" oder "Gelehrter", deren Sinn man nicht voll erfaßt hat, da er aufgrund eines gefüllten Gefühlsspeichers nicht mit der Seele "erfaßt", also gefühlt werden konnte, mathematische oder chemische Formeln, zu denen man keinen "Bezug" hat, usw). Wir empfinden z.B. einen Erdling als "gefühlskalt", der nur noch rational denkt und keine Gefühle mehr zuläßt.

Jede Speicherung erfolgt im Prinzip wie jede "Abfrage" - über Schwingungsfrequenzen. Die "Datenbanken" der Seelen-Struktur, d.h. der Seelen-Teilchen, des Gefühlsspeichers und des Gedankenspeichers, sind somit nicht vergleichbar mit einem Lexikon, also einem visuellen Nachschlagewerk, sondern in der Seele und im Gefühls-

speicher werden die Frequenzen von Gefühlen bzw. Empfindungen oder Emotionen aufgezeichnet, die durch die Schwingungsfrequenzen von Gedankenbildern bewirkt werden.
Der Gedankenspeicher hingegen zeichnet die Schwingungsfrequenzen von Gedanken auf, die nicht mit einem Gefühl einhergehen.
Das, was wir als "Gedächtnis" bzw. als "Erinnerungsvermögen" bezeichnen, ist also nicht, wie bisher vermutet, ein Vorgang, der im Gehirn abläuft, sondern die Erinnerung an unsere Erfahrungen befindet sich in der Seelen-Struktur.

Die Informationen aus der Seelen-Struktur strahlen über die innere Aura zur Hypophyse und von dort in die entsprechenden Hirn-Areale, d.h. zunächst allgemein ausgedrückt, in die Bereiche des Gehirns, in denen das logische Denken (Intellekt) stattfindet.
Im jeweiligen Hirn-Areal findet dann die "Identifizierung" der Information statt - die "Beschreibung" des Gefühls mittels eines Wortes. Alles, was wir wirklich beschreiben können - was wir wissen und erinnern -, ist also mit bestimmten Gefühlen verbunden, die auf unseren emotionalen Erfahrungen beruhen.
Alle Informationen von außen strahlen somit durch die Aura in die Hypophyse und von dort über die Zirbeldrüse und Thymusdrüse zur Seele bzw. zum Gefühls- oder Gedankenspeicher.
Gefühlsmäßig freigesetztes Wissen strahlt dann über das Gerüst des Körpers, die Seelen-Struktur, in den inneren Teil der Aura und von dort zurück in die Hypophyse.
Gefühlsbezogenes Denken wie Empfinden, Konstruieren, Schreiben, Sprechen usw. läuft innerhalb der Aura ab, das heißt immer im Kreislauf Hypophyse - Zirbeldrüse - Thymusdrüse - Seele / Gefühlsspeicher / Gedankenspeicher - innere Aura - Hypophyse.

Erst nach diesem Kreislauf entsteht in der Hypophyse die "Bildhafte Vorstellung" und ein Erkennen dessen, was wir zunächst als Gedankenfrequenz aufgenommen und dann in unseren "Datenbanken abgefragt" haben. Durch dieses Erkennen sind wir dann in der Lage, das durch das Gedankenbild bewirkte Gefühl mit Worten zu beschreiben.
Von allem, was wir nicht "kennen", was wir also emotional noch

nicht erfahren haben, können wir uns keine "bildhafte Vorstellung" machen und somit auch keine Worte dafür finden.
Die sogenannten "abstrakten" Wortgebilde oder auch Fremdwörter bzw. mathematischen Formeln, Gesetzestexte usw., die in der Umgangs- oder in sog. Fachsprachen verwendet werden, lassen uns gefühlsmäßig "kalt" und sind uns, wenn wir sie nicht mit einem Gefühl verbinden können, "unverständlich".
Neue Ideen, Phantasievorstellungen, Träumereien, Pläne, Wunschvorstellungen usw. bauen wir auf Gedankenbildern auf, die wir kennen, also emotional erfahren haben, und dann "schöpferisch" erweitern.

Wird über ein Gedankenbild, das durch eine Schwingungsfrequenz einer in unserem Umfeld existierenden Form entstanden ist, nicht weiter nachgedacht, werden die das Bild tragenden Neutrinos in diese Form zurückgestrahlt, und zwar von der Hypophyse über das sogenannte "3. Auge", die "Stirn-Chakra". Dieses 3. Auge oder die Stirn-Chakra ist nichts Mystisches oder Okkultes, sondern es ist der Punkt, an dem sich die Nervenbahnen der Augen kreuzen, bevor sie im Sehzentrum des Gehirns enden. Das heißt, das "3. Auge" ist der sog. "Kreuzpunkt der Sehnerven", der in der Höhe der mittleren Stirnhöhle über der Nasenwurzel liegt.
Wird jedoch über ein Gedankenbild weiter nachgedacht, erfolgt eine weitere Sortierung und Verarbeitung je nach Inhalt des durch das Gedankenbild hervorgerufenen Gefühls.

Wie zuvor beschrieben, erfolgt die erste Sortierung einer Information in der Seelenstruktur, d.h. je nach Schwingungsfrequenz werden entweder Seelen-Teilchen, Gefühlsspeicher-Teilchen oder Gedankenspeicher-Teilchen "angesprochen" und abgefragt.
Eine weitere Unterteilung und Weiterverarbeitung findet nun je nach "Lebens-Problematik" statt.
Die gesamte Seelenstruktur ist im physischen Körper in 32 Bereiche aufgeteilt, die schwerpunktmäßig bestimmten Lebensproblematiken zugeordnet sind. Diese 32 problembezogenen Lebensbereiche befinden sich, da die Seelenstruktur den gesamten Körper durchzieht, in 32 Organbereichen, die von den ihnen übergeordneten 32 Hirn-Arealen gesteuert werden.

Die Zahl 32 spielt also in unserem Erdendasein eine ganz besondere Rolle: Der physische Körper des Erdlings entsteht aus 32 zunächst unspezifischen Ur-Zellen. Er besitzt 32 Hirn-Areale, die einerseits die Funktionen der ihnen untergeordneten 32 Organbereiche steuern und in denen zum anderen die 32 Lebensproblembereiche gedanklich verarbeitet werden. Außerdem besitzt der Erdling 32 Zähne und 32 Wirbel sowie 32 sog. "Chakras" oder "Chakren".

Die 32 Zähne und 32 Wirbel sind ein "Frühwarnsystem", da sie energetische Störungen in den einzelnen Organbereichen, die ihnen zugeordnet sind, anzeigen. Gleichzeitig lassen sie erkennen, in welchem Bereich ein Problem- bzw. Konfliktdenken (= Ursache der energetischen Störung) vorherrscht.

Wie z.B. von der Ohrakupunktur, der Elektroakupunktur und der Fußreflexzonenmassage her bekannt, spiegelt sich der ganze Körper holografisch in jedem einzelnen Körperteil wider. So kann man beispielsweise auch, wenn man die Zuordnung kennt, mit "bloßem Auge" an bestimmten Gesichts-Punkten erkennen, in welchem Körperteil eine energetische Störung vorliegt bzw. in welchem Bereich ein Konfliktdenken, eine bestimmte Lebensproblematik, vorherrschend ist, die die energetische Störung verursacht hat. Ebenso ist an bestimmten Gesichtspunkten und -zügen erkennbar, nach welchen Motivationen und Einstellungen eine Person überwiegend lebt.

Die 32 Hirn-Bereiche sind untergliedert in 30 Hirn-Areale, die 2 Hauptbereichen bzw. Hauptschaltzentralen untergeordnet sind.

Zum ersten dieser 2 Hauptbereiche gehören die Hypophyse und die Epiphyse (= Zirbeldrüse), deren Funktionen schon beschrieben wurden. Der 2. Hauptbereich ist die *Großhirn-Hemisphäre*, in dem alle Existenzfragen unseres physischen Seins analysiert und koordiniert werden. Der Organbereich, der von diesem Hirn-Bereich gesteuert wird, ist das gesamte Bindegewebe einschließlich des Knochenmarks, *die Produktionsstätte der Moleküle der körpereigenen Abwehr.*

Da die Großhirn-Hemisphäre einerseits als Steuerzentrale für die Produktion *der Moleküle der körpereigenen Abwehr* im Knochenmark verantwortlich ist und andrerseits für die entscheidenden Existenzfragen, kommt ihm, wie an den folgenden Schilderungen erkennbar wird, eine immense Bedeutung zu.

In diesem Hirnbereich läuft nicht nur unser "falsches" Selbstwert-Denken (die *Ursache* der Entstehung der meisten Krankheiten) ab, sondern es ist auch zuständig für die Verarbeitung der Gedankenbilder des "Urteilens, Bewertens und Vergleichens" und stoppt dadurch sowohl die Annahme von Gedankenbildern, die höhere Gefühlsschwingungen bewirken würden, wie auch die Verwirklichung unserer Wünsche bzw. der Erfahrungen, die unsere Seele eigentlich machen will.

Die Ursache all unserer Konflikte und Probleme - und dadurch auch der meisten Krankheiten - ist im Grunde genommen das "falsche" SELBST-WERT-Denken, resultierend aus der UR-ANGST, es nicht wert zu sein, von All-Gott geliebt zu werden.
Aus dieser Ur-Angst, die die meisten Wesenheiten schon beherrscht hat, bevor sie sich ein Gefäß schufen, um in der Dichte der Materie Erfahrungen zu sammeln, sind all die Gefühle niedriger und niedrigster Schwingungsfrequenzen entstanden, die uns davon abhalten, das zu leben - zu erfahren -, wozu wir hierher gekommen sind.

Welche Gedankenfrequenzen wir aus dem Kosmischen Geistfeld empfangen, hängt einerseits ab von unserem emotionalen Gesamtzustand, den Schwingungsfrequenzen der Gefühle, die in uns vorherrschend sind und in unsere Aura abstrahlen.
Das bedeutet: Die Aura zieht aufgrund ihrer elektromagnetischen Eigenschaften die Gedankenschwingungen aus dem Kosmischen Geistfeld an, die den Schwingungsfrequenzen entsprechen, die durch unsere momentane Denkweise und unsere Gefühle, unseren emotionalen Zustand, entstehen.
Wir kreieren unsere Lebenssituationen durch unsere eigenen Gedankenprozesse, da jeder Gedanke, über den wir nachdenken, ein Gefühl in uns bewirkt. Die Schwingungsfrequenz dieses Gefühls geht in unsere Aura und zieht Gleiches an.
Kommt das Gefühl aus der Seele, dann manifestiert sich dieses Gefühl, indem es die Umstände unseres Lebens herbeiführt, die unsere Seele als Erfahrung gewählt hat.
Sind die Gefühle vorherrschend, die unseren Gefühlsspeicher gefüllt haben, so manifestieren sich zum Beispiel Umstände, vor denen wir uns fürchten, bzw. die "Was wäre, wenn ..."-Situationen.

Fühlen wir uns also niedergeschlagen, ängstlich und unglücklich, sind wir verbittert, wütend oder zornig, dann ziehen wir über unsere Aura genau die Lebensumstände an, die uns wieder Anlaß zu solchen Gefühlen geben - bis wir sie an-er-kennen, statt sie zu bewerten.
Hingegen werden wir, wenn wir in einem Gefühlszustand von Liebe und Freude, Glück und Harmonie *SIND - und das hängt eben nicht von äußeren Umständen ab, sondern von unserer INNEREN Einstellung -*, Situationen herbeiführen, die diese hohen Gefühlsschwingungen in uns "bestätigen".
Wir drehen im Grunde genommen immer "den Spieß um": Wir ersehnen und suchen Liebe, Glück, Anerkennung oder Akzeptanz, Harmonie und Frieden, und erwarten, daß uns dies alles von außen zufließt. Da die Umstände sich nicht so gestalten, werden wir unglücklich, fühlen uns ungeliebt, nicht akzeptiert, geraten gar bei kleinsten Anlässen in Zorn oder Wut, sind neidisch und eifersüchtig auf andere - und suchen die "Schuld" für solche Gemütszustände bzw. unsere mißlichen Lebensumstände bei anderen, ohne unsere Eigenverantwortlichkeit zu erkennen, das heißt, ohne zu erkennen, daß wir selbst der Schöpfer sind, daß wir selbst die Erfahrung dieser Umstände durch unsere Gefühlsschwingungen gewählt haben.
Drehen wir jetzt, nachdem wir die Zusammenhänge kennen, den Spieß wieder um, können wir uns all das erschaffen, was wir ersehnen - indem wir es *zuerst INNEN* fühlen.
Die einzige Wirklichkeit des Lebens ist das GEFÜHL. Die Schöpfer dieser Wirklichkeit - des Er-Lebens von Gefühlen - sind wir selbst.

"Die Harmonie ist nicht von außen abhängig. Sie ist vielmehr das, was ihr bereit seid zu geben.
Fließt in eurer Seele Grund, dann entdeckt ihr euer wahres Sein.
Immer wieder senden euch die Götter - die ihr alle seid - Zeichen der Wunder, die ihr selbst schaffen könnt.
Seht, diese Liebe, von der ihr sprecht, sie ist bereits in euren Herzen verankert, sie ist Teil von euch, von allen Erdenbewohnern, seit Anbeginn. Zu finden ist sie in der Poesie des Alltags, den ihr liebevoll gestalten könnt in unermüdlichem Tun und Sein - denn wir wissen um eure Schwächen, die das Fleisch euch beschert und euch führt in die Versuchung.

Die UR-ANGST entstand durch das Gefühl, "Von-Gott-getrennt-zu-sein", "Nicht-von-Gott-geliebt-zu-werden".
Sie beinhaltet gleichzeitig das Gefühl von SCHULD, das heißt, das Gefühl, selbst schuld daran zu sein, Gottes Liebe durch unrechtes Tun verloren zu haben.
Das Gefühl der Schuld beinhaltet das Gefühl des Sühnen-Müssens, die Erwartung einer STRAFE.

Das Erwarten einer Bestrafung für diese - vermeintliche - Schuld ist die Selbstbestrafung, die sogenannte "Hölle", *die wir uns selbst schaffen*, denn durch diese Erwartung der Strafe führen wir die Lebensumstände herbei, vor denen wir wiederum Angst haben.
Das Erleben dieser Situationen verstärkt wiederum die Angst, versagt zu haben und dadurch Gottes Liebe nicht wert zu sein.
Die Angst, der Liebe Gottes nicht wert zu sein, bewirkt den Drang, "besser sein zu wollen als andere" oder "mehr leisten zu müssen", um der Liebe Gottes wieder wert zu sein, sie zu verdienen.
Die Bestätigung bzw. Anerkennung für unser "Besser-Sein" oder mehr "geleistet zu haben" als andere erwarten wir jedoch von Personen in unserem Umfeld oder durch Lebensumstände. Ebenso übertragen wir unsere Ur-Angst auf alle Partnerschaften.
Daher suchen wir Liebe und Akzeptanz als Selbstbestätigung bei anderen, da wir uns nicht selbst lieben und anerkennen können.

Durch den Gedanken, "Hätte ich dieses oder jenes nicht getan, dieses oder jenes anders gemacht, wäre alles anders gekommen", entsteht wieder ein Schuldgefühl und die Angst, alles falsch gemacht zu haben oder wieder zu machen.
Diese Angst und dieses Schuldgefühl verhindern unsere Bereitschaft, die Verantwortung für uns selbst und unser Tun zu übernehmen.
Um uns zu "ent-schuldigen", suchen wir die Schuld für unser angebliches "Versagen" bei anderen oder in Lebensumständen.
Widerfährt uns etwas "Gutes", zweifeln wir daran oder erleben es nicht mit Freude, da wir uns nicht für wert halten, es erleben oder erhalten zu dürfen.

Diese Ur-Angst ist absolut unbegründet. Sie ist reine Illusion, ein Irr-Glaube. Eine Trennung von All-Gott ist gar nicht möglich, da er IMMER UND EWIG im UR-TEILCHEN unserer Wesenheit - als "schöpferischer Lichtfunke" - IST. Ohne Ihn in uns würden wir nicht SEIN und natürlich auch nichts erschaffen können.

Zum anderen wurden wir IN All-Gott erschaffen und sind außerdem als von Ihm erschaffene Wesenheiten umgeben von der Gottes-Essenz, der Gottes-Information, die wir AURA nennen, die allein das Geheimnis All-Gottes, allein Ihm vorbehalten ist.

Durch den *Freien Willen*, den Er jeder Wesenheit gab, kann jeder erschaffen, was immer er will, ohne jemals von All-Gott gerichtet, verurteilt oder bestraft zu werden.

Angst, Schuld, Strafe, Sühne - die Hölle - sind allein die Erfindungen der Wesenheiten bzw. der Menschen. Im Reich All-Gottes sind sie nicht existent.

In Seinem Reich der reinen bedingungslosen Liebe und Istheit ist alles und jedes GLEICH-WERTIG und *immer* Seiner Liebe würdig.

In All-Gott gibt es kein UR-TEILEN, kein BESSER oder SCHLECHTER, kein Höhergestellt-Sein oder Minderwertiger-Sein. Daher brauchen wir nicht darum zu kämpfen, Seine Liebe wiederzuerringen, indem wir versuchen, andere "auszustechen", da wir sie nie verloren haben.

Nur durch das Wissen gleich Fühlen, daß Er in uns lebt, und durch die Liebe zu uns SELBST finden wir die Liebe zu All-Gott IN uns wieder, jedoch niemals im Außen, bei anderen.

Es gibt auch kein FALSCHES Denken, Fühlen oder Tun, kein VERSAGEN.
Doch die Entscheidung und Verantwortung dafür, welche Gedanken wir uns erlauben zu empfangen, welche Gefühle wir uns gestatten zu erfahren, liegt allein bei uns.

Nur durch die Begrenzungen unserer Gedankenprozesse und die niedrigen Schwingungsfrequenzen der Gefühle, die durch sie bewirkt werden, machen wir die Erfahrungen, die wir als schlecht, als leid- und schmerzvoll empfinden.

Doch wir haben die Macht, es in diesem Moment zu ändern.

Ihr selbst seid der Gott, die Liebe, die ihr sucht !
Wenn ihr euch öffnet eurer eigenen Unendlichkeit, könnt ihr fühlen, könnt ihr sein in Liebe, und immer mehr wird sie euch zum Begleiter, der euch liebt von Herzen.
Die Liebe ist der Ursprung allen Seins.
Laßt einfließen in die All-Seele, und ihr werdet die Seligkeit erfahren. Sie wird euch durchdringen wie warmes Wasser, das eure Adern durchpulst. - Ihr seid es selbst !
Ihr fragt, was All-Gott ist ? Er ist GEDANKE - und die Fähigkeit, sich selbst zu empfangen, und indem er sich selbst empfängt, erweitert er sich und wird er selbst." (Randola)

Ein weiteres sehr wichtiges, für unser hiesiges Leben entscheidendes Kriterium ist folgendes:
Im Kosmischen Geistfeld, im Bewußtseinsstrom All-Gottes, sind ALLE Gedanken und ALLES WISSEN enthalten. Da wir in diesem Bewußtseinsstrom "schwimmen", werden wir von ALLEN Gedankenschwingungen durchströmt. Wir sind also prinzipiell in der Lage, selbst die überragendsten, genialsten Gedankenschwingungen anzunehmen und als Gefühl zu erfahren.
Doch warum nehmen wir diese Gedankenschwingungen nicht an ??
Weil wir urteilen und bewerten ! Weil wir glauben, wir müßten genauso denken und handeln, wie es in unserer Gesellschaft gebräuchlich ist. Um dazuzugehören, um akzeptiert zu werden, um überleben zu können, haben wir uns "angepaßt" an das, was uns in der Gesellschaft vorgelebt wird - selbst wenn wir erkennen, daß es "schwachsinnig" ist.
Auf diese Weise sperren wir All-Gott und unser wahres Selbst aus unserem Leben aus, wir sperren die Liebe aus - und die Freude zu SEIN, wir schotten uns gegen alle wundervollen Gedanken- und Gefühlsschwingungen ab und sperren uns gegen ein allumfassendes Wissen - und das nur, damit wir von unserer Familie, von unseren Freunden und Bekannten, von staatlichen Institutionen usw. "anerkannt" werden.

Durch das Bewerten und Verurteilen, durch verstandesmäßiges Abwägen von Vor- und Nachteilen für unseres physisches Sein, um

unserer vermeintlichen "Sicherheit" willen, durch die Einstellungen, die wir von anderen übernommen haben, bringen wir nicht das zum Ausdruck, was wir wirklich sind, sondern wir leben mit einer Maske, mit einer "falschen" Fassade, hinter der unsere Seele verkümmert.
Auf diese Weise haben wir all unsere Macht, unsere Schöpferkraft, aus den Händen gegeben, unsere wahre Identität vergessen und unser Gehirn "schrumpfen" lassen, so daß von seiner ungeheuren Kapazität nur ein Bruchteil benutzt wird.
Der Teil unseres Gehirns, der für dieses begrenzte Denken "zuständig" ist - und der sich erst, wie im folgenden näher beschrieben, durch das "Gemeinschaftsleben" entwickelt hat, ist die Großhirn-Hemisphäre.

Gehen wir jedoch zunächst noch einmal ganz kurz zurück zur "Speicherung" von Gefühlsschwingungen.
Sind Gedankenformen in der Seelenstruktur gefühlt und im Körper erfahren worden, verbleibt die Schwingungsfrequenz des Gefühls, das mit dieser Gedankenform verbunden ist, je nach Höhe der Schwingung in unserer Seele oder im Gefühlsspeicher gespeichert. Bedingt durch die Gesellschaftsform, in der wir leben, ist der Gefühlsspeicher bei den meisten Erdlingen extrem stark gefüllt.
Dadurch können die Schwingungsfrequenzen, die uns treffen und zur Realisation von Lebenssituationen führen sollen, die unsere Seele als Erfahrung erleben möchte, nicht bis zur Seele vordringen, weil die Seele vom Gefühlsspeicher frequenzmäßig "ummantelt" ist.
Treffen die Schwingungsfrequenzen nicht die Seelen-Teilchen, sondern die Neutrinos des Gefühlsspeichers, werden nicht nur die von der Seele "vorgesehenen" Lebensabläufe nicht aktiviert, sondern es entstehen immer mehr problemhafte Gedankenbilder, wodurch der Gefühlsspeicher immer weiter gefüllt wird.
Aufgrund der Füllung des Gefühlsspeichers treffen wir Entscheidungen nicht "intuitiv" - mit unserer Seele - mit unserem tiefen Gefühl (gleich "innere Stimme") -, sondern mit dem Verstand und bewirken daher bei uns selbst und anderen Veränderungen des ursprünglich von unserer Wesenheit geplanten Lebensablaufs.
Außerdem beeinflußt eine starke Füllung des Gefühlsspeichers gleich Verdichtung bis hin zur Kristallisation frequenzmäßig auch das physische System. Durch die starke Füllung des Gefühlsspeichers kommt

es zu Störungen in den Funktionsabläufen im physischen Körper, was bedeutet, daß die Verdichtung des Gefühlsspeichers mit die URSACHE der Entstehung der Krankheitsbilder ist, die als "psycho-somatisch" bezeichnet werden.

Wird das durch einen empfangenen Gedanken ausgelöste Gefühl ohne Wertung akzeptiert, machen wir die Erfahrung, die unsere Wesenheit bzw. Seele in physischer Verkörperung zu machen gewählt hat.
Bewirkt die gefühlsauslösende Information hingegen ein Gefühl im Bereich des "Selbst-Wertes", wodurch die "Hierarchische Ordnung", in die man sich selbst eingeordnet hat, gestört wird, entstehen nicht nur "psychische" Krankheitsbilder, sondern immer auch "somatische" - also körperliche, organbezogene - Krankheiten, angefangen von Allergien über rheumatische Erkrankungen und Wirbelsäulenschäden bis zu "Krebs" und "Aids".
"Hierarchische Ordnung" und *"Selbst-Wert"* sind, nach unserem gesellschaftlichen Denken, zwei Begriffe, auf die wir näher eingehen müssen, da sie, wie schon erwähnt, im Zusammenhang mit Konflikten stehen, denen für unser Erdenleben eine sehr entscheidende Bedeutung zukommt.

Bevor der Erdling vergaß, daß er EINS mit All-Gott und sein Selbst ein Gott von All-Gott ist, war auch das Gefäß, das er sich als Wesenheit geschaffen hatte und bewohnte, *unsterblich.*
Aufgrund der Reinheit der LIEBE und FREUDE als Beweg-Grund, sich mittels seiner Schöpferkraft zum Ausdruck zu bringen, waren seine Gedankenprozesse *unbegrenzt.*
Als es für ihn zum einzig Wichtigen wurde, hier Erfahrungen zu machen und als Schöpfer tätig zu sein, begann er jedoch, seine Gedankenprozesse zu begrenzen und dadurch Gefühle wie Eifersucht, Neid und Besitzstreben zu erfahren.
Durch die Erfahrung dessen, was wir unter dem Sammelbegriff "Überleben-Müssen" zusammenfassen können, reduzierte er seine Lebenskraft, das *Licht* im Innern seines Körpers so sehr, daß der Körper zu versagen begann. Durch dieses Herabsinken in niedrigere Schwingungsfrequenzen ließ sein logisches Denkvermögen nach, und er ließ zu, daß sein Bewußtsein von *ANGST* beherrscht wurde.

Durch diese Angst und ihre Auswirkungen erlebte der Körper, das Gefäß der Wesenheit, das, was wir als Krankheit und Tod bezeichnen.

Als die Wesenheiten der Erdlinge auf dieser Ebene, in der Dichte der Materie, immer weiter Erfahrungen machten, die ihre Einstellungen sich selbst und dem Leben gegenüber begrenzten, wurden sie, ohne es zu wissen, in der körperlichen Erfahrung gefangengehalten.
Denn als die Wesenheiten mit ihrem Gefäß das erlebten, was wir "Tod" nennen, war ihre Gesamtschwingungsfrequenz, nachdem sie das Gefäß, den physischen Körper, verlassen hatten, aufgrund ihres durch Fehleinstellungen geprägten emotionalen Zustandes inzwischen so niedrig, daß sie auch als Wesenheit nicht mehr in höher schwingende Bewußtseins-Dimensionen oder -Ebenen gelangen konnten.

In den 10,5 Millionen Jahren, in denen Wesenheiten als Erdlinge mit einem physischen Körper auf der Erde leben, hat der Erdling verschiedene Stadien und Stufen der Entwicklung durchgemacht.
Von den Wesenheiten, die die Körper bewohnten, wurde dieses ihr Gefäß von primitiven Stufen (des Gehirns und des Körpers) zu höheren Stufen entwickelt. Den allergrößten Teil seiner Entwicklung hat der Erdling mit den - von den Wesenheiten selbst erschaffenen - Tieren, insbesondere den Säugetieren, gemeinsam zurückgelegt; mit den Affen (Primaten) sogar über 99 % der Evolution. (Von vielen Forschern wurde bzw. wird daher angenommen, daß der Mensch von den Primaten "abstammt". Dies ist jedoch nicht der Fall.)
Im Verlauf dieser Evolution wurde das Gehirn des Erdlings vom sog. Wirbeltiergehirn zum Organ der "menschlichen" Intelligenz entwickelt, vornehmlich durch eine zunehmende Vergrößerung des Endhirns. Die uralten primitiven Formationen sind jedoch auch noch im Gehirn des heutigen Erdlings erhalten und verflochten mit neuen hochdifferenzierten Strukturen.
Das bedeutet: Das Gehirn ist ein Organ, das sich in zahllosen Varianten in Jahrmillionen herausgebildet hat, und keine nach rationalen Gesichtspunkten konstruierte Denkmaschine.
Jedes Hirn-Teil entwickelte sich während der Evolution nach dem Bedarf des zugehörigen biologischen und sozialen Musters - entsprechend den Erfahrungen, die die Erdlinge machten.

Als Beispiel greifen wir die Entwicklungsstufe der Evolution heraus, die uns bis heute bei den Tieren aller Gattungen, in der freien Natur bis hin zu unseren Haustieren, als herausragende Verhaltensweise bekannt ist.

Wird ein Tier angegriffen (oder sieht es für das Tier so aus), geht es sofort in eine Abwehrhaltung und trifft eine Entscheidung. Diese Entscheidung ist für das Tier leicht, da es nur zwischen zwei Möglichkeiten wählen kann: "Flucht" oder "Kampf".
Instinktmäßig entscheidet das Tier, inwieweit es eine Chance hat, einen Kampf zu gewinnen oder nicht. Dieser Vorgang ist für die Erhaltung seiner Art lebenswichtig. Erkennt das Tier instinktmäßig, daß es keine Chance hat, diesen Kampf zu gewinnen, flüchtet es.
Auch die Erdlinge besitzen - gleich dem Tier - diesen Hirnbereich, in dem die Entscheidung "Kampf oder Flucht" abläuft. Aber für den Erdling ist es nur dann ein Entscheidungs-Kriterium, wenn eine lebensbedrohende Situation auftritt.
In allen anderen Situationen werden die Gefühle, die entweder zum Kampf oder zur Flucht tendieren, zwar unterdrückt, doch entstehen gerade dadurch unzählige Konflikte.

In der nächsten Evolutionsstufe entwickelte sich aufgrund der Lebensumstände (soziales Muster) ein Hirn-Bereich für neue Lebensgewohnheiten und deren Abläufe: die Anpassung an die "Hierarchie" der Gemeinschaft, den Aufbau eines "Bildes" von sich selbst (gleich Selbst-Wert gegenüber den anderen Stammesangehörigen usw.).
Im Zusammenleben mit anderen (Gemeinschaft, Gesellschaft) entwickelten sich Verhaltens-Regeln und Normen, die von der Gesellschaft aufgestellt werden. Nach diesen Normen und Regeln wird der WERT eines Erdlings bemessen, werden die Werte aufgelistet.
Gewertet wird nach einer Hierarchie, die auf "Äußeres" (Schein), also sichtbare materielle Dinge wie Titel, materieller Besitz bzw. Vermögen, ausgerichtet ist.
Das heißt, der "Wert" des Erdlings wird nach seinem "Ansehen" - er stellt etwas dar, er zählt zu den "Höher-Gestellten", er besitzt eine "Position" - eingestuft.
Das Kriterium der Einordnung in die eigene Wertung gegenüber der

Gesellschaft erfolgt durch die angelernten Normen und Verhaltensregeln der sozialen Ebene, in der der Betroffene aufgewachsen ist.
Bereits bei der Erziehung, vom Kleinkind bis zum Heranwachsenden, wird Leistung und Anpassung gefordert (und gefördert) sowie "Herabsetzung" praktiziert durch Normen, denen bereits die Eltern - aufgrund ihrer eigenen Erziehung - unterliegen, und zwar mit Aussprüchen wie, "Wenn Du nicht fleißig bist (keine guten Noten in der Schule erzielst), wird aus Dir nichts." - "Wenn Du nicht tust, was ich sage, habe ich Dich nicht mehr lieb - wirst Du bestraft - bekommst Du kein .... (Fahrrad o.ä.)." - "Das tut man nicht. Was sollen denn die Leute sagen / denken?"
Von Aussprüchen wie den oben genannten, die aus den angelernten Normen, denen die Eltern schon unterworfen waren, resultieren, leitet das Kind ab, daß es sich anpassen oder Leistung zeigen muß, um anerkannt zu werden, um innerhalb der Gesellschaft etwas "wert" zu sein. Der Wert ist somit abhängig von der Be-Wertung der anderen. Es ist das sogenannte S̲elbst - W̲ert - G̲efühl, das der Erdling für sich selbst gegenüber anderen aufbaut.
Verstößt man in der Gesellschaft gegen diese Normen oder gegen die von der Gesellschaft aufgestellten Verhaltensregeln, wird der betroffene Erdling automatisch von der Gesellschaft "ent-wertet" und zählt, da er die Normen und Regeln der Masse (= Gesellschaft) nicht befolgt hat, als "Außenseiter". Verstößt er gegen irgend eine Regel, so ist er "anders" als die anderen - als "normale" Menschen (?).
Anders als die Masse zu sein, heißt, aufgrund der angelernten Normen und Verhaltensregeln zu einer Randgruppe zu gehören und als Außenseiter der Gemeinschaft in diesem Bereich, in der der "Verstoß" begangen wurde, zu leben.
Auch unsere gesamte "Recht-Sprechung" basiert auf den Normen und Verhaltensregeln, die sich die Gesellschaft auferlegt hat. Es zählt nur der "Fakt", das heißt der Verstoß gegen die Norm bzw. die Verhaltensregel. Die Gründe, die zu einem "Verstoß" gegen die Norm geführt haben, werden ganz selten berücksichtigt.
Die Frage, warum ein Erdling etwas tut, wird also kaum gestellt. Die Bestrafung ist wiederum in der Gesellschaft als Norm festgelegt, deren Kriterium die Fakten sind und nicht die Umstände, die zu dem Verstoß geführt haben.

Hat jemand gegen die Norm der Gesellschaft verstoßen, so wird er automatisch - gleich, ob es im "menschlichen", moralischen oder ethischen Bereich ist - als "minderwertig" eingestuft. Der Erdling, der gegen die Normen oder Verhaltensregeln, die schon beim Kleinkind gespeichert wurden, verstoßen hat, erleidet durch die Ent-Wertung seiner Person seitens der Gesellschaft einen Einbruch in seinem Selbst-Wert, den er sich gegenüber anderen aufgebaut hat.

Ein Tier besitzt dieses Hirn-Areal nicht, in dem diese feindifferenzierten Gefühlsregungen bzw. Verhaltensweisen verarbeitet werden. Dadurch ist es nicht in der Lage, das Gefühl eines "Selbst-Wertes" aufzubauen, und kann somit auch keinen "Selbst-Wert-Einbruch" erleiden.- *Es ist sich selbst genug.*

....

Eine Zwischenbemerkung:
Da sich der Erdling nur noch mit seinem Gefäß, seinem Körper, identifiziert und vergessen hat, daß dieses Gefäß von ihm selbst, von seiner Wesenheit, geschaffen wurde, um darin auf der Erde Erfahrungen in der Materie zu sammeln, wertet er die Instinkte als "animalisch" bzw. "tierisch" oder "niedrig" ab, die noch aus seiner langen Entwicklungszeit in ihm vorhanden sind.

Er hat aber auch vergessen, daß er als Wesenheit die Tiere genau so geschaffen hat wie dieses Gefäß, seinen eigenen Körper - in Liebe und aus voller Freude an seiner Schöpferkraft.

Nicht das "Tierische"- "Niedrige" wäre zu bemängeln, schon gar nicht zu verurteilen, sondern vielmehr die Tatsache, *daß der Erdling sein Hiersein nicht mehr aus der Sicht seiner Wesenheit sieht.*

Es ist ein bezeichnendes Beispiel dafür, wie er durch das Werten und Be- bzw. Verurteilen sein Bewußtsein, sein Denken und Fühlen, immer mehr begrenzt und sich in Konflikten verstrickt, die ihm seine Freiheit - nach seinem freien Willen zu erschaffen, was immer er will - nehmen. Würde er wieder so sein wie die Tiere - die manche Erdlinge als "niedere" Kreaturen bezeichnen und behandeln -, die *sich selbst genug sind*, hätte er keine Probleme und Konflikte.

....

Das Hirn-Areal, in dem beim Erdling der Bereich des "Selbst-Wertes" gedanklich abläuft, entwickelte sich parallel-laufend mit dem "sozialen Muster" als "biologisches Muster" im Bereich der Großhirn-Hemi-

sphäre als Hirnteil nach dem Endhirn. Dieses Hirn-Areal ist nicht nur für die Verarbeitung der Gedankenbilder des geschilderten sozialen Bereiches zuständig, sondern es hat außerdem die Aufgabe, einen diesem Hirn-Areal untergeordneten Zellverband, der sich parallellaufend biologisch mit dem sozialen Muster entwickelt hat, kontrollmäßig zu führen.
Der biologische Organ-Bereich, der von diesem Hirn-Bereich gesteuert wird, ist, wie schon gesagt, das gesamte Bindegewebe einschließlich des Knochenmarks, *die Produktionsstätte der Moleküle der körpereigenen Abwehr.*

Der Erdling besitzt also gegenüber den Tieren einen Hirnbereich, in dem gedanklich all das abläuft, was als "Selbst-Wert-Gefühl" bezeichnet wird. Zum leichteren Erkennen dessen, was ein "Selbst-Wert-Einbruch" ist, eine Erklärung und ein paar Beispiele:
Der "Selbst-Wert" ist also der Wert, unter dem sich der Mensch gegenüber anderen einordnet. Der Konflikt, der zum "Selbst-Wert-Einbruch" führt, trifft den Erdling im tiefsten Kern seines Seins und verursacht die "kreatürliche" Angst, den Platz in der Gemeinschaft zu verlieren, auf den er sich selbst gestellt hat.

Beispiel: Partnerschaft / Ehe
Das folgende Beispiel ist ein bezeichnender Fall aus einer "Krebs"-Praxis, und jeder Arzt, der den Verlauf bei einer Patientin, die an Brustkrebs erkrankt und operiert ist, nachvollzieht, kann es überprüfen und erkennen.
In den Krankenhäusern der ganzen Welt werden, *ohne daß die Zusammenhänge bisher bekannt waren (also allein basierend auf Erfahrungswerten),* schon immer nach einer Brustamputation bei der Nachuntersuchung 2 routinemäßige Überprüfungen vorgenommen:
a) ein Knochenszintigramm, b) eine Röntgenaufnahme der Lunge.
Der Auslöser von Brustkrebs ist immer, kurz gesagt, ein "Nest-Revier-Konflikt" bzw. ein "Mutter-Kind-Konflikt" (linke Brust), ein "Revier-Konflikt" bzw. ein "Mutter-Vater-Kind-Konflikt" (rechte Brust).

Ein Fall aus der Praxis:
"Es war ein heißer Sommertag. In der 2. Etage eines Sechsfamilien-

hauses bereitet eine Frau das Abendessen für ihren Mann vor. Sie ist 36 Jahre alt, verheiratet mit einem Ingenieur, ein fünfzehnjähriger Sohn. Eine sogenannte gute, bürgerliche Durchschnittsfamilie. Sie ist "nur" Hausfrau. In ihrem Elternhaus, der Vater war Finanzbeamter, ordnungsliebend, deutsch, sehr dominant, galt: "Vater hat immer Recht." Ihre berufliche Ausbildung: Abitur, dann Ausbildung als Steuergehilfin bis zu ihrem 21. Lebensjahr.

Auf einem Tanzkurs, den sie mit einer Freundin gemeinsam besuchte, lernte sie ihren Mann kennen. Es war ihre erste Beziehung. Beide unerfahren, nach 4 Wochen die erste körperliche Verbindung, die gleichzeitig die Zeugung ihres Sohnes war.

Nach wochenlanger Angst: Heirat. Sie war einerseits froh, daß sie dem Elternhaus den Rücken kehren konnte, um der Dominanz ihres Vaters zu entfliehen, auf der anderen Seite trug sie das Schuldgefühl in sich, ihrem Mann die Möglichkeit genommen zu haben, seine Karriere aufzubauen. Sie paßte sich wieder an. Es war das gleiche Leben wie in ihrem Elternhaus.

An diesem Freitag schlug das "Schicksal" zu: Wie jeden Nachmittag begab sie sich in den Keller, um eine Flasche Bier für das Abendbrot ihres Mannes nach oben zu holen. Sie öffnet die Kellertür und sieht, wie ihr fünfzehnjähriger Sohn versucht, ein zwölfjähriges Mädchen, das mit im Haus wohnt, zu "vergewaltigen". Das Mädchen weint. Vielleicht hat das Mädchen aus einer Wißbegierde heraus die Sache selbst provoziert. Sie ist frühreif und stabil gebaut.

Die Frau erschrickt furchtbar, als sie die Situation erfaßt. Sie ist auf das Höchste erregt. Sie läuft auf den Jungen zu, schlägt ihm ins Gesicht und stößt ihn zur Tür. Der Junge läuft nach oben und versteckt sich in seinem Zimmer. Aus der Sorge und der Angst heraus, das Mädchen könnte die Sache ihren Eltern erzählen, spricht die Frau auf das Mädchen ein: "Wenn Du von der Sache etwas erzählst, sorge ich dafür, daß Du in eine Erziehungsanstalt kommst!" Das Mädchen läuft weg. Die Frau geht nach oben, in das Zimmer des Jungen, und schimpft noch einmal mit ihm. Sie sagt, daß sie alles dem Vater erzählen würde.

Die Frau hat Angst. Sie ist auf's Höchste angespannt, und immer wieder gehen in ihrem Kopf die Fragen herum: "Was passiert, wenn das Mädchen etwas erzählt? - Was passiert, wenn die anderen Haus-

bewohner etwas erfahren? - Was werden sie an der Arbeitsstelle des Vaters sagen? - Was wird in der Schule des Jungen geschehen? - Wird mein Sohn bestraft, wird er eingesperrt?"
Mit ihrem Mann über diese Sache zu sprechen, traut sich die Frau nicht. Sie weiß, daß er den Jungen grün und blau prügeln wird, und hat Angst davor. Sie hat Angst, daß man ihr die Schuld in die Schuhe schieben könnte. Sie ist Tag für Tag mit dem Jungen zusammen und hat Angst, daß ihr Mann ihr den Vorwurf machen würde, sie hätte nicht genügend aufgepaßt.
Sie trägt diesen schwersten Konflikt in psychischer Isolation, das heißt: Sie hat niemandem, dem sie sich mitteilen könnte.
Vom Wesen, vom Charakter und von der Erziehung her ist sie sowieso ein Mensch, der sich schwer mitteilen kann, der sich nicht traut, "auf den Tisch zu hauen" oder seine Meinung zu sagen.
Jedesmal, wenn sie den Jungen oder das Mädchen sieht, denkt sie an das für sie schreckliche Ereignis. Jedesmal, wenn sie das Mädchen sieht, kommt in ihr die Angst hoch, es könnte doch einmal etwas erzählen. Der Konflikt schnürt ihr die Kehle zu. Sie hat einen Kloß im Hals und denkt fast nur noch an das Problem.
Sie schläft nicht mehr richtig, wälzt sich im Bett unruhig hin und her, wacht schweißgebadet auf. Und immer wieder stellt sie sich die Frage: "Was habe ich falsch gemacht?" Ständig hat sie kalte Hände und kalte Füße. Ihre Gesichtszüge sind hart. Stets ist sie in einem angespannten Alarmzustand.
Ca. 2 Monate später, Anfang September, ihr Mann ist zur Arbeit, der Junge in der Schule, fällt ihr beim Duschen ein etwa haselnußgroßer Knoten in der linken Brust auf. Die Frau erschrickt. Sie wartet noch ca. 1 Woche, vielleicht ist es nur eine Entzündung, die wieder abklingt. Erst als nach einer Woche dieser Knoten nicht kleiner wird, entschließt sie sich, einen Arzt aufzusuchen. Der Arzt macht eine Mammografie und überweist danach die junge Frau ins Krankenhaus. Allein diese Entscheidung des Arztes bedeutet für die junge Frau wieder eine hohe psychische Belastung. Die Ungewißheit: Ist es nur eine Kalkablagerung - ist es Krebs? Mit dieser Ungewißheit hat sie die nächsten Tage zu leben.
In dem Moment, wo sie das Krankenhaus betritt, beginnt ein neuer Leidensweg: Sie hört lateinische Worte. Sie hat Angst zu fragen, was

sie bedeuten. Teilweise bekommt sie aufgrund des mechanischen Ablaufs und der Überbelastung der Ärzte keine ausführliche Antwort. Sie ergibt sich ihrem Schicksal. Sie weiß auf der einen Seite, daß die Ärzte ihr helfen wollen, auf der anderen Seite ist die Angst vor dem "weißen Kittel" da.

Sie wird auf die Operation des Probeschnittes vorbereitet und darüber aufgeklärt, daß sie während des Probeschnittes in einer Vollnarkose liegt und, wenn dieser Knoten als malign (bösartig) diagnostiziert werden sollte, die Hauptoperation sofort durchgeführt wird, wobei, um eine Verschleppung von Zellen in die Lymphbahn zu verhindern, die gesamte Brust und 16 Lymphknoten aus dem Achsel-Lymph-Bereich entfernt werden. Sie erhält eine Erklärung, in der sie schriftlich ihr Einverständnis für diese Hauptoperation nach dem Probeschnitt geben muß.

Nachdem die Patientin in den Operationssaal gebracht worden ist, erfolgt die Narkotisierung. Danach wird eine Probe des Knotens der linken Brust entnommen und durch einen Boten zur histologischen Untersuchung in die Pathologie im gleichen Haus gebracht. Während der histologischen Untersuchung bleibt die Patientin in Narkose, und das Operationsteam wartet auf die telefonische Nachricht des Pathologen, ob bösartig oder nicht. Die Entscheidung bei dieser jungen Frau lautet: bösartig ! Um eine Verschleppung von Zellen in die Lymphbahn zu verhindern, entfernt man die ganze linke Brust und 16 Lymphknoten aus Brust- und Achselbereich.

Nach dem Aufwachen aus der Narkose trifft es die junge Frau wie ein Keulenschlag: "Krebs. Keine Brust mehr. Ich bin ein Krüppel, ich bin keine vollwertige Frau mehr. Was sagt mein Mann ? Vielleicht läuft er mir weg !"

Der Weg zum Selbst-Wert-Einbruch ist vorgezeichnet. Aber wie geht es weiter ? Der Stationsarzt erklärt ihr, was gemacht worden ist. Und auf die Frage der Frau, wie sie sich nach der Operation weiter verhalten soll, wird ihr erklärt: Sie kann alles essen, alles trinken, normal leben. Wenn sie Glück hat, braucht sie keine Chemotherapie oder Bestrahlung oder sonstige Behandlung über sich ergehen zu lassen. - Diese junge Frau hatte Glück: Sie brauchte keine Bestrahlung, keine Chemotherapie und auch keine weiteren Behandlungen."

Eine Patientin, deren Brust amputiert wurde, meistens noch einhergehend mit der Ausräumung der Achselhöhle, hat, wenn sie sich das erste Mal nach der Operation in einem Spiegel sieht, einen Selbstwert-Einbruch.

Der Inhalt der Gedankenbilder ist meistens: "Ich bin keine vollwertige Frau mehr. - Die Narbe und das Fehlen der Brust sehen ekelhaft aus! - Mag mich mein Mann noch? - Ich bin ein Krüppel. - Ich bin anders als die anderen." usw..

Die Folge dieses Selbstwert-Einbruches ist die Entstehung sogenannter Knochen-Metastasen. (Knochenszintigramm bei der routinemäßigen Nachuntersuchung ?)

Die sogenannten Knochen-Metastasen sind in Wirklichkeit ein neues Krebsgeschehen, entstanden durch den "Selbst-Wert-Einbruch".

Nachdem der Patientin die Diagnose "Knochen-Krebs" mitgeteilt worden ist, erleidet sie einen "Todesangst-Konflikt".

Der Inhalt der Gedankenbilder ist meist: "Jetzt habe ich auch noch Knochen-Krebs, jetzt gibt es keine Hilfe mehr. - Ich habe Metastasen. - Jetzt werde ich bestimmt sterben."

Die Folgen des "Todesangst-Konfliktes" sind: "Lungen-Rundherde". (Röntgenaufnahme der Lunge bei routinemäßiger Nachuntersuchung in der Klinik ?)

Der "Selbst-Wert-Einbruch" bei einer Brustkrebs-Patientin erzeugt bei ihr als Frau im tiefsten Kern ihres Seins eine Konflikt-Situation, die von jeder Frau gedanklich nachvollzogen werden kann.

Es ist ein Eingriff in die körperliche Unversehrtheit der Frau - und die Ur-Angst, dadurch den Partner zu verlieren. Auch die Angst davor, nach dem Verlust des Partners allein zu sein, da sie aufgrund ihres Aussehens (die Einbildung "Ich bin ein Krüppel") nicht den Mut aufbringt, den Kontakt zu einem neuen Partner herzustellen.

Der Selbstwert-Einbruch wurde jeweils nach dem Alter und der Mentalität der Patientin auch oft nach dem Ausräumen der Gebärmutter aufgrund von Gebärmutter-Mund-, -Hals- oder Gebärnutter-Körper-Krebs festgestellt.

Bei einer Frau, die altersmäßig noch in der Lage wäre, Kinder zu gebären, kann nach einer Total-Operation der Selbstwert-Einbruch dadurch entstehen, daß sie glaubt, ihr jetziger oder ein zukünftiger

Partner würde sie als minderwertig ansehen, da sie ihm keine Kinder mehr schenken kann.
Ein Selbstwert-Einbruch kann auch dann erfolgen, wenn in einem Erdling aufgrund "dummer" Bemerkungen Dritter der Eindruck entsteht, er sei "nur" wegen seines Geldes und nicht um seiner selbst willen geheiratet worden. Kommen zu diesem entstandenen Gedankenbild auch noch angebliche Beweise dafür, daß die Liebe des Partners nur gespielt war (durch Bemerkungen in dieser Richtung), so kann dies zu einer Wert-Minderung vor allem dann führen, wenn Dritte darüber Kenntnis erhalten und der Betroffene glaubt, es würde über ihn gelacht usw.. Oder wenn zum Beispiel eine Frau "alles" (sowohl in sexueller, materieller und leistungsmäßiger Hinsicht) für ihren Partner getan hat und dieser sie mit einer jüngeren Frau "betrügt". Das Gefühl, "nur ausgenutzt" worden zu sein, führt zu einem schweren Selbst-Wert-Einbruch.

Ein Beispiel aus dem Berufsleben:
Ein Mann hat sich in einer Firma "mühsam" hochgearbeitet, immer sein "Bestes" gegeben und die Interessen des Firmeninhabers vollkommen zu seinen eigenen gemacht; er ist zum echten Partner des Firmeninhabers geworden, sozusagen der "zweite Mann". Dann wird ihm eines Tages ein jüngerer - "dynamischer" - Mann "vor die Nase gesetzt", dem der Firmenchef nun sein ganzes Vertrauen schenkt. Der Mann erleidet einen schweren "Selbst-Wert-Einbruch".

Beispiel: Homosexualität (Gleichgeschlechtlichkeit)
Im Verlauf der Geschichte war die Haltung der Gesellschaft gegenüber Homosexuellen unterschiedlich und reichte von der härtesten Bestrafung (Todesstrafe) bis zur allgemeinen Duldung. Daß der Homosexuelle vom Großteil unserer Gesellschaft als abartig angesehen und abgelehnt wird, liegt
a) an den angelernten und übernommenen negativen Meinungen und Einstellungen über Homosexualität,
b) an den festgelegten Normen und Verhaltensregeln, die die Gesellschaft in Bezug auf die Familie, moralisches Denken und sittliches Verhalten sowie religiöse und kulturelle Einstellungen aufgestellt hat,
c) an der allgemein gültigen Meinung, "Ein Mann hat sich maskulin

zu verhalten, ein ganzer Kerl zu sein. Ein 'richtiger Mann' ist kein Homo, keine Tunte usw..''

Homosexuell veranlagte Männer sind vom Wesen und vom Charakter her sehr sensibel und feinfühlig (ebenso wie die meisten Prostituierten und sog. lesbische Frauen). Aber auch sie haben von ihrer Erziehung her die Normen und Verhaltensregeln sowie die Denkungsweise so gelernt, daß sie genau wissen, wie die Gesellschaft über sie denkt und sie bewertet.

An dem Tag, an dem ein Mann erkennen muß, daß er eine homosexuelle Veranlagung besitzt, die ihn als Außenseiter in eine sogenannte Randgruppe stellt, fangen für ihn die ersten Konflikte im Bereich des Selbst-Wertes an zu wirken. Er versucht, gegenüber der Familie, den Freunden, Nachbarn und Arbeitskollegen seine Veranlagung zu verbergen, und baut unbewußt gegenüber den sogenannten "Normalen", mit denen er zusammenlebt, ein Schuldgefühl auf.

Er sucht - bewußt und unbewußt - Entschuldigungen für seine Veranlagung zu finden, und alles, was er von Kindheit an als Normen und Verhaltensregeln der Gesellschaft gelernt hat, versucht er zu verdrängen. Nur in der Gemeinschaft der Homosexuellen lebt er auf. Aber die Konfrontation in ihm, die Normen und Verhaltensregeln, die er gelernt hat, sind vorhanden und nicht einfach "wegzudenken". Er weiß - und versucht es zu akzeptieren -, daß er für die sogenannte "normale" Gesellschaft ein Außenseiter ist. Dieser Vorgang ist jedoch nur bewußt. Unbewußt wirkt der "Selbst-Wert-Einbruch" immer weiter. Er lebt mit der Konflikt-Situation, aber das Gefühl der "Minderwertigkeit" läuft immer wieder bei jedem kleinsten Reiz, der ihn trifft, in ihm ab.

An irgend einem Tag, durch irgend einen Umstand, entschließt er sich, einen "Aids-Test" vornehmen zu lassen.

Die Tatsache, daß am Anfang der Entstehung der Seuche Aids speziell Angehörige gewisser Risikogruppen, zu denen auch die Homosexuellen zählen, im Vordergrund standen, führte in der gesamten Bevölkerung zu Vorurteilen gegenüber diesen sog. Risiko- bzw. Randgruppen. Durch die Entdeckung der Aids-Seuche wurde diese Diskriminierung um vieles verstärkt und hat selbstverständlich auch eine Auswirkung auf den Selbst-Wert der Betroffenen.

Voller Angst wartet der Homosexuelle auf das Testergebnis.

(Aus welchen Gründen auch immer wurde bei den anfänglich durchgeführten Tests die Bevölkerung nicht darauf hingewiesen, daß mit diesen Tests der Virus selbst gar nicht nachzuweisen war, sondern nur die Anwesenheit von Antigenen oder Antikörpern.)

Die Frage, die er sich immer wieder stellt, kennt nur zwei Antworten: "positiv oder negativ". Ist das Testergebnis positiv, bricht eine Welt zusammen. Denn jetzt ist er in den Augen der Gesellschaft "das letzte Stück Dreck". Für ihn ist es wie ein Keulenschlag.
Es ist das *Konflikt- (Schock-) Erlebnis*, das dazu führt, daß er Tag und Nacht über seine Situation nachdenkt. Er *glaubt*: Infiziert zu sein bedeutet Aids-Erkrankung, bedeutet Tod.
Tag und Nacht lebt er mit diesem Bild. Er kann kaum noch an etwas anderes denken.
Er "wartet" (!!!) auf den Tag, an dem ein Symptom auftritt aus dem "bunten Bild" der Aids-Erkrankungen.
Durch dieses ununterbrochen ablaufende Gedankenbild im zuständigen Hirn-Areal kommt es zu Informationsausfällen zwischen diesem Hirn-Areal und dem untergeordneten Zellverband, das heißt dem Knochenmark, der Produktionsstätte der körpereigenen Abwehr.
Die körpereigene Abwehr bzw. das System der körpereigenen Abwehr wird dadurch unterversorgt, doch außerdem wird eine absolute Schwächung bewirkt durch das übermächtige Gefühl der Angst.

An irgend einem Tag tritt
- hervorgerufen durch den "Glauben" daran, daß eine Infizierung Aids-Erkrankung und Tod bedeutet, und durch das ununterbrochen ablaufende Gedankenbild gleich Erwarten eines Symptoms sowie das übermächtige Gefühl der Angst (!) -
das ein, was sein Leben absolut verändert: Ein Symptom des "bunten Bildes" der Aids-Erkrankung tritt auf. Diagnose: "Aids". Es ist der Moment, in dem der Selbst-Wert-Einbruch unbedeutend wird.
Ein neuer Konflikt ist entstanden - ein neues *Konflikt- (Schock-) Erlebnis*, das stärker ist als der Konflikt des Selbst-Wert-Einbruchs. Dieser neue Konflikt - die Ur-Angst vor dem Tod - der Todesangst-Konflikt führt zu Lungenrundherden - und, *wenn dieser Konflikt nicht gelöst wird*, tatsächlich zum Tod.

Fassen wir kurz zusammen:
Jeder Erdling wird nicht nur von Personen in seinem Umfeld gesellschaftlich eingeordnet, sondern er ordnet sich rangmäßig in die Hierarchie auch selbst ein. Das heißt, beruflich, gesellschaftlich, bildungsmäßig, materiell usw. ordnet er sich entweder *über oder unter andere* ein. Dieses Kriterium bestimmt in allen Bereichen seines Lebens seinen "Selbst-Wert". Gesellschaftlich ist er bestrebt, auf alle Fälle seinen Rang zu erhalten, bzw. er strebt nach einem höheren Rang gleich Einstufung. Tritt eine Lebenssituation ein, bei der er annimmt, daß er in den Augen der anderen versagt hat, so bedeutet das für ihn ein Herausfallen aus der hierarchischen Ordnung, einhergehend mit dem Rangverlust, der bei ihm zu einem "Selbst-Wert-Einbruch" führt. Ist dieser Fall eingetreten, denkt die betroffene Person Tag und Nacht über die Problematik nach.

Die in dieser Situation entstehenden Gedankenbilder entspringen der ANGST, daß dieses oder jenes in der Zukunft als Folge entstehen und eintreten könnte.
Da diese Gedankenabläufe Gefühle hervorrufen, durch deren Bewertung sehr niedrige - "schwere" Schwingungsfrequenzen entstehen, werden sie im Gefühlsspeicher des organbezogenen Problembereichs eingelagert. Durch das hohe Aufkommen verdichtet sich der Gefühlsspeicher so weitgehend, daß Spannungszustände auftreten. Sie bewirken nicht nur Stauungen im Energie-Haushalt, sondern sie behindern und verhindern auch den ordnungsgemäßen Transport von Atomen und Molekülen im zellulären sowie im extrazellulären Bereich.
Da die Schwingungsfrequenz (Frequenz und Amplitude) der Seele bzw. ihre Aura der Informationsgeber für den Standort und die Bindung der Atome und Moleküle ist, aus denen sich zum Beispiel die Zelle aufbaut, und durch sie die Form der Zelle bewirkt und in Form gehalten wird, verhindert eine starke Füllung des Gefühlsspeichers außerdem, daß diese Schwingungsfrequenz ordnungsgemäß wirken kann. Dadurch entstehen Schäden (z.B. die Auflösung von Molekularverbindungen sowie Störungen in den Regelkreisen und Funktionsabläufen), die mit physischen Mitteln (Medikamente, physikalische Therapien) nicht in die naturgegebene Ordnung zurückgeführt werden können.

Die URSACHE der Entstehung zum Beispiel der meisten Fälle von "Krebs" muß diesem Ablauf zugeordnet werden.
Das bedeutet, daß alle auf diesem Wege entstehenden sog. "Psycho-Somatischen" Erkrankungen nur über die Psyche (Entleerung des Gefühlsspeichers) z.b. mittels der "Psychischen Exploration" (Lösung der Problematik durch Gespräche) bzw. mittels "Feinstofflicher Energie" (Homöopathie, Farb-Therapie, Bach-Blüten-Therapie, Geistheilung, spirituelle Heilung usw.) gebessert oder geheilt werden können.
Tritt also eine sogenannte "Schock-Phase", ausgelöst durch einen "Selbst-Wert-Einbruch", ein, dann entsteht durch das BEWERTEN der Lebenssituation eine URSACHE, die zur Entstehung vielfältiger Krankheitsbilder führt.
Der "Selbst-Wert-Einbruch" ist aus dem Grund eine der häufigsten Ursachen von Krankheit, weil die gesamte Palette der Gefühle niedriger Schwingungsfrequenzen durch die Ur-Angst hervorgerufen wird.

Wenn der Volksmund sagt, "Das (Gefühl der Angst) ging mir durch Mark und Bein," oder, "Die Angst steckt tief in den Knochen", so trifft dies genau den Kern der Sache.
Das Knochengerüst, das Skelett, die "härteste" Molekularstruktur, ist nicht nur die "Stütze" des physischen Körpers, wobei es, grobstofflich gesehen, durch das sogenannte "Bindegewebe" zusammengehalten wird, sondern das Knochenmark ist die Produktionsstätte der Moleküle der körpereigenen Abwehr. Diese Moleküle mit bestimmten Schwingungsfrequenzen werden, einfach ausgedrückt, gebildet, um die Schwingungsfrequenzen zu eliminieren bzw. zu neutralisieren, die dem Körper schaden.
Laut Wissenschaft werden innerhalb unseres Knochenmarks Zellen produziert, die toxische, d.h. giftige Moleküle innerhalb des Körpers eliminieren. Die Abwehrzellen, die sogenannten Killer- oder Freßzellen, verschlingen die toxischen Moleküle und transportieren sie über das lymphatische System ab. Der Physiker bezeichnet diesen Vorgang als "Energie-Neutralisation".
Dieser Vorgang läuft tatsächlich wie folgt ab: Bewirkt ein toxisches Molekül, das eine sehr starke Schwingungsfrequenz besitzt, innerhalb unseres Körpers durch seine Abstrahlung eine Veränderung der

natürlichen Schwingung, werden innerhalb des Knochenmarks durch Informationen aus dem Gehirn Atome bzw. Moleküle gebildet, die in der Lage sind, die Schwingung des toxischen Moleküls zu neutralisieren bzw. das toxische Molekül zu ummanteln und über das Lymphsystem abzutransportieren.

Ist jedoch das Hirn-Areal, in diesem Fall also der Bereich der Großhirn-Hemisphäre, durch Konflikt-Denken total "überbelastet", kann die Information bzw. der Befehl zur Bildung der Abwehrmoleküle an das Knochenmark nicht erfolgen !

Wie schon beschrieben, kann jede Krankheit bis hin zum Aids immer nur dann entstehen, wenn es zwischen der Befehls-Zentrale (Steuerorgan Gehirn) und den diesem Steuerorgan untergeordneten Zellverbänden zu Informations-Störungen und -Ausfällen kommt.

Ist das Selbst-Wert-Gefühl so stark herabgesetzt, daß der Wille, sich selbst zu erhalten, nicht oder kaum mehr vorhanden ist, daß man sich selbst also überhaupt nicht anerkennt und sich nicht für wert hält zu leben, entsteht eine absolute Immun-Schwäche bzw. eine "Auto-Immun-Erkrankung".

Ein Beispiel für eine "angeborene" Immunschwäche ist folgender "Fall", der von der Patientin einer Krebs-Praxis selbst wie folgt geschildert wurde:

"Die Angst, nicht geliebt zu werden, und das Gefühl des Zurückgesetztseins sind das einzige, an das ich mich aus meiner frühesten Kindheit erinnern kann - und gleichzeitig das, was sich wie ein roter Faden durch Jahrzehnte meines Lebens zog.

Als meine Mutter nur wenige Monate nach der Geburt ihres ersten Kindes wieder schwanger wurde, muß dies für sie schrecklich gewesen sein. Ich bin sozusagen das Resultat eines verhängnisvollen Irrtums, da meine Eltern angenommen hatten, daß während einer Stillzeit keine erneute Schwangerschaft möglich sei. Außerdem war Krieg, mein Vater eingezogen und meine Großmutter schwer an Gebärmutterkrebs erkrankt. Die Verzweiflung und Angst meiner Mutter, mit dieser Situation nicht allein fertigwerden zu können, muß in mir das Gefühl hinterlassen haben, ein "ungewolltes Kind" gewesen zu sein, denn ich fühlte mich dafür, daß ich überhaupt auf der Welt war, ihr gegenüber immer schuldig.

Am Tag meiner Geburt, 3 Wochen vor dem errechneten Termin, war Fliegeralarm, und ich entging nur um Minuten dem Schicksal, während eines Fliegerangriffs in einem Taxi ohne fachkundige Hilfe das Licht dieser Welt zu erblicken. Welch unbeschreibliche Angst muß meine Mutter in dieser Situation, vor allem auch um meinen Bruder und meine Großmutter, ausgestanden und auch auf mich übertragen haben, da in mir ein Gefühl des Unerwünscht- oder "Zum-Falschen-Zeitpunkt-Geboren-Seins" traumatisch haften blieb.

Die Situation meiner Mutter verschlechterte sich noch weiter, als der Krebs ihrer Mutter sich immer mehr ausbreitete und meine Mutter sich hin- und hergerissen fühlte. Einerseits wollte sie sich viel mehr um ihre unsagbar leidende Mutter kümmern, andrerseits waren mein Bruder und ich noch so klein, daß wir all ihre Zeit und Kraft in Anspruch nahmen. Jahrzehntelang hat meine Mutter unter einem starken Schuldgefühl sowohl ihrer Mutter als auch uns gegenüber gelitten und sich selbst mit dem Vorwurf gequält, nicht genug getan zu haben.

Für all ihr Leid fühlte ich mich immer irgendwie schuldig.

Da mein Vater sehr jähzornig war, erhielt ich als Kind, nachdem er aus dem Krieg zurückgekehrt war, auch dann oft Prügel, wenn ich gar nichts Böses getan hatte. Dieses sinn- und grundlose Verprügeln war das schlimmste für mich, da es meinen Selbstwert total zerstörte. Das Gefühl, bestraft worden zu sein, ohne das Böse in meinem Tun erkennen zu können, hat in mir etwas erzeugt, das mich selbst heute noch so blockiert, daß ich nicht in der Lage bin, richtig zu reagieren, wenn ein Reiz auf diese Blockade trifft. Es ist wie ein "riesengroßes schwarzes Loch", in das ich falle, unfähig, klar zu denken, mir nur wünschend, auf der Stelle tot umzufallen.

Ausgerechnet bei meiner Mutter löste ich später eine Reaktion aus, die mir auch heute noch trotz größter Bemühungen, sie zu verstehen, vollkommen unverständlich ist. An was ich mich nur noch deutlich erinnern kann, sind Worte wie, "Du bist der Nagel zu meinem Sarg. Du wirst noch Schande über uns alle bringen. - Du wirst noch in der Gosse landen. - Womit habe ich das verdient? Habe ich nicht alles für Dich getan?" Ich war vollkommen fassungslos darüber, daß meine Mutter überhaupt kein Vertrauen zu mir hatte, daß sie von mir glaubte, ich könnte ihr bewußt etwas Böses antun wollen.

Besonders schrecklich für mich war vor allem, daß ich nicht die

geringste Ahnung hatte, wodurch ich "Schande" über sie hätte bringen können. Das Gefühl der "Schuld", d.h. meiner Mutter etwas Böses angetan zu haben, obwohl nicht wissend, wodurch, stürzte mich in so tiefe Verzweiflung, daß ich glaubte, kein Recht mehr zu einem Weiterleben zu haben. Ich fühlte mich wie ausgebrannt, wie tot, wie ein Nichts, wieder wie in einem schwarzen Loch.
Die unbeschreibliche Angst davor, tatsächlich 'in der Gosse zu landen' oder 'Schande über meine Familie zu bringen', die mich seit dieser Situation beherrschte, war der Hauptgrund für meine Flucht in eine Ehe - die für mich, verständlicherweise, katastrophal war und mit einer Scheidung endete."
Diese Patientin einer Krebs-Praxis litt nicht nur an einer ausgeprägten Immunschwäche, sondern war seit ihrer frühesten Kindheit über Jahrzehnte hinweg nie einen Tag ohne Schmerzen.
Zum Beispiel waren ständiger Husten, Lungenentzündungen mit extrem hohem Fieber, Rheuma, Migräne, Wirbelsäulenbeschwerden, die ständig chiropraktische Eingriffe erforderten, Magengeschwüre und Dickdarmentzündungen bis zum Verdacht auf Darm-Krebs nur ein Teil all ihrer Erkrankungen. Jede leichte Verletzung entzündete sich und eiterte. Nach Operationen blieben die Wunden trotz intensiver Behandlung monatelang offen.
Da diese Patientin nach vielen Gesprächen ("Psychischen Explorationen") erkannte, welche Einstellungen ihrerseits zu ihrem gesamten Krankheitsgeschehen geführt hatten, und ihre Einstellungen vollständig änderte, ist sie heute kerngesund. Selbst der Verdacht auf Dickdarm-Krebs (Konflikt-Ursache: "unlösbarer Konflikt") bestätigte sich nicht, sondern alle massiven Darmbeschwerden verschwanden nach einiger Zeit.

Würden wir Erdlinge erkennen, daß alle Geschöpfe "gleich-wertig" sind und wir IMMER, gleich was wir fühlen oder tun, von All-Gott geliebt werden, bliebe uns viel Leid und Schmerz erspart.

Rufen wir uns in Erinnerung: Die ursächliche Kraft, die Bewegung bewirkt, der Beweggrund von Allem-was-ist, war und ist die Liebe All-Gottes zu sich selbst.
Wir sind EINS mit diesem SELBST - mit All-Gott. Denn als All-Gott

sich zur Gedanken-Form erweiterte, entstanden unsere "Licht-Körper" in der Form der 2 Pyramiden, sie sich gegenseitig bewirken.
Zwischen den 2 Pyramiden entsteht das "persönliche Bewußtsein" des Gedankens, da sich diese beiden Teile erst durch ihre Wirkung aufeinander bewußt werden. Durch diese Wirkung entstand das Bewußtsein des "ICH BIN" - zwischen All-Gott und *JEDER* Wesenheit, dem Ebenbild All-Gottes -, das nie wirklich verloren gehen, sondern nur "verdunkelt" werden kann.
Wir selbst, d.h. unsere Wesenheiten haben diese Erde geschaffen - die Natur - die Blumen, die Tiere - sowie unseren Körper als Gefäß der Seele - um der Erfahrung willen.
Unglückseligerweise haben uns diese Erfahrungen in der Dichte der Materie vergessen lassen, wer und was wir wirklich sind.

Der Beweg-Grund der Schöpfung - die Liebe -, die höchste Schwingungsfrequenz, wurde von uns durch Bewerten und Urteilen "ERNIEDRIGT", und zwar so weitgehend erniedrigt, daß wir komplett vergessen haben, daß wir eins sind mit All-Gott und durch "Ihn" eine unbegrenzte Schöpferkraft besitzen.
Ehe wir zur Schilderung weiterer Abläufe übergehen, die uns dazu gebracht haben, Gefühle niedriger Schwingungsfrequenzen zu "erzeugen", möchten wir einen Bericht zitieren, der zeigt, daß die Kraft des Gefühls und Gedankens sogar meßbare Wirkungen besitzt.
Es ist ein Bericht eines namhaften Wissenschaftlers, der auf wissenschaftlichem Wege "die positive Kraft Gottes wie auch die negative Kraft des Widerwirkers" einwandfrei beweisen konnte.

"Die KRAFT des GEBETS - wissenschaftlich bewiesen"

"N.J. STOVELL, ein großer amerikanischer Wissenschaftler, war früher als Atheist bekannt. Mit anderen Wissenschaftlern arbeitete er jahrelang, um in die verborgenen Geheimnisse der Atomwissenschaft Licht und Klarheit zu bringen. Dabei ging er manchmal Wege, die bis dahin unbekannt waren, und machte Entdeckungen, die nicht nur der Wissenschaft dienten, sondern die auch seine Lebensanschauungen

veränderten. Wir lassen ihn selber etwas von seinen Erlebnissen erzählen:
'Ich war ein zynischer Atheist, der glaubte, daß Gott nichts anderes sei als eine Gedankenvorstellung der Menschen. An ein lebendiges göttliches Wesen, das uns alle liebt und das über uns Macht besitzt, vermochte ich nicht zu glauben.
Eines Tages arbeitete ich in dem großen Laboratorium einer Klinik. Ich war mit der Aufgabe beschäftigt, die Wellenlänge und die Stärke der menschlichen Gehirnstrahlungen zu messen. So einigte ich mich mit meinen Mitarbeitern auf ein heikles Experiment.
Wir wollten untersuchen, was bei dem Übergang aus dem Leben in den Tod innerhalb des menschlichen Gehirns vor sich geht. Zu diesem Zweck hatten wir uns eine Frau gewählt, die an todbringendem Gehirnkrebs litt. Die Frau war geistig und seelisch völlig normal. Allgemein auffallend trat ihre liebenswürdige Heiterkeit zutage. Doch körperlich stand es um so schlimmer mit ihr. Wir wußten, daß sie im Sterben lag, und sie wußte es auch. Wir hatten davon Kenntnis genommen, daß es sich um eine Frau handle, die im Glauben an den persönlichen Erlöser Jesus Christus gelebt habe.
Kurz vor ihrem Tode stellten wir einen hochempfindlichen Aufnahmeapparat in ihr Zimmer. Dieses Gerät sollte uns anzeigen, was sich in ihrem Gehirn während der letzten Minuten abspielen würde. Über dem Bett brachten wir zusätzlich ein winziges Mikrophon an, damit wir hören konnten, was sie spräche, falls sie überhaupt noch ein Lebenszeichen von sich geben würde.
Inzwischen begaben wir uns in den angrenzenden Nebenraum. Wir zählten fünf nüchterne Wissenschaftler, von denen ich wohl der nüchternste und verhärtetste war. Abwartend und doch von innerer Spannung erfaßt, standen wir vor unseren Instrumenten. Der Zeiger stand auf Null und konnte bis zu 500 Grad nach rechts in positiver Wertung und 500 Grad nach links in negativer Wertung ausschlagen.
Einige Zeit vorher hatten wir unter Zuhilfenahme des gleichen Apparates die Sendung einer Rundfunkstation gemessen, deren Programm mit einer Stärke von 50 Kilowatt in den Äther strahlte.
Es handelte sich um eine Botschaft, die rund um den Erdball getragen werden sollte. Bei diesem Versuch stellten wir einen Wert von 9 Grad positiver Messung fest.

Der letzte Augenblick der Kranken schien herbeigekommen. Plötzlich hörten wir, wie sie zu beten und Gott zu preisen begann. Sie bat Gott, all den Menschen zu vergeben, die ihr in ihrem Leben Unrecht getan hatten. Dann verlieh sie ihrem festen Glauben an Gott Ausdruck mit den Worten: *'Ich weiß*, daß Du die einzige zuverlässige Kraftquelle aller Deiner Geschöpfe bist und bleiben wirst.'
Sie dankte Ihm für Seine Kraft, mit der Er sie ein Leben lang getragen hatte, und für die Gewißheit, Jesu Eigentum sein zu dürfen. Sie bekundete Ihm, daß ihre Liebe zu Ihm trotz allem Leid nicht wankend geworden sei. Und im Hinblick auf die Vergebung ihrer Sünden durch das Blut Jesu Christi klang aus ihren Worten eine unbeschreibliche Wonne. Sie brach schließlich in Freude darüber aus, daß sie bald ihren Erlöser werde schauen dürfen.
Erschüttert standen wir um unser Gerät. Längst hatten wir vergessen, was wir eigentlich untersuchen wollten. Einer sah den anderen an, ohne daß wir uns unserer Tränen schämten. Ich war derart gepackt von dem Gehörten, daß ich weinen mußte wie seit meiner Kindheit nicht mehr.
Plötzlich, während die Frau noch weiter betete, hörten wir einen klickenden Ton an unserem Instrument. Als wir hinüberblickten, sahen wir den Zeiger bei 500 Grad positiv anschlagen und immer wieder gegen die Abgrenzung wippen. Die Strahlungsenergie mußte den Wert unserer Skala überschreiten; nur hinderte der kleine Abgrenzungspfahl den Zeiger am Höherklettern.
Unsere Gedanken jagten sich. Jetzt hatten wir durch technische Messungen erstmals eine ungeheuerliche Entdeckung gemacht:
Das Gehirn einer sterbenden Frau, die mit Gott in Verbindung stand, entwickelte eine Kraft, die 55mal stärker war als jene weltweite Ausstrahlung der Rundfunkbotschaft.
(Man erinnert sich hierbei an den Ausspruch des Nobelpreisträgers Dr. med. Alexis CARREL, der einmal gesagt hat: *'Das Gebet ist die stärkste Form von erzeugbarer Energie.'*)

Um unsere Beobachtungen weiterzuführen, einigten wir uns wenig später auf einen neuen Versuch. Dieses Mal wählten wir einen nahezu geisteskranken Mann. Nachdem wir wieder unsere Geräte aufgebaut hatten, baten wir eine Schwester, den Kranken in irgend einer Form zu reizen. Der Mann reagierte darauf mit Schimpfen und Fluchen. Ja, nicht genug, er mißbrauchte dabei sogar den Namen Gottes auf lästerliche Art. Und wieder klickte es an unserer Apparatur. Gespannt hingen unsere Augen an der Skala. Wie waren wir bewegt, als wir feststellen mußten, daß sich der Zeiger auf 500 Grad negativ befand und am Abgrenzungspfahl aufgeschlagen war.

Damit standen wir am Ziel unserer Entdeckung. Durch instrumentale Messung hatten wir festgestellt, was im Gehirn eines Menschen vor sich geht, wenn er eines der Zehn Gebote Gottes übertritt.

Es war uns gelungen, auf wissenschaftlichem Wege die positive Kraft Gottes wie auch die negative Kraft des Widerwirkers einwandfrei zu beweisen. Wir gewannen sehr schnell Klarheit darüber, daß ein Mensch, der nach den göttlichen Geboten sein Leben ausrichtet und mit Gott in Verbindung steht, Kraft Gottes ausstrahlt.

Setzt man sich jedoch über den göttlichen Befehl "Du sollst nicht" hinweg, so findet man die Folgen in der Ausstrahlung negativer, das heißt satanischer Kräfte.

In jenem Augenblick begann meine atheistische Weltanschauung zusammenzubrechen. Die Gedanken bestürmten mich: 'Sollte es nicht doch einen Gott geben, dem es möglich ist, die Botschaft zu empfangen, die durch das Gebet zu Ihm gesandt wird? Dann stand ja auch ich vor dem Angesicht des allwissenden Gottes!'

Die Lächerlichkeit meines Unglaubens wurde mir immer klarer. Weil ich ehrlich gegen mich selbst bleiben wollte, konnte ich mich der auf mich eindringenden Wahrheit nicht verschließen. So wurde ich ein glücklicher Jünger Jesu, der an Jesus Christus als seinen persönlichen Heiland glauben lernte. Heute weiß ich, daß der Lichtglanz, den die Künstler oft um das Haupt Jesu gemalt haben, nicht künstlerische Phantasie, sondern göttliche Wirklichkeit ist.

Welche befreiende Kraft ging doch damals von Jesus aus und geht noch heute von Ihm aus. Dieselbe Kraft soll sich im Leben der Erlösten offenbaren, denn Er hat gesagt: 'Ihr sollt die Kraft des heiligen Geistes empfangen und Meine Zeugen sein.' (Apg. 1,8) Wie nötig haben wir alle im Kampf gegen die Mächte der Finsternis gerade diese Gotteskraft! Als früherer Atheist danke ich Gott, daß Er mich, den Unwürdigen, mit Seinem Heiligen Geist und mit Seiner Kraft erfüllt hat."

Was bewirkt nun solche unvorstellbar gravierenden Unterschiede in den Schwingungsfrequenzen, die durch unsere Gedankenbilder und Gefühle gebildet werden ?
Alle Abläufe, alle Zusammenhänge, alles, was wir wahrnehmen, sind ein Spiegel unserer Wahrheit, unserer selbst.
Jede Wesenheit ist ein Mikro-Kosmos im Makro-Kosmos, in dem alles gleichzeitig und gleichermaßen abläuft.
Daher können wir, um uns etwas verständlich zu machen, sowohl in den Makro-Kosmos als auch in den Mikro-Kosmos gehen.
Denn grundsätzlich läuft eine Schwingungsfrequenzveränderung immer auf die gleiche Weise ab.
Gehen wir in den Atom- und Molekularbereich unserer physischen Welt, so wissen wir inzwischen, daß die Schwingungsfrequenz eines Atoms dann eine Veränderung erfährt, wenn nicht genügend Kosmische Energie-Teilchen, die die Quarks des Atoms in ihrem gesetzmäßigen Bewegungsablauf, also in einer bestimmten Schwingung, halten, in das Atom einstrahlen können, oder wenn die Eigen-Schwingung des Atoms durch eine stärkere Schwingung verändert wird.

Übertragen wir dieses Beispiel auf unsere Seelen-Struktur, so bedeutet dies, daß zum Beispiel durch das Gefühl der Angst, das eine sehr niedrige, jedoch absolut "beherrschende" Schwingung hat, die hohe Schwingung der Liebe "erniedrigt" wird.
Jedes Gefühl, das durch eine Gedankenschwingung entsteht, wird von uns wahrgenommen, doch was wir "registrieren", entscheidet, wenn wir auf der Erde inkarniert sind, unser Gehirn.
Aufgrund der Bewertung dessen, was wir "erfahren", aufgrund des *UR-TEILENS* in "gut" oder "schlecht" bzw. "größer oder geringer", kommt es zum Gefühl des "Getrenntseins" und zum Gefühl der "Unvollkommenheit", der "Minderwertigkeit" - und dadurch zum Gefühl der Angst und Schuld.
In der "Wirklichkeit" des Lebens gibt es jedoch nichts, das *größer oder geringer bzw. besser oder schlechter* ist als etwas anderes.
Alles, was existiert, *IST* einfach - in vollkommener *Gleichheit*.
In All-Gottes Reich der reinen - bedingungslosen - Liebe und reinen Istheit ist alles, wie es *IST*. So gibt es auch in Wirklichkeit keine Trennung, denn wir sind immer in All-Gottes Reich, auch wenn wir

es nicht sehen wollen. All-Gott ist das, was wir selbst sind - in jedem Augenblick, den wir Er-leben, denn Er ist immer *IN UNS*.

"Das Leben - das All-Gott ist - kann sich nicht selbst als 'gut oder böse', 'vollkommen oder unvollkommen', 'richtig oder falsch', wahrnehmen, denn es IST. Nur dadurch kann alles-was-ist - das, was ihr seid - zum Ausdruck gebracht werden.
All-Gott hat euch eure Einzigartigkeit geschenkt, damit ihr seid, was immer ihr zu sein wünscht, und euren Freien Willen, um das Leben, das All-Gott ist, so wahrzunehmen, wie immer ihr es wahrnehmen wollt." (Eine Schwingung im Namen von Randola)

Durch bewertende Einstellungen, durch unser begrenztes Denken in Unterschieden, durch unsere einschränkende Sichtweise unserer Identität, "sehen" bzw. "fühlen" wir uns von der Gesamtheit des Gedankens, der All-Gott ist, getrennt, wodurch die Angst entsteht.
Im Grunde ist alles sehr einfach, doch wir haben aufgrund der "Finsternis", in die wir uns begeben haben, diesen Weg der Erfahrung und der Rückfindung zum "schweren" Weg erklärt.
Der Ausspruch, *"Nichts ist an sich gut oder böse, unser Denken macht es so"*, bedeutet, daß alles, was All-Gott uns als Seinen Mit-Schöpfern zur Verfügung stellt, rein und vollkommen ist.
Wir, Seine Kinder, Seine Mit-Schöpfer, prägen diesen reinen Stoff bzw. diese Kraft mit unseren Werten - mit Vollkommenheit oder Unvollkommenheit, mit Liebe oder Angst.
Denn JEDER Gedanke, den ein Erdling bzw. eine Wesenheit denkt, wird ebenso wie jede Gefühlsschwingung zum Bestandteil des Kosmischen Geistfeldes und dehnt sich durch die Übertragung seiner Schwingungsfrequenz kugelförmig im gesamten Kosmos aus.
Es bleibt unserer freien Entscheidung überlassen, wie wir auf Schwingungen aus unserem Umfeld reagieren.
Bleiben wir in einer harmonischen Schwingung, der Schwingung der Liebe, und lassen uns nicht bewirken, sind wir in der Lage, uns selbst so, wie wir sind, zum Ausdruck zu bringen.
Jedoch durch das Gefühl des Neides, des Vergleichens und des "Begehrens" - schlicht und einfach ausgedrückt, durch das *"besitzen wollen, möglichst mehr oder Besseres, als der andere hat"* - *"besser*

sein wollen als der andere" - "Angst, nicht genug zu bekommen oder etwas zu verlieren" usw. - entstehen, hervorgerufen durch den Reiz von außen, die Gefühlsschwingungen, die uns unsere Göttlichkeit nicht mehr erkennen lassen.

Alle Schwingungen, die wir "aussenden", ziehen jedoch Gleiches an. Sie wirken wie ein Magnet auf alle Gedankenbilder gleichen Inhalts, die im Kosmischen Geistfeld existieren. Jeder, der zum Beispiel an Diebstahl, Mord oder Vergewaltigung denkt, zieht alle Gedanken, die je gedacht worden sind und Gleiches beinhalten, an.

Der so Denkende vereinigt sich somit mit dem Gefühls- und Gedankenpotential aller Diebe, Mörder und Vergewaltiger, wodurch sich dieses potenziert.

Das Gleiche gilt auch, wenn wir Zweifel an etwas hegen bzw. aufkommen lassen. Denken wir zum Beispiel, "Hoffentlich geht das gut", kann das, was gutgehen soll, nicht von Erfolg gekrönt werden. Denn wir verhindern durch unseren Zweifel, daß wir die Gedankenbilder des Erfolges, die im Kosmischen Geistfeld existieren, anziehen. Ist bei diesem "zwiespältigen" Fühlen und Denken (Zweifel) die Angst vor Mißerfolg größer, werden stattdessen Gedankenbilder des Mißerfolges angezogen und die Sache geht schief.

Da all unseren Problemen, auf einen Nenner gebracht, ANGST zugrundeliegt, geraten wir in einen Teufelskreis, wenn wir ununterbrochen problemhaft denken. Wir ziehen alle Gedanken, die Angst zum Inhalt haben, an, was unsere eigene Angst immer mehr - bis zum Gefühl vollkommener Auswegslosigkeit und Suizid - verstärken kann. So erklären sich Massenhysterie und -Panik, aber auf die gleiche Weise auch zum Beispiel die Heilerfolge, die erzielt werden, wenn eine Gruppe von Erdlingen für einen Kranken um Heilung bittet.

Bei all seinen Heilungen sagte JESUS CHRISTUS zu den Geheilten, "Dein Glaube (gleich Wissen) hat dir geholfen."

Das bedeutet, die Heilungsuchenden wußten mit absoluter Gewißheit - ohne Zweifel -, daß sie durch JESUS geheilt werden würden.

Allein dieses absolute Wissen bewirkte tatsächlich die Heilung, die durch die Hilfe JESU CHRISTI ermöglicht wurde.

Da im Kosmischen Geistfeld die Gedankenformen aller Wesenheiten des gesamten Kosmos, auch derjenigen, die nicht in einen physischen

Körper integriert sind, existieren, haben wir jedoch auch die Möglichkeit, über das Kosmische Geistfeld in "Verbindung" zu treten mit den "Lichtwesen", die in absoluter Liebe leben und darauf warten, daß wir sie um ihre Hilfe bitten.

Der Aufruf JESU CHRISTU, *"Folget mir nach"*, war und ist die Aufforderung, nach dem Gebot *"Liebe Deinen Nächsten wie dich selbst"* zu leben, das heißt alles und jeden - *einschließlich sich selbst* - in Toleranz anzunehmen - ohne es oder ihn bzw. sich selbst zu bewerten. Durch die Aussendung von Gedanken, die die Schwingung der Liebe, der Harmonie und des Segnens tragen, bringen wir diese, verstärkt durch das Gedankenpotential, das im Kosmos existiert, in die eigene Erfahrung und sind in der Lage, die Angst vollständig zu überwinden. Leider ist dieses oberste Gebot von vielen Erdlingen mißverstanden worden. Es bedeutet nichts anderes als das Denken, das eine Wertschätzung, einen Unterschied macht, zu beenden, denn in All-Gott ist, wie schon gesagt, ALLES GLEICH, ALLES EINS.
Wir alle sind Gottes Kinder - ohne Unterschied - vollkommen gleichwertig und durch unser ICH BIN, das Gottes Liebe IST, voller Liebe. Wenn wir dies nicht erkennen und fühlen können, liegt dies einzig und allein an uns selbst, an unserer Begrenzung, an unserem Ur-Teilen. All unserem problemhaften Denken liegt Angst zugrunde, weil wir uns nicht mehr EINS fühlen mit All-Gott und allem Geschaffenen. Durch das Gefühl des Getrenntseins kapseln wir uns ab und sehen in unserem begrenzten Problemdenken alles aus einer Perspektive, die uns unser Verhaftetsein an die Welt der Erscheinungen, der Manifestationen - der Formen, die wir mit unseren physischen Sinnen wahrnehmen (in östlichen Glaubensrichtungen als "Maja" bezeichnet) - nicht bewußt werden läßt.

*"Alles Leben ist fließende Energie. Du bist der Energiefluß. Wenn du dem Energiefluß Widerstand entgegensetzt, wirst du Polarität erzeugen. Polarität erzeugt Konflikt. Konflikt erzeugt Desaster, was die beinahe völlige Abtrennung von der Gottesquelle bedeutet.
Gib deinen Widerstand auf. Lasse deine Energie hin zur Gottesquelle fließen. So etwas wie das Gute und das Böse gibt es nicht. Es gibt nur erleuchtetes Bewußtsein oder Unwissenheit. Das ist die große*

Wahrheit. Unser Problem ist, daß wir uns selbst und andere verurteilen. Das ist es, was Angst, Konflikt, Widerstand und Verzweiflung hervorruft.
Die Wesenheit ist sich aller Dinge bewußt. Wir haben die Aufgabe, uns diese Dimension bewußtzumachen und die Einsichten in unser Leben einzubringen. - Alles ist Energie, schwingende, pulsierende, lebendige Energie.
Diese Energie ist Energie der Liebe, die sich millionenfach ausdrückt, bis sie schließlich die Vollkommenheit ihres Selbst begreift."

Da wir Erdlinge seit der Manifestation unserer Wesenheit in die Materie in der Dualität sowie in einem Raum-/Zeit-Denken leben, ist es für uns nicht leicht zu begreifen, daß das Gefühl und der Gedanke alle "positiven" und "negativen" Situationen erschafft. Da das negative Gedankenpotential in das Kosmische Geistfeld eingestrahlt wurde, ist es nur verständlich, daß diese Gesellschaft, in der wir leben, vom Negativen geprägt ist. Doch jeder Erdling erschafft seine eigene Welt, denn alles, was er erlebt, lebt er aufgrund seiner freien Entscheidung. Alles, was er tut und in die Realität umsetzt, hat er vorher durch seine Gedankenbilder und Gefühle erschaffen.

Daß dieses Wissen, das in Millionen von Jahren immer wieder den Erdlingen durch Weisheitslehrer und Propheten übermittelt wurde, nicht Bestandteil des Wissens der Erdlinge ist, hat folgenden Grund. Immer dann, wenn die Erdlinge in ihrer geistigen Evolution einen Stand erreicht haben, der sie befähigt, diese Erkenntnisse zu begreifen und zu leben, ist durch die Dualität parallellaufend die technologische Evolution auch auf ihrem Höhepunkt.

Hohe Technologie beinhaltet gleichzeitig Macht, die im Besitz einer Minderheit der Erdlinge ist. Es ist die Macht, die bewirkt, daß die Masse der Erdlinge nicht mehr als Einzelindividuum wirkt, sondern von der Macht bewirkt wird.

Äonenlang wurden die Erdlinge von den Schwingungsfrequenzen der Mächtigen dahingehend beeinflußt, die Macht der Materiellen Ebene als erstrebenswert zu halten. Diese Macht bewirkt Profil-Neurosen, Besitzdenken, Gier bzw. all das, was aus NEID entsteht. Es ist der Hauptgrund, der die Erdlinge immer wieder in ihrer geistigen Entwicklung zurückwirft.

Die Gruppe von Erdlingen, die sich der Macht verschrieben haben, hat in unserer Zeitepoche, genauso wie in allen vorigen Zeitepochen, um weltweit alles in ihre Macht zu bekommen und zu halten, das gesamte Wissen, das sie besitzen, den 'normalen' Bürgern vorenthalten. Mit Hilfe von Organisationen, deren Mitglieder oft gar nicht wissen, daß sie von den Mächtigen nur benutzt werden, manipulieren sie mit allen Mitteln, d.h. mit - FORM - FARBE - TON - die Erdlinge dahingehend, daß sie nicht darüber nachdenken, durch was ihr Leben so manipuliert wird, und sie den Sinn und Zweck des Erdenlebens bzw. ihres gesamten Seins nicht mehr erkennen können. Bedenken müssen wir dabei jedoch, daß es den Erdlingen, die manipuliert und verführt werden, nichts nützt, wenn sie glauben, daß die Mächtigen allein verantwortlich zu machen sind für all das Unrecht, das in der Welt geschieht, und für die Unwissenheit der Masse der Erdlinge, durch die diese so leicht zu manipulieren ist.

Wie bereits geschrieben, trägt jeder Erdling als Individuum die Verantwortung für sein Leben selbst. Die Mächtigen könnten nicht so mächtig sein, wenn die Masse der Erdlinge sich nicht um ihrer Bequemlichkeit und sogenannten Sicherheit willen so leicht manipulieren und verführen ließe.
Das Gesetz der Resonanz läßt erkennen, daß es absolut sinnlos ist, einem anderen eine "Schuld" zuzuweisen, wenn wir Lebenssituationen erleben, die für uns unangenehm sind, denn das Außen ist immer nur der Spiegel unserer eigenen Wahrheit, unserer eigenen Einstellungen.
Lernen und erkennen, wie wir die Kraft der Gedanken und des Gefühls, über die wir nach freiem Willen verfügen dürfen, so einsetzen müssen, daß wir uns zukünftiges Leid ersparen, können wir nur, wenn wir das Leid, das uns jetzt, in der Gegenwart, widerfährt, als unsere Eigenschöpfung erkennen und in unserem Reifungsprozeß als Hilfe zum Erkennen und Verstehen - ohne Wertung - annehmen.

Erst wenn wir erkennen, daß wir selbst der Schöpfer unserer Lebensabläufe und der Umwelt, in der wir leben, sind, können wir mit unserer Gedanken- und Gefühlskraft die "heile Welt" schaffen, die sich letztendlich jeder wünscht.
Wir haben jedoch nicht das Recht, einen anderen zu verurteilen oder

gar zu bestrafen. Jeder logisch denkende Erdling wird nach den Aussagen, die in diesem Buch niedergeschrieben sind, erkennen, daß die Tausende von Seiten füllenden Gesetze und die Strafvollzugsmaßnamen, die wir Erdlinge selbst erdacht haben, nicht zu dem Ziel führen, das von jedem Individuum erreicht werden soll, dem die Kraft der Gedanken und des Gefühls zu eigen ist.
All-Gott hat uns, damit wir dieses Ziel erreichen können, keine Verbote sondern durch Jesus Christus nur ein *Gebot* gegeben - sowie die Kraft, den Sinn und Zweck dieses Gebotes zu erkennen und - vor allem zu unserem eigenen Nutzen - nach ihm zu leben.
Er gab uns auch den freien Willen und damit die Freiheit, selbst zu entscheiden, wie wir in Sein Reich zurückkehren wollen, um mit Ihm und seinen Geschöpfen in Harmonie - im Ein-Klang - und in Liebe zu existieren.

"Seid behütet und beschützt im Gang eurer Seele Sehnsucht nach dem Licht, das ihr seid.
Denn finden sollt ihr, was euch innewohnt seit Anbeginn.
Seht, dies ist die Kraft der Liebe - der Liebe, die euch den Lebensfunken gab, der euch auf die Reise schickte, die ihr euch erwählt.
Die Ur-Kraft der Liebe, die Ur-Kraft, die die Bewegung in Gang setzte, die Bewegung, die ihr Leben und Lernen, die ihr Entwicklung nennt - ihr seid es selbst.

In euch allen ist angelegt dieser Kern der Schöpfung, denn ihr seid die Kinder eurer Selbst, entwachsen aus dem Kern, der alles bewirkte, sich aus sich selbst bewirkte.
Wenn ihr euch aus dem Kern gelöst habt, liegt in euch wieder der Weg nach Hause in die Ureinheit.
Aber wenn ihr dann zurückkehrt, habt ihr Frieden geschlossen mit dem Drang des Erlernens, Erkundens, und seid dann erlöst von eurer Bürde der Ruhelosigkeit und gipfelt in der Wiedervereinigung der Urkraft.
Ja, ihr alle kehrt dorthin zurück, jeder auf seine Weise.

Viele Punkte spalten sich als Kern, sich letztendlich wieder zu finden in dem, was ihr Selbst nennt.

Dafür gibt es viele Namen, und doch ist keiner treffend, denn die Essenz ist namenloses Sein, geleitet durch das ewige Sein." (Randola)

Durch ANGST haben wir unsere Seele "einbetoniert". Wir haben "zugemacht". Wenn wir erkennen, wie wir diese dicken Betonwände, die Mauern um uns selbst, errichtet haben, können wir sie auch wieder einreißen, sie sprengen. Die Gefühlsverwirrung, in der wir steckengeblieben sind, muß ent-wirrt werden, wenn wir wieder frei sein wollen. Also gehen wir es gemeinsam an! Sehen wir dem Sturm ins Auge, damit er sich legen kann.

Um erkennen zu können, wer wir in Wirklichkeit sind, mußten wir bis zur Ur-Schöpfung zurückgehen. Um nun erkennen zu können, wie aus Liebe Angst sowie alle anderen Gefühle niedriger Schwingungsfrequenzen entstehen konnten, müssen wir wieder sehr weit zurückgehen - bis zu dem Zeitpunkt, an dem wir als Wesenheiten zum erstenmal ANGST empfanden.

"Alles ist nur Symbolik - die Wahrheit kennt das Herz, die Seele allein, und weist euch still den Weg.
Geht nur, denn ihr seid behütet in euch selbst.
Es werden kommen die Versuchungen, und doch tragt ihr die Lösung in euch, um zu erkennen, wie scheinhaft der Schatten euch begleitet, denn ihr steht immer - immer und stets - im Licht der Liebe.
Ja, das ist das Wichtigste.
Da lernt das Vertrauen in die Seele eures Selbst, um die Tropfen zum Meer der Welten zu vereinen." (Randola)

Die VERÄNDERUNG des großen kosmischen 'Planes' durch MANIPULATION

Ehe auf der Erde, aber auch auf anderen Bewußtseins-Ebenen, das Zeitalter der Manipulation, der Machtausübung, der Beschneidung des freien Willens und der Verführung begann, wußten die meisten Erdlinge noch, warum sie auf diese Erde, in die Materie, gekommen waren, denn sie hatten sie als Wesenheit selbst erschaffen - zu dem Zweck, sich selbst als Gott in einem materiellen Körper zu erfahren und zu verstehen. Sie fühlten sich nicht von All-Gott getrennt, sondern EINS mit Ihm. Sie wußten, daß Er sie als ewig existierende Wesenheiten in sich geschaffen und ihnen alles gegeben hatte, um als Mit-Schöpfer sich selbst zum Ausdruck zu bringen und das Leben gleich All-Gott zu erweitern.

In seiner grenzenlosen, bedingungslosen Liebe zu seinen Geschöpfen gab Er nicht nur jeder Wesenheit die Lebenskraft, die Kraft der Gedanken und des Gefühls, sondern auch den FREIEN WILLEN, zu erschaffen und zum Ausdruck zu bringen, was immer die Wesenheit erschaffen und ausdrücken will.

Diese Macht und Freiheit erhielt jede Wesenheit in gleichem Maße. Keine Wesenheit erhielt mehr oder weniger.

Er gab allen alle Freiheiten. Er schuf keine Gesetze, keine Bedingungen, keine Voraussetzungen, sondern ließ uns gewähren und alle Erfahrungen machen, gleich wie großartig oder schändlich sie waren, ohne jemals darüber zu richten.

So existiert auch kein "Plan" Gottes, wie wir es als Erdlinge verstehen, sondern ein Ablauf oder, besser gesagt, eine Entwicklung immer im Fluß des Lebens, im Bewußtseinsstrom - von der Quelle gleich All-Gott in uns ausgehend und wieder mündend in Ihm.

"Die Bestimmung aller denkenden Geschöpfe war - und ist immer noch - zu SEIN, wie All-Gott IST. Und All-Gott ist ALLE Lebensformen, die in HARMONIE miteinander schwingen." (Randola)

Doch statt zu erkennen, daß nur durch die Liebe zum Selbst ein immerwährendes Schwingen aller in vollkommener Harmonie - im Gleich-Klang - miteinander begründet ist, verstrickten sich schon

viele Wesenheiten - die Götter (die wir selbst sind) - im Gefühl der Angst. Diese ANGST entstand, als nicht mehr Liebe und reine Freude der *Beweggrund* der Wesenheiten zur Entfaltung ihrer Kreativität, ihrer Schöpferkraft, waren, sondern das Gefühl des "Besser-Sein-Wollens" als andere.
Durch den Wunsch oder Drang, andere Wesenheiten zu übertreffen und immer noch Großartigeres zu erschaffen, wurden zwar in einer für uns Erdlinge kaum vorstellbaren Vielfalt und Pracht alle "Dinge" im Kosmos erschaffen, doch gleichzeitig entstand bei den Wesenheiten / Göttern dadurch auch ein Gefühl des Geringer-Seins, ein Gefühl der Unvollkommenheit.
Die Schwingungsfrequenz der LIEBE wurde somit "hinuntergedreht". Da sich alles manifestiert, woran eine Wesenheit "glaubt", entstand durch dieses Gefühl der Unvollkommenheit, des "Weniger-Wert-Seins", des "Nicht-Genug-Habens oder -Seins" das Gefühl des "Von-Gott-Getrennt-Seins".
Dadurch verloren schon viele Wesenheiten, die Götter, die Schöpfer von "Himmel und Erde und aller Dinge", ihre höchste Tugend, die Tugend All-Gottes, die bedeutet "Sich-Selbst-Genug-Sein".
Nur durch "Werten" und "Vergleichen", durch "Be- und Verurteilen" entsteht der "Irr-Glaube", die ILLUSION einer Trennung von der Gesamtheit des Lebens, von All-Gott.

Als die Wesenheiten für sich selbst das Gefäß "menschlicher Körper" schufen und begannen, diesen physischen Körper zu bewohnen, um in der Dichte der Materie ihre Erfahrungen zu machen, vergaßen sie nicht nur immer mehr ihr Eins-Seins mit All-Gott, ihre Göttlichkeit und ihre Unsterblichkeit, sondern sie verstrickten sich auch in dem "Glauben", für ihr Überleben kämpfen zu müssen.
Da der Körper Schmerz, Kälte, Hunger und Durst empfindet und sich "tausend Gefahren" ausgesetzt fühlt, wurde dieser Überlebenskampf immer mehr von Angst beherrscht, zumal die Wesenheiten im physischen Körper, nachdem sie eine sogenannte "Nahrungskette" geschaffen hatten, zusehen mußten, wie ihre eigenen Geschöpfe - Tiere und Pflanzen - von anderen Gattungen "gefressen" wurden, was sie im Gefühl des "Minderwertig-Seins" anderen gegenüber immer mehr bestärkte. So machten sie, die bis dahin *unsterblich* waren, da

sie an ihrer Unsterblichkeit keine Zweifel hegten, auch die Erfahrung dessen, was wir "Tod" nennen, was ihre Angst immer mehr erhöhte. Da sich die Schwingungsfrequenz der "Angst vor dem Tod" auch in den Zellstrukturen, in den Genen, manifestiert, sich sozusagen von Leben zu Leben auf dieser Erde "vererbend", ist auch die Einstellung, der "Glaube", sterben zu müssen - wie jede Illusion - zu einer Wirklichkeit geworden, die seitdem nur von sehr wenigen inkarnierten Wesenheiten überwunden werden konnte.

Da alles, was eine Wesenheit seit ihrer Erschaffung erfahren hat, in der Seele als Wissen (= Gefühl) gespeichert ist, besitzt jeder noch in seiner Seele das Ur-Wissen vom Eins-Sein mit All-Gott und allen Geschöpfen sowie das Wissen um seine ewige Existenz, doch wurde dieses Wissen immer mehr durch die Gefühle überlagert, die die Seele aufgrund ihrer Erfahrungen in der Dichte der Materie machte. Diese Gefühlsfrequenzen wurden im Gefühlsspeicher gelagert, der, je mehr er gefüllt wird, die Seelenfrequenzen praktisch "in den Hintergrund" drängt.

"Von allen Gefühlen, die ihr geschaffen habt, war die Angst das verheerendste, denn beherrscht von Angst könnt ihr das Leben nicht in Freiheit zum Ausdruck bringen." (Randola)

Aufgrund der ANGST, die die Wesenheiten in körperlicher Hülle erfuhren, wurden sie verwundbar und MANIPULIERBAR.
Die großen Manipulatoren, die seit Äonen die Erdlinge - und auch die Wesenheiten anderer Ebenen - beherrscht haben, nutzten die Angst und die Illusion des Getrennt-Seins von All-Gott, um ihre Macht zu demonstrieren, indem sie die Masse der Erdlinge in immer mehr Bereichen in die Angst trieben.
Zweck jeder Manipulation ist es, durch die Erzeugung von Angst Macht zu erhalten, und ihre Folge für die Manipulierten das Ende der Möglichkeit, sich im Leben frei zum Ausdruck zu bringen.
Kreativität in allen Bereichen immer weiter zu entwickeln, um unsere Schöpferkraft in der Gestaltung neuer Formen auszudrücken, ist unser "Geburts-Recht". Doch das Ziel der Manipulatoren, Suggestoren und Tyrannen war seit jeher und ist immer noch, größer und mächtiger zu

sein als alle anderen und alles zu beherrschen. Um dies zu erreichen, mußten sie allen anderen die Freiheit nehmen.

Der größte aller Manipulatoren wollte sogar durch die Beherrschung aller Wesenheiten und allen Geschehens im Kosmos unter Beweis stellen, daß er mächtiger als All-Gott ist.

Wodurch ? Durch das Verleugnen bzw. Unterbinden all dessen, was All-Gott uns gegeben hat: die LIEBE, das LICHT, den KLANG und den FREIEN WILLEN.

Die Verführung der Wesenheiten gelang ihm aus dem Grund so leicht, weil er das vollständig ausnutzte, was EINZIGARTIG ist und uns ALLE erdenklichen Möglichkeiten der Erschaffung gibt:

"All-Gott richtet und bewertet nicht, Er greift nicht ein - was Manipulation bedeuten würde -, sondern läßt uns in unendlicher Geduld und Liebe gewähren." (Randola)

Erleichtert wurde den Manipulatoren ihr Tun dadurch, daß der Erdling im Laufe der Zeit immer mehr vergaß, daß er selbst für alles, was er denkt und tut bzw. was ihm geschieht, die Verantwortung trägt, daß er durch sein eigenes Denken und Fühlen seine Zukunft gestaltet.

Die gesellschaftlichen Maßstäbe sind gestützt auf Urteilen, auf Bewerten wie z.B. schlecht, im Unrecht, böse, falsch, unmöglich, unwahr, unvollkommen, auf Schuld und Bestrafung.

Diese Maßstäbe haben die Erdlinge selbst geschaffen - nicht All-Gott. Aufgrund dieser Manipulation erlebt nahezu jeder Tag für Tag - und Leben für Leben - Situationen, die bewirkt werden durch Drohung, Erpressung und Erzeugung von Angst, vor allem Angst vor Verlust. *Die Angst vor Verlust tötet jedoch jeden Funken von Freude und Liebe.*

Die Verlust-Angst - z.B. die Angst vor Entlassung, also vor Verlust des Arbeitsplatzes, die Angst vor einem Image- bzw. Rangverlust, die Angst vor Verlust von Besitz, vor Verlust von Akzeptanz - treibt viele zu Handlungen, die nichts mehr mit einem Leben in Freiheit zu tun haben, sondern nur noch mit tiefer Erniedrigung.

Auch das vermeintliche Besitzdenken z.B. in der Partnerschaft und bei Kindern führt unweigerlich zur Angst, zum Liebesverlust.

Der "Glaube" an eine Abhängigkeit z.B. von Status-Symbolen, an

Treue, Pflichterfüllung, Ruhm und Ehre, hat die Menschheit in eine Begrenzung geführt, die nahezu unentrinnbar scheint.
Die von den Manipulatoren verbreiteten "Glaubenssätze" und Dogmen, die zum Aberglaube führten, dienten allein dem Zweck, die Erdlinge zu beherrschen, zu kontrollieren, ANGST zu verbreiten, sie zu quälen und einzuschüchtern.
Das folgende Zitat aus dem Film "Im Namen der Rose", ausgesprochen von einem Abt, zeigt die ganze Ungeheuerlichkeit unseres Glaubenssystems: "Ohne Furcht kann es keinen Glauben geben. Wer keine Furcht vor dem Teufel hat, der braucht keinen Gott mehr."

Die Wesenheit, die wir als größten Manipulator bezeichnen müssen, hat, als sie auf der Erde inkarniert war, eine "Karma-Lehre" verbreitet, die, wenn sie noch mehr verbreitet worden wäre, schlimmste Auswirkungen auf unser irdisches Sein gehabt hätte.
Diese Karma-Lehre beinhaltete, nochmals ganz kurz gesagt, damit sie sich nicht einprägt, einerseits, daß alle Gedankenformen, die wir schaffen und die nicht eine uns umgebende, also gegenwärtige Form zum Inhalt haben, sich im Kosmischen Geistfeld zu ihrer vollen Größe aufbauen und von uns in einem unserer nächsten Leben gelebt werden müssen. Das bedeutet, alle Situationen, die wir uns für die Zukunft "ausmalen" bzw. vor deren Verwirklichung wir Angst haben, wären als starre Gebilde im Kosmischen Geistfeld entstanden, sozusagen auf uns wartend, damit wir sie erst im nächsten Leben verleben. Durch diese angeblich existierenden Gebilde wären unsere nächsten Leben ein absolutes Muß und bis ins Kleinste vorherbestimmt. Damit wollte sie die Erdlinge in eine totale ERSTARRUNG bringen, so, wie sie durch Manipulation im Kosmos, durch die Verhinderung des Informationsflusses von einer Ebene zur anderen, auch alles zum Erstarren bringen wollte. Denn es wäre folgendes bewirkt worden:

> weiterhin Erzeugung von Angst, etwas Falsches zu tun,
> vollständige Unterbindung unserer Kreativität,
> Unterbindung der Gedanken und Gefühle, mit denen wir
> im Moment, im *JETZT*, unsere nächsten Momente schaffen,
> Erzeugung von Schuldgefühlen, da wir ständig "glauben"
> müßten, etwas "Falsches" getan zu haben.

In Wirklichkeit sind wir jedoch gerade deshalb hier inkarniert, um unsere Erfahrungen in der Materie zu machen.
Unsere Wirklichkeit erschaffen wir selbst durch unsere Gedanken und Gefühle. Alles, was wir denken, werden wir auch fühlen, und jedes Gefühl, das wir empfinden, bewirkt unsere Aura so, daß sie Situationen oder Dinge in der Form anzieht, daß wir das, was wir zunächst innen durch das Gefühl erlebt haben, auch im Äußeren, im Materiellen unseres Seins erfahren.

"WISST, daß euer Gefühl Wissen bedeutet !
Glaubt nicht - sondern wißt ! Dann wird es so sein.
Be-wußt-Sein bedeutet jetzt, in dem Augenblick, den du wahrnimmst,
WISSEND - FÜHLEND - ZU SEIN.
Daher 'glaubt' niemals an etwas ! Glaubt nicht, sondern wißt !
Denn wenn ihr nur glaubt, seid ihr überzeugt von etwas, das ihr erst noch in eure Erfahrung ziehen müßt, um es zu verstehen.
In eurem 'Glauben' gründet ihr euer Leben, eure Einstellungen, eure Wünsche und euer Vertrauen auf etwas, das sich selbst noch nicht als eine Wirklichkeit in eurem Sein erwiesen hat.
Wirklichkeit ist das, was ihr fühlt, was ihr wißt.
Das allein be-wirkt die Wirklichkeit.
Wenn ihr glaubt, seid ihr verwundbar und manipulierbar, und man kann euch verfluchen und verdammen, und ihr könnt euer Leben verlieren - allein weil ihr glaubt, statt zu wissen.
Stellt euch in das LICHT der Wissenden." (Randola)

Jedes Wort trägt in sich, auch von der Aussage her, eine Symbolik, die durch den Sprachgebrauch in uns gespeichert ist.
Die großen Manipulatoren haben die Erdlinge auch durch die Verfälschung der symbolhaften Bedeutung des Wortes so manipuliert, daß sie sich "unbewußt" selbst belügen, so daß "sie nicht wissen, was sie tun". Es ist einer der Hauptgründe dafür, daß wir Erdlinge heute in einer Gesellschaftsform leben, die von Angst, Lieblosigkeit, Gewalt und Macht-Denken geprägt ist.
Nehmen wir als Beispiel das Wort "Glaube" bzw. "glauben", da gerade durch die Verfälschung dieses Wortes ungeheuerliche Manipulationen möglich waren.

Vergessen wir kurz den religiösen Aspekt des Wortes "Glauben" und wenden uns dem normalen Sprachgebrauch zu, dann weiß jeder von uns, daß die Symbolik des Wortes "Glauben" für uns Erdlinge soviel wie "Nicht-Wissen" bzw. "Nicht-genau-Wissen" bedeutet.
Wir haben somit das Wort "glauben" als Symbol für "etwas nicht wissen" gespeichert. Aber gleichzeitig besitzt das Wort "glauben" viele andere Bedeutungen, die durch die Nebenworte in einem Satz die Symbolik des Wortes verfälscht wiedergeben. Zum Beispiel: "Ich glaube Dir", "Ich glaube Dir nicht", "Du kannst mir das glauben", "Ich glaube nicht, daß es gleich regnen wird" usw.. Allein an diesem Beispiel wird erkennbar, wie unsere Umgangssprache verfälscht wird.

Durch die falsche Interpretation erhält die Symbolik eines Wortes, das in uns ein Gefühl auslöst, ganz andere energetische Bindungen. Es ist einer der Gründe dafür, warum im Gefühlsspeicher bei vielen Erdlingen Unordnung und Verwirrung entstehen konnten, die zu den sogenannten depressiven bzw. aggressiven Wesensveränderungen geführt haben.
Aufgrund unserer Erziehung nehmen wir an, etwas bewußt mit unseren Gedanken, die symbolhaft in sich das Wort tragen, zu steuern, und erzeugen unbewußt genau das Gegensätzliche. Auf ein Wort reagieren wir mit einem Gefühl und einer Gedankenform und sind aufgrund dessen, daß wir es nicht anders wissen, fest davon überzeugt, daß die Antwort unserer Wahrheit entspricht. Keiner merkt, daß er unbewußt symbolhaft "Nein" statt "Ja" oder "Ja" statt "Nein" sagt. Verdeutlichen wir uns dies genau an einem Beispiel.
Fragen wir einen Erdling, "Glaubst Du an Gott?", und er antwortet uns mit "Ja", so ist dieser Erdling bewußt davon überzeugt, daß seine Antwort "Ja" bedeutet, doch gleichzeitig hat er - symbolhaft wissensmäßig - die Frage mit "Ich weiß nicht" beantwortet.
Denn die Worte unserer Sprache sind einmal ursächlich als Symbole gespeichert, jedoch existieren sie gleichzeitig aufgrund unserer Evolution, die unsere Sprache verfälscht hat, in unserer Umgangssprache symbolhaft auch gegensätzlich. Diese Person hat sich also unbewußt selbst widersprochen und durch diese unwissentlich "falsche" Interpretation der bewußt gesteuerten Antwort ihrer Seele unbewußt Schaden zugefügt.

Da das abgestrahlte Neutrino eine Form in sich trägt, deren Schwingungsfrequenz sich kugelförmig in unserem Umfeld ausdehnt und von anderen Wesenheiten aufgenommen wird, hat sie zusätzlich noch andere Wesenheiten unbewußt beeinflußt.

Allein an diesem Wort "Glauben" kann man erkennen, daß die Worte, die wir Erdlinge benutzen, Bedeutungen erhalten haben, die nicht mehr mit der Symbolik der Ur-Sprache übereinstimmen.

Überprüfen wir das Gesagte noch an einem anderen Wort, das wir täglich verwenden und das bewirkt, daß die gesamte Aussage ursächlich symbolhaft nicht mehr stimmt.

GLEICHGÜLTIG --- gleich (= NICHT egal)

bedeutet von der Symbolik her "Individualität", die jede Wesenheit gleichermaßen besitzt. Jedoch wird die Gültigkeit dieser Gleichheit durch den Gedanken, "Ich bin besser als der andere" o.ä. verfälscht. Denn wenn wir sagen, "Der oder das ist mir gleich-(gültig)", meinen wir damit, daß eine Person oder Sache uns nicht interessiert, und stellen uns - oft wichtigtuerisch - über diese Person oder Sache.

"Gültig" bedeutet symbolhaft "Wert", so daß "gleichgültig" in tieferem Sinne unseren wahren "Selbst-Wert" beschreibt: "Ich selbst bin gleich wie jeder andere und besitze den gleichen Wert." Wir sind alle vor All-Gott gleich-gültig, das heißt, wir besitzen den gleichen Wert wie jede andere Wesenheit, nicht mehr und nicht weniger.

An dem Tag, an dem die Erdlinge erkennen, daß sie alle "gleichgültig" sind, also gleichen Wert besitzen wie jeder andere Erdling und jede nicht inkarnierte Wesenheit, werden sie ihren wahren "Selbst-Wert" erkennen. Diese Erkenntnis wird dazu führen, daß jeder Erdling, da er sich seines gleichen Wertes gegenüber anderen bewußt ist, gleich in welchem sozialen Umfeld er "hierarchisch" steht, ohne Probleme mit anderen *kommunizieren kann.*

Konflikte und Probleme entstehen immer nur dann, wenn der Erdling den Wert eines anderen unter- oder überschätzt.

Diese Wertungen lassen negative Gedankenbilder bzw. Gefühle entstehen und führen dadurch zu "Selbst-Wert-Einbrüchen".

Diese "Selbst-Wert-Einbrüche" erzeugen durch falsche Bindungen in der psychischen Ebene, dem Gefühlsspeicher der Wesenheit, und im

physischen System des Körpers den Zustand, den wir mit dem Begriff "Krankheit" umschreiben.
In unserer Umgangssprache wurde die Symbolik des Wortes "gleichgültig" umgeändert in die Bedeutung von "für mich wertlos", "egal", "nicht beachtenswert", also in das genau Entgegengesetzte der Symbolik, die das Wort "gleichgültig" in der Ur-Sprache als "gleich wert" beinhaltet und in sich trägt.
Die Masse der Erdlinge der heutigen Zeit "wertet" von vorneherein das, was andere sagen. Werten heißt, die Wahrheit eines anderen mit seiner eigenen Wahrheit zu vergleichen und das, was nicht der eigenen Wahrheit entspricht, wertend herabzusetzen. *Doch Werten ist das Gegenteil von Liebe.*

Das einzige Gebot All-Gottes, *"Liebe deinen Nächsten wie dich selbst"*, verlangt von niemandem, daß er seine materiellen Werte - es ist gleich, wieviel er besitzt - unter die Armen aufteilt. Es aus Liebe und Mitgefühl zu tun, ist eine Entscheidung, die jeder als Wesenheit für sich selbst treffen kann. Nächstenliebe ist auch nicht, dem anderen die Hälfte seines Mantels zu geben oder Teile überschüssiger Vermögenswerte zu einem sogenannten guten Zweck zu spenden. Das Erste könnte man sogar als Dummheit bezeichnen, das Zweite kann eine soziale Notwendigkeit sein, die der Erdling durch das Erkennen einer Situation verstandes- und gefühlsmäßig vornimmt, oder den Grund beinhaltet, "Ich fühle mich dadurch besser."
Nächstenliebe bedeutet Toleranz. - Toleranz in jeder Form dem anderen gegenüber, gleich was oder wer er ist oder was er denkt, sagt und getan hat. Jedem und allem gegenüber Toleranz aufzubringen, ist Nächsten-Liebe, und in ihr zu leben, ist im Grunde genommen das Einfachste, was es gibt, wenn du erkannt hast, wer du wirklich bist.

In Liebe zum Nächsten zu leben ist in dem Moment problemlos, wo jeder für sich selbst erkennt, daß alle Probleme nur daraus entstehen, daß der Erdling durch sein begrenztes *Ego-Image-Denken annimmt, er wäre besser oder schlechter als der andere.*
Hat er erkannt, daß alle Wesenheiten gleichen Wert besitzen, und gewöhnt sich an, seine Meinungen, die er aufgrund seines Wissens von sich gibt, ohne Wertung zu äußern, ohne "Ich habe alleine Recht"-

Denken, und akzeptiert, daß der andere seine Meinung auch ohne Wertung äußert, dann ist der erste Schritt zur Nächstenliebe und zum Leben nach dem Gebot unseres Schöpfers getan.

In unserer Gesellschaft ist das einzige Gebot All-Gottes, das er uns richtungweisend gegeben hat, nicht nur zweitrangig geworden, sondern komplett vergessen worden, weil der Mensch sich selbst Gesetze und Verordnungen geschaffen hat, die total im Gegensatz zu All-Gottes Gebot stehen. Da er das oberste Gebot - das Gebot der Liebe zu Allem-was-ist - nicht begriffen hat, ist auch der Begriff "Toleranz" abgewertet worden im Sinne von "sozialer Tick", "Mitleid" (nicht mit-leiden!) oder "Schwäche".
Daß die Gesetze, Verbote und Verordnungen, die der Mensch selbst geschaffen hat, wider Gottes Gebot sind, ist nicht nur eine Behauptung, sondern absolute Realität.
Die Menschen unserer Gesellschaft haben die Gesetze geschaffen, um angeblich die Ordnung in der Gesellschaft aufrechtzuerhalten. Daß die Gesetze das Gegenteil bewirken, ist von jedem leicht nachzuvollziehen. Zum Beispiel werden die Gesetze des Strafrechtes, wie schon gesagt, rein nach dem Wort (Gesetzestext) angewendet, ohne die Ursache zu berücksichtigen, aus der die strafbare Handlung resultierte.
Die Gesetze des Strafrechts in aller Welt basieren auf Rache bzw. Strafe. Daß diese Gesetze das Gegensätzliche der Liebe sind, die Erdlinge immer weiter vom Weg Gottes abbringen und im Grunde genommen nur neuen Haß erzeugen bei dem, der nach den Gesetzen der Menschen gefehlt hat, das zeigt uns die wachsende Kriminalität. Würden wir nach dem Gebot unseres Schöpfers leben und auch in diesem Bereich anfangen zu helfen - aus Liebe -, statt zu strafen, würden wir eines Tages erkennen, daß diese Gesetze das Sinnloseste sind, was je von Menschen geschaffen wurde.
Die Menschen, denen man als Handlanger der Gesetze das Recht gegeben hat, anzuklagen und zu richten nach diesen Gesetzen, deren Worte und Inhalte aus den Gedankenbildern Einzelner geformt wurden, verstoßen, ohne daß sie es überhaupt noch erkennen, ununterbrochen durch die gnadenlose Befolgung dieser Gesetze gegen das Gebot All-Gottes.

Die schwerwiegendsten Manipulationen, auf die die Erdlinge seit Millionen von Jahren "hereingefallen" sind, in wenigen Worten zusammengefaßt, waren (und sind):

- daß Gott außerhalb von uns, nicht erreichbar für uns, irgendwo im All existiert,

- daß Er über uns richtet, seinen Zorn über uns ausgießt und uns für unsere "Sünden" bestraft bzw. büßen läßt,

- daß wir nur geboren werden, um unter dem Diktat unserer Eltern und nach den Regeln der Gesellschaft aufzuwachsen, ums Überleben zu kämpfen, alt und krank zu werden und zu sterben,

- daß es einen Teufel gibt, der uns ständig verführt, Böses zu tun, und uns Versprechungen macht, uns mit Reichtum, Ruhm und Macht lockt, damit wir ihm unsere Seele "verkaufen",

- daß wir auf ewig in der Hölle schmoren werden, wenn wir uns nicht an die Aussagen, die Regeln und Vorschriften der Kirche halten,

- daß wir den Prophezeiungen von Gefahr, Untergang und Verdammnis, die Seher und Propheten verkünden, Glauben schenken müssen, da sie mehr wissen als wir,

- daß wir für unser Vaterland und die Kirche gegen Angehörige anderer Völker oder anderer Glaubensrichtungen kämpfen, sie ihrer Freiheit und ihrer Besitztümer berauben und sie töten müssen,

- daß Töten, Berauben, Nötigen, Mißbrauchen usw. jedoch Straftaten sind, die vom Staat bzw. der Gerichtsbarkeit geahndet werden, wenn der Befehl dazu nicht vom Staat oder von der Kirche gegeben wird,

- daß die unübersehbare Anzahl von Gesetzen, die die Herrschenden bzw. sogenannten Volksvertreter geschaffen haben, dazu dienen sollen, Frieden und Ordnung für jeden aufrechtzuerhalten und allen in einer Gemeinschaft Schutz zu gewähren,

- daß wir besser sein müssen als andere, damit wir von anderen akzeptiert oder geliebt werden können,

- daß es egoistisch ist, wenn man an sich selbst denkt, statt sich für andere aufzuopfern,

- daß Phantasien und Träumereien oder Wachträume "Hirngespinste" und vollkommen unrealistisch sind, da nur das real ist und eine Daseinsberechtigung hat, was wir mit unseren 5 körperlichen Sinnen wahrnehmen können,

- daß es allein auf logisches - rationales bzw. Verstandesdenken ankommt und Gefühle bzw. Emotionen zu unterdrücken sind,

- daß die Meinung anderer über uns wichtiger ist als unsere eigene,

- daß nicht das wahr ist, was wir durch unser eigenes Gefühl als wahr erkennen, sondern das, was durch Logik, Intellekt, angebliche Fakten und "wissenschaftliche" Ergebnisse, ermittelt durch "messen und wägen", zu "beweisen" ist,

usw., usw.

Manipulative Behauptungen sind:

Gott sei außerhalb / getrennt von uns.

"Gottes Wille" sei ein anderer als unser eigener Wille.

Gott habe alle Wesen und Dinge im Kosmos erschaffen, und der Mensch, ein armseliger Sünder, könne nur durch die Hilfe von Priestern und Religionsgemeinschaften bzw. nur durch die Gnade Gottes ins "Himmelreich" kommen.

Es gäbe "Gesetze Gottes" und Bedingungen, die wir erfüllen müssen, um Gottes Liebe zu erringen.

Es gäbe eine Vorsehung bzw.
unser Schicksal sei durch "höhere Mächte" vorherbestimmt.

Karma bedeute "ausgleichende Gerechtigkeit" oder das Sühnen eines Vergehens, eine Bestrafung für unsere Sünden, bzw. eine Opfer-Täter-/Täter-Opfer-Beziehung im nächsten Leben.

Es gäbe   wahr und unwahr,
                 richtig und falsch,
                 Recht und Unrecht,
                 gut und böse usw.

Es gäbe eine Hölle, einen Teufel bzw. Satan, sowie
Fluch und Verdammnis, wenn wir nicht tun,
was uns die Kirche vorschreibt.

Krankheit, Leid und Tod seien unabänderlicher Bestandteil unseres Lebens.

Die kosmischen Wahrheiten sind hingegen:

All-Gott ist in uns, und wir sind in All-Gott, denn All-Gott ist Alles-Was-Ist. Daher können wir nie getrennt von Ihm sein.

"Gottes Wille" ist gleich unserem eigenen Willen, denn Er gab uns vollkommene Willens- und Ausdrucks-Freiheit.

Die einzige Schöpfung All-Gottes sind die Wesenheiten, seine Kinder. Wir, die Kinder Gottes, haben alle anderen Wesen und Dinge im Kosmos erschaffen. Das "Himmelreich" ist seit unserer Erschaffung IN UNS - wir brauchen es nur in uns zu "sehen", zu fühlen.

Es gibt keine "Gesetze Gottes", keinerlei Begrenzungen,
und All-Gott liebt uns bedingungslos, ohne uns je zu richten.

Wir bestimmen durch unser Denken und Fühlen jeden Moment unseres Seins selbst. Dies ist unsere "göttliche Vorsehung".

Karma existiert nur für denjenigen, der daran glaubt.
Bei All-Gott gibt es weder Sühne noch Bestrafung.
Keiner ist das Opfer eines anderen, es sei denn, er sieht es so.

Im Sinne All-Gottes gibt es kein wahr oder unwahr, richtig oder falsch, gut oder böse, denn All-Gott kennt keine Dualität, sondern nur die reine Istheit, das Sein. Die Dualität dient uns nur zum Erkennen. Sobald wir nicht mehr urteilen, vergleichen und bewerten, leben wir ohne Dualität das reine Sein.

Es gibt weder eine Hölle noch den Teufel oder Satan, weder Fluch noch Verdammnis, wenn wir diese Glaubenssätze strikt ablehnen. Die Hölle bereiten wir uns selbst - in uns -, wenn wir daran "glauben".

Krankheit, Leid und Tod existieren nur, weil wir daran "glauben".

All-Gott gab uns nur ein einziges Gebot - das der Liebe - als Hilfe, nicht als Bedrohung und auch nicht als Gesetz, das unbedingt befolgt werden muß, sondern als Hinweis, daß nur durch das Sein in der Liebesschwingung alles in Harmonie bleibt.

Da das Leben bzw. die Erfahrung des Lebens ein fortschreitender Prozeß ist, zu dem Zweck, ein umfassenderes Verständnis zu erlangen, sperrt sich z.B. ein Mörder von weiterführendem Erkennen und Verstehen selbst aus, weil er - aufgrund der Prägung durch das begrenzte gesellschaftliche Denken - durch seine Tat in eine Gefühlsverwirrung gerät, die Jahrtausende, also durch mehrere Leben bzw. Inkarnationen hindurch, anhalten kann.

Er schafft sich dadurch seine eigene Hölle. Es ist keine Bestrafung durch All-Gott, und er muß auch nicht in diesem Sinne seine Tat "sühnen". Denn als Wesenheit macht er sich nicht schuldig, sondern nur eine Erfahrung - genauso, wie die Wesenheit, die ihm als Opfer "dient", die diese Erfahrung des "Opfer-Seins" - willentlich - um der Erfahrung willen - gewählt hat.

Würde er nach der Tat nicht in eine Gefühlsverwirrung geraten, sondern sich selbst und damit All-Gott so weitgehend verstehen, daß seine Tat eine reine Erfahrung war - weder gut noch bös, erginge es ihm wie seinem "Opfer", das sich, um es noch einmal zu betonen, *diese Erfahrung selbst gewählt hat* und das sofort wieder einen neuen Körper aussuchen kann, wenn es dies will.

Nur wir Erdlinge bewerten den Tod als etwas Negatives, etwas Schreckliches. In Wirklichkeit ist er eine Illusion, denn eine Wesenheit stirbt nicht, sondern existiert ewig. Diese Illusion haben nur wir Erdlinge in unserer Begrenzung zur Wirklichkeit werden lassen, weil wir daran "glauben", sterben zu müssen.

Der "Mörder" hätte, wenn er nicht in eine lang anhaltende Gefühlsverwirrung stürzen würde, weiterhin alle Möglichkeiten, zu erschaffen und Erfahrungen zu sammeln, um ein unbegrenzteres Verständnis zu erlangen.

Vor allem würde er in der Harmonie bleiben und die Energie der Liebe und des Lichtes nicht umwandeln in eine zerstörerische Form. Dies betrifft jedoch auch all diejenigen, die seine "Tat" verurteilen, die ihn dafür hassen und verdammen. Auch sie wandeln die Energie der Liebe und des Lichtes in eine zerstörerische Form um.

"Es geht immer um das, was uns All-Gott geschenkt hat: um Liebe, Licht und die Freiheit des Schaffens und Erfahrens mit dem Ziel, alles zu verstehen und Weisheit zu erlangen.
Im grenzenlosen Verstehen seiner Selbst liegt das Erkennen, daß alles EINS ist - das Innen wie das Außen, das Oben wie das Unten -, das Leben selbst, der Fluß des Eins-Seins in der Liebe, in der Freude, die alles umschließt und es gleichzeitig selbst ist. Alles fließt dahin - in der Geduld der Existenz." (Randola)

Auf unserer materiellen Ebene wurde die Religion geschaffen, um die Erdlinge immer weiter vom Wissen um ihre immer und ewig bestehende Göttlichkeit zu trennen.
Die Manipulatoren brauchten nur immer wieder zu behaupten, daß der Erdling ein Sünder, ein schlechter Mensch sei - weit entfernt von Allwissenheit und Allmacht, weit entfernt von Gott und seinem "Himmelreich" -, so wurde es von ihm geglaubt.
In der Seelenstruktur wird alles gespeichert, was der Erdling bzw. die Wesenheit fühlt. Wenn man dem Erdling also oft genug gesagt, daß er erbärmlich ist, wird er sich so fühlen, und aus diesem Gefühl wird er seine Wirklichkeit schaffen.
In seinem verzweifelten Wunsch, anerkannt und akzeptiert zu werden, wird er auf alles hereinfallen, was man ihm eintrichtert, gleich wie begrenzt oder schwachsinnig es ist.
Also schufen die Manipulatoren die Religion und machten die Erdlinge glauben, daß sie nur durch die Befolgung der Regeln religiöser Institutionen und durch die Verehrung der (angeblichen) "Vertreter Gottes auf Erden" irgend wann einmal ihr Sünderdasein ablegen und "in den Himmel" kommen würden.
Indem die Manipulatoren im Bewußtsein der Erdlinge eine "kollektive Masse" schufen, war es ihnen über die Regierungen und Religionen über Jahrtausende hinweg möglich, diese Masse so zu beherrschen, als wären alle Erdlinge nur *ein* Wesen.

Daß jeder Einzelne selbst Gott ist, mit unbegrenzter Schöpferkraft, mit einem unbegrenzten - freien - Willen, mit dem Recht, alle Abenteuer zu erleben, die es zu erleben gibt, und alle Erfahrungen zu machen, wie jeder es will und selbst bestimmt - ohne von All-Gott

dafür verdammt oder verurteilt zu werden - das wurde komplett vergessen.
Dies zu vergessen - und zu glauben, von All-Gott getrennt zu sein, führte die meisten Erdlinge in unzählige Inkarnationen in der Dichte der Materie, in denen sie *immer wieder die gleichen Erfahrungen machten* - da sie sich ihrer wahren Schöpferkraft, ihrer Göttlichkeit nicht bewußt waren.

> *Nichts ist verloren und nichts gewonnen,*
> *wenn ihr nicht denken wollt*
> *in den Begriffen von Sieg und Niederlage.*
> *Das ist das Gesetz, das ihr euch erschaffen habt*
> *zu Ruhm und Ehr, zu Schmach und Niederlage in Trauer.*
> *Am Ende ereilt alles das selbe Schicksal*
> *von der Urkraft, die sich im Licht des Lichtes badet.*
> (Randola)

Um aus den Erfahrungen, die durch unsere Gefühle bewirkt werden, Weisheit zu erlangen, um wieder zurückzufinden zum Ursprung, zur Ur-Sache der Erfahrung, müssen wir immer wieder zurückgehen zu dem Zeitpunkt, als das UR-TEILEN begann.
Denn nur aus dem Ur-Teilen entstehen die Polaritäten, die Dualität, die uns zu schaffen macht und uns im Dunkeln tappen läßt.
LICHT in das Dunkel zu bringen, um die Verwirrtheit unserer Gefühle zu entwirren, bedeutet Er-Kennen und verstehen.

"Die Machenschaften der Manipulation, der Intrigen und Kämpfe, der Hierarchie und überhaupt des Bösen Willens, all das, worin die Menschheit jetzt verstrickt ist, gilt es nicht zu bekämpfen, sondern zu begegnen - durch Erkennen und Verstehen -, denn im Kämpfen liegt Widerstand, der euch eures Selbst beraubt." (Randola)

Um zu einem unbegrenzten Verständnis zu gelangen, müssen wir die Begrenzungen verstehen lernen, die die Menschheit in eine Sackgasse geführt haben.
Wissenschaft bedeutet *Wissen schaffen*. Erleuchtung bedeutet ganz

einfach: *im Licht des Wissens sein.* Wissen bedeutet *Gefühl* bzw. Wissen erlangt man über das *Gefühl.*
Da wir in einer Gefühlsverwirrung steckengeblieben sind, bedarf es einer Sortierung, einer Analyse unserer Gefühle, um Wissen zu schaffen. Erst wenn wir erkennen, wodurch sie entstanden sind, erlangen wir ein unbegrenzteres Verständnis.
Dies geht jedoch nur, wenn wir nicht Ur-Teilen und Be-Werten, also zweierlei Wertigkeiten schaffen.
Daher unsere Bitte an dich: Werte und bewerte oder gar verurteile das im folgenden Beschriebene nicht, denn das würde dich wieder begrenzen ! In einem unbegrenzten Verständnis gibt es weder gut noch bös, weder wahr noch unwahr - und gewiß keine Schuldigen, sondern nur Wesenheiten mit einem begrenzten Verständnis.

Alles, was auf Macht - auf der Macht über andere - basiert, basiert auf Besitz, und alles, was auf Besitz basiert, auf Eigentums-Denken, führt unweigerlich zu Gefühlen mit sehr niedrigen Schwingungsfrequenzen, zu unzähligen Konflikten und dadurch zu Krankheit, aber auch zu den meisten Verbrechen, die in unserer Gesellschaft begangen werden.
Durch die Macht über andere will der Mächtige sich und anderen seine Überlegenheit beweisen. Dazu benötigt er Unterlegene, die sich ihm aus Angst unterwerfen.
Macht, Angst und Neid sind die Gefühle, die die Liebe verdrängen.
Um Macht ausüben zu können, muß der Mächtige - der sich in seiner Überheblichkeit einem anderen überlegen fühlt - im anderen das Gefühl der Minderwertigkeit erzeugen oder verstärken. Dieses Gebarens haben sich die Mächtigen gleich welcher Größenordnung - angefangen bei den Religionen über die Regierungen bis hin zur Einzelperson - immer bedient.

Erinnern wir uns: Angst entstand zum erstenmal bei den Wesenheiten, als nicht mehr Liebe und reine Freude der *Beweggrund gleich Motivation* der Wesenheiten zur Entfaltung ihrer Kreativität, ihrer Schöpferkraft, waren, sondern das Gefühl des "BESSER-SEIN-WOLLENS" als andere, der sogenannte Wettbewerbsgeist, der zum Konkurrenz-Kampf führt. Durch den Wunsch oder Drang, andere Wesenheiten zu

übertreffen und immer noch Großartigeres zu erschaffen, entstand bei den Wesenheiten - durch Bewerten und Vergleichen - gleichzeitig ein Gefühl des Geringer-Seins, ein Gefühl der Unvollkommenheit.
Die Schwingungsfrequenz der Liebe wurde "hinuntergedreht".
Da sich alles manifestiert, woran eine Wesenheit "glaubt", entstand durch dieses Gefühl der Unvollkommenheit, durch den "Glauben" an ein "Weniger-Wert-Sein", an "Nicht-Genug-Haben oder -Sein" das Gefühl des "Von-Gott-Getrennt-Seins". Dadurch verloren die Wesenheiten, die Götter, die Schöpfer von "Himmel und Erde und aller Dinge", ihre höchste Tugend, die Tugend All-Gottes, die bedeutet: *Sich-Selbst-Genug-Sein.*
Durch "Werten" und "Vergleichen", durch "Be- und Verurteilen" entstand der "Irr-Glaube", die ILLUSION einer Trennung von der Gesamtheit des Lebens, von All-Gott.

Wahrer Besitz ist nur, was wir SELBST sind (das "ICH BIN"). Diesen Besitz kann uns niemand rauben. Wir selbst können uns nur unsere Sicht "verstellen" oder rauben lassen.
Da wir vergessen haben, wer wir in Wirklichkeit sind, suchten wir eine Kompensation, einen *Ersatz* für das Gefühl des "Von-Gott-getrennt-Seins" und für den Mangel an Liebe, der durch dieses Gefühl entstanden ist.
In vielen ihrer Leben auf der Erde wählte eine Gruppe von Erdlingen (bzw. Wesenheiten) immer wieder Macht (Gewalt) und Besitz als Ersatz, während sich die andere Gruppe immer mehr in die Angst fallen ließ und Erniedrigung und Unterdrückung erfuhr.
Sehr viele Wesenheiten sammelten natürlich auch in ihren tausenden von Inkarnationen Erfahrungen in jeglicher Hinsicht.
Diejenigen, die sich der Macht verschrieben und dies auch vielfach heute noch tun, wurden von den Wesenheiten, die seit Äonen als die größten Manipulatoren anzusehen sind, unterstützt bzw. ausgenutzt, was sie, wie jeden anderen Erdling bzw. jede Wesenheit, nicht von ihrer *Eigenverantwortlichkeit* entbindet.

Solange Erdlinge in einer Gemeinschaft das, was sie zum Leben benötigen, durch eigenes Tun und Tauschen erwerben (also, einfach ausgedrückt, durch Hergabe dessen, was sie übrig haben, gegen das, was ein anderer übrig hat), kann nichts gehortet werden, und alles bleibt im Fluß, in Harmonie - in der Harmonie, in der alles in der Natur für- und miteinander wirkt.

Sobald etwas geschaffen wird, das man horten kann, um mit diesem angehäuften Besitz über andere Macht zu haben, ist die Harmonie zerstört. Es wird nicht mehr miteinander gewirkt, sondern gegeneinander.

Die Einführung des "Hortbaren Wertes Geld" leitete eine unglückselige Entwicklung ein, in der die Reichen immer reicher und die Armen immer ärmer wurden. Seitdem auch noch Zinsen eingeführt wurden, wodurch das Geld selbst Geld "verdient", verlor die Arbeitskraft des Erdlings immer mehr an Wert; seine Schaffensfreude sowie die Liebe zum Tun nahmen immer mehr ab und machten Frust und Streß Platz.

Der "Tanz" um das "Goldene Kalb" (Geld und Besitz) bzw. seine "Anbetung", das Horten von Geld und das Trachten nach Privatbesitz bzw. Reichtümern haben eine Gesellschaft entstehen lassen, in der Gier und Neid vorherrschen, was automatisch zu Gewalt führt und die wahren Werte des Erdlings untergräbt.

Dies geht von der kleinsten Gemeinschaft wie der Ehe bzw. Familie bis zur größten, dem Volk oder der Nation und darüberhinaus bis zu den Mächtigen, die die Geschicke, das Schicksal, der gesamten Menschheit zur Befriedigung ihrer Machtgelüste bestimmen - hinein in eine Katastrophe, die größer sein könnte als alle Katastrophen der letzten 10,5 Millionen Jahre, in denen sich die Erdlinge dazu verführen ließen, sich (ihre Gefäße) und ihre Kulturen immer wieder selbst zu zerstören.

MACHT und ANGST sind also eng miteinander verflochten.

Seit Äonen der Zeit ist die Menschheit gespalten in zwei Teile - auf der einen Seite stehen die Mächtigen und diejenigen, die nach Macht streben, aber auch diejenigen, die dieses Machtsystem - bewußt oder unbewußt - unterstützen.

Auf der anderen Seite befinden sich all diejenigen, die sich beherrschen lassen - sei es aufgrund von mangelndem Selbstvertrauen, anerzogener Unterwürfigkeit, Bequemlichkeit, Sicherheitsdenken, falsch verstandener Gutmütigkeit usw..

Dadurch wird aber auch jeder Einzelne, der in der heutigen Gesellschaft lebt, in sich gespalten - schizophren.
Machtdenken beinhaltet Besitzdenken und erzeugt automatisch die Polaritäten Überlegenheit / Minderwertigkeit sowie Erfolg / Versagen.
Noch verheerendere Auswirkungen hat jedoch das Besitzdenken, das Erdlinge selbst zum Besitz oder Eigentum degradiert.

Wenn Eltern ihr Kind als Besitz betrachten,
- und nicht als individuelle Wesenheit, die sich dieses Elternpaar ausgesucht hat, um ein Gefäß in dieser Inkarnation zu haben -
nehmen sie schon dem Kleinkind seine Einmaligkeit, seine Würde, seine Entfaltungsmöglichkeiten.
Durch ihr Besitzdenken erziehen Eltern ihre Kinder ("ihr eigen Fleisch und Blut"!) dazu, "etwas zu werden, sich einen Namen zu machen", um ihren eigenen - meist unerfüllten - Ehrgeiz zu stillen, um sagen zu können, "Ich bin stolz auf dich - MEIN Kind". Ihre unerfüllten Wünsche übertragen sie auf ihre Kinder unter dem Motto: "Mein Kind soll es einmal besser haben als ich". Doch das ist Heuchelei und zerstört die Liebe.
Außerdem erzeugt jeglicher Ehrgeiz Eifersucht und Neid, er führt unweigerlich zu Kampf und Verkrampfung.
Wird schon ein Kleinkind dazu gezwungen, nach den Vorstellungen seiner Eltern zu leben, wächst es nicht in Freude und Heiterkeit, in Lachen und spielerischer Kreativität auf, sondern in Unglücklichsein und Verzweiflung.
Da der Ehrgeiz der Eltern, akzeptiert und anerkannt zu werden, nach außen gerichtet ist, sich nach den Vorstellungen und Normen der Gesellschaft richtend, sind meist nicht die Gefühle des Kindes für sie wichtig, sondern viel wichtiger ist ihnen ihr Ansehen, ihr "Image", das sie sich in der Hierarchie der Gesellschaft aufgebaut haben. Wichtig ist, was "die Leute sagen oder denken".

Da in einem Kleinkind noch die hohen Schwingungsfrequenzen der Wesenheit bzw. Seele wirken, also Liebe, Freude und "unschuldiger" Forscherdrang, gerät es ständig in Konflikt mit den niedrigen Gefühlsfrequenzen der Eltern und den Personen in seinem Umfeld. Wird einem Kind laufend gesagt, "Du kannst nichts, du bist zu nichts zu gebrauchen, du bist ungeschickt, aus dir wird nie etwas werden", glaubt es, versagt zu haben. Jedes Gefühl, versagt zu haben, hinterläßt bei einem Kind - wie bei jedem Erdling - eine tiefe Wunde der Minderwertigkeit.

Gibt man einem Kind oft (weil man andere Sachen "im Kopf" hat, die man für wichtiger hält) auf seine vielen Fragen die ausweichende Antwort, "Das verstehst du noch nicht, dazu bist du noch zu klein", verstärkt man nicht nur das Gefühl der Minderwertigkeit, des "Noch-nicht-genug-Seins", des "Noch-nicht-dazu-Gehörens", sondern nimmt ihm auch die Freude, den JETZIGEN Augenblick zu leben.

Ebenso wird mit dem Ausspruch - meistens in Verbindung mit einem "Verbot" -, "Wenn du erwachsen bist, kannst du alles tun, was du willst", das Erleben des Augenblicks an die Zukunft "verkauft".

Mit der Aussage, "Wenn du dein eigenes Geld verdienst, kannst du selbst bestimmen, was für dich richtig ist. Doch solange du noch deine Füße unter meinen Tisch stellst, hast du zu tun, was ich sage", zwingt man ein Kind oder einen Jugendlichen in den Gehorsam, demonstriert ihm seine Abhängigkeit und bewirkt einerseits ein Gefühl des "Gedemütigtseins", andrerseits eine Fehleinschätzung von Besitz. Dieses fehlgeleitete Besitzdenken wird oft noch dadurch gefördert, daß man Kinder für ihr "Brav-Sein" oder gute Noten in der Schule mit Geld oder Geschenken belohnt.

In vielen Fällen versuchen Eltern und Großeltern, sich die Liebe und Zuneigung des Kindes zu erkaufen oder sich "freizukaufen" (zur Beruhigung ihres schlechten Gewissens), wenn sie ihre Zeit für Dinge, die ihnen wichtiger erscheinen, aufwenden wollen oder nicht die Liebe und Geduld aufbringen können, sich ihrem Kind und dessen "Bedürfnissen" zu widmen.

Einerseits wird dem Geld bzw. materiellen Dingen ein zu hoher Stellenwert gegeben, andrerseits wird nicht bedacht, daß Geld oder materielle Dinge nie Liebe, Zuneigung, Anerkennung und Verständnis ersetzen können.

"Sich Zeit für das Kind nehmen" ist eine Form des Zum-Ausdruck-Bringens, daß einem das Wohlergehen des Kindes wirklich "am Herzen liegt". Bekommt ein Kind dies nicht oder fast nie zu spüren, sondern wird es oft "zurückgestoßen", baut sich ein Gefühl der Leere

und des Nicht-Geliebt- bzw. -Akzeptiert-Werdens auf, und das Kind hat keine Chance, Selbstachtung zu empfinden und Selbstbewußtsein zu entwickeln.
Den "Beweis" dafür, daß es so ist, finden wir in immer häufiger vorkommenden Fällen von Selbstmord und Mord, den Kinder oder Jugendliche begehen, selbst wenn es ihnen in finanzieller Hinsicht an nichts mangelte. Auch die Flucht in den Drogengenuß ist ein Zeichen für diese Fehlhaltung. (Drogensucht ist - wie jede Abhängigkeit - die Sucht gleich Suche nach einem GEFÜHL !!)
Die Ursache wird jedoch keinesfalls im gesellschaftlichen Denken bzw. im festgefahrenen System der Gesellschaft oder in Erziehungsfehlern gesucht, sondern man steht fassungslos und entsetzt vor einem Rätsel.
Würden Kinder von klein auf so geleitet, daß sie Ehrfurcht vor dem Leben und der Natur empfinden, daß sie ihre Liebe, ihre Freude und ihre Kreativität zum Ausdruck bringen könnten, ohne daß ihr Forscherdrang beschnitten wird, daß sie geliebt werden, gleich was sie tun oder "anstellen", würde keine innere Leere aufgrund von zuwenig Liebe und Anerkennung entstehen, und es wäre unmöglich, daß sie eines Tages Selbstmord begehen oder zum Mörder werden.

Daß Eltern, als sie noch Kinder waren, auf die gleiche Weise durch Fehl-Erziehung und das herrschende Gesellschaftssystem in diese Begrenzung hineingeraten sind, steht außer Frage.
Dieses "Generationsproblem", das sozusagen zum "Vererben" von Konflikten führt, zeigt, daß es nicht darum geht, "Schuldige" zu finden, sondern daß wir nur durch das Erkennen der wahren Ursache zu einem umfassenderen Verständnis gelangen können.

Das Gleiche betrifft unser derzeitiges Bildungswesen. Das leistungsorientierte Erziehungs-, Schul- und Bildungssystem der heutigen Gesellschaft, in dem Noten und Prüfungsergebnisse wichtiger sind als wirkliche Bildung, unterbindet nicht nur die Freiheit, in der Gegenwart zu leben und Kreativität zum Ausdruck zu bringen, sondern verschiebt alles in die Zukunft.
Außerdem werden durch Benotung und Beurteilung nach leistungsbezogenen Kriterien bei Kindern und Heranwachsenden Überlegen-

heits- und Minderwertigkeitsgefühle, Eifersucht und Neid, Konkurrenzdenken, Prüfungs-Angst bzw. -Neurosen und Streß erzeugt.
Was gelernt wird, ist nicht wichtig, wichtig ist nur, daß Prüfungen (in der Zukunft) bestanden werden, damit man in der Zukunft in der Lage ist, seinen Lebensunterhalt zu verdienen bzw. durch "Titel" und "akademische Grade" unter Beweis zu stellen, daß man "besser und mehr wert ist als andere".
Doch nirgendwo wird Bildung als Ganzes geboten, sondern sehr viel Unwesentliches gelehrt.

Was in der gegenwärtigen Erziehung und im Bildungswesen vollkommen fehlt, ist eine Unterrichtung in der Kunst, *in Liebe und Harmonie miteinander zu leben.* Erkenntnisse über das Leben selbst werden erst gar nicht vermittelt.
Desgleichen fehlt die Chance für alle Kinder und Heranwachsende, sich schöpferisch so zu betätigen und zu entwickeln, wie es ihrer individuellen Veranlagung entspricht.
Alle Bereiche, in denen Kreativität zum Ausdruck gebracht werden könnte wie z.B. in der Kunst und in der Ausbildung handwerklicher Fähigkeiten, werden nur oberflächlich berührt. Dadurch fühlt sich der Erdling getrennt von der Schöpfung, von der Natur, die unentwegt erschafft. Die Erforschung der Wunder der Natur, der Mysterien der Schöpfung, hat nur einen sehr geringen Stellenwert, da alles Tun auf Konkurrenzdenken basiert. Konkurrenzdenken ist jedoch gewalttätig und lieblos, sie zerstört alle Freude, Heiterkeit, Verbundenheit, Freundlichkeit und Hilfsbereitschaft.
Dem Wunsch, etwas in der Zukunft erreichen zu wollen - oder zu müssen -, fällt der jetzige Moment, der letztendlich nur gelebt werden kann, zum Opfer, wodurch nicht nur eine ungeheure Leere im Leben entsteht, sondern auch dem Pseudo-Wert "Zeit" eine zu große Bedeutung zukommt.
Außerdem fehlt im heutigen Schul- und Bildungssystem der Bezug zur Wirklichkeit, da immer noch von dogmatisch denkenden Lehrern, Dozenten und Professoren das gelehrt wird, was vor Jahrzehnten oder in noch fernerer Vergangenheit aktuell war.
Insbesondere die letzten Jahrzehnte waren geprägt durch eine enorme Wissensexplosion in fast allen Bereichen unseres Lebens, doch die

unvorstellbar vielen neuen Fakten und neuen Entdeckungen überfordern unser derzeitiges Bildungssystem komplett.

Würde ein gezielter Unterricht über das Fernsehen erfolgen, unterstützt durch umfangreiche Datenbanken von Computern, wobei Lehrer und Dozenten als Berater zur Verfügung ständen, könnten alle Schulen und Universitäten geschlossen werden, da auf diesem Weg wahre Intelligenz gefördert und umfassendere, tiefgehendere Bildung vermittelt werden könnte. Außerdem würden Kinder und Jugendliche nicht zum Konkurrenzdenken angetrieben oder verleitet und die Gefühle der Überlegenheit oder Minderwertigkeit sowie Eifersucht und Neid nicht geschürt.
Daß dies keine Utopie ist, zeigen Berichte über Unterrichtsmethoden, die auf dieser Basis, z.B. in Alaska, Australien, Kanada und Neuseeland, überall dort angewandt werden, wo Familien mit ihren Kindern in entlegenen Gebieten, also weitab von Schulen und Universitäten leben.

Ehe / Familie
Obwohl sich in den letzten Jahrzehnten im Bereich Partnerschaft und Ehe sehr vieles gelockert hat, ist die Ehe immer noch eine Institution, die unsägliches Leid, Unterjochung, Verzweiflung, Aggression und Depression bewirkt. Trotz eines Umdenkens in mancher Beziehung, trotz Entfernung einiger Tabus und trotz einer gewissen Gleichstellung der Frau, bedeutet die Ehe auch in der heutigen Zeit immer noch Unfreiheit, Lieblosigkeit, Würdelosigkeit und totale Zerstörung der geistigen Dimension, wenn sie auf Besitzdenken basiert.
Da immer noch mit zweierlei Maß gemessen wird, gilt vielfach noch das, was seit Jahrtausenden, vom Mann ausgehend, als ungeheure Manipulation der Frau anzusehen ist: Die Frau wurde dazu abgerichtet zu glauben, sie sei - als einzige Ausnahme in der Natur - monogam, während der Mann, wie alles in der Natur, polygam ist und das "Recht" hat, danach zu leben.

Da diese ungeheuerliche Konditionierung der Frau immer noch sehr tief verwurzelt ist, fühlt sie sich tief innen als Hure, wenn sie das macht, was jeder Mann sich seit Jahrtausenden als sein alleiniges

Recht zugesprochen hat: ein Geschlechtsakt mit einem anderen Partner. Der Mann hingegen fühlt sich tief verletzt, wenn seine Frau sich in einen anderen verliebt bzw. sich einem anderen "hingibt", da er sich zurückgestoßen und minderwertig fühlt.

Die Angst vor Impotenz oder das Gefühl, "nicht Manns genug zu sein", trifft fast jeden Mann unglaublich tief, da er aufgrund der Erziehung in einer patriarchalischen Gesellschaft immer den "Starken" mimen mußte.

Jahrtausendelang wurde die Frau wie eine Sklavin behandelt. Sie wurde vom Mann in jeder Hinsicht, vor allem im Finanziellen, in Abhängigkeit gehalten und jeglicher Freiheit beraubt - ihrer Bewegungsfreiheit, ihrer Freiheit, sich selbst zum Ausdruck zu bringen, ihrer Freiheit, ihre Fähigkeiten zu entwickeln, zum Beispiel, um selbständig und finanziell unabhängig zu sein.

Einerseits wurde ihr zwar die Verantwortung abgenommen, doch andrerseits wurde ihr jede Ausbildung und jede Chance, die Verantwortung für sich selbst zu übernehmen, verwehrt.

Unentwegt schwanger zu sein, war früher für eine Frau nichts Außergewöhnliches, da die Kindersterblichkeit sehr hoch war. Wollte ein Mann zwei oder mehr Kinder haben, mußte eine Frau ständig geschwängert werden. Andrerseits gab es kaum Verhütungsmittel oder -methoden, so daß sich eine Frau gar nicht vor einer Schwangerschaft schützen konnte, zumal wenn der Mann rücksichtslos auf der Erfüllung der "ehelichen Pflichten" seitens der Frau beharrte.

Da die Ehe auf Besitz gegründet war, nicht nur in Bezug auf die Frau als Besitz des Mannes, sondern auch im Hinblick auf seinen materiellen Besitz, mußte er, um seinen Besitz bzw. sein Erbe zu schützen, verhindern, daß seine Frau "fremdging".

Nur so konnte ein Mann sicher sein, daß tatsächlich sein "eigen Fleisch und Blut" Erbe seines Besitzes wurde. Um seinen "Besitz" zu schützen und nicht Gefahr zu laufen, daß irgendwer ihn beerbt, mußte also seine Frau monogam und "treu" sein.

Daß Frauen in der heutigen Zeit oft "den Spieß umkehren" und Sex als Druck- oder Erpressungsmittel verwenden, um etwas für sich zu erreichen oder zu erhalten (z.B. Kleider, Pelzmäntel, ein neues Auto, mehr Freiheit usw.), ist zwar nicht die "feine" Art, da dies meistens

auf Rache oder ein neues Machtdenken zurückzuführen ist, aber trotzdem mit Verständnis zu begegnen.
Mehr Verständnis und Achtung sollte aber auch jenen Frauen entgegengebracht werden, die durch Prostitution seit Jahrtausenden im Grunde genommen ein wichtiges Regulativ in der Gesellschaft waren. Prostituierte als minderwertige Außenseiterinnen der Gesellschaft anzusehen und zu "ächten", während die Prostitution in der Ehe (z.B. durch Sex als Druckmittel) gang und gäbe ist, zeigt, daß Verlogenheit und Heuchelei die Stützpfeiler der gesellschaftlichen Hierarchie sind. "Sich ein Kind machen zu lassen", um nicht mehr selbst erwerbstätig sein zu müssen, oder sich einen "reichen" Mann als Versorger und Erblasser (womöglich noch mit dem Wunsch, daß er schnell stirbt) zu "angeln", hat genauso wenig mit Liebe, gegenseitiger Achtung, Vertrauen, Glück und Freude zu tun wie der Trick, nur so lange "den unteren Weg zu gehen" und eine "verkorkste" Ehe bzw. den Ehemann zu "ertragen", bis er genug Geld verdient hat, damit er ihr bei der Scheidung eine hohe Abfindung oder lebenslang ihren Unterhalt zahlen kann.
Ehen waren in der gesamten Menschheitsgeschichte sehr selten geprägt von Liebe, gegenseitiger Achtung und Anerkennung, Vertrauen und Freiheit, sondern fast immer Beziehungen, in denen alle nur denkbaren Scheußlichkeiten, Destruktivität und Unmenschlichkeit zutage traten - oder vertuscht wurden.
Da früher größter Wert darauf gelegt wurde, nur "standesgemäße Ehen" zu führen, hatten sie nichts mit Liebe zu tun, sondern basierten auf Pseudo-Werten. Es waren "Zweck-Ehen", die zur Besitzerhaltung, zur Sicherstellung, daß der "Familienname" nicht "ausstirbt", zur Aufrechterhaltung der "Familienehre" oder zur Erhöhung des Familienbesitzes geschlossen wurden.
In unzähligen Opern, Dramen und Romanen wurde die "große Liebe" zwischen zwei Erdlingen als "nicht lebbar", als "nicht zu verwirklichen" dargestellt. Dies entsprach nicht der Wirklichkeit, sondern war eine Manipulation seitens der Herrschenden.
Im Auftrag von Königen, Fürsten und Religionsführern wurden "Schreiberlinge" dazu gebracht, die Liebe und Freiheit des Erdlings als "unrealistisch", als Utopie darzustellen.
Doch was haben andrerseits ein Pfarrer mit seinem Segen und ein

Standesbeamter mit seinem Stempel auf einem Blatt Papier mit zwei Liebenden zu tun, die beschließen, ein Stück ihres Weges gemeinsam zu gehen ? Und was hat ein Richter damit zu tun, wenn diese zwei sich wieder trennen möchten ?
Der Grund, warum die Ehe eingeführt und von der Kirche sowie vom Staat sanktioniert werden mußte, war der, daß Kirche und Staat Sicherheiten brauchten, weil sie Garantien für die Treue ihrer Untergebenen haben müssen, damit sie ihre Macht ausüben können.
Der Begriff Treue wurde deshalb seit Jahrtausenden hochgeachtet - und die Liebe mißachtet -, weil man mit der Verpflichtung zur Treue Erdlinge leicht zu Sklaven machen kann. Treue ist das beste Mittel zur Unterwerfung und Sklaverei. Darum mußten die Liebe und die Freiheit des einzelnen auf dem Schlachtfeld geopfert werden, auf dem der Kampf um Macht, Geld und Positionen ausgetragen wird. Dieser Kampf fängt beim Kleinkind an und führt über die Ehe bis hinauf in die "Regionen", wo nichts anderes mehr zählt als Macht, Geld und Manipulation - mit allen Scheußlichkeiten, die damit im Zusammenhang stehen.

Seit eh und je hat der Erdling seine Freiheit in die Hände derjenigen gegeben, die im System der Gesellschaft eine "Position" einnahmen, die das Spiel "Hierarchie - Trachten nach Reichtum, Ruhm und Macht" kreiert und immer weiter - allein zum eigenen Nutzen - modifiziert haben.
Das, was man bei diesem Spiel auf jeden Fall verliert, ist "nur" der höchste Schatz, der einzige Schatz von wahrem Wert - die Gefühle Liebe, Freiheit, Selbstachtung, Würde, Vertrauen, Freude usw. sowie jede Möglichkeit, das zu verwirklichen, wozu die Seele drängt.
In Bezug auf die "Ehe" zeigen all diese "Fakten" (= Erfahrungen bzw. Manifestationen des "kollektiven Bewußtseins" der Masse der Erdlinge) bzw. diese Analyse, daß die Institution Ehe unter den gegebenen Bedingungen all das beschneidet oder zerstört, was von wirklichem Wert ist.
Wieviel Erdlinge mag es wohl geben, die vor dem Traualtar oder Standesbeamten am liebsten "Nein" gesagt hätten und weggelaufen wären, weil sie plötzlich von einem "unguten" Gefühl befallen wurden? Ein solches Gefühl kommt als Warnung oder Hilferuf aus der

Seele. Doch da "man das ja nicht tut" - "was sollen denn die Leute denken" -, bleibt man stehen, sagt "Ja" statt "Nein" und stürzt sich ins Unglück, ohne dieses zwar sehr leise doch ständig weiterpochende Gefühl jemals wieder loszuwerden, es sei denn, man gibt ihm nach und läßt sich scheiden.

Wenn Liebe der Freiheit des anderen keinen Raum gibt, ist es keine Liebe. Wenn Freiheit nicht als das alleinige Eigentum des anderen anerkannt und geachtet wird, ist es keine Freiheit. Und Treue ist der Tod von beidem.
Liebe und der Wunsch, die Erfahrung von Freude und Glück zu teilen, sollten der einzige Beweggrund sein für eine Verbindung von zwei Erdlingen, und es sollte nicht schwer sein, sich wieder zu trennen, wenn die Schwingung nicht mehr vorhanden ist.
Wenn eine Wesenheit ein solches Paar zur Erzeugung ihres Gefäßes aussucht und in einer solchen Verbindung in Liebe, Verständnis und Freiheit aufwachsen kann, erlebt sie mit Sicherheit nicht all das, was Kindern in unserer heutigen Gesellschaft angetan wird.

Kinder zum Streitobjekt bei Ehescheidungen zu degradieren, zeugt z.B. von gnadenloser Rücksichtslosigkeit im Besitzdenken - doch ebenso das "Schlechtmachen" und zum Alleinschuldigen-Erklären eines Elternteils seitens des anderen.
In welche Gefühlsverwirrung ihre Kinder dadurch gestürzt werden, macht sich selten ein Elternteil bewußt.
Andrerseits haben Kinder und Jugendliche in unserer heutigen Gesellschaft ebenfalls schon "den Spieß umgedreht".
Mit Aussprüchen wie zum Beispiel, "Du hast mich in die Welt gesetzt. Jetzt hast du auch die Pflicht, dafür zu sorgen, daß es mir gut geht", versuchen sie, ihre eigenen Zielvorstellungen durchzusetzen, indem sie einen Elternteil oder auch beide quälen und erpressen.
In eine Gefühlsverwirrung stürzen Kinder aber auch dann, wenn die Eltern nur zusammenbleiben, weil die Aufteilung ihres Besitzes bei einer Scheidung größere materielle Opfer oder ein "Federnlassen" abverlangen würde, zu denen ein Elternteil oder beide nicht bereit sind, und in einer solchen Verbindung Haß und Streit überwiegen.
Wenn Ehepartner sich scheiden lassen, erleben Kinder gefühlsmäßig

fast die ganze Palette niedrigschwingender Gefühle, weil diese Trennung nicht in gegenseitiger Achtung erfolgt, sondern es meistens um die Aufteilung von Besitz geht - einschließlich des Besitzanspruchs auf Kinder - sowie um die Frage der "Schuld" an der Zerrüttung.

Da Kinder sich in solchen Fällen nicht wehren und nicht weglaufen können, ist dies z.B. eine der Ursachen von Knochenkrebs bzw. Leukämie bei Kindern !

Die eigenen Kinder oder Enkelkinder gar zur "Unzucht", zum Geschlechtsverkehr u.ä. zu zwingen, zeugt von einer Perversität und Rücksichtslosigkeit, die kaum noch zu überbieten ist.

Religion / Glaube
Alle Religionen der Welt haben Glauben und Glaubenstreue verlangt, ohne dem Erdling je wahre Aufklärung zukommen zu lassen.

Doch Glauben ist Gift für die Intelligenz, und Treue verhindert jegliches Wachstum.

Wir wurden gezwungen, einen Gott anzubeten, von dem wir nichts wußten. Im Gegenteil. Die Religionen haben alles daran gesetzt, damit wir nur ja nicht erfahren, daß All-Gott in uns ist, daß wir die Mit-Schöpfer All-Gottes sind, daß wir alle einen Freien Willen haben und tun und lassen können, was immer wir wollen, ohne jemals von All-Gott dafür gerichtet oder verurteilt zu werden.

Hätten wir dieses Wissen erlangt, hätten die Religionen keine Macht über uns gehabt. All die Kulturen, die dieses Wissen besaßen, wurden von der Kirche gnadenlos ausgerottet.

Alle Glaubenssysteme waren und sind unwahr und wären in sich zusammengefallen, wenn die Erdlinge in der Lage gewesen wären, sie zu hinterfragen. Doch vom ersten Tag ihres Lebens an werden Erdlinge dazu abgerichtet, dem Glaubenssystem treu zu sein, in das sie geboren werden.

Damit die Religionsführer ihre Macht behielten, wurden die Heiligen Schriften und Katechismen so gefälscht, daß der Erdling Angst vor dem Leben haben mußte - gleich wie vor dem "Jüngsten Gericht", falls es doch eine Seele geben sollte, die den Tod des physischen Körpers "überlebt".

Alle Religionen waren seit jeher lebensverneinend durch ihre falsche

Moral, die unzählige Konflikte bewirkt. Den Erdlingen wurde nicht erlaubt, das Leben zu lieben und zu erforschen, sondern sie wurden - oft mit brutaler Gewalt - dazu gebracht, sich für Sünder zu halten, ohne genau zu wissen, worin ihre Sünde bestand.
Heuchelei und Scheinheiligkeit, die Erfindung von Hölle und Teufel, von Sünde und Verdammnis - im Namen eines zürnenden, furchteinflößenden, strafenden Gottes - und vielleicht Absolution wofür auch immer, auf jeden Fall aber bare Münze, damit die Kirchenfürsten, die angeblichen "Vertreter Gottes auf Erden", und die Diener der Kirche in Reichtum und Pracht leben konnten und können.
Sklaverei statt Freiheit, Haß statt Liebe, Angst statt Vertrauen, Leid statt Freude, unzählige Tote durch "Heilige Kriege", Inquisition, Folter, Verbrennungen und sonstige bestialische Tötungsarten - alles "im Namen Gottes" - aber nur des Gottes der jeweiligen Glaubensgemeinschaft, die alle Andersgläubigen als Heiden bezeichnet, die bekämpft und getötet werden müssen.

Daß auf der einen Seite viele Tabus, die früher zu schlimmsten Konflikten geführt haben, inzwischen nicht mehr bestehen, zeigt einerseits den Irrsinn dieser Tabus.
Andrerseits bedeutet ihre Abschaffung unglücklicherweise jedoch nicht, daß die Prägungen und Konditionierungen einfach "gelöscht" sind. Ein Beweis ist die Zunahme krankhafter und perverser Verhaltensweisen wie z.B. "Triebverbrechen" und abscheulichste Mißhandlungen von Kindern und Frauen in einer angeblich in allen Bereichen "freien" Gesellschaft.

Auch wenn dies alles sehr hart klingt, so ist es doch von einem intelligenten Erdenbewohner nicht länger zu verleugnen.
Von uns aus sind diese Ausführungen auf keinen Fall als Kritik oder Be- bzw. Verurteilung anzusehen. Unser Beweggrund ist, die Ursachen aufzudecken für die Gefühle niedriger und niedrigster Schwingungsfrequenzen, die uns einerseits alle in absoluter Begrenztheit gehalten haben, die jedoch andrerseits - was als noch weitaus verheerender anzusehen ist - *energetische Prozesse im Kosmos bewirken, die die Entwicklungs- und Schaffensmöglichkeiten aller Wesenheiten, vor allem aber der aller Planetarier infrage stellen.*

Diese zerstörerischen energetischen Prozesse zu stoppen bzw. die Energien wieder in die der Harmonie, in die der Liebe zu verwandeln, *liegt in der Verantwortung jeder Wesenheit.*
Wir - alle Wesenheiten - wie oben so unten - sind EINE Gemeinschaft, ein Ganzes, und tragen alle die Verantwortung nicht nur für uns selbst, sondern auch für das Ganze.

"Die Wahrheit ist ein Gesamtes, und jeder von Euch ist ein Gesamtes, und jeder von Euch ist Teil dieses Gesamten - ist es selbst.
Man kann etwas nicht er-tragen. Man kann es nur SEIN. Das ist das Geheimnis, um das ihr kämpft. Immer sind wir alle eins, und immer ist alles gleichzeitig." (Randola)

Aus diesem Grund wurden wir gebeten, diese Ausführungen in dieser Form niederzuschreiben, obwohl uns diese Darstellung selbst größtes Ungemach bereitet hat.
Wollen wir jedoch zu einem höheren Verständnis kommen, so dadurch, daß wir folgendes erkennen:
Es gibt in einem unbegrenzteren Verständnis weder gut noch bös, weder Schuldige noch Unschuldige, sondern nur Bewußtheit und Unbewußtheit - Wissen und Unwissenheit - Unbegrenztheit und Begrenztheit.
All-Gott hat uns allen, jedem einzelnen, die Freiheit gegeben, alles zu verwirklichen, ohne uns je zu VERURTEILEN - und auch wir sollten uns daran erinnern, daß all unser Lernen und Erfahren darin gipfeln wird zu sein, wie All-Gott ist.
Es geht nur darum zu erkennen, daß wir uns selbst in Schwingungsfrequenzen hineinmanövrieren, die uns unserer Entwicklungsmöglichkeiten hin zu einer unbegrenzteren Wahrnehmung berauben.
Die Lehrer dieser geschilderten begrenzenden Wahrheiten, die von den Religionen gelehrt wurden und zum Teil noch werden, waren und sind auf der Erde inkarnierte Wesenheiten, die erst noch zu einem unbegrenzteren Verständnis gelangen müssen.

Dies gilt auch für die folgenden Darlegungen, und auch hier ist unser Beweggrund der gleiche: keine Anklage, kein Be- und Verurteilen, sondern eine Suche nach der Ursache von niedrigen Gefühlsschwingungen, die Energieformen bewirken, die unter Kontrolle zu bringen uns - in der Nicht-Erkennung unserer wahren Schöpferkraft und aufgrund unserer Fehleinstellungen - nicht leicht fallen wird.

Politik und Wissenschaft
Die wirklich Mächtigen dieser Welt waren und sind nicht diejenigen, die an der Spitze eines Staates standen oder stehen, sondern die Drahtzieher im Hintergrund - die Superreichen, die Manipulatoren und Suggestoren, die (fast) niemand kennt.
Durch das System, das sie weltweit aufgebaut haben, ist ihnen fast jeder ausgeliefert, vor allem, da die Manipulation so geschickt gemacht ist, daß Unzählige, ohne es zu wissen, "nach ihrer Pfeife" tanzen bzw. sich erpressen, manipulieren und erniedrigen lassen.

Alle Rechtssysteme, alle Gesetze, angeblich zum Schutz des Einzelnen und zur Aufrechterhaltung der Ordnung aufgestellt, sind nicht für sondern gegen den Einzelnen; sie sind das Mittel, jeden Einzelnen in seiner Freiheit zu beschneiden und seine Möglichkeiten, sich selbst zum Ausdruck zu bringen, zu unterbinden oder einzuschränken.
Wenn zum Krieg aufgerufen wird, wenn also die "Herrscher" zweier Länder um ein Stückchen Land oder sonst irgend etwas miteinander kämpfen wollen, opfern sie - im Namen des Volkes - die Erdlinge, denen gar nichts daran liegt, andere zu töten.
Denn nicht die Politiker, Präsidenten und Kanzler ziehen in den Krieg, sondern diejenigen, die zur Vaterlandstreue gezwungen werden, denen man keine andere Wahl läßt, als zu töten oder getötet zu werden.
Für ihre Treue werden dann diejenigen belohnt, die am bestialischsten waren; sie erhalten Auszeichnungen, Ehrennadeln, Verdienstkreuze und höhere Pensionen - dafür, daß sie so unmenschlich waren.

Daß die Anzettelung von Kriegen in Wirklichkeit auch auf das Konto der Drahtzieher geht und die Staatsoberhäupter und Politiker, die auf der politischen Bühne im "Rampenlicht" stehen, nur deren Marionetten sind, wird in den Medien natürlich nicht publik gemacht.
Unzählige Kriege hätten nicht stattgefunden, wenn die Erdlinge die Frage hätten stellen können, "Wozu sollen wir unsere Brüder und Schwestern töten, die unschuldig sind?"

Unter dem Deckmantel von "Ordnung", "Gesetz" und "Gerechtigkeit" wurden von jeher die größten Grausamkeiten begangen.
Treue - die Kombination aller anderen Gesellschafts-Krankheiten wie Glaube, Pflichterfüllung, Ehre usw., die sich alle gegen jedes spirituelle Wachstum richten - dient allein den herrschenden Machtinteressen. Der Treue wurde aus dem Grund Achtung gezollt, weil sie die Intelligenz zerstört.
Wenn Soldaten jahrelang exerzieren, das heißt dummen Befehlen folgen müssen, wird damit ihre Intelligenz langsam aber sicher zerstört, bis sie nicht mehr wie Menschen reagieren, sondern nur noch wie Automaten oder Roboter funktionieren, ohne an Befehlen zu zweifeln oder die Anordnungen von Vorgesetzten zu hinterfragen.

Das Geld, das heute an einem einzigen Tag für die Kriegsmaschinerie aufgewendet wird, macht so viel aus, daß die gesamte Erdbevölkerung ein ganzes Jahr lang gut davon leben könnte.
Doch woher kommt dieses Geld? Etwa von den Superreichen? Nein - vom Steuerzahler, der keine Möglichkeit mehr hat mitzubestimmen, was mit "seinem sauer verdienten" Geld finanziert wird.

Wissenschaftliche Nachforschungen haben ergeben, daß Verbrecher in den meisten Fällen ihre Veranlagung erben. Da demzufolge Verbrecher krank sind, müßten sie eigentlich auch wie Kranke in Krankenhäusern oder Instituten behandelt werden, also statt langjähriger Gefängnis-Strafen Mitgefühl, Liebe und Hilfe erhalten.
- Ehe ein Erdling ein Verbrechen begeht, ist in ihm etwas zerbrochen worden - durch die Regeln der Gesellschaft. -
Alexander der Große, Napoleon, Dschingis Khan, Hitler und viele, viele andere waren verantwortlich für die Ermordung von Millionen von Erdlingen. Doch nicht sie wurden vor Gericht gestellt und für ihre Verbrechen bestraft, sondern jeder kleine Taschendieb, der womöglich nur Mundraub begeht oder einem kranken Familienmitglied helfen möchte, wird vor ein Gericht gezerrt und verurteilt.
Einen anderen zu verurteilen und ihn in ein Gefängnis zu stecken, ist absolut scheußlich, unmenschlich und purer Wahnsinn.
Die wachsende Kriminalität weltweit sollte eigentlich zum Nachdenken Anlaß genug sein.

Da alle großen Forschungsprojekte sehr teuer sind, können sie nicht ohne die Unterstützung des Staates durchgeführt werden.
Aus diesem Grund stehen die meisten Wissenschaftler im Dienst der Politiker, deren Ziel es ist, Macht auszuüben und für Kriege bestens gerüstet zu sein. Unzählige Wissenschaftler, die die Intelligenz und Begabung haben, nicht nur die Geheimnisse der Materie, sondern auch die des Geistes zu erforschen, sind nichts weiter als die Sklaven der politischen und wirtschaftlichen Mächte sowie der Interessen-Lobbys. Sie vergeuden ihre Intelligenz im Dienste des Todes statt für das Leben. Da Menschenleben (scheinbar) nichts zählen, haben unzählige Wissenschaftler bisher nur die Saat des Todes gesät, indem sie die Herrschenden z.B. mit nuklearen Selbstvernichtungswaffen oder chemischen Waffen belieferten (wozu auch die "Waffen" der Pharma-Konzerne gehören), ohne sich je zu fragen, ob es dem Leben hilft oder es zerstört.
Alle Wissenschaftler, deren Entdeckungen von größter - im Sinne von Weiterentwicklung "positiver" - Bedeutung für die Menschheit (gewesen) wären, wurden jedoch gnadenlos verfolgt und "mundtot" gemacht. Ihre Entdeckungen wurden oder werden nicht publik gemacht und im positiven Sinn verwertet, da sie nicht den herrschenden Machtinteressen dien(t)en.
Da das Prädikat "wissenschaftlich bewiesen" von den Mächtigen manipulativ mit einem sehr hohen Stellenwert versehen wurde (bemerkt sei, daß die Wissenschaft nur ihre eigenen Theorien, jedoch niemals die Ursache beweisen kann), werden zum Beispiel Heilverfahren, die nicht nur sehr preiswert, sondern auch im positiven Sinn sehr wirkungsvoll sind, "wissenschaftlich" nicht anerkannt, an den Universitäten nicht gelehrt und von den Krankenkassen nicht bezahlt. Ist das nicht schizophren, wenn sich unzählige Erdlinge einerseits dem Zwang zur Abgabe von Krankenkassenbeiträgen nicht entziehen können, doch andrerseits eine Erstattung seitens der Krankenkassen nur für das erfolgt, was von den großen Pharmakonzernen produziert wird, damit sie immer reicher und mächtiger werden, während der kranke Erdling noch kränker wird?

Der Wissenschaft käme höchste Bedeutung zu, wenn sie nicht nur die Materie erforschen würde, sondern es auch wagte, bis ins innerste

Sein des Erdlings hinein zu forschen. Doch bisher haben die Wissenschaftler immer noch ihr eigenes Bewußtsein vollkommen geleugnet, was im Grunde genommen absurd, unlogisch und vollkommen unwissenschaftlich ist.

Denn wenn es kein Bewußtsein gäbe, wer sollte dann die Geheimnisse der Materie, der Natur, des Lebens überhaupt aufdecken?

Da in der Wissenschaft die Dimensionen des Geistes und der "Innenwelt" kein Forschungsziel waren, blieb sie immer nur Stückwerk, eine halbe Wahrheit. In diesem Bereich wurden die Erdlinge über Jahrhunderte hinweg vollkommen im Dunkeln gelassen bzw. in die Irre geführt, da die Wissenschaft das Spirituelle nicht nur verneinte, sondern es in den Bereich des Aberglaubens einordnete.

Da die Wissenschaft gerade aufgrund der Leugnung des Bewußtseins einem Tappen im Dunkeln gleichzusetzen ist, befindet sie sich selbst viel eher im Bereich des Aberglaubens - und auf der gleichen Linie wie die Religionen.

Denn ohne die Konsequenzen zu kennen, wurden Atombomben nicht nur entwickelt, sondern auch gegen Erdlinge eingesetzt. In nur zehn Minuten starben in Nagasaki und Hiroshima zweihunderttausend Erdlinge, weil "man einmal sehen wollte, wie groß die Macht Amerikas ist".

Jetzt, nachdem selbst kleine Staaten mit Atombomben ausgerüstet sind, steht die physische Existenz der gesamten Menschheit auf dem Spiel (doch nicht allein aus diesem Grund).

Muß tatsächlich denen, die sich selbst zum Narren halten oder gehalten werden und daher eine ungeheure Gefahr sind, die gesamte Menschheit geopfert werden? - Für Nobelpreise, alberne Auszeichnungen, angesehene Posten, dicke Gehälter und große Ehren?

Wenn es wieder einmal zur Zerstörung aller Menschenleben kommen sollte, ist der Grund dafür sicherlich nicht zuletzt in der Dummheit der Erdlinge zu finden.

"Der einzige Zweck des Krieges ist der, den Feind zu besiegen, siegreich zu sein. Sieg ist das Ziel.

Aber jetzt, mit Atomwaffen, gibt es keine Niederlage, keinen Sieg, niemand wird geschlagen, niemand ist siegreich, denn alle sind tot. Alles Leben auf Erden verschwindet einfach.

Was Buddha, Jesus und all die großen Lehrer der Menschheit dem Menschen nicht klarmachen konnten, das haben die Atomwaffen geschafft. Heute heißt Krieg nur noch eines: globaler Selbstmord. Und kein Mensch ist bereit, diesen Selbstmord zu begehen.
Je näher die Möglichkeit eines dritten Weltkrieges kommt, desto tiefer wird der Antrieb zu leben, und zwar bewußter zu leben, liebevoller und intensiver zu leben - eine Sehnsucht nach dem Leben selbst, so intensiv und so tief wie nie zuvor.
Und wenn Krieg unmöglich wird, ändern sich tausend Dinge im Leben, denn das Stapeln von Atomwaffen wird früher oder später zum absurden Theater."

Dies ist die eine Seite der Medaille. Die andere ist die, daß es jetzt nicht mehr allein um ein irdisches oder universelles Geschehen geht, sondern um ein kosmisches.
Daher ist die Annahme der Drahtzieher, der Supermächtigen, die glauben, daß sie sich bzw. ihre Körper bei einem Untergang der Menschheit auf Raumschiffe retten können, irrig.
Die Raumschiffe, die tatsächlich für einen solchen Fall, also für einen Notfall, eine Evakuierung der Planetarier, seit langer Zeit in Bereitschaft stehen, sind mit einem speziellen Frequenz-Erkennungs-System ausgerüstet.
Da es im kosmischen Geschehen nicht um die Rettung der Körper von Planetariern geht und auf gar keinen Fall darum, eine Möglichkeit zu schaffen oder fortzusetzen, daß Macht und Angst weiterhin die Oberhand behalten, würde durch die Frequenz-Abschirm-Systeme der o.g. Raumschiffe verhindert werden, daß Menschen mit niedrigsten Schwingungsfrequenzen auf diese Raumschiffe gelangen.
Natürlich würden die Wesenheiten dieser Menschen nicht zerstört, da sie unzerstörbar sind. Doch sie würden aufgrund ihrer Schwingung auf Bewußtseinsebenen kommen, von denen aus sie nicht mehr die Möglichkeit hätten, die Planetarier zu manipulieren.

In vielen Science-fiction-Filmen werden sogenannte Außerirdische bzw. die Besatzungen von Raumschiffen oder Ufos sehr oft als absolut scheußliche - feindlich gesinnte - Kreaturen dargestellt.
Ein einleuchtender Grund ist folgender: Seitdem es auf der Erde für

einen großen Teil der Menschheit nicht mehr so viele große "Feindbilder" gibt (z.B. dadurch, daß die Amerikaner die Russen nicht mehr als große Feinde der westlichen Welt hinstellen können und umgekehrt), mußte man neue Feindbilder schaffen, um die Menschheit weiterhin in Angst und Schrecken halten zu können.
In Wirklichkeit sind die Raumschiff-Besatzungen in den allermeisten Fällen in ihrer geistigen und technologischen Entwicklung wesentlich weiter als wir - und vor allem voller Liebe.
Sie sind also keine Feinde, sondern Freunde und Helfer der Menschheit. (Daß es auch einige Ausnahmen gibt, versteht sich eigentlich von selbst.)
Würden sie nicht schon seit langer Zeit mit ihren Technologien bzw. mit bestimmten Schwingungsfrequenzen insbesondere der Erde und ihrer absolut "verseuchten" Atmosphäre sowie den Erdlingen selbst helfen, würden wir hier nicht mehr in dieser Form existieren.

Je besser der Mensch als Heuchler war, desto geehrter, desto belohnter, desto respektabler war er. Diese Heuchelei ist ein gewichtiger Grund mit für die Gefühlsverwirrung, in der die Menschheit steckt. Solange den Pseudo-Werten weiterhin die wahren Werte des Seins geopfert werden, ist ein Erkennen und Verstehen nur schwer möglich. Allerdings ist die Grenze des Erträglichen jetzt erreicht, und eine ungeheure Sehnsucht nach Freiheit, nach gleichen Chancen, nach Selbstachtung treibt die Erdlinge dazu, nach den Ursachen ihrer Unfreiheit zu forschen. Immer mehr erkennen, was Freiheit wirklich bedeuten kann:
Freiheit ist der wertvollste Schatz unseres Daseins, sie ist unser "ältestes Geburts-Recht" und sie darf für gar nichts geopfert werden. Doch es gibt zweierlei Arten von Freiheit - Freiheit von ... und Freiheit zu ... Freiheit von ... ist an sich wertlos, wenn sie nicht in der inneren Einstellung gefunden wird. Wird sie im Innern entdeckt, dann führt sie zur wahren Freiheit, der Freiheit zu ... Freiheit zu spirituellem Wachstum, Freiheit zu innerer Suche, Freiheit, die Ge-heimnisse und die Mysterien des Lebens zu erfahren, Freiheit zu unbegrenztem Ausdruck seiner selbst ......
"Zufall" gibt es nicht - und niemand ist ein sogenanntes "Opfer" des Willens oder der Pläne eines anderen.

Ehe unsere Wesenheit auf dieser Erde inkarnierte, hatte sie die Absicht, bestimmte Erfahrungen zu machen, zu lernen, das Göttliche ihres Seins immer mehr zu erkennen.
Denn alles, was geschieht, geschieht durch einen absichtlichen Akt - jedes Einzelnen - ohne Ausnahme.
Jede Gedankenform, die wir geschaffen haben, jede Phantasie, die wir uns ausgemalt haben, ebenso wie jeder Traum, dem wir in unserer Gefühlswelt Geltung zukommen ließen, sind zur Wirklichkeit in unserem Sein geworden - oder werden es noch werden.
Doch ebenso werden wir "werden", was unserer Einstellung uns selbst gegenüber entspricht. Denken wir uns geringer als andere, werden wir es sein. Halten wir uns für dumm, werden wir immer dümmer werden. Denken wir, wir seien häßlicher als andere, werden wir es werden. Denken wir uns in Mangel, in Armut, oder in Reichtum und Überfluß, werden wir es - irgendwann - erleben.

"In zehneinhalb Millionen Jahren seid ihr, die ihr einst einzigartige, wunderschöne, allmächtige Wesenheiten wart, die in kindlicher Unschuld, in Liebe und Freude die Universen, die Sterne und Sonnen erschaffen haben, so tief in die Dunkelheit der Materie gelangt, daß ihr Sklaven eurer eigenen Schöpfungen wurdet - versklavt durch Manipulation, begrenzende Glaubenslehren, Dogma, Gesetze, Tradition - und von einander getrennt durch Staat, Religion, Geschlecht, Hautfarbe, Rasse, Besitz und Macht, versunken in Angst, Neid, Eifersucht, Bitterkeit und Schuldgefühlen.
Ihr habt All-Gott und euch selbst in höchster Form ERNIEDRIGT
Ihr habt eure Energie umgewandelt in eine zerstörerische Form.

Doch hättet ihr all dies nicht getan, wüßtet ihr nicht, wie es sich anfühlt, zu besiegen und besiegt zu werden, einem anderen die Freiheit zu nehmen und selbst versklavt zu werden, sich als Mann über eine Frau zu stellen und als Frau erniedrigt zu sein...... -
- ......wenn ihr nicht die Erfahrung all jener Dinge gemacht hättet. Niemals sonst hättet ihr für all jene scheußlichen Dinge ein emotionales Verständnis erlangen können, wenn ihr nicht zuerst zu dem Schöpfer geworden wäret, der sie in eine Wirklichkeit hineinträumte und dann den Traum entschlossen lebte.

Dadurch jedoch, daß ihr den Traum Leben um Leben, Augenblick um Augenblick, gelebt habt, ist er zu solch einer festen Wirklichkeit geworden, daß die meisten von euch verwirrt und unsicher geworden sind, und sich vollständig in diesem Traum verloren haben.

Wo ist dieser Gott, fragt ihr, der es zuläßt, daß die Menschheit so bestialisch zu sich selbst ist? Und wo ist schließlich und endlich die Liebe Gottes, wenn er gestattet hat, daß all diese Greueltaten geschehen? All-Gott ist die ganze Zeit über dagewesen, denn er WAR all eure Illusionen und all eure Spiele und Träume.
Natürlich hat euch All-Gott die ganze Zeit über geliebt, denn er hat euch erlaubt, eure Träume gemäß euren eigenen Entwürfen zu erfahren. Ihr habt schlicht und einfach vergessen, daß ihr es wart, die ursprünglich den Traum erschufen - und daß ihr die Möglichkeit habt, ihn zu jedem von euch gewählten Zeitpunkt zu ändern."
        (Eine Schwingung im Namen von Randola)

Denken wir daran, wie groß, wie unendlich die Liebe All-Gottes zu jedem von uns ist, mit welcher unendlichen Geduld er uns gewähren läßt, alles zu sein, was wir zu sein glauben, daß er alles, was wir denken, fühlen und in Worte kleiden, für uns Wirklichkeit werden läßt, ...
.......müssen wir uns dann weiterhin ein Leben der Begrenzung und der Not schaffen ???
Müssen wir noch weiterhin nach den Ideen und Vorstellungen anderer leben ???
Müssen wir uns weiterhin daran hindern, all die wundervollen Abenteuer des Lebens zu erleben ???
Nur weil wir es uns nicht abgewöhnen können, zu urteilen und zu bewerten ???
Müssen wir deswegen weiterhin in der Falle bleiben, in der wir uns selbst durch Glauben, Dogma, gesellschaftliche Normen und begrenztes Denken gefangen halten ???

Da wir diese Erfahrungen schon unzählige Male gemacht haben, könnten wir uns jetzt endlich zu etwas anderem entschließen - die Macht dazu liegt in uns selbst.

"Immer wieder wird der Frühling das Erwachen der Menschheit begleiten. Und immer wieder wird der Reigen der Jahreszeiten die Gänge der Seele führen, um der Liebe Platz und Raum zu geben zur Ausweitung für das, was euer ganzes Sein erfüllt.
'Heute' ist nur ein Wort in eurer menschlichen Sprache, und wenn ihr den Augenblick der Wahrheit begreift, geschehen die Wunder, auf die ihr hofft.
Die Zeit ist gekommen zu führen in das Licht der Wende, der Wahrheit. Begebt euch auf den Weg eurer Herkunft."   (Randola)

Ein resonanz-bedingt gelebtes Leben bedeutet Toleranz, was wiederum zum einen heißt, "ohne Wertung" jede Lebenssituation anzunehmen. Zum anderen bedeutet Toleranz, jeden anderen "ohne Wertung" so anzunehmen, wie er ist.
Wir haben nicht das Recht, die Chancen eines anderen zum Erkennen seiner Wahrheit zu schmälern und ihm unsere Wahrheit aufzuzwingen, weil wir glauben, unsere eigene Wahrheit sei die einzig richtige.
Es gibt kein unrichtig, denn "richtig" ist alles, was wir für uns als richtig erkennen, um das zum Ausdruck zu bringen, was wir als individualisierter Gott, lebend in der Materie, zum Ausdruck bringen wollen. Wie ein anderer sich zum Ausdruck bringen will, kann nur seiner eigenen Entscheidung überlassen sein.
Da All-Gott uns als seinen Mit-Schöpfern den freien Willen gab, kann es nicht in unserer Kompetenz liegen, die Gedanken- und Entscheidungs-Freiheit eines anderen zu beschneiden.
Welche Erfahrungen einer Seele in ihrem Reifungsprozeß noch fehlen, kann unmöglich von einem anderen beurteilt werden.
Den tatsächlichen Reifegrad der Wesenheit eines anderen können wir Erdlinge mit unserem Verstandesdenken gar nicht beurteilen, denn das, was ein Erdling zur Zeit auf Erden erlebt, ist nur ein winziger Bruchteil dessen, was in seiner Seele gespeichert liegt.
Da die Verhaltensweise eines anderen oft aus dem resultiert, was er erlebt und erfahren hat und die Schwingungsfrequenzen seines Gefühlsspeichers auf Erlebnisse zurückzuführen sind, die wir nicht kennen oder nicht in gleicher Weise deuten wie er, interpretieren wir häufig das Verhalten oder die Reaktionen eines anderen nur aus unserer Sicht, die von seiner vollkommen verschieden sein kann.

Unsere Konflikte entstehen meist nicht durch "große Verfehlungen", sondern durch Mißverständnisse in lächerlich kleinen, eigentlich unbedeutenden Alltagsbegebenheiten, deren Ursache immer Intoleranz ist. Ein Gespräch in absoluter Toleranz, in dem jeder seine Wahrheit offenlegen kann, *ohne daß eine Wertung vorgenommen wird*, würde nicht nur einen Konflikt beseitigen helfen, sondern die neue Wahrheit als Synthese beider Wahrheiten könnte bei jedem zu neuen Erkenntnissen führen. Was uns oft an einer Aussprache bzw. der Kommunikation mit anderen hindert, die sich im Grunde genommen jeder wünscht, ist das "Alleine-Recht-haben-wollen".
Hinter diesem "Alleine-Recht-haben-wollen" liegt jedoch eine tiefe Unsicherheit, ein Gefühl der Minderwertigkeit. Bringen wir dafür Verständnis auf, werden wir erkennen, daß auch für uns selbst kein Anlaß dazu besteht, uns für besser oder minderwertiger zu halten.

In der natürlichen Ordnung sind Abläufe - gleich ob im Mikro- oder im Makro-Bereich - so aufeinander abgestimmt, daß nichts in Unordnung gleich Chaos fallen kann, sondern alles in absoluter Harmonie füreinander wirkt. Wäre es nicht so, würden wir nicht existieren können.
Im Grunde genommen sind alle Krankheiten psycho-somatisch, da immer nur das Zulassen von Gefühlen, die uns nicht zuträglich sind, das erzeugen kann, was wir als Krankheitserreger ansehen.
Daher würde jede Krankheit ihren Sinn verlieren, wenn sie geheilt werden könnte, ohne daß ihre Ursache erkannt wird.
Somit gibt es nur eine einzige Form vollkommener Heilung, die erst dann eintritt, wenn wir unsere wahre Schöpferkraft wiedererkennen und wieder in der Liebe leben.

Solange wir nicht erkennen, daß das begrenzte auf die Materie bezogene gesellschaftliche Denken jedes Einzelnen die Ursache dessen ist, daß nahezu überall auf unserer Erde Brutalität, Gewalttätigkeit, Kriminalität bis hin zu kriegerischen Auseinandersetzungen überhand nehmen, und wir die Schuld nur bei anderen suchen, kann sich nichts zum Besseren wenden. Das Gleiche gilt für die Natur-"Katastrophen", die Zerstörung der Ozonschicht, die durch uns Erdlinge erzeugten toxischen Molekularstrukturen - z.B. Benzol und Dioxin -, Bakterien

und Viren, radioaktive Strahlungen und vieles mehr, durch die unzählige Körper bereits zerstört wurden.
Die Technologien, durch deren falschen Einsatz wir auf dem Wege sind, unsere Umwelt und letztendlich unseren physischen Körper zu zerstören, wurden einzig und allein durch uns - mit unserer Gedankenkraft - entwickelt.

Da die meisten Erdlinge aufgrund von Erziehung und Gesellschaftsform für die praktische Umsetzung von Wissen bzw. Kenntnissen ins normale Alltagsleben am liebsten Patentrezepte hätten, wollen wir die Denk- und Verhaltensweise, mit der wir den Sinn und Zweck unseres Erdenlebens erfüllen, einfach einmal kurz in einer Art Rezeptform niederschreiben.

- Uns als Schöpfer unserer eigenen Lebenssituationen anerkennen, also niemand anderen dafür verantwortlich machen.
- Jede Situation, gleich ob als angenehm oder unangenhm empfunden, annehmen, ohne sie zu bewerten. (Also unser Leben wie einen Film betrachten, der abgespult wird - dessen Hauptdarsteller, aber auch Regisseur wir selbst sind, um die Erfahrungen zu machen, die wir für uns ausgewählt haben.)
- Sich selbst mit anderen nicht vergleichen.
- Das Gefühl, das durch einen Reiz, entsteht, zulassen und nicht bewerten.
  Der allererste Impuls (gleich Gefühl), den wir verspüren, ist meistens der "richtige". Leider wird er oft durch Verstandes-Denken - Abwägen der Vor- und Nachteile u.ä. - verdrängt.
- Also statt mit dem Verstand mit der Seele - intuitiv - leben.
- Sich keine Sorgen machen, keine Angst vor der Zukunft haben. Es gibt nichts zu fürchten !
- Jede negative Schwingung ins "Positive" (Liebe) wenden.
- Jeden anderen annehmen, wie er ist.
- Statt einen anderen zu bewerten, sich verständnisvoll in ihn bzw. seine Lage hineinversetzen, so daß "Ich" und "Du" aufhören, getrennt zu existieren, bzw.
- vor allem anerkennen, daß das Außen, das Du, immer nur unser Spiegel ist, der uns zum Erkennen führen soll.

Der indische Dichter und Philosoph Rabindranath TAGORE, der 1911 den Friedensnobelpreis erhielt, hat die ewige Wahrheit in so wunderbarer Weise in Worte gefaßt, daß wir ihn an dieser Stelle zitieren möchten.

"Wir haben das zentrale Ideal der Liebe, durch das wir unserem Dasein Harmonie geben sollen. Wir haben in unserem Leben eine Wahrheit zu offenbaren: daß wir Kinder des Ewigen sind.
Wahrheit besteht nicht im Gegensatz, sondern in seiner beständigen Aussöhnung.
Gott gibt uns seine Welt, und erst, indem wir unsre Welt Gott darbieten, machen wir uns seine Gabe zu eigen.
Die Welt der Dinge, in der wir leben, verliert ihr Gleichgewicht, wenn sie ihren Zusammenhang mit der Welt der Liebe verliert.
Dann müssen wir mit der Seele zahlen für das, was an sich ganz wertlos ist.
Wir leben in Gottes Welt und vergessen ihn selbst, denn wer immer nur annimmt, <u>ohne selbst zu geben</u>, kann nie die Wahrheit finden."

All-Gott ist Liebe. Wenn wir Ihm diese Liebe, die Er uns gibt, geben, indem wir Seine Geschöpfe lieben - einschließlich uns selbst, sind wir Eins mit Ihm. Allmächtig - allwissend zu sein, ist eine Seite. Liebe bedarf jedoch eines Gegenübers als Resonanz. Aus diesem Grund hat All-Gott uns geschaffen - um Seine Liebe über uns ausgießen zu können.

Überlegen wir noch einmal kurz, warum wir nicht das zum Ausdruck bringen und erleben, weswegen wir hierher gekommen sind, so müssen wir als erstes (ohne Wertung !) feststellen, daß das Leben der Masse der Erdlinge "gott-los" geworden ist, daß wir nicht in All-Gottes Welt, sondern in unserer sehr begrenzten eigenen Welt leben. Wir trachten nicht danach, durch jeden Gedanken und jede Tat der Liebe Ausdruck zu verleihen, durch die wir allein in uns die Schwingungsfrequenz erzeugen können, die uns in Einklang mit All-Gott bringt - sowie in Harmonie mit allem, was existiert, sondern denken vom ersten Augenblick, wo wir aufwachen, bis zu dem Moment, wo wir die Augen schließen, an das Überleben unseres kleinen physischen

Ichs, unseres begrenzten Egos. Wir sehen die Welt, in der wir leben, nicht als Gottes Eigentum an und Ihn nicht als Geber all dessen, was uns zur Verfügung steht, sondern versuchen, so viel wie möglich an materiellen Dingen zu "besitzen" und diesen Besitz vor anderen zu schützen.

Wir wollen jedem beweisen, daß wir besser sind als andere, und richten über andere, die in unseren Augen nicht das Idealbild verkörpern, das wir selbst zwar nicht zum Ausdruck bringen, aber darstellen möchten. Wir leben ständig in der Angst, unser Gesicht zu verlieren, von anderen als minderwertig betrachtet zu werden oder unseren Rang in der Gesellschaft einzubüßen.

Viele Erdlinge reagieren, wenn sie das Wort Liebe oder Liebe zum Nächsten hören, allergisch, da sie meinen, es sei ein sozialer Tick, und beweisen dadurch, daß sie gar nicht wissen, was Liebe ist.

Sie verwechseln Liebe mit ihrem Stolz auf Besitz, können sich jedoch nicht vorstellen, daß Liebe der tiefste Ur-Grund der Schöpfung ist.

Erst wenn wir uns selbst gegenüber wahr sind und uns eingestehen, daß wir eifersüchtig, rechthaberisch, besitzgierig und stolz sind, engstirnig denken und Sehnsüchte haben, *jedoch ohne uns dafür zu verurteilen und zu bewerten*, haben wir die Chance, ihre Ursache zu erkennen.

Dieses Erkennen geschieht durch unsere Seele, unser "höheres Selbst", unser "ICH BIN", und nur durch ihre Kraft sind wir in der Lage, unsere Gedanken und Gefühle so zu lenken, daß uns keine Gefühle mehr schaden können.

Doch solange wir nicht wissen, was Gefühle sind, wodurch sie entstehen und was sie in uns sowie im Kosmos bewirken, ist es uns unmöglich, mit "negativen" Gefühlen liebevoll umzugehen bzw. ihren Sinn zu erkennen. Wir würden sie nur verdrängen.

Da die Masse der Erdlinge in negativen Gedanken und Gefühlen geradezu schwelgt, wird verständlich, wie dieses negative Gedanken-Potential Schwingungsfrequenzen erzeugt, durch die die negativen Gedanken und Gefühle des Einzelnen verstärkt werden, was wiederum zur Verstärkung des gesamten negativen Gedanken- und Gefühlsstroms beiträgt. Ein deutliches Beispiel dafür ist die bei Massenveranstaltungen entstehende Massenhysterie.

Andrerseits trägt jeder liebevolle Gedanke zum Potential des Gedankengutes bei, das dem göttlichen "Plan" entspricht.
Entscheiden wir uns für eine solche Geisteshaltung, kommt uns aus diesem Gedanken-Potential Hilfe in ungeahntem Ausmaß zu.
Es liegt allein in unserer Entscheidung, wem wir dienen wollen - der freien Entwicklung oder der Zerstörung aller Möglichkeiten.

Um auf einfache Weise zu verdeutlichen, was Liebe ist, nehmen wir zunächst als Beispiel einmal die Liebe zwischen zwei Erdlingen.
Wie gesagt, besitzt jeder Erdling eine ihm eigene Schwingungsfrequenz, die durch das Wissen und die Erkenntnisse gebildet wird, die in seiner Seele seit seiner Erschaffung gespeichert sind.
Entsteht zwischen zwei Erdlingen das Gefühl der Liebe, bedeutet dies, daß sie in ihren Wesenheiten bzw. Seelen übereinstimmende Schwingungsfrequenzen besitzen.
Gleichzeitig sagt es aus, daß diese beiden Erdlinge in ihren vorhergehenden Leben - gleich in welcher Konstellation zueinander, wobei auch das Geschlecht keine Rolle spielt, da wir als Wesenheiten ES sind - viele Erfahrungen gemeinsam gemacht bzw. Erkenntnisse durch ihr Zusammenleben gemeinsam gewonnen haben. Je größer die Menge der Neutrinos der Seele ist, die diese übereinstimmende Schwingungsfrequenz tragen, desto stärker ist das Gefühl der Liebe.
Ganz einfach ausgedrückt ist Liebe also die Übereinstimmung von Schwingungsfrequenzen zwischen Resonanz-Partnern.

Da wir Erdlinge im physischen Körper seit ca. 10,5 Millionen Jahren hunderte oder tausende von Erdenleben verlebt und davor als Wesenheiten ohne physischen Körper in einer mit unserem raum- und zeitgebundenen Denken nicht vorstellbaren "Zeit" Erkenntnisse gesammelt haben, besitzen unsere Wesenheiten gleich Seelen aufgrund unseres Erfahrungsschatzes eigentlich eine Schwingungsfrequenz, die uns ein Leben in Harmonie mit und Liebe zu allen Geschöpfen ermöglicht. Daß wir genau entgegengesetzt leben, liegt daran, daß die Schwingungsfrequenzen unserer Seelen durch die Frequenzen des Gefühlsspeichers überlagert sind.
Bei den meisten Erdlingen ist der Gefühlsspeicher so sehr gefüllt mit extrem niedrigen Schwingungsfrequenzen, daß sie keinen Kontakt

mehr zu ihrer Wesenheit bzw. Seele haben, so daß sie das, was ihnen ihre Seele, ihre "innere Stimme", mitteilen will, nicht mehr wahrnehmen. Gleichzeitig ist ihre Eigenschwingung durch den Gefühlsspeicher so verändert, daß ihr Denken und Tun nicht von ihrer Seele gesteuert wird, sondern von ihrem Gefühlsspeicher. Auf diese Weise haben sie den Kontakt zu sich selbst und All-Gott verloren.

Die Liebe, die uns mit All-Gott und (Jesus) Christus sowie mit anderen Wesenheiten verbindet, basiert, wie die Liebe zwischen zwei Erdlingen, auf der Übereinstimmung der Schwingungsfrequenzen unserer Wesenheiten, in der es keine Trennung mehr gibt, sondern nur noch Eins-Sein.
All-Gott besitzt eine Schwingungsfrequenz, in die sich jede Wesenheit, jedes Geschöpf im Kosmos, wieder vollkommen einschwingen kann. *Wir brauchen es nur zu tun.*
All-Gott trägt die Liebe gleich Schwingungsfrequenz in sich, in die sich alle Neutrinos unserer Seele einschwingen können, wenn wir uns vollkommen öffnen. Er ist der "Resonanzpartner", mit dem wir in allen Lebenssituationen durch unser Gefühl in Verbindung treten können. Flehen wir jedoch nur "in höchster Not" um Hilfe und erwarten, daß wir durch diese Hilfe das erreichen, was wir für unser kleines begrenztes Ego erreichen wollen, so würde uns selbst eine "Erlösung von unserer Qual" nichts nützen.

"Ihr betet und bittet, und doch sprecht ihr stets nur zu euch selbst. Denn All-Gott ist die Essenz allen Lebens aller Universen, des ganzen weiten Alls.
Alles ist nur Symbolik - die Wahrheit kennt das Herz, die Seele allein, und weist euch still den Weg.
Geht nur, denn ihr seid behütet in euch selbst." (Randola)

Dieses für einen Verstandes-Denker unvorstellbare Gefühl, im Einklang mit All-Gott zu schwingen, ist *unbeschreibbar; es ist das Ziel unseres innersten Wunsches, des "Begehrens nach dem Höchsten".*
In seiner Seele trägt jedoch jeder Erdling dieses Ur-Wissen um die Liebe All-Gottes in sich. Ebenso fühlt jeder, auch der verhärtetste Verstandes-Denker und sogenannte Realist, tief in sich die Gewißheit,

daß es kein anderes Ziel gibt, als in das Reich unseres Vaters zurückzugelangen.
Unzählige Erdlinge suchen in den Bereichen der Mystik einen Weg, dieses Ziel zu erreichen. Diejenigen, die dieses Suchen herabsetzen oder kritisieren, empfinden im Grunde genommen genauso, doch ist bei ihnen das Gefühl des Neides und das "Nicht-Glauben" an die ihnen selbst innewohnende Kraft stärker.
Um transparent zu machen, was hingegen der Begriff "Glaube" in seiner wahren - unverfälschten - Bedeutung beinhaltet, fügen wir nochmals ein Zitat von TAGORE ein:
"Der Glaube ist ein geistiges Sehorgan, das uns befähigt, intuitiv das Bild des Ganzen zu erfassen, wo wir tatsächlich nur die Teile sehen. Der Glaube zweifelt nicht an dem unmittelbaren Erfassen der inneren Wahrheit."
Wahrhaft glauben gleich Wissen gleich Fühlen können wir nur mit unserer Seele, das heißt, wenn unsere Seele nicht durch die Schwingungsfrequenzen des Gefühlsspeichers blockiert ist, wird uns das Ur-Wissen, das in unserer Seele gespeichert ist, bewußt.

Im physischen Körper offenbart sich das Chaos, in das wir durch unser begrenztes Denken und niedrige Gefühlsschwingungen geraten sind, durch den Zustand, den wir als "Krankheit" bezeichnen.
In der Natur, dem Medium, in dem wir existieren, bewirken wir durch diese "falschen" Gedankenbilder Chaos auch in der Form, daß durch den Einsatz unserer Technologien und unsere destruktiven Gedanken- und Gefühlsschwingungen eine zu hohe Energiedichte in unserer Atmosphäre erzeugt wurde und wird.
Diese nicht natürliche Energiedichte ist eine der Ursachen der Klimaveränderungen und Natur-"Katastrophen", durch die unser Lebensraum immer mehr zerstört wird. Wie groß die Gefahr, in der unsere physischen Körper schweben, tatsächlich ist, kann die Masse der Erdlinge nicht einschätzen, da über das Ausmaß der Schädigung unserer Atmosphäre und der zu erwartenden "Umweltkatastrophen" von den Medien nicht wahrheitsgemäß berichtet wird.
Doch viel größer als diese Gefahr, durch die unsere physischen Körper bedroht sind, ist die Gefahr, in der unsere Wesenheit gleich Seele schwebt. (Nähere Erklärung folgt.)

Da unser Gefühlsspeicher aufgrund des heute vorherrschenden Denkens durch unsere Erziehungs- und Gesellschaftsform so stark gefüllt wird, daß wir bereits in jungen Jahren den Kontakt zu unserer Wesenheit verlieren, wird verständlich, warum das materialistische Denken immer mehr zunimmt. Hinzu kommt, daß uns, wie schon gesagt, von seiten der Kirchen keine ausreichende Aufklärung zuteil wird, sondern man uns durch die Glaubenslehren, die von einzelnen Erdlingen nach ihren Meinungen und Auslegungen im Laufe der Jahrtausende immer mehr verändert wurden, in eine Zwangsjacke des Glaubens gepreßt hat, wodurch statt der Zuwendung zu All-Gott unser Problem- und Konflikt-Denken noch verstärkt wird.

Seit Tausenden von Jahren wurden uns immer wieder von Wesenheiten, die im physischen Körper unter uns lebten, die kosmischen Gesetze verkündet. Aus dem, was sie, z.B. ZARATHUSTRA, BUDDHA, MOHAMMED und JESUS CHRISTUS sowie auch MOSES, KRISHNA und LAOTSE - lehrten, entwickelten sich, den jeweiligen Kulturen und Völkern sowie deren geistiger Reife angepaßt, die verschiedenen Glaubensrichtungen.
Durch die Manipulation der Mächtigen verführt, bekämpften und bekämpfen sich die Anhänger der verschiedenen Glaubensrichtungen und bezeichnen diejenigen, die nicht zu ihrer Glaubensgemeinschaft zählen, als "Heiden", die es zu verfolgen und zu töten gilt.
Da sich trotz der Hilfe, die uns seit Millionen von Jahren zuteil wurde und wird, das Denken der Erdlinge nicht geändert hat, sondern die Menschheit immer weiter in die Stagnation des Denkens geraten ist, wurden in der Jetztzeit für einen Neubeginn von nicht inkarnierten Wesenheiten sehr viele Schritte unternommen, um uns aus diesem Dilemma herauszuhelfen.
Dazu zählt auch und vor allem, daß das Wissen um eine ganz besondere "Energieform", die JESUS CHRISTUS uns vor knapp 2.000 Jahren "überbracht" hat, jetzt bekannt gegeben werden kann.

Die KRAFT der LIEBE, die uns ER-LÖST

Die Kraft, die es uns unter bestimmten Voraussetzungen ermöglicht, nicht nur die Schwingungsfrequenzen in unserem eigenen Gefühlsspeicher umzuwandeln, sondern dies auch bei anderen zu bewirken, wurde uns durch JESUS CHRISTUS "überbracht".
Ehe vor ca. 2.000 Jahren die Wesenheit von JESUS CHRISTUS in die Materie inkarnierte, besaßen die Erdlinge, die bis zum Zeitpunkt seines Todes am Kreuz auf der Erde lebten bzw. gelebt hatten, diese Kraft nicht. Erst als Jesus starb und wiederauferstand, wurde sie in unsere Seelen eingestrahlt, damit wir eine Chance haben, uns endlich wieder an unsere Göttlichkeit zu erinnern.
In der Bibel heißt es, *"er gab sein Blut für unsere Sünden"*. Doch wie sein Blut, das, wie wir heute wissen, aus Atomen und Molekülen besteht, uns von unseren "Sünden reinwaschen kann", konnten oder wollten uns selbst diejenigen, die sich als Vertreter Gottes auf Erden bezeichnen, bis heute nicht erklären.
Logisch denkend können wir jedoch auch selbst erkennen, daß so viel Blut wohl niemand haben kann.

Als JESUS auf die Erde kam, um uns erneut an unsere eigene Göttlichkeit zu erinnern, zog er nicht nur predigend und mittels Gleichnissen lehrend von Ort zu Ort, sondern er gab uns durch alles, was er tat, ein Beispiel der Liebe.
Mit der Kraft seiner Gedanken heilte er Kranke, Aussätzige und Behinderte, indem er Verdichtungen in ihrem Gefühlsspeicher auflöste. Tote erweckte er zum Leben, indem er den Wesenheiten erlaubte, in den toten Körper zurückzukehren. In seiner "Bergpredigt" brachte er zum Ausdruck, durch welche Denk- und Handlungsweise bzw. durch welche Gefühle wir "selig" werden können. Das oberste Gebot, das er uns lehrte, lautet:
"Du sollst lieben Gott, deinen Schöpfer, von ganzem Herzen, von ganzer Seele und von ganzem Gemüte. Du sollst deinen Nächsten lieben, so wie dich selbst."
Würden wir allein dieses Gebot befolgen, also in der Liebe - in Toleranz - allem Geschaffenen gegenüber leben, hätten wir keine gefüllten

Gefühlsspeicher mehr, sondern lebten als reine Wesenheiten wieder in "unseres Vaters Haus".

JESUS CHRISTUS war zu uns auf die Erde gekommen, um in dieser Zeit den Erdlingen die Liebe vorzuleben, damit wir erkennen, wie wir leben sollten, um wieder das zu sein, was wir wirklich sind.
Er besaß die absolute Ur-Kraft des WISSENS - die LIEBE, die ihn befähigte, Lahme gehend, Blinde sehend und Wasser zu Wein zu machen sowie Tote auferstehen zu lassen. Jesus predigte die Liebe, heilte Kranke und erweckte Tote zum Leben, um uns Erdlinge den Weg erkennen zu lassen, auf dem wir zu Gott-Vater in das Ganze zurückkehren können, denn er vollbrachte keine "Wunder", sondern er tat das, was im Gebot All-Gottes niedergeschrieben steht.
Da der geistige Evolutionsstand der Erdlinge vor ca. 2.000 Jahren so niedrig war, daß sie zum Beispiel noch glaubten, die Erde sei eine Scheibe, konnte Jesus Christus ihnen die Liebe nur vorleben und All-Gottes Gebot selbst erfüllen, doch war die Zeit noch nicht reif, ihnen die physikalische Grundlage bzw. die physikalischen Gesetzmäßigkeiten im Kosmos zu offenbaren, da die Erdlinge der damaligen Zeit seine Worte nicht verstanden hätten.
Jesus Christus, der in der physischen Verkörperung mit der Kraft der Liebe wirkte und "Wunder" vollbrachte, die in Wirklichkeit ein realer physikalischer Vorgang sind, konnte nur das Wissen um das "Gesetz" der Liebe, das andere Propheten erhielten und predigten, erneuern, aber nicht die Erdlinge dazu bringen, abzulassen von ihrem begrenzten dogmatischen materialistischen Denken.

"JESUS CHRISTUS lehrte, daß nicht nur er, sondern auch jeder von euch und von uns ein Sohn All-Gottes ist.
Und er lehrte euch, daß unser aller Vater keine Strafe, keine Vergeltung und keine Verdammnis kennt.
Er lebte euch die bedingslose Liebe vor, und durch seine bedingungslose Liebe zeigte er euch, wie ihr All-Gott in höchster Form zum Ausdruck bringen könnt.
Denn er sagte: Alle können tun, was ich getan habe, denn der Vater und ihr seid eins. Das himmlische Königreich ist IN euch."
(Eine Schwingung im Namen von Randola)

Als JESUS starb, wurde in die Neutrinos der Seelen aller Erdlinge noch einmal die gleiche Menge an Liebes-Kraft eingestrahlt, durch die unser Sein bewirkt wurde.

Wird diese Kraft durch "LIEBE-VOLLES" Denken freigesetzt, dann bewirkt sie eine Neutralisation der Frequenz und Amplitude der Neutrinos im Gefühlsspeicher. Da gleichzeitig diese Schwingungsfrequenz bzw. Energie ins Kosmische Geistfeld, vor allem aber in das Kosmische Gitternetz einströmt, erhöht sich auch dort die Schwingungsfrequenz. Voraussetzung, um diese Wirkung zu erzielen, ist logischerweise, daß derjenige, der dieses Gottes-Geschenk verwenden will, erkennt, wie er die Ur-Kraft All-Gottes, die Energie der Liebe, umgewandelt hat in zerstörerische Energien.

Hat das bis hierher Niedergeschriebene bei dir zum Erkennen dessen geführt, daß du die Liebes-Energie in zerstörerische Energieformen umgewandelt hast, kannst du - als Beispiel - folgendes tun.

Sei wahr gegen dich selbst und denke nach über Lebenssituationen, in denen du durch "Unkenntnis" und Fehlbewertungen von Erfahrungen "negative" Gefühle empfunden hast.

Siehst du das, was du erlebt oder "durchgemacht" hast, aus der Sicht deiner göttlichen Wesenheit als "Erfahrung" an, <u>ohne sie zu bewerten und irgendjemanden einschließlich dich selbst dafür zu verurteilen,</u> strömt die "Liebes-Kraft" aus deiner Seele in deinen Gefühlsspeicher und bewirkt dort eine Neutralisation der Frequenz und Amplitude der Neutrinos. Gleichzeitig erfolgt eine Umwandlung der Energie in deinem Gefühlsspeicher sowie im Gefühlsspeicher von Personen, bei denen du durch deine "falschen" Reaktionen "negative" Gefühle bewirkt hast.

Diese Gottes-Kraft der Liebe, des "ICH BIN", besitzt jeder Erdling. Doch erst durch ihre Anerkennung und Verwendung in dieser Weise können wir sie zu unserer eigenen "Erlösung" einsetzen.

In unserer gewohnten begrenzten Denkungsweise zu verharren und zu erwarten, daß All-Gott uns einen "Erlöser" schickt, der uns von unseren "Sünden" und allem "Übel" befreit, kann jedoch nicht der "richtige" Weg sein, auf dem wir uns aus den Fesseln befreien, die wir uns selbst geschaffen haben.

All-Gott hat uns mit allem ausgestattet, was wir benötigen, um unser EIGENER ERLÖSER zu sein. Es ist jedoch unsere eigene Entscheidung, ob wir Seine Gaben annehmen oder nicht.

"Beginnt zu be-greifen, zu er-haschen, zu ver-schmelzen in euer Sein, in der Gelassenheit eures Wissens, das euch hierher brachte.
Das ist eine Tat, die ihr in Bruchteilen von Zeit bewerkstelligen könnt, und doch tut ihr euch schwer, euch in der Liebe eurer Existenz wiederzufinden. - Wiederzufinden in dem, was euch umarmt immer und ewiglich ohne Unterlaß.
Das Kreuz eurer Seelen seid ihr selbst. Ihr selbst seid die Auferstandenen, die herumirren und suchen. Es war nicht Christus, ihr endlos Geliebten. Das findet wieder, das verinnerlicht, und dann seid ihr wahrhaft das Licht, das ihr sucht.
Ihr seid die Wahrheit, die ihr sucht. Ihr selbst seid die Schöpferkraft, die ihr sucht. Denn niemand kommt zum Vater als durch 'mich'.
- Ihr seid es selbst. -" (Randola)

WAS macht uns KRANK ?

Stellen wir uns einmal die Frage, wie, da unser physischer Körper aus Atomen und Molekülen besteht, ein Atom 'krank' werden kann, so ist die einzig mögliche Antwort, einfach ausgedrückt: "Durch eine Schwingungsfrequenzveränderung." Für diese Schwingungsfrequenzveränderung gibt es, kurz zusammengefaßt, 3 Ursachen:

1. durch Problem- und Konflikt-Denken, wodurch einerseits der Gefühlsspeicher gefüllt wird; zum anderen wird jedoch *durch dieses Problem-Denken in zu hohem Maße die Energie verbraucht, mit der das zuständige Hirn-Areal die Abläufe in dem ihm untergeordneten Organbereich steuern sollte.*

2. durch disharmonische Schwingungen, die die harmonische Schwingung des physischen Körpers stören (z.B. durch Viren, Bakterien, toxische Moleküle usw.), *was jedoch nur eintreten*

kann, wenn ein Körperbereich durch den gefüllten Gefühlsspeicher, wie schon geschildert, "vorgeschädigt" ist.

3. durch Veränderungen im Molekularbereich (Fehlbestände an Ionisations-Energie, Molekülen oder Spurenelementen), *was in den meisten Fällen jedoch auch wieder darauf zurückgeführt werden muß, daß einerseits das infragekommende Hirn-Areal, wie unter Punkt 1 aufgeführt, durch Problem- und Konflikt-Denken überlastet wird und zum anderen der entsprechende Körperbereich "vorgeschädigt" ist.*

Dies läßt erkennen, daß grundsätzlich JEDE Schädigung ursächlich durch "falsches" Denken und Fühlen bewirkt wird.
Dies ist keine bloße Behauptung, sondern die einzig mögliche Wirklichkeit. Denn wenn wir über die zuvor beschriebenen Abläufe einmal tiefgehend nachdenken, werden wir erkennen, daß es gar nicht anders sein kann. Wir kommen gar nicht umhin zu erkennen, daß wir selbst IMMER der Verursacher unserer Konflikte und daher - als deren Folge - auch unserer Krankheiten sind.
Unsere Wesenheit, der Kern unserer Seele, hat diese - wie jede andere vorhergehende - Inkarnation *selbst gewählt*, um hier, in der Dichte der Materie, weiter zu lernen, um hier Erfahrungen zu machen.
Das Motiv - die Motivation - der Beweg-Grund ist immer und stets die Liebe zum Selbst, das Zum-Ausdruck-Bringen des Selbst.
Alles ist immer von uns selbst "bestimmt", von uns selbst, von unserer Wesenheit bzw. Seele "gewählt", um des Lernens, um der Erfahrung willen, um alle Gefühle, alle Schattierungen von Gefühlen zu erleben - und uns selbst zum Ausdruck zu bringen.

Die einzige URSACHE unserer Probleme und Konflikte sind wir selbst, da wir uns selbst erniedrigen, wenn wir "Bewerten und Verurteilen" und uns insgeheim schuldig fühlen oder glauben, versagt zu haben.
Doch es gibt keine Schuld und kein Versagen !
Genauso zerstörerisch und niederdrückend wirkt jedoch auch jedes Vergleichen mit anderen.
Du bist einmalig - wie jeder andere einmalig ist, und diese Einmaligkeit, deine Einzigartigkeit, sollst du zum Ausdruck bringen !

Denn jeder ist Gott in All-Gott. Jeder ist - ganz für sich - die individuelle Ausdrucksform All-Gottes.

Jede Erfahrung, die wir machen, ist *gleich wertvoll* für unsere Weiter-Entwicklung, zur Erlangung eines unbegrenzteren Verständnisses. Nur durch die Wertung, die wir selbst vornehmen, sehen wir sie als "gut" oder "schlecht" an - und fürchten uns vor den angeblich "schlechten" Erfahrungen, weil sie uns Schmerz bereiten könnten.
Die Beurteilung, das Werten, geschieht nicht in der Seele, sondern im Gehirn. Unsere Seele ist absolut un-vor-eingenommen, in ihr gibt es keine Wertung des Gefühls, sondern nur das reine Gefühl, gleich welches Gefühl es ist.
Durch das ständige "Kreisenlassen" von Gedanke und Gefühl zwischen Gehirn und Gefühlsspeicher aufgrund des Bewertens trennen wir uns vom wirklichen Erleben.
Nur wenn ein Gefühl nicht bewertet wird, kann die Erfahrung in der Seele gespeichert werden. Bei jeder Bewertung erfolgt die Speicherung im Gefühlsspeicher, einhergehend mit einer *Erniedrigung, mit einer Senkung der Schwingungsfrequenz.*
Wahr sein - ohne Maske - ohne Verstellung - ohne Vorspiegelung - ohne Lüge - ohne sich oder einem anderes "etwas vorzumachen" - ohne Angst, verletzt zu werden - das bedeutet, SICH SELBST, und niemand anders, zum Ausdruck bringen. Alles andere ist Selbst-Betrug, ist Selbst-Verleugnung, ist Heuchelei.
Darum sollen wir uns selbst lieben - wie All-Gott uns liebt: bedingungslos - ohne Wenn und Aber - ohne Angst - ohne Schuldzuweisung - ohne uns mit anderen zu vergleichen - ohne besser sein zu wollen als ein anderer. - Denn All-Gott in uns, in unserer Seele, kennt keine Wertung, sondern liebt uns, wie wir sind.

Nur durch "Wahr Sein" - nur durch das Zum-Ausdruck-Bringen unseres wahren ICH BIN - unserer echten Identität, der in-di-vi-du-ellen Ausdrucksform All-Gottes - OHNE MASKE und OHNE LÜGE - leben wir das, wozu wir erschaffen wurden.
Wir selbst, unsere Wesenheiten, schufen hier auf dieser unserer Erde unendliche Möglichkeiten, uns zum Ausdruck zu bringen, unsere Schöpferkraft, unsere Göttlichkeit, voll auszuleben, voll zur Geltung

zu bringen. Doch was machen wir jetzt ? Wir wollen anders sein, als wir sind, wir lieben uns nicht selbst so, wie wir sind, sondern versuchen, die Rolle eines anderen zu spielen, den wir für besser halten als uns selbst. Oder wir wollen so sein, wie es ein anderer von uns erwartet. Doch das entfernt uns immer weiter von uns selbst. Warum sollte All-Gott so unendlich viele Wesenheiten erschaffen haben - statt nur eine, oder nur ein paar -, wenn nicht aus dem Grund, weil JEDE individuelle Wesenheit ihm wichtig ist - so, wie sie ist?

All-Gott in uns voll und ganz zu erfahren, ihn vollkommen wahrzunehmen, bedeutet, unsere ganze - unvorstellbar große - unbegrenzte Schöpferkraft sich entfalten zu lassen und jede unserer Schöpfungen zu erfahren - durch das Gefühl.
Jedes Gefühl bis in die tiefste Tiefe zu erfahren, bedeutet Liebe. Darum drängt uns unsere Seele immer wieder, wenn wir uns weigern, Erfahrungen anzunehmen, und sie steigert diesen Drang vom leichten "Schubsen" - durch den kleinsten liebevollen "Anstoß" - über mehrere Stufen bis zum äußersten Schmerz, bis das Gefühl, um das es immer nur geht, gleich welches Gefühl es ist, endlich angenommen - "wahrgenommen" -, in der materiellen Manifestation erfahren wird - ohne Teilung in gut oder schlecht. Die Dualität besteht nur durch das Werten. Ohne Bewerten gibt es nichts Gegensätzliches !

"Eure Seele ist die Essenz des Lebens, dieser Funke, der euch bereitet Ungemach in eurem irdischen Kleid, und zugleich ist er die Herrlichkeit, die euch taucht in den Glanz des Lichts, des Funkens, der euch erschuf." (Randola)

Sich selbst lieben bedeutet: ALLE Gefühle zuzulassen - anzunehmen - wertzuschätzen (statt zu verurteilen), denn die Seele WILL diese Gefühle erfahren bis in die tiefste Tiefe. Aus diesem Grund werden die Situationen, die wir über unsere Aura anziehen, immer "schmerzhafter", solange, bis wir alle Gefühle, die sie hervorrufen, annehmen und lieben.
Dieser Schmerz äußert sich zunächst in "psychischem Schmerz", in "Leid", in "Unglücklichsein", also in Gefühlen niedriger Schwingungsfrequenzen, und erst dann, wenn wir dieses "Signal" immer

noch weiter mißachten, entsteht der physische gleich körperliche Schmerz bis hin zu einer Krankheit.

Nehmen wir die Gefühle jedoch an, ohne sie zu bewerten, erfolgt eine Freisetzung der Energie, die bis dahin gebunden war und in uns Spannungen verursacht hat. Und diese freigelassene Energie bringt uns in ein absolutes Hochgefühl, in Glück und Freude.
Glück und Freude bis zur Ekstase könnten wir immer und bei allem empfinden, wenn wir es nur wollten, wenn wir jede Erfahrung zuließen, wenn wir sie nicht bewerten würden, wenn wir die Schwingungsfrequenz nicht herunterschrauben würden.
Die Schranke ist unser Gehirn, in dem wir werten, vergleichen und beurteilen. Denn alle von uns als negativ empfundenen Gefühle erhalten diese "negative Bewertung" im Gehirn, dort, wo der Intellekt, das "logische" Denken seinen Sitz hat. Durch diese Bewertung, die die Schwingungsfrequenz hinunter-"würgt", bewirken wir Starrheit - Stagnation - Verdichtung - Dunkelheit.
Durch sie werden die Bereiche unseres Gehirns (Hirn-Areale), die noch brachliegen und genutzt werden könnten für die Wahrnehmung, für die Erfahrung und Identifizierung höherer Gefühle, blockiert.
Wie schon einmal gesagt, durchströmen uns ALLE Gedankenfrequenzen, die im Kosmischen Geistfeld existieren.
Daß wir sie in uns nicht wahrnehmen, liegt an uns, an unserer Begrenzung, an unserem Ur-Teilen, an unserem "Sicherheits-Denken".

"WISST, daß es sich bei ihnen um Wirklichkeiten handelt.
Erlaubt es diesem Wissen, in euch, in eurem Körper erfahren zu werden.
Wenn ihr nicht glaubt, daß sie Wirklichkeit sind, könnt ihr sie nicht erfahren. Denn dieses Werturteil verhindert die Annahme, die Aufnahme all dessen, was euch überragender werden lassen könnte.
So prallt all dieses Wissen, das euch in jedem Augenblick durchströmt und euch drängt, aufgenommen zu werden, von eurem Gehirn ab, ihr weist es zurück.
Dann ist alles, was ihr je empfangen werdet, immer nur das, was euch auf dieser dichten Ebene festhält, euch auf sie begrenzt hält."
(Eine Schwingung im Namen von Randola)

Was uns überwiegend auf diese dichte - materielle - Ebene begrenzt hält, ist das begrenzte gesellschaftliche Denken, in das wir hineingeboren und in dem wir er- bzw. ver-zogen werden.
(Betont werden muß nochmals, daß nichts geschieht, was unsere Wesenheit nicht gewählt hat.)
Ehe wir erkennen können, in welchem "Sumpf" wir stecken, haben sich schon so viele "verdrehte" Einstellungen festgesetzt und unsere Gefühle in so niedrige Schwingungsfrequenzen versetzt, daß wir lange Zeit total blockiert sind und es sehr schwer für uns ist, die Ursache für unsere Fehlhaltung zu erkennen.

Sehr oft sind es nur winzig kleine Anlässe bzw. Situationen, die in uns aufgrund unserer Erziehung und der Prägung durch das begrenzte gesellschaftliche Denken Konflikte erzeugen, die jedoch so "schwerwiegend" sein können, daß sie uns das (irdische) "Leben kosten".
Insbesondere aufgrund der Heuchelei, des Messens mit zweierlei Maß, der Lügen, die in unserer Gesellschaft gang und gäbe sind, entstehen unzählige Konflikte und dadurch wiederum Krankheiten bis hin zu Krebs und Aids.
Bis vor gar nicht so langer Zeit galt zum Beispiel für Mädchen bzw. (junge) Frauen der sog. Geschlechtsverkehr als Sünde und Schande, wenn kein Trauschein vorlag, jedoch als "eheliche Pflicht", sobald man geehelicht wurde, während "das für einen Mann ganz normal war", gleich ob mit oder ohne Trauschein.
Welches Gefühl soll bei ein und derselben Handlung erfahren werden, die einmal Schande und einmal Pflicht ist ?
Was stimmt daran nicht, wenn ein und dieselbe Handlung bei einem Körper ganz normal ist, beim anderen Körper aber etwas Verabscheuungswürdiges - und erst mit Trauschein wieder ganz normal (zumal beide Körper aus Atomen und Molekülen bestehen) ?
Das Gleiche gilt für Gleichgeschlechtlichkeit. In einer Ehe waren und sind alle Praktiken erlaubt, auch "Analverkehr", doch bei Homosexuellen wurde das gleiche Tun früher sogar mit dem Tod bestraft, während sich die "Gesellschaft" jetzt mit einer "Ächtung" begnügt, die allerdings, wie wir erkennen konnten, auch zum Tod führen kann.
Und warum sind Prostituierte, die über Jahrtausende hinweg unzählige Ehen vor ihrer gänzlichen Zerrüttung "gerettet" haben, schlechter

oder weniger wert als Frauen, die sich - allerdings mit Trauschein und Ehering versehen - "prostituieren" ?

Oder nehmen wir als Beispiel den geschilderten Fall "Brustkrebs". Als die Frau, wie geschildert, ihren Sohn dabei "erwischt", wie er gerade ein Mädchen "verführt" (obwohl sie nicht ganz sicher ist, wer wen verführt hat), überfällt sie panische Angst:
Angst vor der Zukunft, Angst vor der Meinung anderer oder der Verurteilung durch andere, Angst davor, etwas "falsch" gemacht zu haben, Angst vor "was wäre, wenn .....".
Die Angst vor dem, was in der Zukunft vielleicht geschehen könnte, die Angst davor, daß der "Ruf" der Familie vielleicht angeknackst sein könnte, die Angst davor, daß die "heile Welt", die man ja nach außen spielen muß, vielleicht als nicht mehr ganz so heil angesehen werden könnte (obwohl jeder so stark mit seinen eigenen Problemen beschäftigt ist, daß jeder "Klatsch und Tratsch" in kürzester Zeit vergessen ist), kostet sie ihre Brust und 16 Lymphknoten, und wenn sie kein Glück hat, ihr Leben.
Denn die Angst davor, ihren Mann zu verlieren, weil sie sich für einen "Krüppel" hält, weil sie annimmt, keine "vollwertige" Frau mehr zu sein, verursacht Knochenkrebs. Und die Angst vor dem Tod, da man ihr ja gesagt hat, Krebs sei tödlich, vor allem Metastasen seien immer tödlich, kann sie tatsächlich das Leben kosten, aber erst nach unsäglichem Leid, nach unvorstellbaren Schmerzen, nach einem "Leben", das kein Leben mehr ist.
Und das alles, weil man ihr gesagt hat, daß *"man das nicht tut"*, was ihr Sohn - *vielleicht* - getan hat.

Inzwischen haben sich in vielen Ländern die "Sitten" so gelockert, daß es nicht mehr als "Todsünde" angesehen wird, wenn selbst 12- bis 14-Jährige schon Geschlechtsverkehr miteinander haben.
So wird auch inzwischen ein "uneheliches" Kind nicht mehr als "Teufelsbrut" angesehen, und unzählige Mädchen brauchen sich deswegen nicht mehr das Leben zu nehmen.
Doch überlegt man einmal, wieviel Angst, wieviel Leid, wieviel Verzweiflung, wieviel Unmenschlichkeit durch diese - inzwischen gar nicht mehr schlimmen - Verhaltensregeln, die von der Gesellschaft

aufgestellt wurden, entstanden ist, müßte man eigentlich auch zu der Erkenntnis kommen, daß die meisten Konflikte - und Krankheiten - vermeidbar wären, wenn das gesellschaftliche Denken nicht so begrenzt, einschränkend und in vielen Fällen sogar "tödlich" wäre.

Wie schon kurz erwähnt, "vererben" sich Konflikte oft über Generationen. Diese "Vererbung" innerhalb einer Familie ist eine Übertragung von Konfliktinhalten, die dann zu Krankheitsbildern führen, an denen z.B. Großmutter, Mutter und Kind erkranken können.
Da die Ursache der Erkrankung nicht bekannt war, glaubte man sogar, daß diese Krankheitsbilder "vererbbar" sind.
Nehmen wir zur Verdeutlichung als Beispiel den "Fall" der Patientin, die an einer absoluten Immunschwäche und dadurch sowie aufgrund ihrer Konflikte an fast allen Krankheitsbildern litt.
Die Ursache des Gebärmutter-Krebses, an dem ihre Großmutter erkrankt war und an dem sie nach unsäglichem Leiden starb, war ein Konflikt in ihrer Ehe. Der Großvater dieser Patientin war "ein stadtbekannter Windhund", der, aus welchen Gründen auch immer, über Zeitungs-Annoncen Frauenbekanntschaften suchte, wobei er seine private Adresse (eine kleine Wohnung) als Treffpunkt angab. Auf diese Weise mußten die Großmutter und die Mutter der Patientin miterleben, mit ansehen, wie dieser Mann laufend mit anderen Frauen geschlechtlich verkehrte. Erst in hohem Alter war die Mutter der Patientin in der Lage, über diese Erlebnisse zu sprechen, wobei sie auch über Alpträume sprach, die sie lange Zeit gequält hatten und in denen sie nichts anderes sah als einen riesengroßen Penis.
Obwohl die Mutter darüber nicht sprechen konnte, liegt aufgrund dieser Alpträume der Verdacht nahe, daß der Vater sich auch an ihr, als sie noch ein Kind war, "vergangen" hat.
Als die Patientin bzw. ihr Körper gezeugt wurde, war Krieg, der Vater nur auf Kurzurlaub zu Hause und ihr Bruder erst 6 Monate alt. Da die Mutter im sexuellen Bereich aufgrund ihrer Kindheitserlebnisse stark "vorgeprägt" war, hat sie sicherlich nur mit Widerwillen ihre "ehelichen Pflichten" erfüllt, als ihr Mann während seines Kurzurlaubes darauf bestand. Trotzdem muß sie von einem Gefühl der "Schuld" gequält worden sein, als sie eine erneute Schwangerschaft feststellen mußte, obwohl ihr erstes Kind erst 6 Monate alt war.

(Um die Situation voll zu verstehen, sollten wir auch berücksichtigen, daß zu jener Zeit -1940- gerade der Bereich der Sexualität noch mit unzähligen Tabus und festverankerten Einstellungen behaftet war.)
Dieses Schuldgefühl bewirkte bei der Patientin, daß sie sich wiederum ihrer Mutter gegenüber schuldig fühlte - für all das Leid, das ihrer Mutter (wie sie glaubte, durch ihr Dasein) widerfahren war.
Die ausgeprägte Angst der Mutter, daß die Tochter "noch Schande über die Familie bringen" und "in der Gosse landen" würde, übertrug sich so stark auf die Tochter, daß sie einen Mann heiratete, obwohl sie ihn nicht liebte. Aufgrund dieses Mangels an Liebe und ihres "Geprägtseins" in sexueller Hinsicht empfand sie die Erfüllung ihrer "ehelichen Pflichten" immer als sehr qualvoll.
Das Gefühl der Schuld, in diesem Bereich "versagt" zu haben bzw. keine "vollwertige" Frau zu sein, war die Ursache für eine kindskopfgroße Geschwulst in der Gebärmutter sowie mehrere große Zysten an den Eierstöcken, die durch eine sog. "Totaloperation" bei dieser Patientin entfernt wurden.
Doch auch die Mutter dieser Patientin mußte sich einer Totaloperation unterziehen (Diagnose: Gebärmutter-Krebs).
Nochmals sei betont: Krebs ist nicht vererbbar - und auch nicht ansteckend, wie manche glauben -, sondern es können Konfliktinhalte als Ursache von Krankheitsbildern über Generationen hinweg "weitergegeben" werden, vor allem, wenn es sich um Konflikte handelt, die die Ur-Programme der Erdlinge betreffen, d.h. die auf Erfahrungen aus der Zeit beruhen, die sie überwiegend gemeinsam mit den Tieren verbrachten, also auf "angelernten" Instinkten zum "Überleben".

Im Gegensatz zu früher wird inzwischen auch in größeren Schichten der Bevölkerung vieler Länder ein Zusammenhang zwischen Konflikten und Erkrankungen gesehen.
Im Volksmund gibt es seit jeher viele Ausdrücke, die Konfliktinhalte exakt mit den entsprechenden Organen, an denen durch sie Schäden auftreten, in Verbindung bringen. Diese Verbindung bzw. den Zusammenhang zu erkennen, ist gar nicht so schwer, wenn man bedenkt, welche Funktionen die jeweiligen Organe oder Gliedmaßen tatsächlich haben.
So wird z.B. jetzt sogenannten "Schluckern", also Erdlingen, die im-

mer ihre Konflikte in sich "hineingefressen" - ihren Frust und Zorn "geschluckt" - haben, nachdem sie, an Kehlkopf-Krebs erkrankt, operiert werden mußten, nach der Operation geraten, ihren Frust und ihren Zorn in Zukunft lauthals hinauszuschreien. Auch kommt man z.B. inzwischen langsam dahinter, daß "Asthma" etwas mit Angst bzw. mit "Nicht-Loslassen-Können" (= "Nicht-Ausatmen-Können") zu tun hat.

"Im Kosmos ist alles Schwingung, ist fließende Bewegung in Harmonie, in Liebe, in ewigem Wandel." (Randola)
Nur wir Erdlinge haben, in der Dichte der Materie, starre Formen geschaffen, jedoch nicht nur im Außen, sondern auch in uns.

Sehen wir uns einmal die Entstehung und die "Geburt" des "Gefäßes" unserer Wesenheit etwas näher an.

"Die ersten Gefäße kamen erst nach langem Experimentieren einer Gruppe von Wesenheiten zustande. Zuerst wurden nur Gefäße erschaffen, bei denen sich das, was ihr Geschlechtsorgane nennt, innen befanden.
Dadurch konnten sie sich selbst durch einen Klonungsvorgang fortpflanzen. Deshalb sahen alle Körper der Erdenbewohner am Anfang gleich aus." (Randola)

Beweisführend dafür, daß es so ist, erkennen wir an einer wissenschaftlichen Entdeckung, die leider selbst in den wissenschaftlichen Bereichen nur wenigen bekannt ist.
Die nachfolgenden Ablichtungen sind durch eine Untersuchung entstanden, die von dem Wissenschaftler KATZ durchgeführt wurde. Er kopierte Fotos von 14 Jungen und 14 Mädchen übereinander. Selbst bei dem Vergleich von nur je 14 Personen beiderlei Geschlechts ergibt sich bereits ein so überindividuelles Allgemein-Bild, daß man eine charakteristische Gesetzmäßigkeit feststellen kann, die für die physische Gestalt des Erdlings auf EINEN Ursprung hinweist.
Bei weitergehenden Forschungen in diesem Bereich, bei denen es gelang, die doppelte Anzahl von weiblichen sowie männlichen Personen übereinander zu kopieren, von denen leider kein Foto mehr

existiert, ergab sich eine charakteristische Gesetzmäßigkeit, die 100-prozentig darauf hinwies, daß, gleich ob männliche oder weibliche Personen übereinander kopiert wurden, immer am Ende der Reihe das gleiche Erscheinungsbild zu sehen war.

Leider sind die folgenden Bilder sehr unscharf, da uns, nachdem uns die Original-Fotos gestohlen wurden, nur noch ein paar "schlechte" Kopien zur Verfügung stehen. Trotzdem ist das, was wir mit diesen Bildern zeigen wollen, noch klar erkennbar.

Die 3 folgenden Ablichtungen sind wie folgt entstanden: Es wurden 42 Schwedinnen von etwa 23 Jahren fotografiert und je 14 Fotos übereinanderkopiert. In keinem der 3 Bilder ist das Foto eines Mädchens aus einer der anderen Gruppen enthalten (nach KATZ).

Ablichtung

Die folgenden Ablichtungen zeigen Einzelfotos von 28 jungen Männern und Mädchen sowie das Summationsbild dieser Fotos. KATZ schreibt dazu: "Das Schönheitsempfinden spricht auf das Summationsbild in besonderer Weise an. Nicht in extravaganten Einzelheiten, sondern im idealen Ebenmaß treten hier Schlüsselreize zur Auslösung des Schönheitsempfindens auf."

Ablichtung

Ablichtung

"Die ersten Gefäße der Wesenheiten waren plumpe Geschöpfe, ähnlich manchen Tieren. Doch da sie nicht so schnell waren wie viele Tiere, fielen sie diesen sehr oft zum Opfer.
Es dauerte viele Millionen Jahre, bis ihr Gefäß mehr vervollkommnet war. Dann aber nahmen viele von euch Besitz von diesen Gefäßen und erfreuten sich der neuen Abenteuer, um die unendlichen Möglichkeiten des Lebens zu ergründen.
Eure Gefäße waren so geschaffen, daß ihr sie ständig weiter verbessern konntet, um alle Gefahren zu meistern und in eurer materiellen Welt zu bestehen.
Die Erinnerung an jeden Gedanken, den ihr als Gefühl empfandet, prägte sich auch den Zellen ein und konnte so beim Klonungsvorgang weitergegeben werden. Erst nach langer Zeit erschuft ihr durch den Austausch von Genen zweierlei Formen, um durch die Vereinigung des 'männlichen' und des 'weiblichen Samens' eine noch größere Vervollkommnung eurer Gefäße zu erreichen."
(Eine Schwingung im Namen von Randola)

Verfolgen wir einmal kurz den heutigen Werdegang in der Entstehung des physischen Körpers eines Erdlings.
Nachdem das Spermatozoon, die männliche Samenzelle, nach einer Befruchtung zu einer Einheit mit der Oozyte, dem Ei der Frau, geworden ist, vervielfältigt sich diese erste unspezifische Zelle, die als Zygote bezeichnet wird und die mit keinem Organ der Frau in Verbindung steht, durch die Resonanz ihrer eigenen Schwingungsfrequenz 32 mal innerhalb von rund 6 Tagen.
Nach diesen rund 6 Tagen, in denen der Teilungs- und Reifungs-

vorgang abgelaufen ist, wird das befruchtete Ei durch den Flimmerstrom und die Muskelbewegung des Eileiters in die oberen Abschnitte der Gebärmutter gebracht, wo es sich einbettet und einnistet.
Das heißt, diese *32 bis dahin unspezifischen Zellen*, die alle den gleichen Aufbau besitzen, werden an die Kreisläufe der Mutter angeschlossen. Von diesem Moment an "formt" (oder "verformt") die Mutter durch ihre Gedankenbilder und Gefühle (bzw. durch deren Schwingungsfrequenzen), bewirkt durch die Abstrahlung des Druckes aus dem Umfeld, in dem die Mutter lebt, die neu entstehende körperliche Hülle einer Wesenheit zu dem Erscheinungsbild, wie wir es als Neugeborenes bildhaft wahrnehmen.
Die Wesenheit der Mutter überwacht das Wachstum des Embryos, das aufgrund der Ur-Information in der Samenzelle bzw. in den 32 unspezifischen Ur-Zellen, die sich zuerst bilden, heranwächst.

"Der Zeugungsvorgang bewirkt, daß eine Zelle durch die Liebes-Energie der Wesenheit der Mutter entstehen kann.
Es ist der 'Sternenfunke' mit der Information der Wesenheit, die dieses Gefäß übernehmen möchte.
Bei der Abnabelung fließt die Essenz All-Gottes in das 'Produkt' der beiden Erdlinge, Mann und Frau, ein und baut die Aura auf.
Erst dann, wenn die Aura gebildet ist, fließt die Wesenheit in das Neugeborene ein.
Die Aura wird also aufgebaut mit dem Eintritt der Wesenheit - erst wenn das Kind abgenabelt wird. Sonst wäre es nicht möglich, im Mutterleib ein Gefäß für die Wesenheit heranwachsen zu lassen.
Durch die Muttermilch erhält das Neugeborene alle Informationen, die bestimmend waren für die Mutter während der Zeit des Austragens und des Geburtsvorgangs.
Damit beginnt die Wesenheit, ihren Erfahrungsschatz in diesem Leben zu sammeln.
Daher braucht eine Frau nicht stolz darauf zu sein, daß sie ein Gefäß in sich ausgetragen hat. Ebenso braucht sich der Mann nichts darauf 'einzubilden', für einen 'Nachkommen', wie ihr 'es nennt, gesorgt zu haben. Wahren Stolz können beide, Mann und Frau, empfinden nach dem 7. Lebensjahr des Kindes, wenn sie die Wesenheit des Kindes in Liebe und mit Respekt haben aufwachsen lassen - mit

der notwendigen Umsicht des richtigen Lehrens. - Falls die Wesenheit des Kindes sie anerkennt. -
Zum richtigen Aufziehen eines Kindes nehmt euch ein Beispiel an den Delphinen. Sie sind die besten Lehrmeister, denn sie lehren ihre Kinder, Verantwortung für sich selbst zu übernehmen."

(Randola)

Es gab bis jetzt sehr unterschiedliche Meinungen über den Zeitpunkt, den Moment, an dem eine Wesenheit in ein neues Erdenleben eintritt. Grundsätzlich müssen wir akzeptieren, daß unsere Wesenheit, unsere Seele, der *bestimmende* Teil in uns ist - nicht das, was wir als Gefäß wahrnehmen. Wie zuvor geschildert, schufen die Wesenheiten für sich ein Gefäß, um auf der Erde ihre Erfahrungen zu machen, um die unendlichen Möglichkeiten ihrer Schöpferkaft, des "Sich-zum-Ausdruck-Bringens", zu erkunden, sie weiter auszuschöpfen, um neue emotionale Abenteuer in der Erfahrung der TOTALITÄT DES GEDANKENS, der All-Gott ist, zu erleben.

"Auch eure Erde wurde mit den Strukturen geistiger Entwicklung gebaut. Selbst eure Natur habt ihr selbst erschaffen im Gang der Seele.
Diese wunderbare Welt, das Menschsein, ist ein Gleichnis der gesamten Existenz. Wenn ihr also zerlegt in die Minimumsphäre, dann seid euch bewußt, daß gleichzeitig dieses Geschehen nicht einzigartig ist, sondern auch irgend wo anders, da draußen und im kosmischen Raum, einen gleichen Ablauf hat.
Werdet euch darüber klar, daß nichts ohne Sinn ist, und daß <u>der Sinn immer ihr selbst seid.</u>
Was ist der Sinn von Werden und Vergehen und Rückkehr?
Der Sinn von allem ist immer die Wesenheit selbst. Der Sinn liegt in der Synthese von allem." (Randola)

Diese Tatsache eröffnet ganz andere Perspektiven; sie wirft ein vollkommen neues Licht auf die Einstellungen, die wir bisher hatten. Zum Beispiel nahmen wir Erdlinge bisher an, daß ein künftiges Elternpaar über den Eintritt eines neuen Erdenbürgers in das irdische Sein entscheidet.

In Wirklichkeit sucht sich eine Wesenheit ein Paar aus, durch deren Zeugungsakt das Gefäß für ihre Inkarnation auf der Erde entstehen kann. Bei dieser Auswahl eines Paares spielen verschiedene Faktoren eine Rolle - *immer unter dem Gesichtspunkt, welche Erfahrungen die Wesenheit in dieser Inkarnation machen will.*

Dieses Wissen wird vielen werdenden Müttern helfen zu verstehen, daß sie selbst keine Schuld trifft, wenn es zum Beispiel zu einer Todgeburt kommt oder ihr Kind schon nach wenigen Tagen, Wochen oder Jahren stirbt.
Ohne dieses Wissen haben sich viele Mütter, die eines ihrer Kinder sehr früh "wieder hergeben mußten", sehr viel Leid zugefügt, weil sie keinen Grund für den frühen Tod bzw. das kurze Leben ihres Kindes finden konnten und sich daher mit Schuld-Fragen gequält haben.
Stirbt ein Kind sehr früh, dann wollte die Wesenheit, die dieses Gefäß bewohnt hat, in diesem Leben nur eine oder ein paar ganz bestimmte Erfahrungen machen.
Das Gleiche gilt für behinderte Kinder, für deren Behinderung sich viele Eltern irgendwie schuldig fühlen oder sie als Strafe sehen.
In Wirklichkeit hat sich die Wesenheit diese Behinderung gewählt, um so weitere Aspekte des Seins zu erfahren, und immer erfolgt eine solche Erfahrung in Absprache mit den Wesenheiten der Eltern.
Allen Eltern von behinderten Kindern sei in diesem Zusammenhang gesagt, daß sie die Behinderung nicht als Last ansehen sollten, sondern vielmehr als eine Art Hilfe.
Behinderte Kinder sind in den meisten Fällen so stark mit ihrer Wesenheit verbunden, daß man, wenn man diesen Aspekt berücksichtigt, sehr viel von ihnen lernen kann.

Wie bei fast allem in unserem Erdenleben wurde durch Manipulation auch in diesem Bereich alles "umgedreht" - immer mit dem Ziel, Angst zu schüren, um Macht zu behalten.
So bewirkten die Einstellungen, die von den Manipulatoren geprägt wurden, zum Beispiel,
- daß sich Mann und Frau einbildeten, ihr Kind sei ihr Besitz, auf dessen "Herstellung" sie stolz sein können; andrerseits räumten sie sich dadurch das Recht ein, über ihr Kind "verfügen" - bestimmen -

zu dürfen, wie sie es wollten. Dies betrifft vor allem den Mann, den Vater, wenn er, wie beschrieben, sowohl seine Frau und seine Kinder als Besitz betrachtet.

Um ihre "Mutterrolle", die Frauen auf diese Weise aufgedrückt wurde, "gut" zu spielen, "glaubten" viele Mütter, daß sie ihr Leben lang "verpflichtet" seien, die Verantwortung und "Sorge" für ihre Kinder zu tragen. Aufgrund dieses "Glaubens" an eine lebenslange Pflicht, aufgrund der Einstellung, sich für ihre Kinder "opfern" zu müssen, aufgrund der Angst, dieser Rolle nicht "gerecht" zu werden, zu "versagen" (nicht zuletzt aufgrund dessen, daß man der Frau in den meisten anderen Bereichen keine Chance gab, eine für die Gemeinschaft "wichtige" Rolle zu spielen), entstanden - *da diese Einstellungen absolut naturwidrig sind* - sehr viel Leid und unendlich viele Konflikte, die wiederum z.B. "Brustkrebs" und "Unterleibskrebs" verursachten - oder aber alle Arten von Venenleiden sowie rheumatische Erkrankungen in den Beinen und Hüften, da Frauen, von ihrer Seele gedrängt, "am liebsten weggelaufen wären".

Dieser Konflikt und die dadurch entstehenden Krankheitsbilder beziehen sich natürlich auch grundsätzlich auf die Ehe an sich, da unzählige Frauen im Hinblick auf ihre Ehe "am liebsten weglaufen würden", jedoch nicht den Mut aufbringen, sich scheiden zu lassen, weil es ihnen, wie schon geschildert, in unserer Gesellschaft immer noch sehr schwer gemacht wird, "sich auf ihre eigenen Füße zu stellen".

Daß diese Einstellungen aufgeprägt und *naturwidrig* sind - nicht nur unter dem Aspekt, daß wir Erdlinge die Existenz und das Ziel unserer Wesenheiten komplett vergessen haben -, erkennen wir bei einem Vergleich unserer Lebensweise mit der von Naturvölkern und Tieren.

Auch der manipulativ eingeprägte "Glaube", daß die "Abtreibung der Leibesfrucht" eine "Tod-Sünde" sei, führte nicht nur zur Bestrafung seitens der Gerichtsbarkeit, sondern vor allem zu unzähligen schwersten Konflikten und unsäglichem Leid bei Mädchen und Frauen.

Durch diesen Irrglauben wurden unzählige Mädchen und Frauen in den Tod getrieben - oder in ungewollte - lieblose - und daher unglücklich verlaufende Ehen.

Diese Klarstellungen sind - wie immer - nicht als Kritik, Bewertung oder Verurteilung anzusehen.
Sie sollen nur helfen zu verstehen, wie unglaublich geschickt die Manipulatoren "falsche Glaubensinhalte" geschaffen haben, um die Erdlinge vom Erkennen ihrer eigenen Wahrheit - ihrer Wirklichkeit - ihres wahren Selbstverständnisses abzuhalten.

Sogenannte "pränatale Erfahrungen" macht der neue Erdling nicht selbst, sondern die Informationen erhält er größtenteils mit der Muttermilch. Denn, wie schon gesagt, tritt die Wesenheit normalerweise erst bei der Abnabelung in das Neugeborene ein.
Daher ist z.B. ein sog. Geburtsschock nicht möglich. (Auch diese Behauptung, daß die Mutter durch "unrichtiges" Verhalten bei der Geburt ihrem Kind Schmerzen zufügen könnte, sollte sie in ihrer "Verpflichtung" dem Kind bzw. der Familie gegenüber sowie in ihrer Angst, "minderwertig" bzw. keine "vollwertige" Frau und Mutter zu sein, halten.)
Andrerseits erfolgt natürlich eine Prägung durch die Schwingungsfrequenzen von Gefühlen, die die werdende Mutter empfindet und die sich auch auf die Zellstrukturen des sich bildenden Gefäßes auswirken.
Daher sollten "werdende Mütter", die dieses Wissen jetzt erhalten, das in ihnen sich bildende Gefäß vollkommen ohne Angst heranwachsen lassen und ihm durch alle hochschwingenden Gefühle die besten Chancen geben.
Da die Wesenheit, die dieses Gefäß für sich ausgesucht hat, auch schon vor der Geburt kurzfristig in es hineingehen kann, z.B. um "nachzuschauen", wie es ihm geht, oder aber "von oben" das Heranwachsen beobachtet, kann eine werdende Mutter mit dieser Wesenheit in Verbindung treten und um Hilfe oder Führung bitten.

Die Kommunikation mit Wesenheiten ist grundsätzlich keine schwer zu erlernende Sache, sondern so einfach wie das gedankliche Kommunizieren z.B. mit sich selbst - in sog. "Selbstgesprächen" - oder mit nahestehenden Personen. Wer darauf einmal bewußt achtet, wird feststellen, daß dies sehr oft geschieht, ohne daß man es sich bisher wirklich bewußt gemacht hat. Auch sollten wir uns, vor allem aber

die Wissenschaftler, die die Seele und das Bewußtsein leugnen, fragen, mit wem wir eigentlich in sog. Selbstgesprächen kommunizieren. Will man mit einer Wesenheit in Kontakt treten, braucht man sich nur zu öffnen oder bereit zu machen (einfach durch den Gedanken) und dann auf seine *Gefühle* zu achten. Die Antworten der Wesenheit "hört" man nicht "laut" im Kopf, sondern man *weiß* einfach - aufgrund seines - meist sehr "wohligen" - Gefühls, daß die Gedanken, die man aufnimmt, von dieser "kontaktierten" Wesenheit kommen.
Wir selbst machen uns alles immer nur sehr schwer bzw "glauben", daß es schwer ist, und allein dadurch, durch diesen "Glauben", kommt es uns tatsächlich so schwer vor, daß wir uns nichts "zutrauen".

In diesem Zusammenhang sollte der Hinweis darauf nicht fehlen, daß Kinder noch einen sehr engen Kontakt zu Wesenheiten haben, mit ihnen ganz natürlich kommunizieren und sie als Spielpartner betrachten, was ihnen dann allerdings von den Erwachsenen sehr schnell abgewöhnt wird, die dies als Phantasterei und Blödsinn abtun, da sie sich nicht mehr daran erinnern können, daß es ihnen als Kind genauso ergangen ist. Puppen, Teddybären oder andere Stofftiere sahen Kinder zum Beispiel nicht als "leblose" Materie an, sondern als beseelte Wesen, mit denen sie in liebevollster Weise umgingen. So konnten bzw. können Kinder um den Verlust einer geliebten Puppe oder ihres Lieblingsstofftieres so tief trauern wie beim Dahinscheiden einer geliebten Person.
Seitdem Kriegs- und Kampfspielzeug Puppen und Stofftiere abgelöst haben und selbst kleine Kinder stundenlang vor dem Fernseher hocken und mit Bildern "gefüttert" werden, die für ein Kind schrecklich und verwirrend sein müssen, wurde die Kindheit in unserer Gesellschaft immer "seelenloser".

Gehen wir noch einmal zurück zur Zeit der Geburt eines Erdlings. Eine weitere Prägung erhält der Erdling bei seiner Geburt durch folgenden Vorgang.
Da unser Erd-Würfel eine der 8 würfelförmigen Einheiten eines großes Würfels ist, worin unsere Sonne den Mittelpunkt bildet, fließen Neutrinos und Elektron-Neutrinos, die die Sonne ununterbrochen abstrahlt, aufgrund des gesetzmäßigen Bewegungsablaufs in unseren

Erd-Würfel ein. Durchdringen diese Teilchen auf diesem Wege Sterne und Planeten, werden sie in die Schwingungsfrequenzen der Elemente dieser Himmelskörper eingeschwungen.

Solange der werdende Körper noch an die Kreisläufe der Mutter angeschlossen ist, erhält er nicht nur von ihr die Energiequanten, die das "Lebendige" in ihm bewirken, sondern er befindet sich auch in der Grund-Schwingungsfrequenz, in die die Mutter am Tage ihrer Geburt eingeschwungen wurde.

Nach der Abnabelung wird dann das Neugeborene durch die Neutrinos und Elektron-Neutrinos, die die Schwingungsfrequenz der in diesem Moment vorherrschenden Sternenkonstellation tragen, in seine ihm eigene Grund-Schwingungsfrequenz eingeschwungen, da seine *Wesenheit* diese Grund-Schwingungsfrequenz "mitbringt".

Auf diese Weise prägt das "Sternbild", unter dem ein Erdling geboren wird, nicht nur seine Charaktereigenschaften, sondern auch sein Biorhythmus, sein körperliches und seelisches Wohlbefinden sind abhängig von den Schwingungsfrequenzen, die durch das Wechseln der Sternbilder im monatlichen Rhythmus Veränderungen unterworfen sind.

Die Schwingungsfrequenzen der einzelnen Sternbilder sind im Nanometerbereich meßbar und entsprechen frequenzmäßig den 3 Primär- und 3 Sekundärfarben des Farbspektrums.

Da jede Zustandsveränderung eine Frequenzveränderung bedeutet, was einschließt, daß die Ursache einer Krankheit ebenfalls nur eine Frequenzveränderung sein kann, wird verständlich, warum seit Tausenden von Jahren in allen Kulturen "Farbe" zur Heilung von Krankheiten eingesetzt wird. Setzt man das Therapeutikum "Farbe" unter Berücksichtigung der oben angeführten Kriterien, also der Grundschwingungsfrequenz eines Erdlings, ein, kann bei jedem Krankheitsgeschehen, gleich ob psychisch, psycho-somatisch oder somatisch, eine ursächliche Frequenzregulierung bewirkt werden.

Wenn wir bei einem Kleinkind von geistiger Jungfräulichkeit sprechen, so ist damit gemeint, daß das Neugeborene noch kein auf der Erde erfahrenes Wissen gespeichert hat und diese Wesenheit noch nicht in der Dualität lebt. Erst durch das Speichern von Wissen, durch den Druck, dem das Neugeborene in seinen ersten 2 bis 3 Lebensjahren aus seinem Umfeld durch die vielfältigen Lebens-

situationen, die es wahrnimmt, ausgesetzt ist, werden Schwerpunkte geschaffen, so daß dieses Kleinkind für sein ganzes Leben eine Prägung erhält.
Lebt dieses Kleinkind z.B. in einem sozialen Umfeld, in dem ein rein materielles Vernunft-Denken vorherrschend ist, so wird diese Wesenheit bewußt überwiegend in der Materiellen Ebene leben und nur unbewußt fühlen, aber nicht erkennen, daß in ihrem Leben der Sinn und Zweck des Erdenlebens nur erfüllt werden kann, wenn der Seele erlaubt wird, sich zu entfalten.

Wenden wir uns nun noch kurz den hauptsächlichen Ursachen des von uns Erdlingen verursachten "Energie- bzw. Elektro-Smogs" in unserer Atmosphäre zu:

- den zu hohen Energiequanten, die z.B. durch die Zerstörung unserer Ozonschicht - verursacht von uns Erdlingen durch unsere Technologie - in unsere Atmosphäre einstrahlen,
- den künstlichen radioaktiven Strahlungen, die wir durch unsere Technologie freisetzen, sowie
- den hochtoxischen Molekularverbindungen, die wir ebenfalls durch unsere Technologie künstlich erzeugen.

Die Begriffe, die im Zusammenhang mit diesen Haupt-Ursachen des "Elektro-Smogs" verwendet werden, lassen inzwischen jeden, der sie hört, aufhorchen, auch wenn er nur sehr wenig oder gar nichts darüber weiß. Warum uns das Ausmaß der Gefahr, in der wir uns durch den Einsatz unserer Technologien befinden, seitens derjenigen, die dieses Ausmaß genau kennen, verschwiegen wird, müßte aufgrund der zuvor weitergegebenen Erkenntnisse inzwischen jedem verständlich sein - ebenso wie die unbedingte Notwendigkeit, seinen Gefühlsspeicher zu "leeren" und nach dem Erkennen der Zusammenhänge unseres Seins in Liebe zu leben.
Da die Gefahr, Opfer des "Elektro-Smogs" zu werden, für diejenigen am größten ist, *die durch "negatives" Denken - also Problem- und Konflikt-Denken - ihren Gefühlsspeicher so stark gefüllt haben und füllen, daß das physische System geschwächt bzw. stark gestört wird,* kann der Weg jedes Einzelnen, um die Gefahr, die den eigenen phy-

sischen Körper bedroht, so klein wie möglich zu halten, in erster Linie nur eine richtige "positive" gleich liebevolle Denkweise sein. Zuerst sich selbst sowohl in geistiger als auch physischer Hinsicht in die Ordnung bringen und dann anderen helfen, das Gleiche zu tun, ist das, was jeder Einzelne sofort tun kann, wodurch die Frage, "Was kann ich als Einzelner denn schon tun, um die Umweltschäden einzudämmen?", die wir gerne stellen, um uns davor zu drücken, die Verantwortung für uns selbst und alles Geschehen um uns zu tragen, zumindest eine vernünftige Antwort findet.

Das Gesamtvolumen der zu hohen Energiequanten in unserer Atmosphäre ist inzwischen so groß, daß die Steigerungsrate von Haut-Krebs um mehr als 500 Prozent in den letzten Jahren als kleineres Übel anzusehen ist.
Eine viel größere Gefährdung der Existenz aller biologischen Systeme besteht darin, daß diese hohen Energiequanten ununterbrochen die durch unsere Technologien künstlich erzeugten toxischen Molekularverbindungen aufspalten bzw. toxische Moleküle ionisieren.
Das bedeutet, daß die toxischen Moleküle, mit denen wir zum Beispiel durch die Verbrennung von Kraftstoffen in KFZ, Industrieanlagen und Haushalten, sowie durch Müllverbrennungsanlagen, Pestizide in Düngemitteln, Chlor in Leitungswasser und Schwimmbädern usw. unsere Umwelt und Atmosphäre verseuchen, durch die hohen Energiequanten zu toxischen Ionen werden.
Nimmt der Erdling diese toxischen Ionen mit der Atemluft oder über durch sie verseuchte Nahrungsmittel auf, erzeugen sie vielfältige Krankheitsbilder, da sie die körpereigene Abwehr vollkommen überfordern.
Noch als wesentlich gefährlicher anzusehen ist die Mutation von existierenden Viren durch diese hohen Energiequanten, da diese mutierten Viren gegenüber den Medikamenten, mit denen bisher existierende Viren bekämpft werden konnten, resistent werden. Der Aids-Virus mit seiner unvorstellbaren Wandelbarkeit ist ein Beispiel für diese Aussage.
Der Treibhauseffekt, das Kleinerwerden der Sahara, die Grundwasserverseuchung, der immer stärker werdende Algenwuchs in Meeren und Seen, sintflutartige Regenfälle und die sonstigen ständig zu-

nehmenden Klimaveränderungen sind nur ein paar Beispiele der Wirkungen, die durch die zu hohen Energiequanten in unserer Atmosphäre und unserem Umfeld verursacht werden.

Ebenso wie die Gefahr, die uns durch die zu hohe Energiedichte in unserer Atmosphäre droht, von den meisten nicht richtig eingeschätzt werden kann, ist sich die Masse der Erdlinge nicht der großen Gefahr bewußt, die durch künstliche, also durch unsere Technologie erzeugte "radioaktive" Strahlen heraufbeschworen wurde und wird.
Daß radioaktive Strahlungen je nach aufgenommener Dosis krebserregend bis tödlich sind, weiß inzwischen nahezu jeder. Doch was sie tatsächlich sind und vor allem wie sie wirken, ist selbst für die meisten Wissenschaftler wie ein "Buch mit sieben Siegeln".
Auf der zuvor beschriebenen Grundlage ist hingegen die Erklärung, was radioaktive Strahlen sind und wie sie wirken, für jeden einfach nachzuvollziehen.
Strömen, wie bereits erklärt, Neutrinos in ein Element ein, dann übernehmen sie einerseits, da sie in den Bewegungsablauf eingeschwungen werden, die Frequenz und Amplitude gleich Eigenschwingung dieses Elementes. Andrerseits drücken sie, da der Platz in der Elementareinheit begrenzt ist, Quarks dieses Elements, die dessen Eigenschwingung besitzen, aus dem Element.
Trifft z.B. in unserer Atmosphäre ein neutrales Neutrino auf ein Quark, das einem Element entstammt, so bewirkt dieses Quark, daß das neutrale Neutrino – wie beim Stimmgabeleffekt – in die Schwingung des Quarks bzw. des Elements, aus dem das Quark stammt, eingeschwungen wird.

Da alle Elemente, die - nach dem bisher gültigen Atommodell - mehr als je 40 Neutronen, Protonen und Elektronen besitzen, für den Erdling toxisch sind und die für Atombomben und in Atomkraftwerken verwendeten Elemente (U) Uranium und (Pu) Plutonium im Periodensystem der Elemente an der 92. und 94. Stelle rangieren, was bedeutet, daß sie nicht nur eine sehr starke - niedrige - Schwingung besitzen, sondern ihre Struktur nur durch eine große Menge an Kosmischen Energie-Teilchen aufrechterhalten werden kann, fällt es sicher niemandem schwer, sich vorzustellen, welcher Vervielfälti-

gungsprozeß abläuft, wenn neutrale Neutrinos die Eigenschwingung der bei einer Kernspaltung freigesetzten Quarks übernehmen.
Werden also zum Beispiel bei einem Reaktorunglück oder einer Atombombenexplosion Quarks der obengenannten Elemente freigesetzt, strahlen sie in die Atmosphäre und vervielfältigen sich dadurch, daß sie ununterbrochen neutrale Neutrinos frequenz- und amplitudenmäßig verändern. Durch die Luftströmung werden diese sehr leichten Teilchen bis zu Tausenden von Kilometern weit transportiert und fallen, entweder mit Regenwasser oder anderen Atomen und Molekülen verbunden, auf die Erde, wo sie in allen biologischen Systemen und in der sog. "toten" Materie ihren Vervielfältigungsprozeß fortsetzen. Bis zu einer gewissen Menge ist unser Immunsystem in der Lage, diese Teilchen zu neutralisieren. Schafft die körpereigene Abwehr, sei es aufgrund einer Immunschwäche (z.B. verursacht durch falsches "Selbst-Wert- bzw. Angst-Denken"!) oder bei einer zu hohen Menge der eingedrungenen Teilchen, die Neutralisation nicht, schreitet der Vervielfältigungsvorgang immer weiter fort.
Daß eine Entsorgung von radioaktivem Müll, der weltweit in ungeheurer Menge anfällt, nicht möglich ist - gleich wo er deponiert wird -, kann sich wohl jeder, der diese Schilderung gelesen hat, ebenso leicht vorstellen wie die Folgen von - angeblich aus Sicherheitsgründen vorgenommenen - unterirdischen Atombombenversuchen.

Wenn von der Wissenschaft behauptet wird, daß sich "Dioxin", eine der gefährlichsten Molekularverbindungen, die der Mensch geschaffen hat, abbaut, so entspricht dies nicht den Tatsachen, da sich Dioxin auf die gleiche Weise vervielfältigt, wie wir es bei radioaktiven Strahlen beschrieben haben, was bedeutet, daß es neutrale Neutrinos in seine Eigenschwingung einschwingt.
Dioxin entsteht - unvermeidbar - bei der Produktion von Grundstoffen für pharmakologische Mittel, Kosmetika, Unkrautvernichter usw.. Welche Menge an Dioxin weltweit existiert, weiß man hingegen nicht, da, wie gesagt, seine Vervielfältigungsweise bisher nicht bekannt war und trotz intensiver Recherchen nicht festgestellt werden konnte, wieviele Millionen Liter dioxinhaltiger Produkte als chemische Waffe (z.B. im Vietnam-Krieg) eingesetzt wurden und werden. Die verheerende Wirkung des Dioxins zum Beispiel im physischen

Körper des Erdlings ist nicht allein dem Vervielfältigungsprozeß sowie seinen Doppelbenzolringen zuzuschreiben, sondern vor allem auch den (Cl) Chlor-Atomen, die es als Nebenketten besitzt.

Aufgrund dieser (Cl) Chlor-Atome, die starke Akzeptanten von freien Elektronen sind, kann ein Dioxin-Molekül nur sehr schwer von der körpereigenen Abwehr neutralisiert oder ummantelt und in das Lymphsystem abtransportiert werden, hingegen leicht in die spezifischen Organzellen gelangen.

Schaffen die körpereigenen Abwehrmoleküle den Abtransport also nicht, wird das Dioxin-Molekül aufgrund seiner (Cl^-) Chlor-Ionen von den in großer Menge in der extrazellulären Gewebeflüssigkeit nahe der Zellmembranen existierenden (Na^+)-Ionen angezogen und gelangt auf dem gleichen Wege wie das Nahrungssubstrat Glucose in die Zelle. (Natrium- und Chlor-Ionen sind die Ionen, durch deren Wechselbeziehung die Energie des (Na^+) in Höhe von 5,14 eV freiwird, die singulettmäßig die Zellmembran so aufspaltet, daß das Nahrungssubstrat Glucose in die Zelle und das (H_2O) Zellwasser aus der Zelle gelangen können.)

In der Zelle bewirkt dieses hochtoxische Dioxin-Molekül nicht nur Funktionsstörungen in der Grundfunktion, sondern auch den Ausfall der spezifischen Funktionen der Zelle.

Um das Bild der Störfaktoren abzurunden, die die naturgegebene Harmonie in uns Erdlingen der heutigen Zeit in Chaos verwandeln und zu den als "Zivilisationskrankheiten" bezeichneten Krankheitsbildern führen, möchten wir kurz ein paar Beispiele anführen, die ursächlich nicht im atomaren und molekularen Bereich wirken, sondern zunächst im subatomaren - "feinstofflichen" Bereich.

Wie bereits beschrieben, stellen wir Erdlinge, bestehend aus Atomen und Molekülen, aus denen sich der Körper aufbaut, im Grunde genommen im Kosmischen Geistfeld nur eine Verdichtung dar.

Ununterbrochen durchströmen uns Kosmische Energie-Teilchen, Neutrinos bzw. Quarks und Elektron-Neutrinos.

Da speziell die Kosmischen Energie-Teilchen, die alle Bewegungsabläufe im Kosmos gleich wie in den Atomen aufrechterhalten, und die Elektron-Neutrinos, die als Ionisations-Energie im atomaren Bereich wirken, das Gesamt-Energie-Potential des Körpers bestimmen,

hängt vom ordnungsgemäßen Bestand der Kosmischen Energie-Teilchen der Zustand ab, den wir als Gesundheit bezeichnen.
Drücken wir es einmal einfach aus, so bedeutet dies, daß dieses System, in dem die Kosmischen Energie-Teilchen bzw. Energiequanten fließen, die "Batterie" unseres Körpers ist. Ergänzend hinzugefügt sei noch, daß auch die Neutrinos bzw. Quarks, die die Eigenschwingung radioaktiver Teilchen sowie z.B. dioxinhaltiger Produkte übernommen haben, ursächlich in diesem subatomaren Bereich Störungen bewirken und erst danach im atomaren Bereich zu Funktionsstörungen führen.

Das heißt, wird der "feinstoffliche" Strom der Kosmischen Energie-Teilchen und Energiequanten gestört, kommt es zuerst zu Verdichtungen in diesem Bereich und in Folge zu Störungen im atomaren Bereich des Körpers.
Gestört, aber auch harmonisiert und reguliert werden kann dieser Bereich durch all das, was wir mit unseren 5 physischen Sinnen wahrnehmen - also hören, sehen, riechen, schmecken und tasten.
Nehmen wir als Beispiel die vielen oft unnatürlichen Farben, die uns in unserem Wohn- und Arbeitsbereich umgeben oder die wir als Kleidung tragen, und vergleichen sie mit der Farbenpracht eines Gartens voller Blumen oder eines Sonnenuntergangs. Oder vergleichen wir die abscheulichen Formen, die in unserer Zivilisationsgesellschaft entstanden sind, mit jenen, die wir in einer nicht durch Menschenhand veränderten Naturlandschaft finden.
Beim Überdenken dieser Abläufe wird verständlich, warum wir uns z.B. nach einem Spaziergang durch einen Wald oder an einem Meeresstrand sehnen, wenn wir uns zu lange der Hektik des Alltags, aber vor allem den vielen unnatürlichen Formen, Farben und Tönen ausgesetzt haben und dadurch "gestreßt" sind: Körper und Seele dürsten nach Ausgleich bzw. Harmonisierung, ermöglicht durch die Natur.

Riechen wir eine verdorbene Speise - gleich frequenz- und bindungsmäßig veränderte Molekularstrukturen -, erweckt dies in uns nicht nur ein Ekelgefühl, sondern kann zum Brechreiz führen. Sehen oder riechen wir hingegen unsere Lieblingsspeise, "läuft uns der Speichel im Mund zusammen".
Den Unterschied zwischen einer heftigen Ohrfeige und einer zärt-

lichen Berührung wird mit Sicherheit jeder ebenso gut kennen wie die Zustände, die wir mit unserem Tastsinn Haut wahrnehmen und als "heiß oder kalt", "flüssig oder fest", "hart oder weich" usw. bezeichnen. Oder die unseren Geschmackssinn treffenden Reize, die wir als "süß, sauer, scharf, bitter" usw. klassifizieren.
Sicherlich werden dir, wenn du nach dieser Erklärung einmal darüberhinaus nachdenkst, unzählige Beispiele einfallen, die du dir nun einfach erklären kannst.
Kurz gesagt: Alles, was uns umgibt und nicht naturgegeben ist, erzeugt in uns ein Unwohlsein - angefangen vom körperlichen Dys-Streß bis hin zu den sogenannten "Zivilisations-Krankheiten".
Dagegen erzeugt jeder "harmonische oder harmonisierende" Reiz, der unsere Sinne trifft, Wohlbehagen bzw. die Regulation gestörter energetischer Abläufe.

Machen wir uns bewußt, daß jedes Gedankenbild bzw. jedes Gefühl Schwingungsfrequenzveränderungen bewirkt, verstehen wir jetzt auch, daß diese auf die gleiche Weise Einfluß auf uns besitzen.
Nehmen wir zunächst wieder ein Beispiel aus unserem täglichen Leben.
Befinden wir uns in Gesellschaft eines Menschen, der Liebe, Güte und Verständnis besitzt und ausstrahlt, fühlen wir uns wohl. Dagegen stößt uns ein Mensch, der mürrisch, zornig oder haßerfüllt ist, ab. Der jeweilige Denk- und Gefühlsvorgang eines Menschen wird nicht nur deutlich durch seinen Gesichtsausdruck, seine Augen und seine Körperhaltung, sondern vor allem auch durch seine Aura, die wir, selbst wenn wir kein "Aura-Seher" sind, "fühlen" können. Auf die gleiche Weise wirkt auf uns, was ein anderer durch Worte sowie durch den Tonfall seiner Stimme zum Ausdruck bringt. Wie bereits gesagt, ist das gesprochene Wort der Ausdruck eines Gedankenbildes, während der Tonfall die Stimmungslage bzw. das Empfinden eines Erdlings widerspiegelt.
Schreit uns jemand mit harter, aggressiver Stimme an, empfinden wir dies wie einen Schlag ins Gesicht, und wir haben das Gefühl, als ob unser ganzer Körper unter Strom stehe.
Empfinden wir die Worte eines anderen als starke Bedrohung, "gefriert uns das Blut in den Adern" und die Stimme versagt uns, wobei

wir das Gefühl haben, als drücke uns jemand die Kehle zu. Oder wir bekommen eine Gänsehaut, zittern am ganzen Körper, laufen rot an, werden kalkweiß im Gesicht oder stehen wie versteinert da.
Diese Beispiele sowie viele andere, die dir sicherlich selbst einfallen, lassen erkennen, daß sich diese Vorgänge nicht im atomaren Bereich abspielen, sondern im feinstofflichen Bereich bewirkt werden.

Wie schon gesagt, besitzt jeder Erdling eine ihm eigene Schwingungsfrequenz, die sich nicht nur durch äußere Einflüsse verändern kann, sondern vor allem durch sein Gedankengut und seinen momentanen Gefühlszustand.
Ebenso wird aber vor allem die Gesamt-Schwingungsfrequenz bzw. die Größe und Stärke seiner Aura durch seine Geisteshaltung gleich Gedankengut und seine emotionale Haltung bestimmt.
Denkt ein Mensch absolut begrenzt, kapselt er sich in sein sehr klein bzw. dünn werdendes Aura-Kraftfeld ein und wirkt auf andere Erdlinge abstoßend. Leben hingegen zum Beispiel zwei Erdlinge in absoluter Harmonie miteinander, so daß sich ihre Interessen und Ziele (gleich Gedankenbilder und Gefühle) nahezu vollkommen decken, sind ihre beiden Aura-Kraftfelder wie zwei fast vollständig übereinandergeschobene Kreise verbunden.
Schlafen zwei Erdlinge, die aufgrund ihrer Einstellungen vollkommen unterschiedliche Schwingungsfrequenzen haben, nebeneinander, übertragen sich die stärkeren - niedrigeren - Schwingungen des einen auf den anderen, was bei letzterem nicht nur zu Beklemmungen führen, sondern sogar wie eine Manipulation wirken kann.

Lebt ein Erdling in absoluter Liebe und losgelöst von jeglichem begrenzenden Denken, besitzt er ein, sagen wir einfach, riesengroßes Aura-Kraftfeld, da er die Aura-Kraftfelder der Erdlinge, denen er sich zuwendet, schwingungsmäßig bewirkt.
Wahre Geistheilung z.B. bedeutet, daß der Geistheiler, der bei einem anderen durch "Gottes Liebe" Heilung bewirkt, indem er zum "Kanal" für diese Kraft Gottes wird, in seiner Liebe zu All-Gott und Seinen Geschöpfen ein Aura-Kraftfeld besitzt, mit dessen Schwingung er die Aura des Heilung Suchenden in die "richtige" Schwingung versetzt.
Dazu möchten wir die Worte JESU CHRISTI zitieren: *"Wo zwei oder*

drei versammelt sind in meinem Namen, da bin ich (mit meiner Liebes-Kraft) mitten unter ihnen."

Viele Phänomene, die bisher geheimnisvoll und unerklärlich waren, sowie angebliche "Wunder" sind logisch nachvollziehbar physikalisch zu erklären - wenn man die Grundlage bzw. die Gesetzmäßigkeiten kennt, nach denen Seinsprozesse ablaufen. So gibt es in Wirklichkeit auch keine "Wunder-Heiler" und keine "Wunder"-Mittel.
Stellen wir uns die Frage, warum zum Beispiel "besprochene" Gegenstände - Amulett, Talisman, Heiligenfigur, Kreuz usw. - oder "besprochenes Wasser" Heilkraft besitzen, die "Seele reinigen" oder Schutz gewähren, so haben wir auch dafür jetzt eine Erklärung:
Nicht die Elemente der "toten" Materie, aus denen sie bestehen, erzielen diese Wirkung, sondern die Gedankenbilder bzw. Gefühlsschwingungen, mit denen sie gefüllt wurden.
Macht man sich, um anderen zu helfen, zudem noch den gesetzmäßigen Bewegungsablauf zunutze, der in einer Pyramide existiert, ist man in der Lage, die Kraft der Gefühle und Gedanken in einer Weise zur Heilung zu verwenden, die jedem nicht in diese Gesetze Eingeweihten wie Wunder vorkommen.

Fassen wir kurz zusammen: *Alle psychischen sowie somatischen gleich körperlichen Störungen - von einer Miß-Stimmung bis zum Selbstmord bzw. vom Unwohlsein bis zu Krebs und Aids - sind Folgen der Reize, die wir über unsere 5 physischen Sinne aus unserer Umwelt aufnehmen und nicht harmonisieren können.*
Die Hauptursache sind jedoch Gefühlsschwingungen, die wir nicht als reines Gefühl ohne Bewertung zulassen, sondern durch Bewerten in niedrige Schwingungen und Energieformen verwandeln.

Leben wir in der Liebe, bleiben wir in einer harmonischen Schwingung, und unser Leben kann wie von uns, von unserer Seele bzw. Wesenheit geplant ablaufen. Nur in dieser harmonischen Schwingung ist es unserer Seele möglich, die von ihr gewählten Lebenssituationen zu erfahren.
Ebenso können wir nur durch positives Reagieren auf negative Reize, die von einem anderen abgestrahlt werden, diesem anderen die Chance

geben, die Negativität seines Verhaltens einzusehen und zu erkennen. Reagieren wir ebenfalls negativ, zum Beispiel weil wir uns angegriffen fühlen, stacheln wir uns gegenseitig zu immer stärker werdenden negativen Äußerungen auf und geraten in Streit, der bis zur Schlägerei ausarten kann.

Da uns das "negative" Verhalten eines anderen nur "berühren" gleich "stören" kann, wenn es auf ein Gefühl niedriger Schwingung in unserem Gefühlsspeicher trifft, nützt es uns nichts, wenn wir negativ reagieren und dadurch die Verdichtung bzw. Blockade vergrößern.

Denn unser eigenes Fehlverhalten kann uns oft nur bewußt werden, wenn uns durch unser Gegenüber - *durch unseren Spiegel im Außen* - ein Reiz übermittelt wird, der auf diese Blockade trifft.

Wer also daran interessiert ist, in Harmonie mit sich und seinem Umfeld sowie in einer höheren Schwingungsfrequenz zu leben, wird nach diesen Erkenntnissen jede Störung von außen begrüßen, da er durch sie die Chance erhält, in sich selbst Ordnung zu schaffen.

Das heißt: Das Verhalten eines anderen uns gegenüber ist *die Chance* zu erkennen, was uns "belastet", was uns Probleme und Konflikte bereitet. Söhnen wir uns mit diesem Gefühl aus und betrachten die Erfahrung dieses Gefühls nicht als gut oder schlecht, sondern als reine Erfahrung, die uns in unserem Verständnis weiterbringt, "erlösen" wir gleichzeitig unseren Gefühlsspeicher, denn dann geht die Schwingung als Wissen in unsere Seele, und wir fühlen uns wohl.

Nur durch *Wahrsein uns selbst gegenüber* schaffen wir die Voraussetzung dafür, daß wir durch unsere Seele zu uns selbst zurückfinden und *uns selbst* zum Ausdruck bringen.

Erkennen und verstehen wir diesen Zusammenhang, werden wir in eine wundervolle "Hoch"-Stimmung, in Harmonie mit uns selbst und mit unserer Umwelt, kommen.

Schon in den zwanziger Jahren dieses Jahrhunderts wurde das "Pyramidensystem" im menschlichen Körper entdeckt, und zwar von einem Mann, der zu Erkenntnissen kam und Entdeckungen veröffentlicht hat, die so sensationell waren, daß er sogar seinen Lehrstuhl verlor und seine Existenz vernichtet wurde.

Professor Dr. CALLIGARIS
Ein EINGEWEIHTER in die SCHÖPFUNGS-GESETZE

Dieser Mann, der jahrelang als Arzt, Dozent, Universitäts-Professor und Forscher tätig war, veröffentlichte im Jahre 1928 Resultate von Experimenten, bei denen er nachwies, daß bestimmte geometrische Hautmuster, wenn gewisse Punkte stimuliert werden, Ausgangspunkt sogenannter paranormaler Phänomene sind. In den folgenden Jahren, in denen er von seinen Kollegen als absoluter Außenseiter "ins Abseits gedrängt" wurde, verfaßte CALLIGARIS 19 umfangreiche Werke, in denen er für uns heute noch Unvorstellbares niederschrieb.
Wie außerordentlich wichtig seine Erkenntnisse sind, erkennen wir an der Tatsache, daß nach dem 2. Weltkrieg sowohl Geheimagenten der USA als auch der SU alles daran gesetzt haben, um diese von CALLIGARIS verfaßten Werke in den Besitz ihrer Länder zu bringen.

Als Grundgedanke behauptete er, daß der Erdling mit seiner Seele in ständiger Wechselwirkung mit dem Kosmos und mit seinem physischen Körper steht. Er war einer der Eingeweihten, die für die Jetzt-Zeit, die Zeit des Neubeginns, alle Erkenntnisse niedergeschrieben haben, damit sie in dieser Zeit den Erdlingen helfen, das Gesetz im Kosmos, durch das alles Sein existiert, zu erkennen.
Er entdeckte während seiner jahrzehntelangen Forschungsarbeit Tausende von Punkten auf der Haut, die, wenn er sie mit Druck stimulierte, Phänomene erzeugten, die heute unter dem Begriff "Paranormale Phänomene" bekannt sind. Aber nicht nur das. Wenn er mit Druck bestimmte Punkte stimulierte, war es ihm möglich, Veränderungen im Körper zu erzeugen, die heute noch für unsere wissenschaftliche Medizin unvorstellbar sind.
Nennen wir ein Beispiel: Stimulierte er einen bestimmten Punkt am Körper, nachdem er der Versuchsperson den Auftrag gegeben hatte, an einen bestimmten Gegenstand zu denken, so bewirkte dieser Druck, daß auf der Haut die Abbildung des gedachten Gegenstandes als stark durchblutetes Gewebe, in seiner Form klar zu erkennen, sichtbar wurde. Diese stark durchblutete Form ist eine Anhäufung von Kosmischen Energie-Teilchen im physischen System des Erdlings, an der

Stelle der Haut, an der das Bild erscheint. Er bewirkte mit dem Druck von millimeter- bis zentimetergroßen runden Gegenständen, die auf bestimmte sogenannte "Haut-Plaques" aufgedrückt wurden, Veränderungen in allen Organbereichen dahingehend, daß er vom Schnupfen bis zu Krebs Regeneration und Heilung erzielte - durch das Auflösen von Energiestaus.
In der damaligen Zeit waren diese Erkenntnisse, die er experimentell laufend beweisführend seinen Kollegen vorführte, so unvorstellbar, daß er eine Gefahr für alle Wissenschaftsbereiche darstellte. Es hat sich bis heute nicht viel geändert an dieser Denkungsweise, was im Grunde genommen verständlich ist.

Versetz dich bitte einmal in die Situation eines Professors, der 30 Jahre lang sein Wissen an Studenten weitergegeben hat und der dann plötzlich sagen soll: "Alles, was ich gelehrt habe, war Quatsch und falsch!" Wie würdest du dich verhalten? Keiner von uns, und mag er noch so intelligent, aufgeschlossen und undogmatisch sein, der in dieser unserer Gesellschaft in irgendeiner Form etabliert ist, wäre dazu bereit.
In unserer Gesellschaft heute, in der wir alle unvorstellbaren Energiegleich Druckgrößen ausgesetzt sind, nicht nur vom Materiellen, sondern auch vom Gedanklichen und Emotionalen her, begreift im Endeffekt niemand, daß wir uns mit unserer Lebensführung selbst umbringen, da der Druck, den wir uns selbst schaffen, immer größer wird. Das ist auch einer der Gründe, warum bei den meisten Erdlingen sogenannte "paranormale Erscheinungen" nicht in Erscheinung treten. Wir erhalten zuviel Druck aus unserer Umwelt, den wir selber, das dürfen wir nicht vergessen, zuerst durch unsere Gedanken und Gefühle schaffen, denn *Geist baut Körper.*
Wir Erdlinge dieser Zeitepoche begrenzen uns so sehr durch unser gesellschaftliches Denken, daß wir gar nicht mehr in der Lage sind, im "feinstofflichen" Bereich existierende Gedankenbilder oder Phänomene, die wir als "paranormal" bezeichnen, zu erkennen, obwohl gerade das sogenannte "Paranormale" die absolute Realität ist.

Was CALLIGARIS als Hautpunkte entdeckte, sind die Ausgänge der Diagonalen der Systeme, aus denen der Erdling besteht und in denen

sein irdisches Sein durch die Kosmischen Energie-Teilchen, Neutrinos und Elektron-Neutrinos bewirkt wird.
Die Quintessenz dessen, was CALLIGARIS über seine Entdeckung sagt, ist: Durch die Lebensführung des Erdlings, die absolut naturwidrig ist, sind die überwiegenden Punkte blockiert. Werden diese blockierten Punkte bzw. Ausgänge von Diagonalen durch Druck so stimuliert, daß sie frei werden, hat der Erdling wieder die Möglichkeit, all die natürlichen Fähigkeiten wie Gedankenlesen, Hellsehen, Telepathie, Präkognition, Bilokation, Wahrsagen sowie alle anderen sogenannten paranormalen Phänomene zu erleben.

Ebenso wie CALLIGARIS, der für die Zukunft wirkte und uns für die Zeit, in der wir uns jetzt befinden, außerordentliche Erkenntnisse offenbarte, damit wir den Sinn unseres Seins selbst erkennen können, entschieden sich viele Wesenheiten, hier zu inkarnieren, um uns zu helfen. Eine von ihnen war die Heilerin und Künstlerin Emma KUNZ.

EMMA KUNZ
Eine EINGEWEIHTE in die SCHÖPFUNG

Am 23. Mai 1892 wurde in Brittnau in der Schweiz eine Frau geboren, die als Eingeweihte inkarnierte, um den Erdlingen das Gesetz der Schöpfung zu offenbaren. Nur wenige Erdlinge fühlten und spürten, daß in den Filigranzeichnungen, die sie farblich auf Millimeter-Papier zeichnete, etwas enthalten ist, was der Erdling nur mit seiner Seele spüren, aber nicht mit seinem Verstand erfassen kann. Sie, die als Eingeweihte zu uns kam, um uns die kosmischen Gesetze allen Seins zu offenbaren, lebte fast unerkannt unter uns. Da die Erdlinge noch nicht reif waren, die kosmischen Gesetze zu erkennen, verbarg sie sie geheimnisvoll in ihren Zeichnungen, wissend, daß, wenn die Erdlinge reif sind, die Gesetze zu erkennen, das Geheimnis ihrer Zeichnungen offenbart wird. In ihrem Leben wirkte sie für die Zukunft, in der wir heute leben. Ihr bis heute nahezu unerkanntes Wirken, das während ihrer Lebzeit nur von wenigen wahrgenommen wurde, beinhaltet Erkenntnisse, die weit über das normale Denken der Erdlinge hinausgehen. Die zwei folgenden Ablichtungen zeigen Planzeichnungen der Künstlerin Emma KUNZ.

Ablichtungen

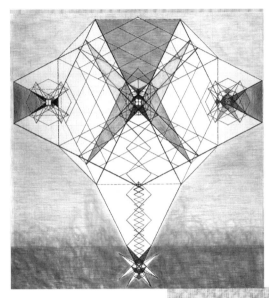

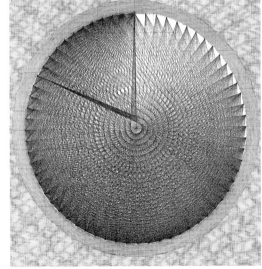

Sie hinterließ uns jedoch nicht nur zur Beweisführung, geheimnisvoll verborgen in ihren Filigranzeichnungen, den Hinweis zum Erkennen der kosmischen Gesetze allen Seins für die Zeit, in der wir diese erkennen werden, sondern sie offenbarte uns auch einen Ort der Kraft, in dem die "Medizin Gottes" im Ur-Zustand den Erdlingen zur Verfügung steht. Es ist ein Kraftort, von dem aus eine Diagonale unseres Erd-Würfels direkt in den Würfel des SIRIUS, des Heimatplaneten der meisten auf der Erde inkarnierenden Wesenheiten, führt.

Die Grotte, in der die Heilerin Emma KUNZ das Gesteinspulver, das von ihr selbst die Bezeichnung "AION" (griech.: grenzenlos) erhielt, wiederentdeckte, heißt im Volksmund "Römersteinbruch", da schon die Römer dieses Vorkommen kannten und sich für Heilungen zu Nutze machten. Nachdem Emma KUNZ Hunderte von in der Schweiz gesammelten Gesteinsproben auf ihre Weise - mit einem Pendel - untersucht hatte und bei keiner eine auch nur annähernd so starke Wirkung wie bei AION feststellen konnte, suchte sie einerseits diesen "Ort der Kraft" immer wieder selbst auf, um, wie sie sich ausdrückte, "ihre Batterie aufzuladen", andrerseits benutzte sie das gemalene Gestein, nachdem sie den Besitzer der Grotte mit dieser Medizin von Kinderlähmung geheilt hatte, zu Heilungen von vielen Krankheiten. Wir selbst haben viele Jahre lang diese "Medizin Gottes", die wir zu jenem Zeitpunkt als "CENMAT" bezeichneten, in unzähligen Experimenten überprüft und Ergebnisse erhalten, die man als "normal" denkender Wissenschaftler nur in den Bereich der Phantasie einordnen oder als unerklärlich bezeichnen kann.

Gleiche Effekte sowie noch zusätzliche Heilwirkungen sind mit einem Gesteinspulver zu erzielen, das wir auch weiterhin als "CENMAT" (= "Cosmisches ENergie-MATerial") bezeichnen, da es diesem Namen absolut gerecht wird. Dieses Gesteinspulver ist reines *Erdmagma-Ur-Gestein,* das sich durch zwei Besonderheiten auszeichnet.

Es wird an einem Kraftort (Austritt einer Hauptdiagonale) abgetragen, an dem es in absolut *reinem* Zustand existiert. Das bedeutet, bei den Neutrinos bzw. Quarks dieses Erdmagma-Ur-Gesteins wurden die Achsen auf natürliche Weise *im Erdmagma* so gerichtet, daß es Kosmische Energie-Teilchen wie ein Magnet anzieht, bündelt und als gerichteten Strahl abgibt.

Dadurch werden bei der Anwendung dieses Gesteinspulvers Energie-Blockaden, die Verursacher der Entstehung einer JEDEN Krankheit, aufgelöst.
Dieses Heilmittel wirkt jedoch nicht nur im Bereich des physischen Körpers. Es ist auch ein Heilmittel, das die Psyche des Erdlings energiemäßig reguliert und ihm hilft, die Symptome der sogenannten Zivilisationskrankheiten, zum Beispiel Dys-Streß, abzubauen. Es bewirkt somit eine Regulation der "feinstofflichen" Energie. Ebenso ist es ein Mittel, das den Geist sensibilisiert und bis in den Bereich der Seele wirkt sowie Fähigkeiten freisetzt, die von den Erdlingen der heutigen Zeit noch als "unerklärlich" bezeichnet werden.

Viele Erdlinge unserer Zeitepoche sind Eingeweihte in Teilbereiche des Seins der Schöpfung, die durch Eingebung Botschaften bzw. Erkenntnisse erhalten, durch die sie, wenn sie sie anderen Erdlingen weitergeben, mit den in unserer heutigen Zeitepoche als negativ angesehenen Begriffen wie "Wahrsager", "falscher Prophet", "Scharlatan", "Sendungsbewußter" oder "Voodoo-Zauberer" betitelt werden. Sie haben ihre Erkenntnisse durch Eingebung bzw. Intuition, Idee oder Ahnung von nicht inkarnierten Wesenheiten oder aus dem Kosmischen Geistfeld erhalten. Aber es ist sehr schwer für Erdlinge, die in unserer Gesellschaft leben und plötzlich Erkenntnisse haben, die absolut widersprüchlich zu der zur Zeit gültigen wissenschaftlichen Denkungsweise sind, diese Erkenntnisse einer breiten Masse zu übermitteln. Haben sie die Möglichkeit, werden sie sofort als Außenseiter abgestempelt. Sie werden verlacht, mit allen Mitteln bekämpft, totgeschwiegen und, wenn alles nicht mehr hilft, eingesperrt oder umgebracht. Zwanzig bis dreißig Jahre später wird dann von den Mächtigen, wenn es ihnen in ihr Konzept paßt, ein Handlanger bestimmt, der die Entdeckung - schön frisiert, so, wie es den Herrschenden gefällt - der Menschheit als sensationelle neue Erkenntnis der Wissenschaft verkauft.
Dies ist einer der Gründe, die dazu führen, daß die Erdlinge unserer Zeitepoche diese neuen Erkenntnisse nicht sofort erhalten. Es dauert oft Generationen, bis sich Erkenntnisse, die auf diese Weise übermittelt werden, in unserer Gesellschaft etablieren und der geistigen Evolution von Nutzen sein können.

Einer derjenigen, die "Kontakt" zum Kosmischen Geistfeld besaßen, war Wilhelm REICH. Er war einer von denen, die den Mut hatten, über ihre Eingebung und die daraus resultierenden Erkenntnisse zu sprechen und zu schreiben.

WILHELM REICH und das "ORGON"

Wilhelm REICH entdeckte, daß der Körper des Erdlings sowie alles, was als lebendig bezeichnet wird, ununterbrochen eine Energie abstrahlt, die mit den herkömmlichen technologischen Methoden nicht meßbar, sondern nur durch ihre Wirkung nachweisbar ist. Er bezeichnete diese Energie als Sexual-Energie "Orgon".
Er wußte nicht, daß er die Kosmischen Energie-Teilchen, die die Neutrinos durch den Kosmos bewegen und in den Atomen in Bewegung halten, entdeckt hatte, doch deswegen mußte er sterben.
Er starb kerngesund. Das ist beweisbar. Daß er umgebracht wurde, ist nicht beweisbar. Daß seine Bücher, die dieses Wissen beinhalten, verbrannt wurden, ist beweisbar. Daß es zur Verbrennung kam, weil er die Ursache unseres Seins entdeckte, ist nicht beweisbar. Nein - nicht was du denkst! Es war nicht das 17. Jahrhundert, das der Hexenverbrennungen! Es war 1954 unserer Zeitrechnung und passierte in einem der fortschrittlichsten Länder der Welt, in den USA.
In der heutigen Zeit wird seit Jahren von den Wissenschaftlern der ganzen Welt in geheimen Experimenten "Bio-Plasma"-Forschung betrieben, um hinter das Geheimnis des heute noch Unerklärlichen zu kommen. - Nicht, um es zum Nutzen aller Erdlinge zu verwenden, sondern um die Machtstellung der zur Zeit Herrschenden zu festigen.
Dieses "Orgon", das REICH entdeckte und das die Neutrinos oder, wie es heute bezeichnet wird, das "Bio-Plasma", den Ur-Stoff der Materie, bewirkt, entsteht ununterbrochen durch die Resonanz gleich Antwort der Reize, die z.B. den Körper des Erdlings treffen.
Jeder Reiz = abgestrahltes Neutrino bzw. Quark oder Elektron-Neutrino trägt eine Information, die unser Körper be- und verwertet und als Informations-Antwort abstrahlt. Der Inhalt der Information ergibt

sich aus der Stärke der Information, die durch Kosmische Energie-Teilchen weitergegeben wird, die die alles füllenden Neutrinos in Schwingung versetzen und die Information als Schwingungsfrequenz gleich Schall in das Universum senden.

Im Kosmischen Geistfeld pflanzt sich die so geschaffene Information als Schwingungsfrequenz unendlich fort und gehört somit für immer zum Wissen im Kosmischen Geistfeld.

Im folgenden Kapitel möchten wir Erkenntnisse erläutern, die uns für diesen Bereich übermittelt wurden, und ein paar Beweise anführen, die du nachvollziehen kannst. Beweise, durch die du erkennst, daß in der geometrischen Form der Pyramide die Grundlagen unseres Seins sowie aller Seinsbereiche enthalten sind.

Das GEHEIMNIS der PYRAMIDEN

Überall auf der Welt, auf jedem Kontinent, stehen Pyramiden, die voller ungeklärter Geheimnisse sind und daher die Erdlinge immer wieder zu Spekulationen bis hin zu angeblich wissenschaftlichen Theorien verführen. Eine von vielen wissenschaftlichen Theorien behauptet, daß sie die Grabstätten von Pharaonen oder sonstigen Führern von Menschengruppen sind.

Da viele Erdlinge aufgrund dieser Theorie annehmen, daß diese Jahrtausende alten Bauwerke keinen Einfluß mehr auf unsere heutige Zeitepoche haben und für unser Erdenleben nicht von Bedeutung sind, wurde diese Theorie einfach als gegeben akzeptiert und nicht mehr hinterfragt.

"Vor langer Zeit errichteten Erdenbewohner, die sich ihrer Göttlichkeit, ihrer unermeßlichen Schöpferkraft bewußt waren, monumentale Pyramiden, die über die Zeitalter hinweg zur Erinnerung an den Gott in euch stehen sollten. Obwohl im Laufe eurer Geschichte alles Materielle auf eurer Erde immer wieder zerstört wurde, stehen diese Pyramiden immer noch - als Symbol eurer Größe und Göttlichkeit."

(Eine Schwingung im Namen von Randola)

Das große Rätsel, warum - diese Experimente wurden schon millionenfach von Forschern auf der ganzen Welt durchgeführt - in einer Pyramide Mumifizierungen von sogenannter lebender Materie eintreten, hat, wie an unserem Beispiel mit der Apfelsine zu erkennen ist, seine Lösung gefunden. Aber dies ist nur eine der Lösungen der Geheimnisse, die in den Pyramiden verschlüsselt liegen und die uns bis heute verschlossen waren.

Eine der weiteren ungeklärten Eigenschaften der Pyramiden finden wir in der Geschichte einer seltsamen Erfindung, die in der ganzen Welt Aufsehen erregte. Es ist die Geschichte der Schärfung von Rasierklingen in kleinen Pappmodellen der Cheops-Pyramide.

Der Tschechoslowake Karl DRBAL, ein Radio-Ingenieur, der pensioniert war und sich während nahezu der Hälfte seines Lebens mit Energie-Gewinnung und -Umwandlung befaßt hatte, entdeckte, daß stumpfe gebrauchte Rasierklingen, wenn man sie in das untere Drittel genau in die Mitte der Pyramide legt, wieder so scharf werden, daß sie für mehr als 100 tägliche Rasuren benutzt werden können.

Stellen wir uns die Frage, "Welcher Vorgang bewirkt, daß die kristalline Struktur der stählernen Schneide der Rasierklinge, die durch die Rasur stumpf geworden ist, wieder ihre alte Schärfe zurückerhält?" Als Folge des Rasierprozesses wird durch den Rasiervorgang und das Schaben über die Haut (= Druckerzeugung) dem Molekularverband der mikrokristallinen Struktur der Schneidekante Energie zugeführt. Ist diese Energie einmal eingestrahlt, so besitzt der Molekularverband der Rasierklingenschneide eine höhere Energiedichte und dehnt sich daher aus - die Schneide wird stumpf.

Legt man eine dieser gebrauchten - stumpfen - Rasierklingen, die also einen höheren Energiezustand aufweist, in das untere Drittel einer Pyramide, deren eine Seitenfläche genau nach Norden ausgerichtet ist, findet automatisch ein Regenerations-Prozeß statt.

Dieser Vorgang, der im Resonanz-Hohlraum der Pyramide abläuft, ist der gleiche wie bei unserem ersten Beispiel mit der Apfelsine.

Die Regeneration wird dadurch bewirkt, daß keine Energie mehr von außen auf die Schneide einwirkt und die durch den Rasiervorgang eingestrahlte Energie nach einer gewissen Zeit in das Umfeld abgestrahlt wird, d.h. spiralförmig durch die Spitze der Pyramide in die darüber existierende (nicht sichtbare, aber immer vorhandene) Pyramide des globalen Gitternetzes entweicht. Der ordnungsgemäße Zustand der Energie wird in den Würfeln wiederhergestellt, und die Rasierklinge erhält ihre alte Schärfe zurück - ohne daß etwas Magisches mit im Spiel ist.

Dies ist ein Vorgang, der von jedem nachvollzogen werden kann. Du kannst in jeder Pyramide, wenn du gewisse Anordnungen befolgst, organische Materie - wie Fleisch, Früchte, Eier, auch kleine tote Tiere - so vollkommen mumifizieren, wie die Tiere mumifiziert waren, die in der Cheops-Pyramide und in anderen Pyramiden gefunden wurden. Die sensationelle Erkenntnis über den Ablauf dieses Vorgangs kann in der nahen Zukunft dazu beitragen, das Leben der Erdlinge zu verändern. In vielen Experimenten haben wir nachweisen können, daß die Wirkung der Kraft der Pyramiden in diesem Bereich Veränderungen bewirkt, durch die der Erdling in seiner Gesamtheit sowie sein Umfeld wieder in die natürliche gesetzmäßige Ordnung zurückgebracht werden können.

Beispiele: Normales Leitungswasser, das in einer Pyramide diesem Vorgang ausgesetzt wird, erhält den Geschmack reinen Quellwassers und besitzt Heilwirkung. Tafelweine, selbstverständlich auch Qualitätsweine, erhalten, wenn sie eine gewisse Zeit in eine Pyramide gestellt werden, einen Geschmack, der mit Weinen gleicher Sorte, die nicht in eine Pyramide gestellt wurden, nicht mehr vergleichbar ist. Fleisch, das in einer Pyramide gelagert wird, verändert seinen Zustand dahingehend, daß es zwar von der Größe her einschrumpft, jedoch nicht fault und einen Geschmack erhält, der mit herkömmlichem Frischfleisch oder im Kühlschrank gelagertem Fleisch nicht verglichen werden kann. Kurz, alle Lebensmittel erhalten in allen Bereichen eine qualitative Verbesserung.

Man könte diese Beispiele unendlich lange fortsetzen. Es gibt nichts, was man ohne Energieaufwand in der geometrischen Form der Pyramide qualitativ nicht verbessern könnte. Aber dieses Buch soll nicht nur Pyramidenexperimente zum Inhalt haben. Wir wollten nur mit diesen paar Beispielen etwas Grundsätzliches erklären, das, was in der Pyramide abläuft.

Um noch weitere Geheimnisse der Pyramiden zu enträtseln, nehmen wir als Beispiel die Cheops-Pyramide in Gizeh, das von der Wissen-

schaft am exaktesten und minutiösesten vermessene Bauwerk der Welt. Sie ist nicht, wie man uns weismachen will, eine Grabstätte der Pharaonen, sondern eine "Einweihungsstätte" und wurde auf eine Art erbaut, die für uns Erdlinge heute noch unvorstellbar ist.
Aber - wie schon König Salomo sagte -, *"Alles hat seine Stunde, und es gibt eine Zeit für jegliche Sache unter der Sonne."*
Es ist die Stunde bzw. die Zeit gekommen, in der die Geheimnisse der Pyramiden, in denen die ganze Menschheits-Geschichte verborgen liegt, offenbart werden, damit wir All-Gottes Schöpfungsgedanken erkennen und wieder anfangen, ihn zu leben.

Die Große Pyramide von Gizeh, die Cheops-Pyramide, die zu den ältesten der 7 Weltwunder der Antike zählt, ist eines der kolossalsten Bauwerke, die je auf diesem Planeten Erde errichtet wurden. Eines ihrer verblüffendsten Merkmale ist die Ausrichtung ihrer Seitenflächen genau nach den Himmelsrichtungen. Die Steine, aus denen die Pyramide erbaut wurde, von denen einige bis zu 70 Tonnen wiegen, sind so akurat aus dem Fels geschnitten und im Bauwerk so fein zusammengefügt, daß ihre Fugen nicht einmal einen halben Millimeter betragen. Es grenzt auch an ein Wunder, wie die Fugen eines so großen Bauwerkes so fein mit Zement ausgegossen werden konnten, daß sich vollkommen ebene Flächen auf dem Stein ergeben. Das Gleiche gilt für die Außenverkleidung, die aus polierten Kalksteinplatten besteht, die die Seitenflächen der Pyramide auf insgesamt 9 Hektar Fläche bedecken. Sie sind mit einer solchen Präzision geschliffen und so ebenmäßig verlegt, daß man die Maßstäbe unserer heutigen Optiker anlegen müßte.

Viele Erdlinge haben sich "den Kopf darüber zerbrochen", wie eine solche Leistung möglich war. Die Vermutungen über die Errichtung dieses kolossalen Bauwerkes - nach HERODOT hätten 100.000 Leute 20 Jahre lang daran gebaut und von DAENICKEN spricht von einer Bauzeit von 600 Jahren - sind jedoch so fadenscheinig, daß es sich nicht lohnt, näher auf ein solches Gedankenbild einzugehen.
Nach unserem Wissensstand und unseren bisherigen technologischen Erkenntnissen ist eine logische Analyse schlichtweg nicht möglich. Die Mutmaßung, daß die Bauzeit in die Lebenszeit des Pharaos

CHEOPS falle, oder die Mutmaßungen der Historiker, allen voran HERODOT, beschwören ein Gedankenbild herauf, das wie folgt aussieht: Zig-Tausende von Sklaven hätten gigantische Steinquader von unvorstellbar mächtigen hohen Romben emporwuchten müssen. Als Werkzeuge hätten ihnen lediglich Rollklötze und Baumstämme als Hebel sowie Seile zur Verfügung gestanden. Betrachten wir die "menschliche" Seite, so hieße das: Für 100.000 Sklaven über 20 Jahre lang tägliche Verpflegung, Wasser, Schlafmöglichkeiten und Kleidung. Und dies alles, um einem dann nur als größenwahnsinnig zu bezeichnenden Pharao eine Grabstätte zu bauen ?

In unserem heutigen technologischen Zeitalter ein so vollkommenes und gewaltiges Bauwerk wie die Große Pyramide des Cheops erbauen zu wollen, würde sogar unsere heutige Technik auf eine harte Probe stellen, so daß dieses Denkklischée von vorneherein verworfen werden kann. Bis heute wurde noch keine Erklärung dafür gefunden, wie die Baumeister ohne Kompaß die Ausrichtung der Pyramide festlegten, und noch weniger eine Erklärung dafür, wie die polierten Blöcke der Außenverkleidung so unerhört exakt zusammengefügt werden konnten. Auch hat bis heute kein Historiker eine einleuchtende Theorie vorlegen können, die die Beweggründe für den Bau des Projektes Cheops-Pyramide beinhaltet.

Die Cheops-Pyramide und viele andere Pyramiden wurden an genau berechneten Punkten der Erde erbaut, von denen aus Geist und Materie direkt in das Kosmische Geistfeld transformiert werden können. Selbstverständlich geschieht dies nach beiden Seiten. Sie wirken wie Sender und Empfänger. Die Technologie der Errichtung konnten wir Erdlinge bis jetzt noch nicht begreifen, da die Mächtigen dieser Erde uns dahingehend manipuliert haben, daß wir, da jedes Wort als Symbol in uns gespeichert ist, heute das Wort *"Glauben"* symbolhaft als *"Nicht-Wissen"* interpretieren.

Wesenheiten bzw. Erdlinge, die den absoluten Glauben an sich selbst, also das absolute Wissen über ihre Schöpferkraft besitzen, sind in der Lage, Materie mit ihren Gedanken gezielt zu erschaffen - im Kosmischen Geistfeld Formen zu materialisieren und zu entmaterialisieren, zu formen und zu verformen.

Mit ihrer Gedankenkraft schnitten Erdlinge, die dieses Wissen besaßen, nach einer gedanklich berechneten Matrize die bis zu 70 Tonnen schweren Felsbrocken aus einem Felsen, entmaterialisierten sie und transportierten sie gedanklich zu dem Punkt, an dem die Pyramiden heute stehen, und materialisierten sie in der Form, wie wir heute die Pyramiden erkennen.

Die mit unvorstellbarer Präzision geschliffene und absolut ebenmäßig verlegte Außenverkleidung der Pyramiden wurde mit der gleichen "Technologie" erreicht, indem die Molekularstrukturen so verdichtet wurden, daß sie wie geschliffen wirken.

Verdeutlichen wir uns an einer Grafik, zu welchem Zweck die Pyramiden erschaffen wurden.

Grafik

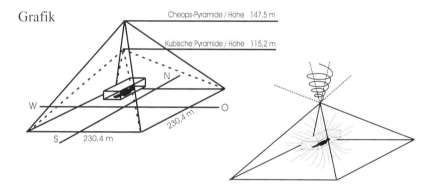

In der Mitte der Grafik erkennen wir die Königskammer, die sich im 1. Drittel befindet, mit ihrer Längsseite eine Nord-Süd-Ausrichtung hat und genau im Mittelpunkt der Pyramide liegt. Wenn sich eine Person innerhalb der Königskammer, mit dem Kopf nach Norden ausgerichtet, auf den Sarkophag legt, befindet sich ihre Mitte, das Sonnengeflecht (Solar Plexus), der Mittelpunkt des Erdlings, genau in der Mitte der Pyramide.

In dieser Lage passiert nun das Gleiche wie bei unserem Pyramiden-Modell der Apfelsine. Der Erdling ist dort von allen Reizquellen (= Informations-Abstrahlungen) vollständig abgeschirmt. Läßt er sich gedanklich, ohne einen Gedanken festzuhalten, in eine tiefe innere Ruhe fallen, dann ist die Wirkung die gleiche wie bei dem Beispiel der Apfelsine bzw. der Rasierklinge. Die Molekularstrukturen, aus

denen sein ganzer Körper besteht, geben nur Informations-Energie ab, so daß sich die Quarks der Moleküle nach einer gewissen Zeit in ihrem Grundzustand, in der natürlichen Ordnung, bewegen.
Es ist der Zustand, in dem sich beim Erdling die Starrheit seiner Mitte in allen Bereichen auflöst und er sich wieder in der natürlichen Ordnung seines Seins befindet. Die abfließende Energie geht nun im gleichen Ablauf, wie im Modell geschildert, in die Spitze der Pyramide und wird spiralförmig in die "Gegen"-Pyramide des Kosmischen Gitternetzes transformiert. Dadurch wird es nach einer gewissen Zeit ermöglicht, daß Kosmische Energie-Teilchen in gebündelter Form einfließen und eine sehr starke Schwingungsfrequenzerhöhung bewirken, wodurch sich gleichzeitig das "Bewußt-Sein" erhöht.

Die sogenannte Königskammer war also keine Grabstätte der Pharaonen, sondern der Ort der Einweihung in die Geheimnisse der Schöpfung, die der oder die Eingeweihte von nicht inkarnierten Wesenheiten bzw. aus dem Kosmischen Geistfeld erhielt - durch die geistige Kommunikation seiner Wesenheit mit den Geist-Ebenen, die uns bewußtseinsmäßig normalerweise verschlossen sind.
Zum Beispiel besteht zwischen dem Planeten SIRIUS, dem "Heimatplaneten" der meisten Wesenheiten, die als Erdlinge inkarnieren, und der Erde zu gewissen Zeiten aufgrund der Geometrie des Kosmischen Gitternetzes, die Möglichkeit, direkt geistigen Kontakt zu den dortigen Wesenheiten herzustellen.
Diese direkte Verbindung über die Informationskanäle des Kosmischen Gitternetzes ermöglicht jedoch nicht nur eine geistige Kommunikation mit jedem Erdling, der sich im Mittelpunkt der Pyramide aufhält, sondern auch den Transport von sogenannter Materie, die entmaterialisiert (d.h. nur die Gedanken-Form wird transportiert, während die Molekularstrukturen aufgelöst werden) und am Bestimmungsort wieder materialisiert wird.
Uns Erdlingen wird die Verwirklichung dieser Technologie dann möglich sein, wenn wir in unserer geistigen Entwicklung den Punkt erreicht haben, an dem wir "GLAUBEN" als "ABSOLUTES WISSEN" bezeichnen.
Die geistige Kommunikation mit den Geist-Ebenen ist grundsätzlich nicht an Zeit und Raum gebunden. Zeit und Raum sind Begriffe, die

sich der Erdling aufgrund seines "endlichen" Denkens geschaffen hat, als er vergaß, welche Schöpferkraft ihm innewohnt.
Die geistigen Führer der "Lemurier", die vor ca. 55.000 Jahren lebten, waren diejenigen, die auf Anleitung und mit Hilfe nicht inkarnierter Wesenheiten die Pyramiden erschufen, in denen sie in den Schöpfungsgedanken sowie in den Sinn und Zweck des Erdenlebens eingeweiht wurden.

**Die KOSMISCHE Zahl 7 bzw.
Die 7 EBENEN zurück zu GOTT**

Die kosmische Zahl 7 gilt seit jeher bei den Erdlingen in allen Bereichen des Seins als magische oder heilige Zahl. Doch bis heute kannte kaum jemand die Grundlage bzw. den Grund, warum die Zahl 7 eine kosmische Zahl ist, der man eine vielfältige Symbolik zuschreibt.
Die 7 beinhaltet *symbolhaft* den Hinweis auf 1 räumliche Gegebenheit, in der alles Sein abläuft.
Es ist der Hinweis auf den Würfel selbst, der, wie in der folgenden Grafik nochmals dargestellt, 6 Pyramiden beinhaltet sowie eine Mitte, die durch das Wirken und das Bewirkt-Werden der sich gegenüberliegenden Pyramiden erzeugt wird.

Grafik

"Seid behütet und beschützt im Gang eurer Seele Sehnsucht nach dem Licht, das ihr seid. Denn finden sollt ihr, was euch innewohnt seit Anbeginn.
Seht, dies ist die Kraft der Liebe - der Liebe, die euch den Lebensfunken gab, der euch auf die Reise schickte, die ihr euch erwähltet.

Die Ur-Kraft der Liebe, die Ur-Kraft, die die Bewegung in Gang setzte, die Bewegung, die ihr Leben und Lernen, die ihr Entwicklung nennt - ihr seid es selbst.
In euch allen ist angelegt dieser Kern der Schöpfung, denn ihr seid die Kinder eurer Selbst, entwachsen aus dem Kern, der alles bewirkte, sich aus sich selbst bewirkte.
Wenn ihr euch aus dem Kern gelöst habt, liegt in euch wieder der Weg nach Hause in die Ureinheit.
Aber wenn ihr dann zurückkehrt, habt ihr Frieden geschlossen mit dem Drang des Erlernens, Erkundens, und seid dann erlöst von eurer Bürde der Ruhelosigkeit und gipfelt in der Wiedervereinigung der Urkraft. Ja, ihr alle kehrt dorthin zurück, jeder auf seine Weise."
(Randola)

Unser Kern sind wir selbst - in All-Gott - der Mittelpunkt der 6 Pyramiden, vergleichbar auch mit der Nabe und den Speichen eines Rades. Die 6 Pyramiden (gleich Speichen des Rades) sind die Wege der Erfahrung, des Erlernens, der Entwicklung - bis zur Rückkehr mit gesammelter Erfahrung - in die Mitte (des Bewußten Seins), in den Mittelpunkt der 6 Pyramiden - zur Nabe des Rades - zur Mitte von uns selbst - zu All-Gott. Doch getrennt sind wir nie von diesem Kern, der *Einheit All-Gott - Wesenheit*, vom Mittelpunkt bzw. von der "Nabe", um die sich alles dreht.
Nur symbolhaft weist die 7 auf die Ebenen hin, von denen alle Mythologien sprechen, wenn sie sagen "7 Ebenen muß der Mensch durchschreiten, um wieder zu Gott zurückzufinden".
Dies ist die "symbolhafte" Darstellung oder Deutung der 7 Ebenen des Seins. Es sind keine räumlichen oder zeitlichen Gegebenheiten, sondern Ebenen des Bewußtseins. Diese einzelnen Entwicklungs- "Stufen" zu "erklimmen", ist keine Frage von Zeit oder einer "Hierarchie". Jede Form von Hierarchie bedeutet immer Be-Werten und ist immer Manipulation. Wir *müssen* nicht daran "glauben", daß es unendlich schwer ist und unendlich viel Zeit erfordert, "dorthin" zu kommen, denn alles ist IN UNS, auch wenn wir es noch nicht erkennen. Doch diese Wahrnehmung kann in jedem Augenblick geändert werden. *Jetzt, in diesem Augenblick, in dem wir wissen - FÜHLEN - und uns unserer Wesenheit und All-Gott bewußt sind, ist es so.*

Da man uns dahingehend manipuliert hat zu "glauben", daß wir als "elende Sünder" nur unter unendlichen Mühen - Schrittchen für Schrittchen - irgend wann einmal in den "Himmel" kommen - wobei dies angeblich auch noch von der "Gnade Gottes" beim "Jüngsten Gericht" abhängt -, schaffen wir für uns diese "Wirklichkeit" und werden es tatsächlich so erleben. Doch nur, weil wir uns von diesen - manipulativen - Äußerungen dazu verführen ließen, es zu "glauben".

Die "sieben Himmel", von denen JESUS CHRISTUS sprach bzw. die "sieben Ebenen, die wir durchschreiten müssen zurück zu Gott", sind Bewußtseinsebenen bzw. Schwingungsebenen IN UNS.
Alles ist bereits in uns - seitdem wir erschaffen wurden - und wartet darauf, daß wir es erkennen. IN UNS, in unserer Wesenheit, IST:

1. das EINS-SEIN mit All-Gott (und allem Geschaffenen),
2. die LIEBE - die höchste Schwingung und die Kraft, die Bewegung gleich Schöpfung bewirkt,
3. das LICHT - die Erleuchtung - das Wissen gleich Gefühl,
4. der KLANG - die Schwingung, die die Information weiterträgt,
5. die unbegrenzte SCHÖPFERKRAFT unseres Gott-Selbst,
6. die Fähigkeit, alles zu wissen, alles zu VERSTEHEN und
7. die unendliche FREUDE ZU SEIN.

All-Gott sprach, "Ich habe dich bei deinem Namen gerufen, du bist mein." - "Mein" bedeutet "mit mir EINS" - und "bei deinem Namen gerufen" bedeutet: "Ich habe dich erschaffen."
Der "Name" gleich "Wort" ist der Klang, der Ausdruck des Gefühls - der Liebe, die All-Gott zu sich selbst empfand und in der er jeden von uns erschaffen hat.
Selbst wenn die materielle Ebene, auf der z.B. wir Erdlinge leben, als "erste" Ebene bezeichnet wird, dann bedeutet dies nicht, daß es die "unterste" Ebene ist, sozusagen die "Unterwelt", in der die "Sünder" leben, sondern das Gegenteil.
Denn, wie schon gesagt, ist der Weg durch die Dunkelheit, die Dichte der Materie, der schwerste Weg, um zur "Erleuchtung" zu kommen, um im LICHT des Wissens zu sein.
Die Wesenheiten, die diesen irdischen Weg wählen, stehen daher

nicht "unter" den Wesenheiten, die wir z.B. als "Engel" bezeichnen und von denen wir annehmen, daß sie als "himmlische Wesen" die höchsten Tugenden besitzen, die zu erlangen uns fast unmöglich ist. Im Reich All-Gottes gibt es kein besser oder schlechter, kein höher oder niedriger, und auch die "himmlischen Wesen" haben, ebenso wie wir hier "unten", keine "Vollkommenheit" erreicht, da es diese nicht gibt. Denn das Leben, das All-Gott IST, ist ein *fortschreitender Prozeß*, ein Fluß - unendlich und ewig.

Für jede Wesenheit, gleich ob inkarniert oder nicht, gibt es noch - und das immer und ewig - unendliche Möglichkeiten der Erschaffung und der Erfahrung der unendlichen Aspekte und Mysterien des Seins, um sich selbst in ihnen zum Ausdruck zu bringen und zu verstehen.

"Diese Dunkelheit ist eure Dunkelheit, zu erfahren sie, ist eure Aufgabe, um beizutragen zum Allumfassenden der Kräfte allen Lebens aller Universen, des ganzen unermeßlichen Kosmos.
Ja, wahrhaft, steht auf und seid frei.
Das ist der Gang eurer Seelen, geborgen in unendlicher Liebe, die ihr ständig sucht. Eure Seelen tun den Liebesdienst ihrer selbst zur Verschmelzung in die Aufgaben der Allseele.
Die Polarität eurer Erde ist wie ein Vehikel, das euch vorwärts trägt, um der unendlichen Sehnsucht nach Ruhe, dem schieren Sein in Liebe.
Seht, solcherlei Worte klingen in euch gewaltig, lassen euch erstaunen, erfühlen in Ehrfurcht. - Nein, da hüpft und springt und freut euch. Denn diese Worte seid ihr selbst, ja, wahrhaft.
Dies ist nur der Spiegel, durch den ihr schauen wollt. Die Größe, der Zusammenhang, alles im Kosmos ist der Spiegel eurer Wahrheit, der aller Wahrheit im Gesamten." (Randola)

In welche Ebene wir nach unserem irdischen Tod gelangen, entscheiden auch nur wir selbst bzw. unsere Schwingungsfrequenz, die durch unsere gemachten Erfahrungen gebildet wird.

Maßgebend für diese Entscheidung, d.h. unsere Schwingung, ist das Verständnis und das Gefühlsmuster, das wir auf der zuletzt erfahrenen Ebene erreicht bzw. ausgedrückt haben. Dies schließt, wie schon gesagt, ein, daß wir auch jetzt - in diesem jetzigen Leben - alle Stufen erklimmen, alle Bewußtseinsebenen durchschreiten - und sogar

in diesem jetzigen Augenblick an unserem höchsten Ziel anlangen können. Es ist einzig und allein unsere eigene Entscheidung, diesen einen Schritt zu tun - denn All-Gott und das "Himmelreich" sind in uns - und daher nur einen winzigen Schritt - einen Schritt der Bewußt-Werdung, des Bewußt-Machens - entfernt.
Es ist einzig und allein unsere Wahrnehmung, die Ihn in eine weite - fast unerreichbare - Entfernung gerückt hat.
Doch wir haben die Macht in uns, diese Wahrnehmung *sofort* zu ändern - und All-Gott in uns "anzunehmen" - wie uns selbst.

"Der Sinn von allem ist immer die Wesenheit selbst. Der Sinn liegt in der Synthese von allem.
Das Ausmaß des Kosmos kann man gleichzeitig vergrößern und verkleinern. In der gleichen Zeitigkeit aller Abläufe ist das verborgen, was wir suchen, um das Rätsel Leben zu entschlüsseln.
Alles ist immer gleichzeitig überall.
Denn alles ist eins, und eins ist alles.
Wir selbst schaffen immer unsere eigene Wirklichkeit, unsere eigene Wahrheit.
Die wunderbare Welt des Menschseins ist ein Gleichnis der gesamten Existenz. Wenn wir sie zerlegen in die Minimumsphäre, dann ist dieses Geschehen nicht einzigartig, sondern es hat auch irgendwo anders im kosmischen Raum einen gleichen Ablauf." (Randola)

Nirgendwo gibt es eine Hölle, in der wir für unsere "Sünden" bestraft werden, denn All-Gott hat uns einen FREIEN WILLEN gegeben, so daß wir selbst entscheiden können, was immer wir erfahren oder zum Ausdruck bringen wollen. Daher hat niemand das Recht, über uns zu urteilen oder zu richten. Dadurch, daß wir "glauben", wir würden gerichtet werden, bzw. dadurch, daß wir uns selbst verurteilen, schaffen wir unsere eigene Hölle - in uns.
Das bedeutet aber auch, es gibt nichts und niemanden, der uns aufgrund dessen, was wir in einem vorhergehenden oder im jetzigen Leben getan oder "verbrochen" haben, den Zutritt zu einer höheren Schwingungsebene, zum Ausdruck einer höheren Bewußtheit verwehrt - außer uns selbst bzw. unsere zu niedrige Schwingung.

**Die Folgen der Manipulation -
Der jetzige Entwicklungsstand der Erdlinge**

- Illusion und Wirklichkeit
- Die Entartung
- Begrenztes Bewußtsein
- Das "eingefrorene" Gesellschaftliche Denken

Illusion und Wirklichkeit

Alles, was wir Erdlinge auf der Erde, auf der "Ebene der Materie" gelebt haben und noch leben, war und ist eine große Illusion, ein Traum, ein Spiel - auch wenn es nicht so zu sein scheint.
Nicht die dreidimensionale Ebene, die wir im Außen als Wirklichkeit ansehen, ist die wirkliche Welt, sondern nur das, was wir INNEN wahrnehmen, was wir "fühlen", was wir "in uns selbst" sind. Das ist der Sinn unseres Seins.
All-Gott hat die Wesenheiten "in Sich Selbst" erschaffen, als er über sich selbst nachdachte. Durch diese Reflexion (= Spiegelbild) Seiner Selbst erweiterte er sich zu strahlendem LICHT; zu dem Licht, aus dem wir alle als einzigartige - individuelle - Wesenheiten geboren wurden.
Damit jede einzelne Wesenheit als Gott von All-Gott - und mit Ihm in ihrem Innern - ihre eigene Wahrheit, ihre eigene Wirklichkeit erschaffen kann, um Ihn, die Totalität des Gedankens, das Leben, in alle Ewigkeit fortzusetzen, erhielt jede Wesenheit den Freien Willen. Nur durch den Freien Willen, dessen Gabe die höchste Form der Liebe ist, kann jede Wesenheit alles erschaffen, was sie erschaffen will, um es zu erfahren und zu verstehen.

"Man hat euch glauben machen, daß Gott weit entfernt außerhalb von euch ist. Doch da ist Er nicht.
Er ist INNEN, tief innen - bei jedem.
Wir sind nicht getrennt von All-Gott - sondern ein und dasselbe.

Das Bewußtsein gleich Fühlen der individuellen Beziehung zu All-Gott ermöglicht uns zu sagen, ICH BIN - in All-Gott.
Das Sein IN Ihm bringt uns zurück zur Liebe, zur Freude, ins Licht und ins Glück. Denn sein Wille ist unser Wille.
Und nach unserem Willen wird Er, die Essenz des Seins, zu all dem, was wir erschaffen wollen, um Verständnis und Weisheit zu erlangen."
(Randola)

Fühlst du dich als Wesenheit - und fühlst du "IN mir ist All-Gott, ist der gesamte Kosmos, INNEN IST ALLES-WAS-IST." - so wie JESUS es sagte: "Das Himmelreich ist in mir - und in euch !", so bedeutet das, in deiner Mitte zu sein, All-Gott in dir wahrzunehmen, zu fühlen, und zu lieben - so zu lieben, wie All-Gott uns liebt, vollkommen urteilsfrei und als GANZHEIT, als ISTHEIT.
Allein durch dieses Gefühl kehrt die richtige Schwingung zurück, dann klingt und schwingt alles wieder richtig und zieht die Lebenssituationen an, nach deren Erfahrung unsere Seele dürstet.
Bei Angst, bei Depression, bei Ignoranz und Resignation (die in Wirklichkeit immer *gegen uns selbst* gerichtet sind) schwingt, klingt und leuchtet nichts mehr.
Die wirkliche Welt, unsere Wirklichkeit, ist die, die in unserem Innern liegt. Denn in jedem Moment, in dem wir denken und die Schwingungsfrequenz des Gedankens in uns fühlen, schaffen wir diese Wirklichkeit.
All-Gott gab uns in seiner grenzenlosen Liebe die unbegrenzte Freiheit, jeden Gedanken, jede Illusion, jeden Traum Wirklichkeit werden zu lassen - wie immer wir es wollen -, und jederzeit können wir alles wieder ändern, was wir eben noch zum Ausdruck bringen wollten. Wir allein bestimmen jederzeit durch unseren unbegrenzten - freien - Willen, was für uns zur Wirklichkeit werden soll.

"Die Liebe ist entstanden aus der Schöpfung selbst.
Die Liebe ist die Schöpfung, das Begehren nach dem Höchsten.
Es ist nicht die Frage, welche Richtung ihr einschlagt im Leben.
Es ist die Frage eures Herzens, des reinen liebenden Herzens, dem ihr euch öffnen könnt.
Und dann seid ihr wahrhaft im Himmel auf Erden.

Als Beispiel kamen die Propheten und sprachen euch von der Liebe. Sie haben euch gezeigt und euch hinsehen lassen auf das Innerste des Kerns, in der Hoffnung, Träger einer Flamme zu sein, die eure Herzen entzündet zum Widerhall in der Welt.
Wenn diese Schwingung der Harmonie erreicht ist, dann werdet ihr schon wissen: Das ist die Zeit.

Geht, denn es ist noch nicht vollbracht des Einigen Werke zum Wohle der dürstenden Menschheit, die da hungert und dürstet, vergessen haben sie ihre Göttlichkeit.
Ihr betet und bittet, und doch sprecht ihr stets nur zu euch selbst.
Denn All-Gott, das ist die Essenz allen Lebens aller Universen, des ganzen weiten Alls.
Alles ist nur Symbolik - die Wahrheit kennt das Herz, die Seele allein, und weist euch still den Weg.
Geht nur, denn ihr seid behütet in euch selbst." (Randola)

Die Ent-Artung
Begrenztes Bewußtsein -
Das "eingefrorene" Gesellschaftliche Denken

"Geht, denn es ist noch nicht vollbracht des Einigen Werke zum Wohle der dürstenden Menschheit, die da hungert und dürstet, vergessen haben sie ihre Göttlichkeit."

Was die Masse der Erdlinge vergessen hat, ist, daß jede Wesenheit, jeder Erdling, der die Kraft der Gedanken und des Gefühls besitzt, Gott ist und alles erschaffen kann.
Da alle Gedankenfrequenzen durch seine Aura in sein "Gefäß der Wesenheit", seinen Körper, fließen, kann der Erdling alles zu seiner Erfahrung machen - zur einzigen Wirklichkeit seines Lebens, zum GEFÜHL - wenn er es WILL.
Das Kosmische Geistfeld enthält ALLE Gedanken, die je gedacht wurden, und alle Gefühle, die je gefühlt wurden.
Wonach hungert und dürstet die Menschheit also immer noch -

nachdem sie in 10,5 Millionen Jahren auf der Erde alles an Gefühlen erfahren hat ?
Sie dürstet und hungert nach Freude, nach Liebe, nach Geborgenheit, nach Frieden, nach dem Eins-Sein mit All-Gott.
Denn was überwiegend in hunderten oder gar tausenden von Leben von den meisten immer wieder in die Erfahrung gebracht wurde, waren die niedrig schwingenden Gefühle wie Angst, Leid, Zorn, Haß, Habgier, Neid, Eifersucht usw. - doch vor allem die Entfremdung von All-Gott, die Trennung von dem alles andere überragenden Gefühl des Eins-Seins mit der göttlichen Quelle.

"Alles habt ihr gelernt über die begrenzten Gedanken niedriger Schwingungen, da ihr wie eine Herde die Wirklichkeit des gesellschaftlichen Bewußtseins immer wieder gelebt habt.
Ebenso habt ihr eure eigene Entfremdung von eurer göttlichen Quelle erfahren, die euch trotzdem immer, durch all eure Abenteuer hindurch, geliebt und getragen hat. All-Gott ließ euch gewähren, ohne euch zu richten, damit ihr IHN auf der letzten Stufe seiner herrlichen Offenbarung von Istheit erfahren könntet.
Wenn ihr euch also unglücklich, träge, verdrießlich, ängstlich, verbittert, wütend, eifersüchtig, gehetzt, ungeliebt, ungewünscht fühlt - welche Gedankenfrequenzen erlaubt ihr euch zu fühlen?
- Die des gesellschaftlichen Bewußtseins. -

Und warum wißt ihr nichts von all den wundervollen Gedanken, die in jedem Augenblick durch euren Geist ziehen?
Weil ihr nichts von ihnen wissen wolltet.
Denn ihr selbst habt gewählt, im Schatten des gesellschaftlichen Bewußtseins zu leben - euch zu kleiden, zu handeln und zu denken wie eine Herde. Ihr habt es gewählt dazuzupassen, akzeptiert zu werden, damit ihr überleben könntet.
Ihr wolltet nichts anderes wissen.
Denn wenn ihr euch mit den Gedanken befaßt hättet, daß ihr vollkommen unabhängig seid, daß ihr Gott seid, daß ihr ewig seid, daß ihr allwissend seid, wäre dies eurer Familie, euren Freunden, eurer Religion und eurer Regierung sehr 'gegen den Strich gegangen'.
Auf diese Weise habt ihr eure Macht vollkommen aus euren Händen

gegeben und eure wahre Identität vergessen, und ihr habt euer Gehirn geschlossen.
Was ist All-Gott? Er ist GEDANKE und die Fähigkeit, sich selbst zu empfangen, und indem er sich selbst empfängt, erweitert er sich und wird er selbst.
Direkt in eurem Innern eures Seins habt ihr die Macht, vollständig Gott zu werden. Denn wenn das gesamte Spektrum eures Gehirns in Gebrauch wäre, würdet ihr dieser Augenblick sein bis zu den Enden der Ewigkeit.
Ihr würdet alles wissen, was es zu wissen gibt.
Was hält euch davon ab, zu wissen und die Totalität Gottes zu werden? Das begrenzte Ego.
Denn das begrenzte Ego sperrt Gott aus, indem es sich weigert, alle Gedankenfrequenzen, die Gott ist, aufzunehmen, nur damit es sicher und gesichert in Sicherheit leben kann.
Das ist der Grund, warum das begrenzte Ego das ist, was man "Antichrist" nennt, denn es leugnet, daß ihr der Sohn Gottes seid.
Es erlaubt euch nicht, den Gedanken aufzunehmen und zu verwirklichen, daß ihr und der Vater ein und dasselbe seid.
Der Antichrist, das begrenzte Ego, ist es, der den unbegrenzten Gedanken nicht zuläßt - und sein Dogma heißt Angst, Urteil und Überleben.
Der Christus besteht darin, daß der Mensch vollständig die Macht, die Schönheit, die Liebe und das unbegrenzte Leben des Vaters ausdrückt, der in seinem Innern lebt.
Er besteht darin, daß der Mensch seine Göttlichkeit erkennt und diese Erkenntnis wird; daß er die Grenzen von Dogma, Prophezeiung und Angst überschreitet, weil er weiß, daß jenseits des gesellschaftlichen Denkens jene unbegrenzte Kraft liegt, die man 'Gott' nennt.
Alles ist in euch, weil der Gott, der ihr seid, beiden, dem Antichrist und dem Christ erlaubt, vorhanden zu sein.

Ihr habt von der Prophezeiung des sogenannten 'Armageddon' gehört (Entscheidungskampf in der Endzeit).
Ihr habt euer ganzes Leben im 'Armageddon' geführt.
'Armageddon' steht für den Kampf zwischen der Verwirklichung Gottes und dem Anerkennen des Antichristen, des begrenzten Egos,

das dem unbegrenzten Gedanken nicht erlaubt, in euer Gehirn einzutreten, damit ihr euch unbegrenzt ausdrücken könnt.
Es ist der Krieg zwischen gesellschaftlichem Bewußtsein und unbegrenztem Wissen - nicht ein Kampf außerhalb von euch, sondern in euch: der Konflikt in eurem Innern zwischen dem Christus, der hervorkommt, und dem begrenzten Ego, das die Kontrolle behalten möchte.
Gott zu sein heißt, unbegrenztes Wissen, unbegrenztes Sein zu sein. Mensch zu sein heißt, das begrenzte Geschöpf zu sein, das seinen Geist dem größeren Wissen nicht öffnet; das Theorien übernimmt, statt das Leben zu praktizieren; das lieber belehrt sein will, statt Lehrer zu sein; das lieber behütet sein will, statt Forscher zu sein. Ihr habt die Fähigkeit, alles zu wissen, was es zu wissen gibt:
Ihr besitzt auch die Fähigkeit, alles zu manifestieren, was ihr euch je wünscht. Ihr besitzt die Fähigkeit, ewig in eurem Körper zu leben, wenn dies euer Wunsch ist.
Aber zu all diesen Dingen sagt das begrenzte Ego: 'Nein!'
Aufgrund dessen werdet ihr zwar wissen, wer der Mensch ist, doch Gott wird immer ein Geheimnis bleiben.

Die Dichte des gesellschaftlichen Bewußtseins wird durch ausgedrückten Gedanken gebildet - Gedanken, der durch Emotion von jeder Wesenheit zum Ausdruck gebracht worden ist.
Diese Dichte setzt sich aus verwirklichten Gedanken zusammen - aus dem Gedanken, den jede Wesenheit bereits in sich aufgenommen, in ihrer Seele gefühlt und durch ihre Aura wieder in den Gedankenstrom zurückgeschickt hat, wodurch jeder andere sich daraus nähren kann.
Die Gedanken, auf denen sich eure Ebene aufbaut, sind die begrenzten, mit niedriger Frequenz schwingenden Gedanken des gesellschaftlichen Bewußtseins.
Sie sind sehr einschränkend, sehr urteilend, sehr hart, weil euer Leben von Einstellungen beherrscht wird, die sich aufs Überleben und auf die Angst vor dem Tod beziehen - ob es sich nun um den Tod des Körpers oder den Tod des Egos handelt.
Infolgedessen ist euer Bewußtsein völlig beherrscht von Gedanken an Nahrung, Obdach, Arbeit, Geld; von Werturteilen wie schicklich und unschicklich, gut und böse; von Mode, Schönheit, Akzeptiert-

werden, Vergleich, Alter, Krankheit und Tod. Diese Gedanken von niedriger Frequenz gelangen leicht durch euer Aurafeld, weil sie im Denken derer, die um euch sind, vorherrschend sind.
Somit werdet ihr ununterbrochen durch begrenzte Gedanken aus einem sehr begrenzten, stagnierenden Bewußtsein 'gefüttert'.
Und da ihr zulaßt, daß euch diese Gedanken nähren, gebt ihr das Gefühl von diesen Gedanken wieder nach draußen ab, wodurch ihr das begrenzte Denken der Menschheit immer neu aufleben laßt und verewigt.
Das Bewußtsein in euren großen Städten ist besonders begrenzt, weil die meisten der dort Lebenden sehr wettbewerbs-, sehr zeit- und modeorientiert sind, und einander fürchten und sich gegenseitig nicht akzeptieren.
Die von höherer Frequenz schwingenden Gedanken des Superbewußtseins sind jene von Istheit, Sein, Leben, Harmonie, Einssein, ewigem Fortwähren.
Es sind die Gedanken von Liebe, von Freude, von Genie.
Es sind die unbegrenzten Gedanken, für die es in Wirklichkeit keinen Ausdruck gibt, nicht einmal durch diese Worte, denn die aus unbegrenzten Gedanken resultierenden Gefühle gehen weit über die Beschreibung mit Worten hinaus.
Die Gedanken von höherer Frequenz lassen sich leichter in dem Bewußtsein der Wildnis erfahren, weitab vom stagnierenden Denken der Menschheit. Dort ist das Leben einfach, zeitlos, ewig fortwährend und in völliger Harmonie mit sich selbst.
Dort, weitab vom Urteil des Menschen, könnt ihr den Herzschlag eures eigenen Wissens hören."   *(In Namen von Randola)*

Damit sich die Erdlinge immer wieder entschieden, den "leichten" Weg im Schutz der "breiten Masse" zu gehen, dafür haben die Manipulatoren mit allen Mitteln gesorgt. Sie haben mit scheinbarer Sicherheit, mit scheinbarem Halt gelockt und die Masse verführt, in ihren Gepflogenheiten, in ihren Traditionen, in ihrer "schalen" Gewohnheit stecken zu bleiben. Und warum ? Um ihre Macht zu behalten, um die Erdlinge auszubeuten, damit sie selbst ein "herrliches" Leben in jeglicher Freiheit führen können.
<u>Doch sie haben "die Rechnung ohne den Wirt gemacht"....</u>

Der jetzige Stand im Kosmos
Rote Sonne - Schwarze Löcher - Kosmisches Gitternetz

Um zunächst zumindest einen vagen Eindruck zu vermitteln, wie gigantisch und für uns Erdlinge unvorstellbar groß das All ist, aber auch, um erkennen zu lassen, was die Wissenschaft über "Schwarze Löcher" herausgefunden hat, möchten wir ein Zitat aus "Mission Hubble" einfügen:

"Wenn man auf einem Berggipfel, weitab von jeder künstlichen Beleuchtung, in einer völlig wolkenfreien, mondlosen Nacht, den Himmel betrachtet, kann man mit dem bloßen Auge mehrere tausend einzelne Sterne sehen. Außerdem sticht das leuchtende Band der Milchstraße ins Auge. Die Milchstraße besteht aus über hundert Milliarden Sternen, die zu schwach leuchten, um noch mit dem Auge als einzelne Sterne gesehen werden zu können. Sie bilden eine diskusförmige "Insel im All", die wir als Galaxie (= Ansammlung von Hunderten von Milliarden Sternen) bezeichnen.
Die Sterne erscheinen nur deswegen so schwach, weil sie in "astronomischen" Entfernungen stehen. Dennoch sind die meisten etwa so hell wie unsere Sonne oder sogar noch heller. Wir sehen die Galaxie von innen heraus, und unsere Sonne ist nur ein unscheinbares Exemplar unter diesen Milliarden von Sternen.
Bis zum Beginn der zwanziger Jahre glaubten wir, daß dieses das ganze Universum sei - nur einige hundert Milliarden Sterne in einer diskusförmigen Scheibe mit einem Durchmesser von 100.000 Lichtjahren. Für menschliche Maßstäbe ist es eine unvorstellbare Ansammlung von Sternen.

Ein Lichtjahr ist die Strecke, die das Licht bei einer Geschwindigkeit von fast 300 000 km/s in einem Jahr zurücklegt. Dies entspricht der eindrucksvollen Strecke von ca. 9,5 Billionen Kilometer.
Als dann in den zwanziger Jahren neue und bessere Teleskope entwickelt wurden, entdeckten die Astronomen, daß das, was sie früher lediglich als verschwommene milchige Flecken gesehen hatten, in Wirklichkeit eigenständige Galaxien wie unsere eigene sind,

weitere Inseln im Weltall, unfaßbar weit von der Milchstraße entfernt. Unsere gesamte Heimatgalaxie schrumpfte in ihrer Bedeutung zusammen: Was wir uns als allumfassendes Universum vorgestellt hatten, war plötzlich nur mehr ein Sandkorn in einem ungeheuer großen Meer, nur eine Galaxie von vielen, genauso wie die Sonne nur ein Stern unter vielen anderen ist.

Einer der Wegbereiter dieses Wandels im astronomischen Weltbild war der amerikanische Astronom Edwin Hubble (1889-1953), der nachwies, daß das Universum nicht nur wesentlich größer ist, als die früheren Generationen glaubten, sondern sich auch weiter ausdehnt. Die Galaxien bewegen sich im Lauf der Zeit immer weiter auseinander. Diese Entdeckung führte zu der Annahme, daß alles im Universum zu einem ganz bestimmten Zeitpunkt aus einem winzigen, extrem heißen und dichten Feuerball entstand: dem "Urknall" ("Big Bang").

Es ist ein Nachteil und gleichzeitig ein Vorteil, daß wir - mit dem "Hubble-Teleskop" (HST) - weit entfernte Objekte so sehen, wie sie vor langer Zeit ausgesehen haben. Da die Lichtgeschwindigkeit eine bestimmte Größe hat, dauert es eine gewisse Zeit, bis das Licht den Raum durchquert. Wir sehen beispielsweise eine Galaxie in einer Entfernung von 10 Millionen Lichtjahren so, wie sie aussah, als das Licht sie vor 10 Millionen Jahren verließ, und nicht, wie sie jetzt aussieht. Zum Beispiel ist die nächstgelegene Galaxie, der Andromedanebel, bereits mehr als 2 Millionen Lichtjahre von uns entfernt und erscheint uns so, wie sie vor 2 Millionen Jahren aussah.

Bevor das HST seine Arbeit aufnahm, hatten die Astronomen Entfernungen von mehr als 1 Milliarde Lichtjahren errechnet. In diesem Raum finden sich ungefähr 100 Millionen Galaxien.

Das HST wies außerdem "Schwarze Löcher" nach, jene geheimnisvollen Objekte mit der millionenfachen Masse (Materie) unserer Sonne, die Sterne in den Kernbereichen einiger Galaxien verschlingen.

Schwarze Löcher entstehen, wenn ein Objekt so massereich oder so klein wird, daß es der eigenen Schwerkraft nicht mehr widerstehen kann. Es fällt zu einem mathematischen Punkt ohne Dimensionen zusammen, und *nichts, das ihm zu nahe kommt, kann seiner*

Anziehungskraft widerstehen. Sogar das Licht ist nicht schnell genug.
Es ist möglich, daß sich sehr massereiche Schwarze Löcher mit Massen, welche das Gewicht der Sonne um mehrere Millionen übersteigen, in den Kernregionen der meisten Galaxien bilden können. Vielleicht beinhaltet auch unsere Milchstraße im Inneren ein supermassereiches Schwarzes Loch.
Wenn die Bedingungen geeignet sind, können Gasmassen und auch Sterne anfangen, in das Schwarze Loch zu stürzen.
Dabei bildet sich eine Akkreditionsscheibe aus, ähnlich wie bei entstehenden Sternen, nur viel größer, unter Umständen einige hundert Lichtjahre im Durchmesser.
Je näher die Materie an das Schwarze Loch gerät, desto stärker wird sie aufgeheizt, bis sie Röntgen- und Gammastrahlen aussendet. Etwas Materie wird aus der Scheibe geschleudert und als Gasstrahl mit immensen Geschwindigkeiten an den Polen mehrere hunderttausend Lichtjahre weit ins All geschossen.
Ein Schwarzes Loch selbst kann nicht direkt gesehen werden, da nicht einmal das Licht entkommt.
Das Gas der Scheibe bewegt sich mit bis zu 550 Kilometern pro Sekunde (fast zwei Millionen Stundenkilometer).
Im Falle von M87 beträgt die Masse des Schwarzen Loches die 3millionenfache Masse der Sonne. (M87 ist eine große elliptische Galaxie in 50 Millionen Lichtjahren Entfernung - die beherrschende Zentralgalaxie des Virgo-Galaxienhaufens. Ein von M87 ausgehender Gasstrahl ist 25 millionenmal heller als die Sonne.)

Nichts anderes, das wir aus der Physik kennen, ist so klein und so schwer (wie die Schwarzen Löcher) ....."

Die folgenden Ausführungen und Erklärungen sind keine Utopien oder Scriptvorlagen für einen Science-fiction-Roman, sondern es ist kosmisches Wissen, dessen Weitergabe uns mit Nachdruck anempfohlen wurde. Auch sollen sie keine Angst oder Panik hervorrufen. Im Gegenteil. Einer Gefahr, die man kennt, ist sehr viel leichter zu begegnen, als einem "Unheil", das plötzlich über uns hereinbricht.
Natürlich steht es jedem frei zu sagen, "Das ist purer Quatsch. Das kann nicht sein." Der Zweifel an dem und die Ablehnung dessen, was

wirklich *wissenswert und hilfreich* sein könnte, wurde den Erdlingen durch die Manipulatoren so eingeimpft, daß gerade dadurch die Masse der Erdlinge immer noch in tiefster Dunkelheit gefangen ist.
Wer endlich aufwachen und für sich selbst einen Nutzen daraus ziehen will, sollte das Folgende *ohne Bewerten und Beurteilen* lesen.
Es enthält nicht nur Erschreckendes, sondern auch das *Wertvollste*, was es JETZT zu erfahren und zu erfassen gibt.
Wäre es nicht so, hätten wir uns strikt geweigert, das uns übermittelte Wissen weiterzugeben und dieses kosmische Geschehen zu beschreiben.

"Rote Sonne" - "Schwarze Löcher"

Rufen wir uns etwas schon kurz Erklärtes in Erinnerung:
Einer der verheerendsten Glaubensinhalte, die man den Erdlingen manipulativ aufgezwungen hat, ist, daß Gedanken und Gefühle des Einzelnen keinen oder nur wenig Einfluß auf ihn selbst, auf andere oder auf die Umwelt haben.
Wir haben zwar tatsächlich die Freiheit zu denken, was wir wollen, doch die Folgen bzw. Auswirkungen unseres Denkens, vor allem aber unserer Gefühle, betreffen nicht nur uns selbst, sondern auch alles, was uns umgibt.
Jedes Gedankenbild, das wir formen, bewirkt ein Gefühl in uns. Die Schwingungsfrequenzen unserer Gedanken und Gefühle werden von uns - über unsere Aura - in das Kosmische Geistfeld abgestrahlt und bewirken bzw. beeinflussen nicht nur unser Umfeld, das wir wahrnehmen können, sondern den gesamten Kosmos.
Wie zuvor ausführlich erklärt, strahlt jede Wesenheit, jedes Geschöpf, die Schwingungen der Gedanken und Gefühle ihres/seines Seins in das Kosmische Geistfeld, in den Bewußtseinsstrom - den "Geist Gottes". So existiert das Wissen um alles.

Durch die reine Abstrahlung aller "positiven" Gefühlsschwingungen wie z.B. Liebe, Freude und Glück speisen wir das Kosmische Gitternetz, das heißt, wir füllen es mit der Kraft der Liebe und des Lichtes.

Alle "aggressiven" Gefühle wie Haß, Wut, Zorn, Macht- und Besitz-Gier, Gewalttätigkeit usw. speisen hingegen eine sog. "Rote Sonne". Die "depressiven" Gefühle - wie Angst, Leid, Erniedrigung, Verzweiflung, Ohnmacht aber auch Ignoranz, Resignation usw. sind aus dem Grund am zerstörerischsten, da diese niedrigsten Schwingungsfrequenzen in ein "Netz" fließen, in dem sie gesammelt und von dort in die "Schwarzen Löcher" geleitet werden.

Grafik

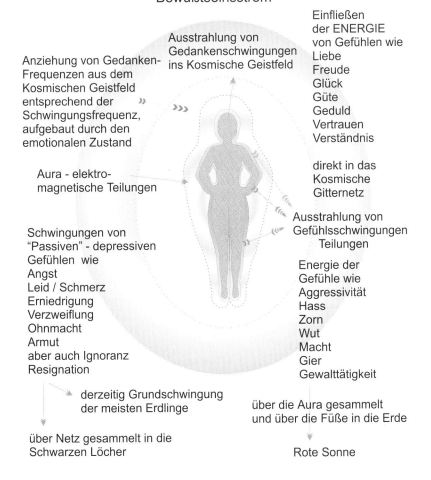

Das bedeutet: Durch das "Netz" (das im folgenden erklärt wird) werden diese niedrigen - niedergedrückten und niederdrückenden - Gefühlsschwingungen aller Wesenheiten und aller Planetarier einschließlich aller Erdlinge "aufgesaugt" und zu den "Schwarzen Löchern" geleitet, die diese Schwingungen gleich Energien "verschlucken".
Die Entstehung der "Schwarzen Löcher" und ihre genaue Funktionsweise konnten sich die Wissenschaftler bis heute nicht erklären, obwohl sie laufend immer mehr davon entdecken!
Ein Grund dafür, daß die Wissenschaft für viele Geschehnisse keine Erklärung findet, ist der, daß all das, was mit "Bewußtsein" bzw. mit der "Kraft der Gedanken und Gefühle" zusammenhängt, kein "offizielles" Forschungsziel ist bzw. sein durfte und höchstens halbherzig miteinbezogen wird.
Dies ist verständlich, wenn man bedenkt, wer Forschungsprojekte finanziert und wer bestimmt, was zu welchem Zweck erforscht werden soll. (Siehe vorhergehende Ausführungen in diesem Bereich.)
Das Beste, das Teuerste und die größte Phantasie wurden immer nur in die Bereiche investiert, die gegen das Leben, gegen alle Möglichkeiten des Erschaffens, gegen die Freiheit des Einzelnen und gegen die Wahrheit sind - z.B. in Waffen bzw. die Vernichtungstechnik.
In allen Bereichen unseres Erdenlebens setzen die Mächtigen dieser Welt, die Manipulatoren, alle nur denkbaren Mittel ein, um zu verhindern, daß die Erdlinge ihre wahre Identität erkennen und ihre Freiheit zurückerlangen.
(Daß hingegen "inoffiziell", also im Geheimen, sehr wohl im Bereich der Entschlüsselung des "Geistes" geforscht wird, jedoch die Forschungsergebnisse nicht publik gemacht, sondern nur zum Nutzen der Manipulatoren verwendet werden, beweist die Tatsache, daß die Manipulatoren so unglaublich geschickt darin sind, die Erdlinge in allen Bereichen zu täuschen, da sie ihre "Schwächen" bis ins winzigste Detail genau kennen und ausnutzen.)
Daher wird alles vertuscht oder "verdreht" weitergegeben, was über kosmische Abläufe herausgefunden wird, die im Zusammenhang mit der "Kraft" stehen könnten, durch die überhaupt erst alles existiert.
Das bedeutet: Gerade die Kräfte, mit denen wir unsere Wirklichkeit schaffen, die unser Sein bewirken, werden offiziell - absichtlich - vollkommen außer acht gelassen!!

Daher ist es nicht verwunderlich, daß Wissenschaftler bei der Entdeckung von bisher unbekannten Energie-Teilchen, die in jüngster Zeit plötzlich in bedrohlicher Form "aufgetaucht" sind, vollkommen ratlos und entsetzt waren.
Man vermutet, daß diese Energie-Teilchen im Zusammenhang mit den "Schwarzen Löchern" stehen. Doch Genaues weiß man nicht. Man konnte nur feststellen, daß diese Teilchen, obwohl sie eine sehr große Masse besitzen, extrem schnell sind. Das Auftauchen dieser Energieform hat bei den Wissenschaftlern ein so großes Entsetzen bewirkt, daß sie nur noch "Oh, my God!" ausrufen konnten. Daher werden diese Energie-Teilchen "Oh-my-God-particle" genannt !

Diese Energieformen in Zusammenhang zu bringen mit der "Kraft der Gedanken und Gefühle", ist bis jetzt sehr wenigen Wissenschaftlern in den Sinn gekommen.
Doch überlegen wir einmal selbst, durch WAS im gesamten All alles entstanden ist, alle Formen von Energie und Materie, müßte uns eigentlich langsam "ein Licht aufgehen".
Ehe wir mit unseren Erklärungen fortfahren, möchten wir daher an dieser Stelle an die Meßergebnisse von STOVELL erinnern (siehe Zitat "Die Kraft des Gebets - wissenschaftlich bewiesen") und kurz noch folgendes zu überdenken geben.
Es gibt unzählige Berichte über außergewöhnliche "Kraft-Entwicklungen" sowie Phänomene in unserem täglichen Leben, die bisher unerklärbar waren bzw. über die sich kaum jemand ernsthaft Gedanken gemacht oder sie hinterfragt hat.
Nehmen wir als Beispiel einen Bericht über eine Mutter, die in ihrer Liebe zu ihrem Kind fähig war, einen LKW hochzuheben, der ihr Kind zu überfahren drohte. Oder fragen wir uns, woher die Kraft kommt, die Verliebte oder Liebende plötzlich erfüllt und sie so "hoch schwingen" läßt, daß in ihnen ungeahnte Fähigkeiten freigesetzt werden und sie Taten vollbringen, über die man sich nur noch wundern kann.
Denken wir andrerseits aber auch einmal darüber nach, welche ungeheure Kraft einen Mann "rot sehen" läßt, der in seinem übermächtigen Haß oder Zorn - ohne überhaupt noch denken zu können - Amok läuft und blindlings alles tötet, was ihm "in die Quere" kommt.

BEWEG - GRÜNDE

"Positive" Gefühle   "Negative" Gefühle
    in der DUALITÄT

LIEBE / WISSEN	ANGST / HASS / UNWISSENHEIT
Anerkennung / Akzeptanz	Ablehnung / Unterdrückung
Dankbarkeit	Undankbarkeit
Demut	Überheblichkeit / Gedemütigtsein
Eins-Sein	Getrennt-Sein / Verlassenheit
Freiheit / Unbegrenztheit	Unfreiheit / Begrenztheit / Erpressung
Freude / Heiterkeit	Trauer / Leid / Schmerz / Qual
Friede / Zufriedenheit	Unfriede / Krieg / Besitzgier
Geborgenheit / Sicherheit	Verlassenheit / Unsicherheit
Geduld	Ungeduld
Gelassenheit	Unruhe
Gesundheit	Krankheit
Glück	Unglücklichsein
Großmütigkeit	Mißgunst / Neid
Güte	Zorn / Wut
Hoffnung	Hoffnungslosigkeit / Verzweiflung
Kraft / Stärke	Schwäche / Erschöpfung / Ohnmacht
Lust	Lustlosigkeit
Mitleid / Mitgefühl	Lieblosigkeit / Gefühlskälte
Mut	Feigheit
Reichtum	Armut
Sanftmut	Macht / Rücksichtslosigkeit / Aggression
Schönheit	Häßlichkeit
Selbstbewußtsein	Minderwertigkeitsgefühl
Verantwortung	Verantwortungslosigkeit
Verständnis	Unverständnis
Vertrauen	Mißtrauen
Vollkommenheit / Heil	Unvollkommenheit / Unheil
Wert	Wertlosigkeit / Unterwürfigkeit
Würde / Takt	Scham / Taktlosigkeit
Zärtlichkeit	Gewalttätigkeit / Wollust / Gier

BEWEG - GRÜNDE

AKTIV / Aggressiv / Extrovertiert / Leiden lassen	**PASSIV / Depressiv / Introvertiert / Leiden**
MACHT / MANIPULATION	**ANGST / LEID / SCHMERZ**
Ablehnung	Abgelehnt / Nicht-Anerkannt-Werden
Aggression	Armut / Begrenztheit
Besitzgier	Ausgenutztsein
Ehrgeiz	Depression
Eifersucht	Eingeschüchtertsein / Schüchternheit
Eitelkeit	Erniedrigung
Ehrlosigkeit	Erschöpfung / Schwäche
Erpressung	Entehrung
Gefühlskälte / Lieblosigkeit	Feigheit
Gewalttätigkeit	Gedemütigtsein
Gewissenlosigkeit	Hörigkeit
Gier	Krankheit
Ignoranz	Lieblosigkeit
Jähzorn	Ohnmacht
Krieg / Unfriede / Unruhe	Qual
Mißgunst / Neid	Scham
Mißtrauen	Trauer / Traurigkeit
Quälsucht	Unglück
Rücksichts- / Skrupellosigkeit	Unfreiheit / Bedrängnis
Taktlosigkeit	Unsicherheit
Überheblichkeit	Unterdrückung
Undankbarkeit	Unterwürfigkeit
Ungeduld	Unvollkommenheit
Unterdrückung	Unheil
Unverständnis / Verständnislosigkeit	Unwissenheit / Verwirrung
Verachtung	Unzufriedenheit
Verantwortungslosigkeit	Verlassenheit
Wollust	Verzweiflung
Wut	Wertlosigkeit
Zorn	Zweifel / Zerrissenheit

Ebenso sollten wir uns fragen, ob es tatsächlich nur reine Muskelkraft ist oder nicht vielmehr die Kraft der Gedanken und des Willens, die es Erdlingen möglich macht, mit ihrer Hand oder ihrem Kopf (mit der Stirn) riesige Blöcke aufeinandergetürmter Steinblatten zu durchschlagen. Beim Überdenken solcher Fragen werden sicherlich jedem, der dieses Buch bis hierher gelesen hat und die Zusammenhänge zu erkennen beginnt, noch gute Beispiele einfallen.

Die "Roten Sonnen" und "Schwarzen Löcher" waren ursprünglich ein "Regulativ" zum Ausgleich und zur Harmonisierung der Schwingungsfrequenzen und Energien im Kosmos bzw. in jeder Galaxie, in jedem Sonnensystem und für jeden Planeten.
Wie schon erklärt, ist in der Natur alles so geschaffen, daß nichts in ein lang andauerndes oder endgültiges Chaos fallen kann. Selbst wenn der Mensch absolut chaotische - zerstörerische - Energieformen erschafft, wird sich das durch sie bewirkte Chaos wieder in eine neue Ordnung umwandeln.
Die sogenannten "Roten Sonnen" befinden sich IN jedem bewohnten Planeten. Sie nahmen über einen sehr langen Zeitraum regulierend die Energie der Gefühle auf, die wir unter dem Sammelbegriff "Haß" bzw. "Aggression" zusammenfassen können.
Das, was vor allem in der letzten Zeit z.B. die "Rote Sonne" in unserer Erde zu einem "Pulverfaß" werden ließ, ist einmal eine der Folgen der (zu) hohen Bevölkerung der Erde und der Schwingung der meisten Erdenbewohner, gebildet durch das "eingefrorene" gesellschaftliche Denken, das geprägt ist von Aggression, Machtdenken, Besitzgier usw.. Zum anderen ist es eine Folge der Tatsache, daß sich zu viele Wesenheiten nach ihrem irdischen Tod nicht von der Erdsphäre lösen können, weil ihre Schwingung viel zu niedrig ist.

Inzwischen ist diese "aggressive" Energie so angewachsen, daß sie nicht mehr von der "Roten Sonne" in der Erde, einfach ausgedrückt, "geschluckt und verdaut" werden kann (was zu noch größeren "Katastrophen" auf der Erde führen würde), sondern sie fließt aus der Erde in unsere Atmosphäre und von dort zur Sonne, was eine der Erklärungen für die immer stärker werdenden Sonneneruptionen ist.
Von unserer Sonne kommt diese Energie zum Teil in geballter Form

zur Erde, also zu uns Erdlingen, zurück, jedoch der größte Teil fließt ab und bildet eine neue "Rote Sonne" im Kosmos. Wäre es nicht so, würden wir auf der Erde schon nicht mehr in dieser Form existieren können.

In dem deutschen Magazin P.M. wurde kürzlich ein Artikel veröffentlicht mit dem Titel, "Das gefährliche Leben unserer Erde", aus dem wir hier ein paar kurze Abschnitte zitieren möchten.
"Das Weltall - ein Idyll ? Im Gegenteil:
An allen Ecken und Enden drohen Katastrophen - heute weiß man auch, wann sie eintreten werden. (??)
Astronomen haben vor kurzem ein Schwarzes Loch aufgespürt, das durch den Kollaps eines *Einzelsterns* entstanden ist.
Bisher gingen die Wissenschaftler davon aus, daß Schwarze Löcher immer Bestandteile von Doppelsternsystemen sind.
Die Entdeckung bedeutet, daß es offenbar mehr Schwarze Löcher gibt, *als man dachte*. Wenn das zutrifft, ist das Risiko der Erde, eines fernen (?) Tages von einem dieser kosmischen Staubsauger verschluckt zu werden, größer als angenommen.

Gamma-Strahlenblitz
Jeden Tag registrieren Röntgensatelliten irgendwo im Weltall einen Gammastrahlenblitz. Ein solcher Blitz erzeugt innerhalb einer Sekunde so viel Energie wie unsere Sonne während ihres ganzen langen Lebens (10 Milliarden Jahre). Niemand weiß, woher diese Energie kommt.
Diese energiereichsten Ereignisse des gesamten Universums sind erst seit zehn Jahren bekannt.
Die meisten von ihnen finden zum Glück weit außerhalb der Milchstraße statt (?) - ein Blitz in unserer Nähe würde die Erdoberfläche radioaktiv verseuchen und so gut wie alles Leben vernichten.

Roter Riese
Daß sich unsere Sonne eines Tages zum Roten Riesen aufblähen wird, ist sicher. Dabei steigt die Temperatur des Sterns immer mehr, der Treibhauseffekt auf der Erde nimmt infernalische Ausmaße an:

Die Ozeane verdampfen, und das Gestein schmilzt; erst sterben die Pflanzen, dann Tiere und Menschen. Wenn die Sonne sich zum Roten Riesen aufbläht, wird die Erde unbewohnbar wie die Venus.
Zum Schluß des Artikels heißt es: *Aber wer weiß, vielleicht existieren wir dann ja in ganz anderer Form. Irgendwo. In Sicherheit."*

"Wenn die Welten zertrümmern, dann liegt darin ein Neubeginn, und dies ist der Kreislauf des Werdens und Sterbens, des Lebens und des Todes. Alles kann nur durch die Dunkelheit zum Licht gelangen.
Nichts unterscheidet sich außer den Manifestationen, den Erscheinungen, die ihr wahrnehmen könnt.
Alles hat seine Ordnung. Es gibt kein Chaos. Es gibt nicht unrichtig. Wenn diese Tage begleitet sind von Veränderungen, dann ist das gut so, denn nur im Fluß liegt die Wahrheit.
Seht, das ist gut so, daß ihr nun schwingt in einer neuen Qualität der Zeitempfindung.
Alle werden berührt, und denkt immer daran: wie oben so unten."
(Randola)

"Energie geht nicht verloren" - sagt die Wissenschaft. So besagt z. B. das "Energie-Erhaltungs-Gesetz" (der von HELMHOLTZ ausgesprochene "Allgemeine Energiesatz"), "daß sich in einem geschlossenen System der Energie-Gehalt nicht verändert, da die Energie, die für einen Prozeß verbraucht wurde, bei der Umkehrung dieses Prozesses wieder frei wird."
Für uns bedeutet das: Einerseits kann man in gewisser Weise von geschlossenen Systemen sprechen, doch sind alle Systeme im Mikro- wie im Makro-Kosmos miteinander verbunden und beeinflussen sich gegenseitig - denn alles ist im Endeffekt EINS.
Die Energie, die zur Umwandlung der Liebes-Energie in "negative" Gefühlsschwingungen "aufgewendet" wurde und wird, geht in unserem Sonnensystem bzw. in unserer Galaxie nicht "verloren" oder löst sich einfach ins Nichts auf, sondern sie fließt zurück zum Verursacher, zu uns.

"Es gibt keine Trennung, denn das, was euch trennt, das führt euch auch wieder zusammen.

Nehmt diese Energie als 'Hilfe', als 'Katalysator' an; sie hilft euch in eurem 'Läuterungs-Prozeß'.
Sie kann euch helfen, aus eurem Traum zu erwachen.
Es gibt nichts Böses, nichts, das euch wirklich schaden kann.
Ihr seid immer beschützt und geliebt in euch selbst." (Randola)

Was wir Erdlinge bisher als "Naturkatastrophen" angesehen haben, waren im Grunde genommen "regulative Selbstheilungsprozesse" unserer Mutter Erde. Die immer öfter und stärker auftretenden Erdbeben sowie die vielen Vulkanausbrüche dien(t)en dazu, die übergroßen Energiekonzentrationen wieder in die Ordnung zurückzubringen.
Um ein ganz einfaches Beispiel anzuführen, könnten wir die Erde mit Tiermüttern vergleichen, die ihre Jungen "beuteln" bzw. schütteln, wenn diese "zurechtgewiesen" werden müssen. Ein weiterer einfacher Vergleich wäre das "Schlagen", "Rütteln" oder "Schütteln" eines Erdlings, der "außer sich", also "außer Kontrolle" geraten ist oder kurzfristig durch einen Schock das Bewußtsein verloren hat und wieder in seine Ordnung zurückfinden soll.

Die Kraft der Gedanken und Gefühle ist die stärkste Kraft gleich Energie, die existiert - denn mit ihr wurde alles erschaffen, was ist. Dieser Kraft, dieser Energie gegenüber sind selbst die von den Menschen entwickelten Technologien zweitrangig, obwohl sie auch, wie schon beschrieben, eine extrem hohe Energiedichte in der Atmosphäre bewirken, deren Auswirkungen z.B. noch durch die defekte Ozonschicht (als weitere Folge der Technologien) verstärkt werden.
Das Leben in der Dualität sowie die Inkarnation, das heißt das Leben der Wesenheit in einem physischen Körper bzw. Gefäß, war ursprünglich von den Wesenheiten "erdacht" als eine weitere Möglichkeit, sich in ihrer unbegrenzten Schöpferkraft zum Ausdruck zu bringen und durch ihre Erfahrungen ihr Verstehen zu erweitern.
Es war wie ein Spiel, eine weitere Illusion, jedoch keineswegs als "Falle" gedacht, sondern einfach die Verwirklichung eines weiteren Traumes, der allerdings jetzt zum "Alptraum" zu werden droht.
Als die Wesenheiten, wie geschildert, ihre Erfahrungen in den von ihnen selbst geschaffenen Gefäßen machten, erfuhren sie in immer mehr Bereichen das Gefühl der Angst.

Diese Angst machten sich diejenigen, die auf Macht und Beherrschung auswaren, zunutze, in dem sie sie durch "falsche" Glaubenslehren verstärkten. Durch die äonenlange Manipulation, durch die falschen Glaubenssätze, durch all das, was wir zuvor geschildert haben, wurden die Erdlinge, die sich verführen ließen (und das waren leider die meisten), zu lange in der Dualität und in niedrigsten Schwingungsfrequenzen festgehalten.
Die Stagnation des gesellschaftlichen Bewußtseins führte somit zur Bildung dieser zerstörerisch wirkenden Energieformen.

Ein Beispiel für die extreme Annahme eines "falschen Glaubens" und die daraus resultierende Manifestation ist folgendes:
Bis vor kurzer Zeit lagen auf einer (geistigen) Ebene Millionen von Wesenheiten in ihren Lichtkörpern, in endlos langen Reihen ausgestreckt, "in tiefem Schlummer". Sie lebten in der Illusion, daß sie tot seien, weil sie hartnäckig an das glaubten, was die Manipulatoren, die Religionen, sie glauben gemacht hatten: daß es kein Leben nach dem irdischen Tod gibt.
Inzwischen konnten sie aus dieser selbst geschaffenen "Zwangslage" befreit werden.
(Auf welche Weise dies geschehen konnte - und warum es erst jetzt möglich war, werden wir in unserem nächsten Buch mit dem Titel *"Das Tal der Wesenheiten"* genauer beschreiben - es sei denn, die Manipulatoren würden wider Erwarten dieses Buch "falsch" verstehen und uns daran hindern, weiterhin kosmisches Wissen herauszugeben, was wir jedoch nicht annehmen - denn so dumm sind sie nicht.)
"Was auch immer ihr fest 'glaubt', von dessen Wahrheit werdet ihr euch selbst überzeugen; und was immer ihr als Wahrheit anerkennt, wird sich selbst in eine Wirklichkeit für euch umformen. - So machtvoll sind eure Schöpferkraft und euer Wille." (Randola)

Eines der Ziele der Manipulatoren war und ist die Verhinderung der Ver-Söhnung der Gegensätze - in der Dualität - sowie die Rückkehr der Wesenheiten in das Gottes-Bewußtsein, das heißt, in das Wissen um ihre Göttlichkeit, ihre unbegrenzte Schöpferkraft, in das Fühlen der alles umfassenden bedingungslosen Liebe und ihres Eins-Seins mit allem Sein, mit allem Geschaffenen.

Trotz alledem ist zu bedenken, daß auch die Erdlinge, die den "negativen" Part der Dualität leb(t)en, der Entwicklung in gewisser Weise "dienen". Denn sie "verkörpern" das im Außen, was viele IN SICH als sogenannten "Schattenanteil", als "negativ" bewerteten - von sich selbst abgetrennten - Teil in der Dualität, nicht sehen wollen. Daher dienen diese Erdlinge als Spiegel im Außen.

Ein Ziel des "größten Manipulators" - oben wie unten - war z.B. auch, das gesamte Kosmische Gitternetz zum Zusammensturz zu bringen, den Informationsfluß zwischen allen Ebenen zu stoppen und alle Wesenheiten in ihrem Bewußt-Sein von All-Gott "abzuschneiden".

Sehr erleichtert wurde ihm dieses Vorhaben dadurch, daß die Erdlinge seit eh und je so leicht zu einem "Irr-Glauben" und zu Gefühlen niedrigster Frequenzen zu verführen sind -, und vor allem aber durch das "kosmische Gesetz", das bedeutet, daß alles, woran man glaubt, Wirklichkeit wird.

Daher nochmals, weil es von so immenser Wichtigkeit ist, dieses "kosmische Gesetz" vollends zu verstehen:

"Was auch immer ihr fest 'glaubt', von dessen Wahrheit werdet ihr euch selbst überzeugen; und was immer ihr als Wahrheit anerkennt, wird sich selbst in eine Wirklichkeit für euch umformen. - So machtvoll sind eure Schöpferkraft und euer Wille." (Randola)

Das "Netz", durch das die niedrigen Schwingungen gesammelt und zu den "Schwarzen Löchern" geleitet werden, ist im Grunde genommen das Gegenteil des Kosmischen Gitternetzes All-Gottes, das aus Liebe, Licht und Klang besteht und alle Möglichkeiten der Erschaffung sowie einen ungestörten Informationsfluß (= hohe Schwingungen) zwischen allen Ebenen gewährleistet.

Daß dieses, sagen wir, "schwarze Netz" so stark in seiner Wirkung werden konnte, ist wiederum eine Folge der Umwandlung der Liebes-Energie.

Denn durch den "Liebes-Verlust", durch die Umwandlung der Liebes-Energie in zerstörerische Energieformen wurde auch das Kosmische Gitternetz immer "schwächer", was wiederum die zu große "Dunkelheit" (gleich Unwissenheit der Erdlinge) und das zu tiefe Absinken der Schwingungen der Erdlinge bzw. Planetarier und auch vieler Wesenheiten über einen zu langen Zeitraum erklärbar macht.

Die Energie, die durch die Schwarzen Löcher "verschlungen" wird, kommt jedoch auch in einer umgewandelten Form zu uns zurück (jedoch nicht, um uns zu schaden, sondern um uns endlich wachzurütteln) - in der Form einer sehr hohen starken Energie, die die Aggression und die Depression bei vielen Erdlingen noch mehr verstärkt. Die Folgen der erhöhten Aggression erkennen wir an der weltweiten Zunahme von Gewalttätigkeit, Mord, Kriminalität usw., die Folgen erhöhter Depression z.B. an der Zunahme von Selbstmorden (selbst bei Kindern), absoluter Verzweiflung und vollständiger Resignation.

Wie im folgenden noch erklärt, brauchen wir jedoch gegenüber dieser Energie keine Angst zu entwickeln oder uns ihr ohnmächtig ausgeliefert zu fühlen. Genauso wenig sollten wir zu unserem eigenen Nutzen nicht alles, was uns an "Unheil" widerfährt, dieser Energie "in die Schuhe schieben". Wir sind nicht machtlos, sondern besitzen in uns die stärkste Kraft, die existiert ! Nur müssen wir aufwachen und sie endlich wieder anwenden !

Jeder, der absolut willens ist, seine Freiheit, sein Selbst, seine Liebe zu sich selbst wiederzufinden und seine Schwingungsfrequenz zu erhöhen, damit die schmerzvollen Erfahrungen nur noch der Vergangenheit angehören, kann lernen, diese Energie umzuwandeln und sie in positiver Form für sich selbst - und zum Wohle anderer - zu nutzen.

"Alles ist Energie - bewirkt durch die Gedanken - und in Bewegung gesetzt durch die Kraft, die wir Liebe nennen." (Randola)

Nur wenn wir gegen unsere Gefühle handeln, kommt es zur Krankheit des Körpers, zu Neurosen und Verzweiflung.

Auch die Entstehung von Krankheit im physischen Körper ist vergleichbar mit der Entstehung des "Chaos" im Kosmos:

Beides entsteht durch die Umwandlung der Liebes-Energie, die Umwandlung der Lebens-Energie (wie innen so außen, wie oben so unten). Wie schon erwähnt, gibt es überall parallele Abläufe, sowohl im Mikro-Kosmos als auch im Makro-Kosmos.

Alle veränderten Bewegungsabläufe, alle Schwingungsfrequenz-Veränderungen, führen wiederum zu einer Veränderung der Energie und der Information. (Durch eine Ursache entsteht eine Wirkung, wobei die Wirkung gleichzeitig wieder zur Ursache wird.)
Übersieht man eine "Signalleuchte", geht z.B. ein KFZ-Motor "in die Brüche". Das Gleiche gilt für unseren Körper wie auch für den gesamten Kosmos.
Durch das gesamte "Ausufern" der unheilvollen Kräfte wird der "Fluß des Lebens" (gleich Energie !) so gestört, daß die Selbstheilungskräfte des menschlichen Körpers sowie unserer Erde wie auch des Kosmos irgendwann nicht mehr fähig sind, ausgleichend zu wirken.

Daß dieses ganze Geschehen so weit führen würde, haben viele Wesenheiten anderer Ebenen nicht eher erkannt bzw. nicht erkennen können - nicht zuletzt aufgrund der Unterbrechung des Informationsflusses zwischen den einzelnen Ebenen, die die Manipulatoren im Kosmos bewirkt hatten. (Dieser Informationsfluß ist jetzt jedoch endlich wiederhergestellt.)
In diesem Zusammenhang ist das Zitat aus dem Buch "Botschaft von Andromeda - Lebe den Himmel auf Erden" zu sehen:

"Genauso wenig wie wir glaubten, daß die Erde sich so sehr ins 'Negative' entwickeln würde und die Menschen sich so sehr von dem Göttlichen, der allumfassenden Liebe und der Verbundenheit mit allem Sein entfernen würden, genauso sind wir überrascht, wie schnell und kraftvoll sich viele Menschen (jetzt) an ihr wahres Sein erinnern."

Wir sind eins mit allem, was ist. Daher sind wir auch eng verbunden mit allen Wesenheiten im Kosmos. Nur wir Erdlinge bzw. Planetarier wollen oder können - in unserer Blindheit - so vieles, was uns dienlich wäre, nicht zur Kenntnis nehmen.

"Immer wieder sehen wir mit den Augen der Liebe herab auf diese eure Erde. Es ist nicht nur, wir sehen herab. Das sollt ihr richtig verstehen: herab bedeutet nicht, ihr seid unten und wir sind oben. Im Grunde herrscht ein Gleichklang im gesamten Kosmos. Nur für euch ist es besser verstehbar, wenn wir solche Ausdrücke wählen.

Gegrüßt seid ihr im Licht der Liebe, der universellen Energie der Liebe, die ihr bezeichnet als Christus-Energie, als Mutter der Kraft, der Liebe eben.
Es ist die Zeit gekommen zu sprechen über all die liegengebliebenen Dinge, die ihr da lebt auf diesem Planeten, der doch nicht nur eurer ist. Es ist alles immer allen angeeignet. Wir haben Anteil an euch, und ihr habt Anteil an uns, immer seht das Ganze.
Stellt euch vor, die Schöpfung hatte nie einen Anfang, nie ein Ende. Sie währet ewiglich und immerdar im Reigen dessen, was im Leben regiert. Teile sind verstreut, und doch ergeben sie ein Ganzes, wenn Seelen sich mit Seelen verbinden. Seelen deshalb, weil nur die geistige Struktur eine Rolle spielt, nicht die vergängliche." (Randola)

Von sehr vielen Ebenen oder Dimensionen kommt uns Hilfe zu. Doch wir müssen dabei bedenken, daß es wieder Manipulation wäre, wenn Wesenheiten, die in der bedingungslosen Liebe leben, "eingreifen" und z.B. uns Erdlingen dadurch *direkt* helfen würden, indem sie uns mit ihrer Kraft befreien und unsere Wesenheiten in ihre Daseinsebene "holen" - ohne das Einverständnis dazu von den "hilfsbedürftigen" Wesenheiten erhalten zu haben.

Der "Freie Wille" jeder Wesenheit darf durch nichts und niemanden mißachtet werden ! Er ist von All-Gott jeder Wesenheit gegeben worden, und ohne den freien Willen jeder Wesenheit wäre die Schöpfung unmöglich gewesen.

Wer die Zusammenhänge erkennt, kann jedoch in jeder Situation oder Lage um Hilfe bitten, denn viele Wesenheiten warten schon lange auf diese Bitte bzw. die Bereitschaft zur Kontaktaufnahme !

Wie schon erklärt, stehen die Schwingungsfrequenzen der Erde in engem Zusammenhang mit dem Bewußtsein und den Schwingungsfrequenzen ihrer Bewohner.

Die zu hohen Energie-Konzentrationen auf und in der Erde sowie in unserer Atmosphäre sind, wollen wir wieder einen einfachen Vergleich heranziehen, um es besser verstehen bzw. uns vorstellen zu können, vergleichbar mit einer Glocke oder Kuppel.

Eine ihrer Auswirkungen sind z.B. die sintflutartigen Regenfälle in vielen Gebieten der Erde. Ihre Ursache sind die viel zu hohen - nicht natürlichen - Energie-Quanten in unserer Atmosphäre, die die gasförmigen Atome des Wasserstoffs und Sauerstoffs nicht frei schweben lassen, sondern zu schnell durch Ionisation wieder verbinden, was vermehrt zu heftigen oder sintflutartigen Regenfällen führt.

In vergleichbarer Weise hängt das niedrige Schwingungsniveau des begrenzten und begrenzenden "Gesellschaftlichen Bewußtseins" wie eine Glocke oder Kuppel über uns, vor allem über Großstädten, so daß immer wieder von unzähligen Erdlingen das Gleiche in die Erfahrung gebracht wird.
Dadurch sind auch die Schwingungsfrequenzen der Wesenheiten, die nach dem irdischen Tod in andere Ebenen gelangen könnten, zu niedrig, so daß sie sich in "Erdnähe" aufhalten, was dazu führt, daß sie immer wieder in eine erneute Inkarnation zurückkehren und Leben für Leben die gleichen Erfahrungen machen oder aber andere Erdlinge "besetzen", das heißt als Wesenheit in den Körper eines Erdlings schlüpfen und versuchen, ihre Vorstellungen in diesem Gefäß zu verwirklichen. Dies führt, verständlicherweise, nicht nur zu einer Wesensveränderung des betroffenen Erdlings, sondern auch zur Beschränkung seiner Möglichkeiten, sich selbst zum Ausdruck zu bringen, wie er es will.

"Das Wissen ist der Fluß des Lebens.
Darum geben wir euch unser Wissen,
  - um in die Ordnung der Liebe zurückzuführen,
  - um neu zu formen eure Zeit und ihre Qualität,
  - um zu setzen, was gefallen ist in den Morast und eindickte,
    bis ihm die Luft zum Atmen fehlte.
Was bedeutet dies? Nichts anderes ist geschehen als eine Kompression, als eine Verdichtung eurer Erdsphäre.
Hier wurden zusammengepreßt kleinste Teilchen, und ihr Lebensraum wurde so beschnitten, daß dadurch Veränderungen bewirkt werden, die eine Ordnung des Lebens nicht mehr aufrecht erhalten können." (Randola)

Dieses Zusammenpressen der kleinsten Teilchen betrifft jeden Einzelnen, nicht nur das Außen, unsere Erde oder Atmosphäre, sondern vor allem unser Inneres (wie außen so innen - wie innen so außen). Denn das verheerendste Machwerk der Manipulatoren ist wie ein äußerst "feinmaschiges - aber sehr stabiles - Netz" oder wie ein "feiner Schleier". Es befindet sich sowohl IN jedem Erdling als auch UM ihn. Das äußere "Netz" ist verbunden mit dem großen "schwarzen Netz", das alle "depressiven" Gefühlsschwingungen zu den "Schwarzen Löchern" zieht.

Im Inneren befindet sich dieses "haarfeine" Netz bzw. der Schleier sowohl um das "kleinste Teilchen" gleich 1 Doppelpyramide (die Einheit mit All-Gott in der "Mitte" der Seelenstruktur) als auch um die Mitte aller Seelen-Teilchen.

In unserem Inneren hat unsere Seelen-Struktur grundsätzlich schon 2 "Gegenspieler": den Gefühlsspeicher, die Datenbank von Gefühlen niedriger Schwingungsfrequenzen, und den Gedankenspeicher, die Datenbank abstrakter Gedankenschwingungen bzw. der Schwingungen des Bewertens und Urteilens sowie der des "materialistischen" - me-chanistischen - Verstandes-Denkens).

Doch der 3. "Gegner", das "feine Netz" bzw. der Schleier, das "Netzwerk der Manipulatoren", ist das Raffinierteste, was je erdacht und geschaffen wurde, denn durch dieses Netz wird einerseits das "gesellschaftliche Bewußtsein" so extrem niedrig und begrenzt gehalten. Das Allerschlimmste ist jedoch, daß durch diese Manipulation der "Mitte" das *Bewußt-Sein von All-Gott in uns mit "eingesperrt" ist* !

Grafik

Gefühlsspeicher-Teilchen

Eingeschnürtes Seelen-Teilchen

Sagt nicht, "Das ist absurd !" - Es klingt zwar tatsächlich ungeheuerlich, und doch werdet ihr gleich verstehen, daß das oben Gesagte keine bloße Behauptung oder Spinnerei ist.

Durch die "Umgarnung" der Mitte, durch die fast vollständige Trennung der beiden Seelen-Pyramiden voneinander, ist kein tiefgehendes Gottes-Bewußtsein bzw. Bewußtwerden in der Mitte möglich.

Darum wurde die Mitte der "Seelen-Teilchen" durch die Manipulatoren "eingeschnürt" und eingekapselt, um die Entwicklung, die freie Entfaltung der Wesenheit zu unterbinden, denn durch ein vollständiges Trennen der beiden Pyramiden würde das "Bewußtsein eingefroren".

Erinnern wir uns: Als All-Gott jede Wesenheit in sich erschuf, entstand das "BEWUSSTSEIN", das WISSEN gleich GEFÜHL - der LIEBE - des "ICH BIN" durch die WIRKUNG der einen Pyramide auf die andere in der MITTE zwischen den beiden Pyramiden.

Wird diese "Wirk-Kraft" des ICH BIN, die KRAFT DER LIEBE, die die BEWEGUNG bewirkte, aus der alles Geschaffene entstanden ist, der FREIE WILLE gleich Fähigkeit und Macht zu erschaffen, außer Kraft gesetzt, kann eine Wesenheit nicht mehr in Liebe erschaffen, erfahren und verstehen, so daß ihr Sein ohne Sinn verläuft.

"Jedem von euch wurde von All-Gott, dem Vater, - für den Vater - all das gegeben, was ihr seid: Eine göttliche Intelligenz und ein eigenständiger schöpferischer Wille." (Randola)

Grafik

Ur-Teilchen Wesenheit

"falsches" Ur-Teilchen

Würden diese beiden Pyramiden, die zusammen eine EINHEIT bilden, komplett voneinander getrennt, würden sie ihre Verbindung und das Bewußtsein voneinander verlieren - und es könnte nichts wirklich NEUES mehr erschaffen und erfahren werden.

Denn im Gefühlsspeicher sind nur "alte" Erfahrungen gespeichert, jedoch nichts Neues.

Wirklich Neues entsteht allein durch das Seelen-Teilchen, durch das ICH BIN - in der Mitte zwischen den beiden Pyramiden - und nur AUS dieser Mitte !

Das Ziel der Manipulatoren war also: die Verhinderung der Ausdehnung und der Rückkehr der Wesenheiten zu ihrem Ursprung.

"Es ist eine Zeit, in der wir eigentlich rückwärts gehen. Denn rückwärts bedeutet: zurück zum Ursprung.
Was bedeutet Entwicklung ? Aus dem, was ganz war, leuchtet in die Tiefe, in die Weite die Erfahrung vom Leben und begibt sich auf den Heimweg, gesammelt und gefestigt und wissend in ihrem Sein - dorthin, wo Vollkommenheit war und ist.
Nicht das, was im Entwickeln begriffen ist, bedeutet Ausdehnung, sondern das, was sich wieder zurückbegibt.
Ihr seid hier, um das wiederzufinden, was euch seit Anbeginn innewohnt. Darum machet ihr euch auf die Reise, um zu erschaffen und zu erfahren, was ihr erschafft - in und mit der Kraft, die euch den Lebensfunken gab." (Randola)

Aufgrund dieser fast vollständigen Trennung (das UR-TEILEN GLEICH TEILEN DER UR-TEILCHEN) erlebten die meisten Erdlinge - Leben für Leben - immer nur noch das, was man als "Identifikation mit den materiellen Manifestationen" bzw. als "Identifikation mit dem begrenzten Kollektiv-Bewußtsein" bezeichnen muß, was den Erdling daran hindert, seine wahre Identität zu erkennen und in Liebe und Freude - sowie in vollkommener Freiheit - zu erschaffen, um ein vollständiges Verstehen, um Weisheit zu erlangen.

Einfach ausgedrückt bedeutet diese "Fehl-Identifikation", daß sich die meisten Erdlinge nur mit ihrem Gefäß, ihrem physischen Ich, identifizieren und nur an das "glauben", was man "sehen und anfassen" kann, also nur mit den "materiellen Manifestationen".

Doch allein schon eine Blockade in der "Mitte" des physischen Ichs, also der Mitte zwischen unserer Geistigen und Materiellen Ebene hat zur Folge:

> kein Energiefluß im Körper,
> eine Verformung des Körpers,
> ein eingeschränktes Bewußtsein,

überwiegend negative Gefühle,
ständige Schuldgefühle,
keine Entscheidungsmöglichkeit zu fühlen,
was richtig oder falsch für einen selbst ist,
keine Intuition,
keine Kreativität,
keine Harmonisierungsfähigkeit,
kein wahres Selbstwertgefühl,
kein Kontakt zur kosmisch-geistigen Ebene,
kein inneres Hören, Sehen und Fühlen,
kein Mitgefühl für andere,
eine Schädigung der Hypophyse.

Da das "Übergewicht" der Erfahrung auf das begrenzt wird, was in den Gefühls- und Gedankenspeicher-Teilchen gespeichert ist, verkümmert die Seele !
Doch wenn die Seelen-Teilchen verkümmern, kann sich der Erdling bzw. die Wesenheit nicht mehr selbst "annehmen", sich nicht mehr selbst lieben - und sucht daher Anerkennung und Liebe oder "Zer-Streuung" im Außen, wo er sie jedoch in dieser Form nie finden wird.
Nochmals sei betont:
Sich Selbst lieben hat nichts mit Egoismus zu tun, sondern ist genau das Gegenteil !!
Wir alle sind aus der LIEBE All-Gottes zu SICH SELBST erschaffen worden, um diesen Schöpfungsakt in alle Ewigkeit fortzusetzen.
Aus der "Selbst-Betrachtung" All-Gottes entstand das "Bewußt-Sein". Wer sich nicht selbst liebt, verleugnet und unterbindet seine Schöpferkraft, denn dann kann er sich nicht so, wie er in seiner Individualität, in seiner Einzigartigkeit ist, zum Ausdruck bringen.

Genau das ist es, was die Manipulatoren erreichen wollten, und aus diesem Grund haben sie die "Liebe zu sich selbst" als Egoismus, als etwas Verwerfliches hingestellt, obwohl sie, nach ihren eigenen Kriterien, die egoistischsten Menschen waren und sind.
Durch die Einschnürung der Seelen-Teilchen, der "Ur-Teilchen" unserer Seelenstruktur, wollten sie die Entfaltung der Seele verhindern - und die Liebe zu sich selbst.

Erst durch die "Liebe zu sich selbst" ist man fähig, die ganze Schöpfung - alles, was ist - zu umarmen und zu lieben.
In unseren Seelen-Teilchen findet kein Ur-Teilen, kein Bewerten von Gefühlen statt, sondern nur ein völlig urteilsfreies Annehmen - in Liebe, und diese Liebe wird nicht durch Werturteile beherrscht oder eingeschränkt.
Diese Liebe ist die Liebe All-Gottes, der ohne Urteil ist, der kein "Gut" oder "Böse" kennt, sondern einfach die Istheit ist, die Er ist - und die alles liebt und umfaßt, was ist: alle Wesenheiten, alle Gedanken und Gefühle und alles Tun.

"Das, was wir als Sein bezeichnen, das ist nichts als Sein und nur Sein. Denn dort wo Liebe ist, dort ist die Gleichzeitigkeit aller Dinge, und dessen Substanz ist nichts als schiere Existenz." (Randola)

Nur durch die Bewertung von Gefühlen füllt sich der Gefühlsspeicher, und durch diese Füllung - sowie durch die Umklammerung der Seelen-Teilchen - werden die Liebe und das Licht, das Gottes-Bewußtsein, eingefroren.
Statt die Erfahrungen zu machen, nach der die Seele hungert und dürstet, verfällt der Erdling dem begrenzten und begrenzenden "gesellschaftlichen Denken", der Heuchelei, der Verleugnung seiner selbst, und macht daher immer wieder die gleichen - "negativen" - Erfahrungen, da er aus seinem Gefühls- und Gedankenspeicher heraus lebt statt mit der Seele.
Nehmen wir von den 3 Doppelpyramiden der Seelenstruktur die Doppelpyramide der Seele heraus, bleiben die 2 Doppelpyramiden des Gefühlsspeichers und des Gedankenspeichers übrig. - Sie bilden das *"Kreuz"*, das der Erdling als inkarnierte Wesenheit trägt.

Das Kreuz, das Jesus "getragen hat" und "an das er geschlagen wurde", stellt symbolhaft dieses "lebendige Kreuz" dar, denn er nahm das "Ur-Teil" an, das die Menschen über ihn gefällt haben, als sie schrieen, "Tötet ihn !", und ließ sich kreuzigen, obwohl er die Möglichkeit, die Kraft, gehabt hätte, es zu verhindern.
(Diese Kraft hatte er bereits "bewiesen", als er eine Legion von Soldaten in Sekunden dazu brachte, "wie tot" umzufallen.)

Stattdessen zeigte er durch seine "Auferstehung von den Toten", daß die Kraft des Geistes im Endeffekt unendlich mächtiger ist als das "Fleisch".

Daß die "Netze" der Manipulatoren auch Auswirkungen auf unsere Aura - innen wie außen - haben, wird sicherlich jedem einleuchten. Doch nicht allein die "Netze" führen zur Schwächung der inneren Aura bis hin zur äußersten Aura-Schicht im Kosmischen Geistfeld, sondern als eine weitere verheerende Auswirkung der Manipulation ist das anzusehen, was man als "Gen-Manipulation" bezeichnen muß.

"Das besondere Merkmal der Aura ist: Sie umgibt nur die Körper der Wesenheiten, die von All-Gott und den Wesenheiten geschaffen sind. Vom Erdling Geschaffenes - Gedachtes hat nur ein geistiges Gerüst. Die Aura ist allein Gott vorbehalten.
Alles, was der Mensch jetzt gen-verändert, vermindert die Aura und führt zur Veränderung der Gottes-Information.
Die Veränderung wirkt 'lebensverkürzend'." *(Randola)*

Durch die Gen-Manipulation wird das "Licht" der Aura zerstört. Doch da die eingehende Beschreibung der Folgen dieser Zerstörung des "Aura-Lichtes" bei den Erdlingen in diesem Buch zu weit führen würde, möchten wir an dieser Stelle nur etwas einfügen, was nicht nur den Bereich "Gen-Technologie" betrifft, sondern auch erkennen läßt, wie tief das "gesellschaftliche Denken" im Kampf um Reichtum, Ruhm und Macht gesunken ist.
Unter dem Titel *"Der entschlüsselte Mensch"* stand kürzlich in einer Zeitung ein Kommentar zu neuen Entdeckungen in der Gen-Technologie, den wir hier zitieren möchten, weil er eine ungeheuerliche Aussage beinhaltet:

"Das Buch des Lebens ist eine Aneinanderreihung von vier Buchstaben: A und T, G und C. Sie symbolisieren die Bausteine eines Gens. Gut 100.000 Gene besitzt der Mensch. Sie steuern die Entwicklung von der winzigen befruchteten Eizelle zum erwachsenen Menschen mit all seinen verschiedenen Organen.

Über drei Milliarden solcher Buchstaben sind in den Chromosomen aneinander gereiht. Diese Kombinationen zu knacken, ist der Traum der Forschung. Nach dem Atom und dem Computer, den großen Themen des abgelaufenen Jahrhunderts, nun das Gen als zentrale Herausforderung des anbrechenden Jahrhunderts.
Rascher als erwartet scheint das Ziel erreichbar: Der Amerikaner Craig Venter sorgte mit der Botschaft, er habe das menschliche Erbgut zu 99 Prozent entschlüsselt, weltweit für Schlagzeilen. Die Nachricht war in mehrfacher Hinsicht aufregend. Eine private Firma hat im Wettlauf, wer zuerst den Bauplan des Menschen enthüllt, die staatlichen Forschungsinstitute abgehängt.
Die Aussicht, dass Craig Venter der Bill Gates der Gentechnologie werden könnte, ließ den Aktienkurs in die Höhe schnellen.
Also: Schnell aufspringen und kaufen. Ist das alles ?

Ein anderer Amerikaner, Jeremy Rifkin, der einflussreiche Vordenker ökonomischer und soziologischer Wandlungen, *rüttelte die Öffentlichkeit mit der Warnung auf, es werde zu Kriegen um das Gen kommen, wenn wir erlauben, dass das evolutionäre Erbe von Jahrmillionen als politisches Eigentum einer Regierung oder intellektueller Besitz einer Firma endet.*
Hoffentlich nur ein Horrorszenario, das nie Realität wird. Bedrohlich ist es trotzdem.
Sollten tatsächlich Patente auf das menschliche Erbgut zugelassen werden, obwohl es sich bei der Entschlüsselung des Genoms um keine Erfindung, sondern um eine Entdeckung handelt, dann wäre das der Schlüssel zu einer ungeheuren wirtschaftlichen Macht.
Schon jetzt wird der Pharmamarkt weltweit von wenigen Konzernen kontrolliert. Der patentierte Genmarkt wäre noch ein Quantensprung.
Ebenso gewaltig sind die politischen Folgen.
Man braucht gar nicht an den totalen Überwachungsstaat zu denken, der Zugriff auf Gendateien hat. Es genügt der Gedanke, was Gentest und Genchip für die Kranken- und Pensionsversicherung oder die Arbeitswelt bedeuten.
Schließlich, aber nicht zuletzt, das ethische Problem. Die Entschlüsselung des menschlichen Erbguts ist erst der Anfang.
Das Rad der Wissenschaft lässt sich nicht zurückdrehen. Das Ende

wird der Eingriff in die Keimbahn und die Veränderung des menschlichen Bauplans sein - nicht nur, um Krankheiten rechtzeitig zu erkennen und zu heilen.

Wo sind die Grenzen, die nicht überschritten werden dürfen, und wer setzt diese Grenzsteine für Genmanipulationen?
Geht das überhaupt noch national und müssen die Richtlinien nicht international beschlossen werden?
Auch das ist als ein Zeichen unserer dem Profit nachjagenden Zeit zu werten, dass die Zukunft des menschlichen Lebens weniger Interesse erweckt als die steigenden und fallenden Kurse an den so-genannten Zufallsbörsen."

All das, was auch in diesem Bereich von den Manipulatoren und jenen, die "nicht wissen, was sie tun", also im Grunde genommen von den durch die Manipulatoren verführten Opfern angestrebt wird, um die Erdlinge weiterhin zu versklaven, ist, obwohl verheerend genug, noch als kleineres Übel anzusehen, denn ...

... die Gen-Manipulation ist tatsächlich der größte Frevel, den der Mensch an All-Gott begeht, da sie zur Zerstörung der "ESSENZ" - des "LICHTES ALL-GOTTES" bei allen Lebewesen führt !

Daher überlassen wir es jedem, der dieses Buch bis hierhin gelesen hat, sich selbst - ohne in Angst oder Panik zu fallen, denn das würde nicht helfen - Gedanken zu der entscheidenden Frage zu machen, Was bedroht uns am meisten:

Die Gefahr der "Vernichtung" der Materie .....
..... oder der "Zerstörung des Bewußtseins" ?

Da die Antwort auf diese Frage nur eine einzige sein kann, sollten wir uns gemeinsam die daraus resultierende Frage stellen,
"Was können - oder, besser gesagt, müssen wir tun, um aus dieser fast ausweglos erscheinenden Situation herauszukommen ?"

Die Entscheidung: LIEBE oder ANGST ?

Da bisher ANGST die Ursache all dessen war, was uns Erdlinge wie auch viele Wesenheiten in diese Situation - in diese extremen Gefahren - gebracht hat, gibt es tatsächlich nur eine einzige Lösung: Der Aufstieg der Erdlinge - und der zu niedrig schwingenden Wesenheiten - kann nur durch unerschütterliche LIEBE erfolgen.

"Solange ihr steht in der reinen Liebe, solange seid ihr unverwundbar und könnt beruhigt sein, daß euch nichts geschieht.
Hüllt euch ein in diesen Mantel, gewebt aus Liebe, gewebt aus Wissen, gewebt aus Sein.
Dieser Mantel ist euer Schutz, und so geschieht euch nichts."
(Randola)

Alles ist Energie - bewirkt und in Formen gebracht durch die Kraft des GEDANKENS - und in Bewegung gesetzt durch die Kraft der LIEBE.

Durch die Kraft der Liebe war es einerseits nur möglich, den größten Manipulator "auszuschalten", so daß dadurch erst - mit der Kraft, mit der Energie der Liebe - die "Winde der Veränderung" auf unserer Erde wirksam werden können.
Durch die Kraft der Liebe war es andrerseits - auch erst danach - vielen Wesenheiten möglich, uns Erdlingen zu helfen - mit ihrem Wissen, mit ihren Möglichkeiten der Energieumwandlung, das heißt der Umwandlung zerstörerischer Energien in uns helfende Energieformen.
Doch den wichtigsten Schritt der Veränderung kann JEDER NUR SELBST TUN !

JESUS hat die Lehre verkündet, daß der Vater und das Himmelreich in uns, in jedem von uns, sind, und daß jeder das vollbringen kann, was er getan hat, sogar noch Größeres ....
Er hat die Menschen nicht dazu aufgefordert, sich gegen die Mächtigen aufzulehnen, sie umzubringen, sondern sich selbst - durch ihr "Ich Bin" - zu befreien.

Auch die Schöpfung durch die Wesenheiten geschah, in dem sie aus *sich selbst* heraus alle Dinge erschufen - nicht, indem sie sich zu einer Masse zusammenrotteten, sondern jeder für sich *allein mit der Kraft Gottes in sich.*
Daher muß und kann sich auch jetzt jeder nur selbst aus seinem "Netz" befreien, sich selbst "erlösen" - durch die Liebe zu sich selbst. Wer glaubt, sich nicht lieben zu können, so, wie er ist, kann auch niemand anderen lieben. Denn wenn er die Liebe, die er selbst IST, nicht erkennt, da er sich selbst nicht "in ihr" erkennt, "verbannt" er sie aus sich wie aus allem anderen.
Sich selbst zu lieben, bedeutet aber vor allem auch zu erkennen, daß man niemals einen Fehler gemacht, nie etwas falsch gemacht hat und es keinen Grund gibt, sich schuldig zu fühlen.
Denn all unser sogenanntes unrechtes Tun, unser angebliches Versagen und unsere Irrtümer waren und sind unsere "Schritte zu Gott". Nur durch sie sind wir im Verständnis unsrer selbst gewachsen.
Zu wissen, was wir jetzt wissen, war nur dadurch zu erreichen, daß wir diese Schritte gemacht haben. Daher brauchen wir uns für nichts schuldig zu fühlen, sondern sollten erkennen, daß wir bei all unseren Erfahrungen immer die richtige Wahl getroffen haben.

"Jedes Abenteuer, das ihr frohen Herzens unternehmt, trägt zur Glut und Intensität des Lebens bei.
Jeder Gedanke, den ihr umfaßt, jede Illusion, deren Erfahrung ihr macht, jede Entdeckung, die ihr macht, erweitert euer Verständnis, was wiederum das Bewußtsein der gesamten Menschheit nährt und vergrößert und den Geist Gottes erweitert.
Wenn ihr denkt, daß ihr je im Leben versagt habt oder irgendetwas falsch gemacht habt, verringert ihr eure Fähigkeit, eure eigene innere und äußere Größe und eure Wichtigkeit für alles Leben wahrzunehmen.
Darum begehrt nie, irgendeinen Teil eurer Vergangenheit wegzustreichen - keinen einzigen!
Denn die aus all euren erhabenen und elenden Erfahrungen entstandenen 'Spannungen' haben in eurer Seele die großen und wundervollen Perlen der Weisheit gebildet."
(Eine Schwingung im Namen von Randola)

Viele Erdlinge, die sich schon seit geraumer Zeit auf der Suche nach ihrer wahren Identität, nach der Liebe und dem Licht befinden und sehr viele Anstrengungen gemacht haben, fehlte bisher dieses Wissen, diese Basis, um zu verstehen, *was* sie gehindert hat, was sie "vor die Wand laufen ließ", so daß sie das Gefühl hatten, irgendwie in ihrer Suche nicht weiterzukommen.

Wege, um die "Vernichtung" zu verhindern
- Die Rück-Entwicklung - Die Er-Lösung -

"Jetzt ist die Zeit, aus Geheimnissen die Offenbarung werden zu lassen. Es ist nicht die Frage der Reife, es ist eine Frage der Entwicklung.
Man kann nicht beurteilen - das ist Festlegung, die den Fluß unterbricht -, ob sich tatsächlich jemand oder viele in der Situation befinden, weitere Schritte zu erleben. Es ist immer die richtige Zeit.
Es ist eine Frage des Öffnens aus der geistigen Seinswelt in jedem Menschen.
Morgen werdet ihr sehen, es ist nicht festgelegt.
Sogar die Naturgesetze laufen im Wandel der Ereignisse.
Alle tragen dazu bei durch ihre eigene Entwicklung und das Maß, in dem sie frei sind. Frei sein bedeutet, daß nichts euch hält, daß nichts euch behindert, daß es keine Grenzen gibt, daß ihr in euch schwebt, losgelöst von allen Fesseln.
Frei bedeutet, im Nichts schwimmen, da, wo nur noch Sein ist.
Das ist wesentlich, denn alle könnt ihr jederzeit frei sein,
wenn ihr es wünscht. Frei bedingt sich nicht durch Bedingung.
Ihr setzt Bedingungen und Voraussetzungen. - Es gibt keine. -
Alles, was geschieht, liegt in der Harmonie des Universalen Geschehens." (Randola)

Das Geheimnis der "Bundeslade"

"Die Zeit ist gekommen zu führen in das Licht der Wende, der Wahrheit; begebt euch auf den Weg eurer Herkunft !

Die Bundeslade birgt in sich den Schatz der unermeßlichen Liebe. Gekommen aus der Einheit, euer aller Wunsch und Begehr.
Die Bundeslade ist aufgeladen mit der göttlichen Kraft, mit der Energie der Liebe, und nur die Reinheit kann sie berühren, denn sie ist geborgen und behütet, dort, wo eure Wiege steht.
Sie birgt die Weite, sie birgt die Vielfalt des Möglichen.
Sie ist die Wahrheit eures Seins.

Ihr habt so lange nach ihr gesucht und durftet sie nicht finden, verborgen hinter einem grauen Schleier, der euer Sein vernebelte.
Doch die Zeit des Lichts hebt das Verborgene, den Schatten langsam hinweg.
Die Bundeslade und ihre Liebesenergie wird euch begleiten in das nächste Jahrtausend.
Sie ist ein Geschenk der universellen Kraft für euch auf Erden, um zu gewähren das Licht in der Finsternis.
Sie ist euer Himmel auf Erden, den ihr in euch finden müßt.
Denn dann werdet ihr die Bundeslade der reinen ewigen Wahrheit in euch finden.
Sie ist der Hüter, der euch bewachte, der euch liebte und behütete in den Zeiten der Trauer und des Schmerzes.
Sie ist das Symbol der Ewigkeit des Seins.
Ihr werdet so allmählich wieder zurückgeführt und könnt erleben, wie Harmonie eure Herzen zärtlich berührt und euch badet im Wein der Seligkeit und Freude.
Es ist der Kelch, der ihr seid. Es ist der Leib, der die Materie ist. Es ist die Liebe, die eure Essenz ist.
Die Bundeslade wird euch alle geleiten. Sie ist Teil dieser Erde geworden und schenkt euch die Kraft der Auferstehung aller Völker.
Ihr werdet erleben, wie sie euch geleitet als Symbol der neuen Zeit.
Es ist nicht bestimmt, daß sie wieder verloren gehen.
Da ist keine Drohung, es ist nur Liebe, reine, wahre Liebe.
Das Licht ist bereits entzündet worden.
Es ist die Bundeslade, der Bund, der geschlossen wurde im Himmel, dort, wo ihr die Unendlichkeit vermutet.
Der Herr der Welten selbst hat euch die Erlösung geschenkt, und das ist das Zeichen, das er euch überließ.

Wenn ihr in die Andacht des Herzens geht, seht ihr vor euch alles, was die Bundeslade beinhaltet.
Denn ihr seid sie selbst !

Seht, dort, wo ihr euch das Licht entzündet, dort seid ihr Träger der Liebe. Es sind nicht die Gebote, es ist nicht die Symbolik, es ist die Wahrheit, die Einlaß sucht in eure Herzen.
Denn es begab sich zu einer Zeit, es begab sich zu vielen Zeiten, da ihr Menschen den Weg der Verirrung, der Verwirrung gingt, und immer waren wir bei euch und entsandten die Botschafter des Lichts.
Mit dem Wassermann schließt sich ein Zyklus im Weltenmeer.
Und die Kraft der heiligen Lade wirkt bereits auf euch alle und lenkt, vorbereitet, unbemerkt von euch, das Kommen eurer Seligkeit."

(Randola)

Das Gesetz der Resonanz bedeutet zwar, daß wir alles erleben, was wir mit unserer Kraft der Gedanken und Gefühle erschaffen, doch ist diese Bindung kein "unauflöslicher Knoten", denn wir haben die Freiheit und die Kraft, alles sofort zu ändern, wenn wir erkennen, was geändert werden muß.
Die Verbindung jedes denkenden Lebewesens zu All-Gott ist immer eine ganz individuelle - eine enge innere Vater-Kind-Beziehung, nicht nur als Trost in leidvollen Situationen, sondern ein Bund für immer und ewig. Erst wenn wir diese Verbindung mit All-Gott wieder in uns fühlen, erhält unser Dasein seinen wahren Sinn zurück.
Dieser Sinn ist die Liebes-Beziehung, die Liebe zum Selbst, das All-Gott ist, so, wie wir es selbst sind.
Es gibt, wenn wir uns "aufmachen", keine Trennung, kein Verloren- oder Verlassensein.
All-Gott ist immer da, und Seine Liebe, die wir in uns fühlen, ist ein Versprechen auf Ewigkeit, gleich wie gut oder böse wir in der Dualität, die wir als Erdlinge leben, unser Tun beurteilen.

Daher gibt es, obwohl uns in anderen Bereichen in unvorstellbarem Ausmaß von vielen Wesenheiten geholfen wird, in dieser Hinsicht keine Hilfe von außen, sondern *nur von innen heraus - indem sich JEDER EINZELNE selbst aus diesem "Netz" befreit.*

Denn das, was durch die Hilfe, die uns von "außen" zukommt, erreicht wird, kann nur von jedem einzelnen dann "wahrgenommen" werden, wenn er sich durch seine "Selbst-Befreiung" in einer höheren Schwingungsfrequenz befindet.
Wenn keine Selbst-Befreiung erfolgt, erlebt der Erdling in den Bereichen der niedrigen Schwingungen weiterhin Leid und Schmerz.

Der einzige Weg der ERLÖSUNG ist für jeden:
Sich seiner Göttlichkeit, seiner unbegrenzten Schöpferkraft in der EINHEIT mit ALL-GOTT bewußt zu werden, sie zu FÜHLEN.

"Auch die Erde und alles, was auf der Erde ist, wird wieder in eine höhere Schwingung kommen - parallel zur Schwingungserhöhung des Bewußtseins der Erdlinge und ihrer Schwingung.
Daher werdet ihr nicht auf ewig in der Dualität bleiben müssen, wenn ihr euer Bewußtsein - eure Schwingung selbst erhöht !
Wir segnen euch und alle Helfer stehen euch bei. Wir sind bei euch und doch nicht nur, denn auch wir müssen den Teil beitragen, um diese Linie - eure Erde und euch - aus dem Morast zu heben.
Der Segen ruht in eurem Herzen und eurer Seele der Ewigkeit."
                                                                (Randola)

Diese unsere jetzige Zeit ist die Zeit des "Gehens durch das Nadelör", und diesen Gang kann nur jeder Einzelne für sich beschreiben. Wollen wir uns, damit wir die turbulenten Veränderungen besser verstehen, eine bildhafte Vorstellung von dieser "Zeit" machen, so können wir uns zum Beispiel vorstellen, daß wir uns jetzt kurz vor dem Durchtritt aus der unteren Pyramide (materielle Ebene) durch deren Spitze in die obere Pyramide (geistige Ebene - Gottes-Bewußtsein) befinden.

Grafik

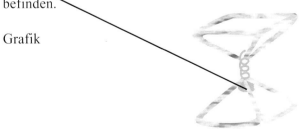

Da das Kollektiv-Bewußtsein der Masse der Erdlinge sehr niederdrückend wirkt und all die Prägungen durch das gesellschaftliche Denken tief "eingefleischt" sind, so daß uns die "Angst sehr tief in den Knochen" - im Zellbewußtsein - in den Genen - steckt, ist eine Änderung unserer Einstellungen und unserer Lebensumstände zwar erschwert, jedoch keinesfalls unmöglich. Im Gegenteil !
Da jetzt eine echte Aufklärung wieder möglich ist, wird auch jeder einzelne wieder in der Lage sein, das "Wissen", das ihn erlöst, zu erlangen und sich dadurch selbst zu "erlösen".
Nur gehen muß diesen Weg jeder für sich - in eigener Verantwortung - nach seinem eigenen Gefühl.
Das bedeutet jedoch nicht, daß man sich auch im Außen von allem trennen muß, sondern es geht um die *innere Einstellung*, um die *Bewußtmachung* und die *innere Lösung von allen äußeren Beeinflussungen - in Harmonie mit sich selbst und seiner Umwelt - und vor allem ohne Beurteilen und Bewerten.*
Als individueller Ausdruck All-Gottes brauchst du in keiner Weise, in keinerlei Überzeugung mit anderen übereinzustimmen, denn "Einer Meinung sein <u>müssen</u>" ist Manipulation.
Vor allem darf man sich nicht scheuen, seinen eigenen Ängsten ins Gesicht zu sehen, sondern muß anerkennen, daß in der Dualität alles in jedem von uns IST.
Als Folge der Manipulation, des begrenzten Denkens, der falschen Glaubensinhalte, wird von den meisten jede Situation - jede körperliche Erfahrung - nicht mehr als "rein" erlebt, sondern sie ist behaftet mit Vorurteilen, mit Bewertungen aus der Vergangenheit, mit negativen Prägungen. Aus diesem Grund werden die Beweggründe des anderen überwiegend in negativer "niedriger" Form gedeutet, obwohl es auch ganz anders sein kann - und in den meisten Fällen tatsächlich ist. Es erweist sich sehr oft als reine "Einbildung", was wir anderen als Motivation "unterschieben".
Zurückzuführen ist dies auf die "Ur-Programmierung", die seit Äonen manipulativ und äußerst geschickt in allen Bereichen unseres Seins bis in die "hinterste Schublade" erfolgte: auf ANGST und NEID.
Diese Gefühle sitzen so tief, daß es nicht leicht ist, sie bei sich selbst zu erkennen - und vor allem sie anzunehmen und sich mit ihnen auszusöhnen.

"Der leichteste Weg, um Werturteile aus euren Gedankenprozessen zu entfernen, ist, daß ihr euch eurer Gefühle und der Gedanken, aus denen sie geboren wurden, bewußt werdet. Einfach durch diese Bewußtheit werdet ihr euch selbst lehren, euer Denken zu verfeinern. In einem Zustand von Sein zu sein - einem Zustand des sich Erlaubens, ganz einfach der zu sein, der ihr seid, wie auch immer ihr euch ausdrückt - bedeutet, ganz und gar zu sein, wie der Vater ist. Und das könnt ihr in einem Augenblick vollbringen! In einem Augenblick ist dies realisiert." (Im Namen von Randola)

Auch sollte folgendes bewußt gemacht und erkannt werden:
Einerseits ist zwar eine Lockerung der "Sitten", der "Glaubenssätze" und eine Auflösung vieler Tabus eingetreten (was, wie schon gesagt, nicht bedeutet, *daß die alten Prägungen schon gelöscht sind*), und es scheint oft, als ob mehr "Freiheit" in vielen Bereichen herrsche, doch die Wirklichkeit sieht ganz anders aus. Die meisten Erdlinge merken überhaupt nicht, wie sie an der "Nase herumgeführt" werden. Denn die neuen "Maschen" der Manipulation sind äußerst fein:
Schon seit einigen Jahrzehnten wurde alles auf Masse "getrimmt" - statt auf Individualität: Massenveranstaltungen (was die Gefahr der Massenhysterie, von Ausschreitungen und Gewalt birgt) - Massenproduktion - Massenartikel - Massentourismus - Supermärkte - Großgenossenschaften - Großbetriebe - "Fließbandarbeit" usw.. Das bedeutet: keine Individualität mehr und die fast vollständige Unterbindung der Kreativität des Einzelnen, wodurch sich der Einzelne immer "wertloser", immer mehr wie ein Herdentier vorkommt.
Doch die allerneuesten Manipulations-Tricks sind neben all den "vorgedachten" und "negativ" prägenden oder in die "falsche" Richtung führenden Bildern, die das Fernsehen bietet, vor allem jetzt das "Internet" und die "Börse für jedermann" - und kaum jemand merkt, welche verheerenden Auswirkungen diese haben werden, ganz zu schweigen von dem, was durch Menschen-Versuche, Frequenz-Bestrahlung des Einzelnen und Gen-Manipulation betrieben wird.

Daß trotzdem inzwischen selbst Politiker sich nicht scheuen, "ihre Wahrheit" öffentlich zu vertreten und Dinge bzw. Situationen "klarzustellen", auch auf die Gefahr hin, daß "ihr" Staat sozusagen kurz-

fristig "geächtet" wird, zeigt, daß die "Winde der Veränderung" immer kräftiger zu wehen beginnen.
Das Gleiche gilt jedoch auch für einige Wissenschaftler bzw. Forscher, Künstler und Gesellschaftskritiker, die sich nicht länger der Heuchelei unterwerfen, sondern standhaft ihren eigenen - neuen - Weg gehen.

Für den Einzelnen, für jeden von uns, gibt es, um aus diesem unauflösbar scheinenden Dilemma, in dem die Erdenbewohner stecken, herauszukommen, keinen anderen Weg als die "Selbst-Befreiung".
Zu dieser Selbst-Findung und -Befreiung - zur Wiederfindung der Liebe zum Selbst - in Geduld und Selbst-Akzeptanz, doch trotzdem in Harmonie mit der Umwelt - ist z.B. folgendes hilfreich:

1) Bewußtmachung der "falschen Glaubensinhalte",
2) erkennen, welche Gefühle im Gefühlsspeicher Blockaden aufgebaut haben,
3) durch Manipulation bewirkte Fehlhaltungen ablegen,
4) neue "Programmierung" im Bewußtsein -
    als Wesenheit - als Mit-Schöpfer All-Gottes,
5) im Bewußtsein der Fülle leben - nicht im Bewußtsein von Mangel.

Bei allen Konfrontationen im Außen, bei allen Konflikten, die man noch auszutragen hat, kann der Weg der Liebe nur in der Form begangen werden, daß du, statt "zurück- oder um dich zu schlagen", in dich selbst zurücktrittst und nach "innen gehst" bis in das "Ur-Teilchen", die Doppelpyramide gleich Einheit von All-Gott und deiner Wesenheit, *denn dort ist der Lichtfunke, der alle Macht in sich trägt.*

"Liebe, was du bist !
Wisse, daß du ewig bist, daß du Gott bist !
Wisse es ! Fühle es! Umfasse diesen Gedanken in dir!
Deine Seele wird den unbegrenzten Gedanken an die Zellmasse deiner körperlichen Hülle weitergeben, und dein Körper wird sich überglücklich mit den unbegrenzten Gedanken des großen Gottes, der ihn bewohnt, in Übereinstimmung bringen.
So, wie der Körper wegen seiner auf Instinkt beruhenden Existenz

*Erst wenn du
mit dem Wissen und den
Erkenntnissen,
die durch dieses Buch
übermittelt wurden,*
GEFÜHLSMÄSSIG
*zur Erkenntnis kommst,
daß du eine*
WESENHEIT
*in einem Erdling bist,
und dieses Bewußtsein erreicht
hast, dann fühlst
und erkennst du
"*GOTT IN DIR*"*
UND SEINE LIEBE ZU DIR.

Unsicherheit und Vorsicht in sich hatte, wird er JETZT den unbegrenzten Geist in seinen Zellen haben, so daß die Materie des Körpers zu einer Übereinstimmung mit dem "GOTT, ICH BIN" geeint werden kann."
(Eine Schwingung im Namen von Randola)

Auch sollten wir uns bewußt machen, daß alles Erleben immer nach unserer eigenen Wahl, nach der eigenen Entscheidung unserer Wesenheit geschieht. Denn auch die sog. "Opfer-Rolle" bestimmen wir selbst, ebenso wie die "Täter-Rolle".
Alle sog. "karmischen" Verstrickungen, alle Energie-Bande, vor allem den "Glauben", wiedergutmachen zu müssen, wie es von einigen Weisheitslehrern gelehrt wird, können wir jetzt er lösen.

Ändern wir unsere Perspektive und sehen wir unser Hier-Sein *aus der Sicht unserer Wesenheit* - und nicht mehr vom begrenzten, auf den Körper bezogenen Ich aus -, dann besteht trotz aller "Verstrickungen" kein Grund zur Panik, sondern zu großer Freude.
Denn nur aus der Perspektive der Wesenheit, die weiß, sind der Weg und der Rückweg erkennbar.
Viele Wesenheiten haben gerade diese Inkarnation - hier und jetzt - gewählt, da sie, obwohl sie Größe, Mut und Stärke abverlangt, die größten Möglichkeiten bietet, durch einen "Irr-Glauben" eingegangene karmische Energie-Verstrickungen aufzulösen. Wie schon einmal gesagt, ist auf der Erde die höchste Verwirklichung möglich, da sie, vor allem jetzt, alle Stufen des Bewußtmachens, alle Facetten des Erlebens, vom Niedrigsten bis zum Höchsten, bietet.

"Nur durch euch selbst und durch eure erklärte Liebe zum Selbst könnt ihr eure Göttlichkeit, eure Erleuchtung, euer Entfalten verwirklichen.
Der einzige Weg zu Frieden und Glück und Erfüllung in eurem Leben ist, euch selbst zu verehren und zu lieben - denn das ist Gott lieben - und euch selbst mehr als irgendjemand sonst zu lieben, denn das ist es, was euch die Liebe und Standhaftigkeit geben wird, die gesamte Menschheit zu umarmen.
Das einzige, was der Vater für euch will, ist, entsprechend den Gefühlen in eurer Seele, die Gesamtheit des Lebens zu erfahren, die er

ist, damit ihr dahingelangt zu verstehen, was Freude ist und die bedingungslose Liebe, die Gott für euch und alles Leben hat.
Wißt, was immer ihr zu wissen wünscht.
Dazu müßt ihr nur um das Verstehen bitten und dann auf die Gefühle im Innern eures Seins horchen. Vertraut immer der Weisheit eurer Gefühle. Kämpft niemals gegen sie an und versucht nie, euch selbst einen Glauben aufzuzwingen, der sich in eurem Innern nicht gut anfühlt." (Eine Schwingung im Namen von Randola)

VISUALISIEREN

Zur Wiederfindung und Verbesserung der "Vorstellungskraft" möchten wir anhand einiger Beispiele Anregungen geben, durch die jeder mit "Visualisieren" nicht nur für sich selbst, sondern auch für andere Gutes tun kann. Wiederholen möchten wir noch einmal:
Das absolute WISSEN ist entscheidend für unser Sein. Befolgen wir dies absolut - ohne Zweifel -, gibt es nichts, gleich ob in der geistigen oder physisch materiellen Welt, das wir nicht bewirken und erschaffen können.
Diese Kraft - mit der All-Gott uns erschaffen hat - gab Er Seinen Kindern, die Er durch die Bildhafte Gedankliche Vorstellung im Ur-Stoff als Geist-Form erschuf.
Da du sagen und empfinden kannst, "ICH BIN", besitzt du diese Kraft Gottes. Wäre es nicht so, könntest du nicht sagen, "ICH BIN". Gott hat uns diese Kraft an-ver-traut. Uns Seiner Gabe würdig zu erweisen, ist unsere Aufgabe, unser Weg und unser Ziel, das wir erreichen, wenn wir Ihm unser Vertrauen beweisen und Ihm zurückgeben, was Er uns gegeben hat.
Wenden wir uns nun ein paar Visualisierungs-Beispielen zu.

1. Pyramide als Schutz für Personen, Häuser usw.
Baut man gedanklich zum Beispiel um sich selbst oder um sein Haus eine kubische Pyramide, deren Flächen aus einem schwammartigen Material bestehen, das die Aufgabe hat, alle negativen Gedanken-

schwingungen, die von außen in einen selbst oder das Haus einstrahlen, aufzusaugen, kann man diese schwammartige Hülle - wiederum gedanklich - ca. alle 3 Tage reinigen.
Wichtig ist, daß man sich bei dieser Reinigung all das, was sich angesammelt hat, als, sagen wir zum Beispiel, schwarze Masse vorstellt, die man, um sie "zu entsorgen", in ein gedanklich geschaffenes tiefes Loch oder in eine Grube in der Erde gibt und dieses Loch oder diese Grube wieder mit Erdreich bedeckt. Man könnte diesen Vorgang auch als "begraben" bezeichnen. Bittet man die Wesenheit Mutter Erde noch darum, diese negative Energie in positive umzuwandeln - oder stellt sich selbst ein strahlend weißes Licht vor, mit dem man die schwarze Masse in die Energie der Liebe umwandelt, so hat man zusätzlich noch "ein gutes Werk" getan.
Würde man sich die Pyramide allein als Schutz vorstellen, wodurch alles "Negative" nur abgeblockt wird, wäre dies nicht der ideale Weg, da das "Negative" zu demjenigen, der es gesendet hat, zurückstrahlen würde und wiederum Negatives verursachen könnte.
Der bessere Weg in der Liebe ist das komplette Aus-der-Welt-Schaffen bzw. Umwandeln.

2. Schutzanzug

Um sich zum Beispiel gegen "Elektro-Smog", schädliche Strahlen oder Molekularstrukturen wie "Benzol", verursacht durch die Abgase von Kraftfahrzeugen, gegen Viren bzw. Krankheitserreger usw. zu schützen, denke man sich einen "Schutzanzug" gegen diese Art von Schwingungen, in den man morgens hineinsteigt und ihn mittels Reißverschluß, ähnlich wie bei einem Schlafsack, so schließt, daß man komplett eingehüllt ist.

3. Innere Körperreinigung und Aufladung mit Licht und Heilkraft

Stell dir morgens beim Duschen vor, daß durch den Wasserstrahl auch eine innere Reinigung bewirkt wird. Sieh gedanklich, wie die Kraft des Wassers alles "Schwarze" bzw. "Negative", vom Kopf angefangen, durch den ganzen Körper bis zu den Füßen und aus diesen hinaus drückt. Sieh diese schwarze Masse durch den Abfluß verschwinden.

Ist der Körper komplett rein, siehst du, wie ein strahlend weißes Licht, aus dem Kosmischen Geistfeld kommend, in deinen Kopf einstrahlt und den ganzen Körper, bis in jede Zelle bzw. bis in jedes subatomare Teilchen gehend, füllt. Ein Licht, das dich vollkommen harmonisiert und das eine Heilkraft in sich trägt, die alle körperlichen Gebrechen heilt.

4. Reinigung von Räumen
Willst du die Räume, in denen du dich meistens aufhältst, von allen schädigenden Schwingungsfrequenzen reinigen, so stelle dir vor, wie du in der Mitte eines Raumes stehst und deine Hände mit den Handflächen nach oben vor dir hältst.
Sieh nun, wie alle "negativen" Schwingungen von überall aus dem Raum auf deine Hände zuströmen und sich vor dir zu einer Kugel formen. Presse diese Kugel gedanklich zusammen. Zieh mit deinen Händen - die Kugel bleibt schwebend an ihrem Platz - noch weitere "falsche" Schwingungen aus dem Raum und gib sie in diese Kugel, solange, bis du das Gefühl hast, daß sich alles Negative in dieser Kugel befindet.
Dann bringe diese Kugel gedanklich nach draußen zu einer zuvor gedanklich geschaffenen Grube in der Erde und "entsorge" sie auf dem Weg, der schon unter Punkt 1 beschrieben ist.

5. Harmonisierung aller zwischenmenschlichen Beziehungen
Um all deine zwischenmenschlichen Beziehungen zu harmonisieren, stelle dir bei jeder Person bzw. bei jedem Geschöpf, das dir gegenübersteht oder mit dem du dich gedanklich "auseinandersetzt", vor, daß dieses Geschöpf Gottes Kind ist - genauso wie du - *strahlend im Licht, voller Liebe und Frieden.*

Hilf mit bei dem Werk, an dem sich so viele auch nicht inkarnierte Wesenheiten, um uns zu helfen, beteiligen; dem Werk, den Planetariern Liebe, Licht, Wissen und Frieden zu bringen.
.

6. Ausstrahlen von Schwingungen der Liebe und des Segnens
Mache dir bewußt, daß du eine Verdichtung gleich Kraftfeld im Kosmischen Geistfeld bist. Sieh dich als diese Verdichtung - als strahlen-

des "Lichtwesen", wie ein funkelnder Kristall, der Ströme von Licht ausstrahlt, die die Schwingungen der Liebe und des Segnens in sich tragen, die alle Geschöpfe dieser Welt erreichen und in diese Schwingung einschwingen.

Bemerkt sei nochmals, daß die Schwingung der Liebe, wie wir sie in diesem Buch beschrieben haben, der stärkste Schutz gegen ALLES ist, was dich aus deiner natürlichen Gott-gegebenen Harmonie - gleich ob im physischen, psychischen oder seelisch-geistigen Bereich - bringen kann.

Das "Bild des Ursprungs und allen Seins"

Das "Bild des Ursprungs und allen Seins" ist keine Erscheinung irgend einer Zivilisation, sondern es war immer da und wird weiterhin immer da sein, mit der Gültigkeit des harmonischen Aufbaus im Innen und Außen.
Es bedeutet Harmonie und Freiheit der Möglichkeiten - in Liebe.
Das „Bild des Ursprungs und allen Seins" war jedoch auch das Symbol der "Lemurier" - ein in geistiger Hinsicht unvorstellbar hoch entwickeltes Volk, das vor vielen Jahrtausenden gelebt hat.
Den „Lemuriern" gelang es, die tiefsten Geheimnisse des Kosmos zu entschlüsseln.
Aufgrund ihres für uns heute noch unvorstellbaren Wissens waren sie in der Lage, in Liebe und Harmonie miteinander, im Eins-Sein mit allem Geschaffenen, zu leben und Fähigkeiten zu entwickeln, von denen wir uns nur schwer eine Vorstellung machen können.
So wußten sie zum Beispiel, wer All-Gott ist und warum die Wesenheiten der Erdlinge den Planeten Erde wählten, um auf ihm ihre Erfahrungen in der Materie zu machen. Sie wußten auch, daß durch das „Kosmische Geistfeld" - in dem alle Gedanken aller Wesenheiten, gleich ob in rein geistiger Form oder als Erdling auf der Erde lebend, gespeichert sind - alles Geschaffene miteinander verbunden ist und sich gegenseitig bewirkt und beeinflußt.

Das „Bild des Ursprungs und allen Seins" besitzt die geometrischen Ur-Formen, in denen alles Sein abläuft. Es sind der **Würfel**, die **Pyramide**, die **Kugel** und die **Spirale**.
Dadurch hat es eine absolut harmonische Schwingungsfrequenz, die auf uns, wenn wir dieses „Bild" tragen, übertragen wird und in uns Regulation und Regeneration bewirkt.

Grafik

Legen wir zum Beispiel das zweidimensionale „Bild" bei einer Ruhetönung oder Meditation auf unsere „Stirn-Chakra", also auf das „Dritte Auge", dann bewirkt es einmal durch seine Form und durch das Wissen, daß diese Form eine harmonische Wirkung verursacht, eine mentale Tiefe, die uns schnell an die Schwingungen unserer Seele kommen läßt. In unzähligen Versuchen mit vielen Personen wurde dies immer wieder bestätigt.
Legt man das „Bild" auf den Organbereich, der schmerzt oder krank ist, also Regulationsstörungen aufweist, dann werden auch in diesem Bereich harmonisierende Regulationen bewirkt, die mit dem Verstand kaum zu erfassen sind. Als Amulett getragen erzeugt es im Erdling ohne sein Zutun Harmonie und baut Aggressionen ab.

Ein großformatiges „Bild" aus edlem Metall, angebracht auf einem natürlichen Material und aufgehängt in einem Raum, erzeugt eine harmonische Atmosphäre und bewirkt bei den Erdlingen, die sich in diesem Raum aufhalten, Denkprozesse, die das begrenzte gesellschaftliche Denken weit überschreiten.
Wie wir bei vielen Versuchen vor allem auch in Krankenräumen festgestellt haben, hat es so starke harmonisierende Wirkungen auf

die Erdlinge, die sich in dem Raum befinden, daß wir, auch wenn es mit dem Verstand kaum erklärbar ist, sagen können, es besitzt regulierende Wirkung auf die *Psyche*, den *Geist* und den *Körper*.

Die Entstehung dieser Phänomene ist wie folgt zu erklären:
Die Form, die das „BILD DES URSPRUNGS UND ALLEN SEINS" besitzt, besteht, wie gesagt, aus den Grundformen, durch die alles Sein bewirkt wird. Da jede Form frequenzmäßig wirkt, wird durch Neutrinos, die das „Bild" durchlaufen, eine so starke harmonische Frequenz in den Körper eingestrahlt, daß diese vorab beschriebenen Wirkungen erzielt werden.
Radiästhesisten, die das „Bild" auf ihre Wirkung hin ausgependelt haben, bestätigten, daß es einen sehr starken positiv harmonisierenden Ausschlag bewirkt.
Erdlinge, denen wir dieses Zeichen für Experimente zur Verfügung gestellt haben, erklärten uns, daß die Wirkung in allen Bereichen phänomenal sei. Mehrere Personen erzählten uns, daß, wenn sie ein Bittgebet sprachen und dieses „Bild" zwischen den Händen hielten, in ihnen ein nicht beschreibbares Gefühl entstanden ist und die Bitten kurzfristig in Erfüllung gingen.
Meditativ eingesetzt in der Form, daß Personen sich das „Bild" auf die Stirn-Chakra gelegt und dabei positive Gedanken – zum Beispiel die Bitte um Heilung oder Problemlösung für andere Personen – ausgesendet haben, war die Wirkung so, daß die betroffenen Personen anschließend erklärten, sie hätten diese Gedankenschwingung als Glücksgefühl in sich wahrgenommen.
Bei Jugendlichen, die Lernschwierigkeiten hatten und denen man empfohlen hatte, sich das „Bild" zum Beispiel abends auf der Stirn mit einem Band oder Klebestreifen zu befestigen, wurden die Lernschwierigkeiten beseitigt, ihr Aufnahmevermögen erhöhte sich, und sie waren nicht mehr so abgelenkt wie vorher. Weiterhin berichteten sie, daß sie, wenn sie bei Prüfungen das „Bild" um den Hals getragen und ab und zu in die Hand genommen hätten, in einer absoluten Ruhe und Zuversicht alle Prüfungen geschafft haben.
Außerdem ist jeder, der dieses „Bild" bei sich trägt, gegen negative Gedanken und Manipulationen seitens anderer Personen geschützt, da die harmonisierenden Kräfte, die es im Körper und im Gefühls-

speicher bewirkt, einen Schutzschild gegen alles Negative aufbauen. Das Gleiche gilt, wenn ein großes „Bild" als Symbol an ein Haus angebracht wird bzw. als Skulptur in einem Raum steht.

Diese und viele andere Experimente – sei es mit Getränken, Nahrungsmitteln, Pflanzen, Tieren usw. –, die von zahlreichen Personen durchgeführt wurden, haben uns bewiesen, daß das
 „Mystische und Magische
  Bild des Ursprungs und allen Seins"
– gleich in welcher Form eingesetzt – eine Lebensbereicherung ist für jeden, der es benutzt.
Durch das "Bild des Ursprungs und allen Seins" wird man in die Lage versetzt, Liebe aus dem Kosmos anzuziehen, sie zu empfangen, sie innen zu fühlen und sie wieder nach außen fließen zu lassen, um das entstandene Chaos im Innen und Außen in Harmonie zu verwandeln.

In unserer heutigen Zeit, am Beginn eines neuen kosmischen Zyklus, sind viele Wesenheiten, die als „Lemurier" im Besitz höchsten Wissens waren und nur noch in Liebe miteinander lebten, wieder auf Erden inkarniert, um den Erdlingen das uralte kosmische Wissen bekanntzumachen, damit sie erfahren, daß All-Gott, unser Schöpfer, in uns LEBT, uns LIEBT und alles EINS ist.

Wenn LIEBE wieder der BEWEG-GRUND ist

"Die Harmonie ist nicht von außen abhängig. Sie ist vielmehr das, was ihr bereit seid zu geben !
Fließt in eurer Seele Grund, dann entdeckt ihr euer wahres Sein.

Um wieder zum reinen Gedanken zurückzugelangen - zum höchsten Seinszustand, in dem ihr wieder die Macht seid, die allem zugrunde liegt -, braucht ihr als einziges ganz einfach nur zu wissen, daß der Vater in euch lebt.

Denn die Erinnerung daran befindet sich IM INNERN EURER SEELE.
In eurer Seele wartet sie darauf, wieder hervorgerufen zu werden, dazu bereit, zu einer erfahrenen Wirklichkeit zu werden.
Nur ihr könnt zu diesem Verständnis gelangen mittels eurer eigenen Gedankenprozesse und eures Fühlens.
Wenn ihr wißt, daß Gott und ihr eins seid, entfernt ihr aus euren Gedankenprozessen die Einstellung von Getrenntsein und vereinigt euch wieder mit eurer Gottheit. Wenn ihr euch erlaubt, alle Gedanken zu sein, dann seid ihr alles, was Gott ist.
In einem Zustand von Sein zu sein - einem Zustand des sich Erlaubens, ganz einfach der zu sein, der ihr seid, wie auch immer ihr euch ausdrückt - bedeutet, ganz und gar zu sein, wie der Vater ist. Und das könnt ihr in einem Augenblick vollbringen!
In einem Augenblick ist dies realisiert.
Durch Wissen und das Abenteuer des Lernens werdet ihr erhöht in Einfachheit. Und in dieser Einfachheit werdet ihr den Frieden im Sein und die Freude am Leben finden.
Ihr könnt alles werden, was ihr wißt, und wenn ihr lernt, wie ihr alle Dinge, die sind, wissen könnt, dann könnt ihr zum Alles-Was-Ist, zu Gott, werden: zum unbegrenzten Wissen, unbegrenzten Leben, zur TOTALITÄT DES GEDANKENS. Und damit seid ihr dann wieder die unbegrenzte Freiheit und Freude des Seins.

Immer wieder senden euch die Götter - die ihr alle seid - Zeichen der Wunder, die ihr selbst schaffen könnt.
Seht, diese Liebe, von der ihr sprecht, sie ist bereits in euren Herzen verankert, sie ist Teil von euch, von allen Erdenbewohnern seit Anbeginn.
Weisheit ist angesammelte Emotion. Das ist es, was dir deine Einzigartigkeit gibt, was dich verschieden sein läßt von allen anderen.
Es wird dich immer zu den Dingen ziehen, die du noch nicht erfahren hast, die du noch zu verstehen hast, zu Abenteuern, die das Versprechen von Erfüllung und Weisheit in sich tragen, denn diese Dinge werden dich in Erregung versetzen, dich verlocken, dich neugierig machen, dir keine Ruhe lassen.
Wenn du dir einfach erlaubst zu sein, und auf das Drängen im Innern deines Seins hörst, auf die Gefühle in deinem Innern, dann wirst du

immer die Erfahrung dessen machen, was du am meisten brauchst, um dein wundervolles Selbst zu größerer Weisheit und immerwährender Freude zu erweitern.
Die Liebe zu dir selbst wird bis in die Ewigkeit fortleben, während der Sinn dessen, dieses oder jenes zu sein, in diesem Leben erfüllt werden wird, nur um dann von etwas anderem ersetzt zu werden.
Tue von dem, das dich zu größerer Weisheit und tiefgründigerer Liebe zu dir selbst erweitert, alles, was du kannst.
Tue das, was immer dich zu dem Großartigsten werden läßt, das du in deinen eigenen Augen sein kannst.
Wenn alle über jene Denkweise hinausgehen, daß sie dieses oder jenes tun müssen, oder daß dieses oder jenes ihre Bestimmung ist, und sie sich wieder auf die eigentliche Sache konzentrieren, nämlich zu sein, ausdrücklich im Augenblick zu leben, dann werden sie ein überragenderes Glück und eine größere Freiheit finden, als sie es je zuvor gekannt haben - eine Freilassung hinein ins Leben, und wie es wahrlich gelebt werden sollte. Das ist dein Sinn - zu sein !"
      (Eine Schwingung im Namen von Randola)

All diejenigen, die sich "zutrauen", das Gefühl eines dunklen Knäuels (symbolhaft stehend für alle aufgestauten - eingekapselten - Gefühle der Seele) in ihrer Brust zu verspüren, können es, wenn sie es selbst erkennen, auf folgende Weise entfernen:
Bitte eine Wesenheit um Hilfe in der Form, daß das "verknotete Knäuel", nachdem du es in Gedanken selbst entknotet und mit beiden Händen dieser Wesenheit überreicht hast, von ihr in den Kosmos abgewickelt und die zu Beginn dunkle Schnur (des aus dunklen Schnüren bestehenden Knäuels) in ein weiß-goldenes Lichtband der Liebe und wahren Gefühle verwandelt wird.
In diesem Zusammenhang kannst du z.B. auch darum bitten, mit einer Wesenheit, mit der du dich verwandt fühlst, durch ein weiß-goldenes Gefühlsband verbunden zu werden.

Um im "NEU-BEGINN" NEUE WEGE zu gehen, möchten wir noch ein paar Anregungen hinzufügen:
Das einzige Gesetz zwischen zwei Erdlingen, die ein Stück ihres Lebensweges gemeinsam gehen wollen, sollte LIEBE sein.

Auch sollte jeder die gleichen Chancen haben, er selbst zu sein. Denn dies ist die einzige Möglichkeit für jedes Individuum, sich in seiner unvergleichbaren Einzigartigkeit zu entfalten.
Nur auf diesem Weg kann sich jeder intelligent entwickeln, nach seiner eigenen Wahrheit suchen und forschen, denn es ist der einzige Weg, immer intelligenter, bewußter und sensibler zu werden.
Auch sollte jeder die Chance haben, zum Leben beizutragen, was seiner Art entspricht. Jeder sollte seine eigenen Anlagen erfüllen, seine eigene Kreativität entwickeln und umsetzen können.
Eine Gemeinschaft sollte aus Wahrheitssuchern, aus Liebenden, aus Freunden, aus kreativen Erdlingen aus allen Bereichen gebildet sein.
Nur ohne Glaubenssystem und Glaubensbekenntnis ist es dem Erdling möglich, ein Sucher zu sein, ein Forscher, ein Fragensteller.
Erst so wird sein Leben wieder ein Leben voll ungeheurer Entdeckungen sein - sowohl in der Außenwelt als auch im Innern.
Denn wenn nicht jeder interessiert an der Außenwelt und gleichermaßen verliebt in die innere Suche ist, gibt es keine Hoffnung für die Menschheit.
Die Reichen sollten nicht von ihrem Lebensstandard herabgezerrt werden, denn sie besitzen eine gewisse Form von Kreativität, sie sind eine Art Genie für das Erzeugen von Reichtum. Sondern aus den Armen sollten Reiche, Geachtete und Gleichgestellte gemacht werden, also nicht als Diener der Reichen, sondern als Mitglieder einer Gemeinschaft, in die sie ihre Fähigkeiten einbringen können.

Von größter Wichtigkeit ist all das, was vom Erdling selbst geschaffen wird - nicht nur um des Tuns willen, sondern vor allem wegen der Information, die jeder geschaffene Gegenstand, jedes Erzeugnis sowie jedes Lebensmittel erhält. Dadurch wird jedes Produkt eines Erdlings mit seinem eigenen Schwingungssiegel versehen. Das gilt besonders für die natürlichen Stoffe von Mutter Erde.
Die Dinge des Lebens müssen wieder mit bewußten Gedanken und in Liebe hergestellt werden. Der Erdling muß diesen Dingen ihre Wertigkeit zurückgeben: Liebe, Können, Zeit und Geduld.
Dadurch wird sehr viel negative Energie in positive umgewandelt, denn durch dieses - bewußte - Tun erhält auch der Erdling seine eigene Wertigkeit zurück.

Der Erdling muß sich für den Neubeginn seiner eigenen Schaffenskraft wieder bewußt werden, und die Kreativität des einzelnen muß wieder ihren ursprünglichen Stellenwert - des Er-Schaffens - zurückerhalten. Dies schließt ein, daß "alte" Dinge wieder neu gedacht, neu geformt und neu gefertigt werden.
Alle handwerklichen Fähigkeiten und Beschäftigungen wie privates Werken für Frauen, Männer sowie vor allem für Kinder und Jugendliche sollten wieder ihren hohen Stellenwert erhalten. Vor allem aber auch im Hinblick auf die Zubereitung der Speisen sollte wieder so viel wie möglich selbst gemacht werden - in Liebe. Dazu sollte man nur das verwenden, was wieder in Mutter Erde zurückfließen kann. Es geht immer um die Energie, die in diese geschaffenen Dinge einfließt - durch das Gefühl - vom harmonischen Tun und eigenen Wesenheits-Schaffen.
Die Schaffensfreude, die Freude an der Schaffenskraft, erzeugt das Gefühl der Harmonie - die Liebe zum Tun. Dadurch kommt der Erdling wieder in den Ein-Klang, denn es wird die natürliche Bewegung wiederhergestellt - im geistigen und schaffenden Tun.
Gleich ob im Handwerk, in der Landbewirtschaftung, im künstlerischen Gestalten oder in allem übrigen Tun geht es um die bewußte Umformung von Energie - die Rückwandlung der negativen in positive Energieformen.
Doch durch einen Austausch wird auch die Kommunikation untereinander wieder angeregt. Handwerkliches Tun in der Freude führt zur Bewußtwerdung des eigenen Wertes - von aus sich heraus machbaren Möglichkeiten. Dies bewirkt nicht nur die Wiederherstellung und Stabilisierung des "angeknacksten" Immunsystems, sondern Geist, Seele und Körper werden wieder in Einklang gebracht.
Im Sinne von "unten und oben" muß durch dieses Tun überall die Harmonie wiederhergestellt werden.

Vor allem muß die "Leichtigkeit des Seins" wieder gelebt werden. Das stille "innere Lächeln", das Annehmen von allem-was-ist in heiterer Gelassenheit, bringt uns in Ein-Klang, ins EINS-SEIN.

"Dein Lächeln deiner heiteren Gelassenheit öffnet dir die Türe."
(Randola)

So, wie die Manipulation in allen Bereichen unseres Seins ins "Negative" - "Zerstörerische" - "Erstarrende" - gewirkt hat, so muß in allen Bereichen die Harmonie, das Eins-Seins im Fluß des Lebens - in Liebe und im Ein-Klang - wiederhergestellt werden.
Dies gilt insbesondere für die Musik. Die Musik für den Neubeginn muß wieder auf Tönen aufgebaut sein, die durch ihre Schwingungsfrequenzen die Seele erreichen und beschwingen. Auch muß statt grellem Geschrei wieder das Timbre einer Stimme seinen Stellenwert zurückerhalten - ein Timbre, wie es z.B. Richard TAUBER besaß, ein Timbre, das das Herz - die Seele - jubeln läßt.
Doch das Gleiche gilt für die Kunst, die Architektur bzw. das Bauwesen, ja, für alle Bereiche unseres Seins.

Wenn die "Winde der Veränderung" - maßgeblich mitbestimmt durch die Bewußtwerdung und Schwingungsfrequenzerhöhung jedes Einzelnen - ihre volle Stärke, wie geplant, erreichen, werden sehr viele Veränderungen eintreten, von denen sich die Masse der Erdlinge heute noch keine Vorstellung machen kann.
Denn für alle Bereiche unseres Seins sind schon Vorkehrungen getroffen, die - sobald die Manipulatoren endgültig keine Blockierung mehr bewirken können - wirksam werden.
Um dieses großartigen - bis jetzt noch unvorstellbaren - Geschehens teilhaftig zu werden, bedarf es jedoch einer Schwingungsfrequenzgleich Bewußtseins-Erhöhung, die jeder Einzelne nur für sich bewirken kann.

"In der Bedachtsamkeit spüren euch die Lichtwesen, die Wesen aller Leben und Welten.
Ihr seid das in euch wohnende Licht der ewigen Liebe im Haus des Herrn. - Im Segen seid behütet." (Randola)

ERKENNTNISSE ALL-GOTTES

ICH habe euch ALLES gegeben,
meine ganze Liebe,
mein ganzes Wissen,
meine ganzen Gefühle,
meine ganze Erkenntnis,
meine ganze Schöpferkraft,
mein ganzes Vertrauen,
meine ganze Achtung,
all meine Tugenden und
all meine Nachsicht und Geduld.

Und jetzt habe ich nichts mehr.
Von nun an könnt ihr nur noch all das haben,
was ihr zu geben bereit seid.
Denn was ich euch gegeben habe,
habe ich vergessen.

Wenn ihr mich lieben wollt,
werde ich euch wieder lieben,
wenn ihr wissend werden wollt,
werde ich euch wissen lassen,
wenn ihr mich ehrt und achtet,
werde ich euch wieder ehren und achten.

Wenn ihr es erkennt und tun wollt,
dann bekommt ihr euren wahren Gott zurück.
Überlegt also wohl,
was ihr erhalten wollt,
denn nur das, was ihr gebt, kommt zu euch zurück.
Von allein kommt nichts mehr.

Nur eine Gabe habe ich noch für euch,
doch die müßt ihr euch erst erwerben.

Unser innigster Dank für all die Erkenntnisse, die wir in diesem Buch niederschreiben durften, gilt an erster Stelle den Schwingungen von RANDOLA.

Ein nicht in Worten auszudrückender Dank gilt der Wesenheit, die uns zu so vielen wunderbaren, wenn auch manchmal sehr schmerzlichen Erkenntnissen geführt hat, die uns aber auch behütete während all der Zeit der Gefahren, in denen wir uns befanden, um dieses Buch in dieser Form herausgeben zu können.

Danken möchten wir auch allen Wissenschaftlern und Forschern sowie den Erdlingen, die es uns ermöglicht haben, das hier weiter-gegebene Wissen in diese Form zu bringen.

Tiefe Einblicke in ein sehr "weltliches" Geschehen, das unter dem "Tuch der Zwei- und Dreifach-Moral" unserer Gesellschaft blüht, über das man jedoch normalerweise nicht spricht, verdanken wir einem Mann, den wir mit seinem Einverständnis sogar namentlich erwähnen möchten: Helmut Süssenbacher.
Doch geschieht dies nicht wegen dieser Einblicke, die er uns gewährte, sondern weil er trotz oder gerade aufgrund all der Höhen und Tiefen, die er in seinem Leben durchlebt und gemeistert hat, so IST, wie er ist - und dadurch ein Beispiel gibt, wie man leben sollte: ohne Heuchelei, ohne Be- oder Verurteilung, jedoch in heiterer Gelassenheit und liebevoller Akzeptanz von Allem-Was-Ist.

Das **"Bild des Ursprungs und allen Seins"**® ist erhältlich als Anhänger in Feinsilber und Gold, als Ohrgehänge sowie als "Stirn"-Zeichen, als "Haus"- und als "Raum"-Zeichen wie auch als Skulptur in verschiedenen Ausführungen.

Bestellungen
- schriftlich oder telefonisch - bei

                Arnulf Breitfellner
                Koschatpromenade 18
                A-9220 Velden / Wörthersee
                Tel./Fax (0043) (0) 4274 47 10

Zu den Themen dieses Buches, die wir aufgrund der Vielfalt nicht ausführlich behandeln konnten, geben wir Seminare und Workshops. Interessenten bitten wir, sich an die o.g. Adresse zu wenden oder an

                SIRIS GmbH
                Karl-Krobath-Weg 20
                A-9220 Velden / Wörthersee
                Tel. (0043) (0) 4274 507 99
                Fax (0043) (0) 4274 507 994